On Institutional Research

院校研究论

■ 刘献君 著

華中科技大學出版社
http://www.hustp.com
中国·武汉

图书在版编目（CIP）数据

院校研究论/刘献君著. —武汉：华中科技大学出版社，2021.7
ISBN 978-7-5680-7326-4

Ⅰ. ①院…　Ⅱ. ①刘…　Ⅲ. ①高等学校-教学研究-文集　Ⅳ. ①G642.0-53

中国版本图书馆 CIP 数据核字（2021）第 125156 号

院校研究论　　刘献君　著

Yuanxiao Yanjiu Lun

策划编辑：钱　坤
责任编辑：章　红
封面设计：刘　婷
责任监印：周治超
出版发行：华中科技大学出版社（中国·武汉）　电话：（027）81321913
武汉市东湖新技术开发区华工科技园　邮编：430223
录　　排：华中科技大学出版社美编室
印　　刷：武汉科源印刷设计有限公司
开　　本：710mm×1000mm　1/16
印　　张：25　插页：2
字　　数：438 千字
版　　次：2021 年 7 月第 1 版第 1 次印刷
定　　价：88.00 元

前言

以2000年3月华中科技大学院校发展研究中心成立为标志，中国院校研究已经走过20年。20年来，笔者以满腔热情投入院校研究，努力推进中国院校研究，感触颇深。其中最大的感受是院校研究的开展是共同研究、共同创造的结果。首先，华中科技大学教科院院校研究所赵炬明、陈敏、余东升、周光礼、陈廷柱、张俊超、雷洪德、魏署光、徐海涛等老师及笔者，除周光礼教授后来到人大工作以外，其余老师20年坚持干一件事——开展院校研究的理论研究与实践探索，始终没有动摇。教科院负责人对院校研究给予了大力支持。其次，国内有关领导、教育研究和管理者积极参与、支持院校研究。周济院士在任教育部部长时指出，“要加强高校战略管理，鼓励开展院校研究”，他担任中国工程院院长后仍然十分关心和支持开展院校研究。教育部原副部长、中国高等教育学会会长周远清教授，曾多次肯定和支持院校研究，并四次应邀出席院校研究国际研讨会。在2010年7月院校研究会举办的第四次国际学术研讨会上，周远清教授强调，“院校研究是一个非常有潜力的研究领域，在促进我国高等教育健康发展方面应大有作为”。著名教育家潘懋元先生指出，院校研究“将成为大多数高校所属高等教育研究所（室）的主要研究任务，成为高教研究的重要领域”。北京师范大学原校长钟秉林教授指出，“可以预见，以院校研究为主导的微观应用研究前景广阔，在强化高校管理实践指导功能的同时，亦将推动我国高等教育研究的深化发展”。厦门大学王洪才教授在对中国高等教育学“创立、再造与转向”的发展过程进行深入研究后提出：“我们认为，能够反映高等教育研究理论转向的是院校研究学会的成立，这一现象表明已经有一批高等教育理论研究者认识到高等教育研究必须走与实践紧密结合的路线，在参与实践的过程中丰富理论，建构理论。刘献君教授身兼管理者与研究者双重身份，在这一转变中发挥了重要作用。这一转变也代表了高等教育研究的方法论的转变。”十分可喜的是，一批中青年学者已成为院校研究的中坚力量。再次，美国院校研究工作者对中国院校研究的帮助、支持。美国是最早开展院校研究的国家，积累了丰富的经验，其院校研究工作者通过多种方式给我们相关的学术研究“传经送宝”，特别是 Randy Swing、 Christoher、 William Knight、常桐善、张扬、杨法先、周莹、高澜、唐美玲等博士表现得更为突出。

中国院校研究过程主要有以下几个阶段。

一、在提高认识中起步

院校研究开展之初，人们提出了一系列问题，如：什么是院校研究，院校研究与高等教育研究、高等教育管理研究等有什么区别，院校研究的意义何在，等等。因此，我们从院校研究的研究入手，推动高校认识院校研究的意义，重视开展院校研究。

首先，从学习美国院校研究经验入手，探索中国特色的院校研究。我们组织教科院的师生，翻译了美国院校研究专著十多部以及大量的论文，认真开展研究。 2002 年，刘献君、赵炬明、陈敏三位教授在《高等教育研究》上联合发表了一篇关于开展中国院校研究的论文《加强院校研究：高等教育改革和发展的必然要求》。此后，老师们又陆续发表了《院校研究论略》《中国院校研究的特点探析》等一系列文章，阐明“院校研究是自我研究、管理研究、咨询研究、应用研究”，“院校研究具有系统收集资料，科学分析资料，为学校管理提供决策支持的功能”等观点。并用一个生动的比喻来说明院校研究的意义，即：“如果把一所大学比喻成一辆汽车，那么，领导是驾驶员，院校研究就是这辆汽车的仪表盘。”

其次，通过建立学会，组织起来开展研究。2003 年，我们组织一批高等教育研究者和高校管理者，在甘肃天水召开了我国第一次院校研究学术研讨会，并成立了中国院校研究协作组，筹划成立中国院校研究学会，将“促进现代大学制度的建立和高校的科学管理”作为学会主要任务和发展目标。2007 年 5 月，民政部正式批准成立中国高等教育学会院校研究分会（简称院校研究会），华中科技大学为理事会的会长和秘书长单位，笔者任会长。院校研究会通过召开学术会议、举办培训班、创建中国高校院校研究案例库、设立院校研究网站、推动高等教育刊物设立院校研究专栏等多种方式，搭建研究和交流平台，推动院校研究。

再次，举办校长培训班。开展院校研究，关键是要提高学校领导的认识。近十多年来，华中科技大学教科院多次举办校长培训班，以课程学习的方式，一方面讲授院校研究及高等教育学理论，另一方面请曲钦岳、母国光、章开沅、翁史烈、吴咏诗、朱九思、杨叔子、周济等国内著名大学校长授课。华北电力大学、太原理工大学、海军工程大学、陕西外国语大学、湖南农业大学、长春工业大学、兰州理工大学、武汉纺织大学、湖北工业大学等几十所大学的书记或校长通过学习后，运用院校研究理论，指导本校实践，使学校发生了深刻变化。例如，华北电力大学原校长刘吉臻教授、青岛大学原校长徐建培教授、武汉纺织大学原党委书记尚钢教授等，通过学习后，都使学校上了一个新的台阶，受到师生好评。

此外，通过编写教材，在研究生中开设相关课程，培养院校研究人才。

2008 年 8 月，花费三年时间，华中科技大学院校研究所编写的我国第一本高等教育学研究生用教材《院校研究》由高等教育出版社出版。与此同时，推动多所高校在高等教育、教育经济与管理等研究生层次的专业开设“院校研究概论”“院校研究专题”“高校战略管理”“统计方法”等课程，让学生了解院校研究的理论与方法，重视实践问题，增强实践能力，培养中国的院校研究人才。

从机构组织、人才培养、平台建设等各个方面努力，中国院校研究吸引了越来越多高等教育研究者和高校管理人员参与，研究者们逐渐将注意力转向高校管理实践中的具体问题研究，管理者们也开始有意识地为决策寻找理论和数据支撑。

二、在专题研究中突破

院校研究开展之初，由于社会问责尚未建立，高校领导缺乏对研究需求的迫切性，学校基本没有分析数据库，存在着数据分散、不一致，研究人员自身能力不足等内外因素，推进院校研究十分艰难。在这种情况下怎么办？笔者综合大家的意见，提出“以专题研究为突破口”，推进院校研究。因为专题研究是院校研究的重要内容，相对而言专题研究容易把握，易取得成效，通过专题研究可以锻炼一批人才。

首先，在本校开展院校研究的专题研究。对本校的专题研究，从五个方面展开。一是完成学校领导交给的研究课题，积极发挥咨询作用。例如，参与华中科技大学继续实施“985 工程”建设总体规划（2010—2020 年）制定，华中科技大学中长期发展战略规划（2010—2020 年）的调查、分析文本撰写工作主要是由教科院完成的。二是主动与学校职能部门联系，承担研究课题。例如， 2006 年 7 月，邀请学校职能部门主管负责人座谈，共商如何开展专题研究。会后，科研处、人事处、教务处、学生工作处等提出了部分实践中需要解决的问题，我们将这些课题印发，鼓励师生开展研究。三是根据我们观察到的问题，主动开展研究，撰写研究报告，供学校领导参考，如“华中科技大学文科发展研究”“校机关工作作风研究”“课堂纪律调查”“校、院两级人事分权研究”“教代会和学术委员会运行状态研究”“教师收入分配研究”“学生组织管理模式研究”等等。这些研究报告，大多经学校领导批示，转有关方面参阅并改进管理工作。四是举办研修班。如“新教师教学方法与技术研修班”，定期组织新教师探讨教学方法与技术。此外，还面向全校教职工举办《道德经》《论语》读书班，由涂又光教授讲授。五是通过承办《院校研究简报》《院校决策参考》，在校报上撰写文章，阐述对加强和改进学校管理、推进学校改革和发展的思考，也发挥了较好的作用。

其次，举办学术研讨会，开展专题研究。院校研究会逢单年举办国内学术研讨会，主要探讨院校研究的理论、方法；逢双年举办国际学术研讨会，针对高校共同面临的问题，开展专题研究。每次研讨会，走在学术前沿，深入高等教育实践，抓住高校面临的重大问题，开展研究。例如，2006年的国际学术研讨会，针对“为什么学校战略规划没有发挥应有的作用”这一问题，选择“战略管理”作为会议主题，倡导站在战略管理的高度，开展战略规划，并提出，在战略规划中，要把握“战略实施是战略管理的主体”，“将提高教育质量作为学校的核心战略”，“将经费筹措、规划放在战略管理的突出地位”，“战略规划应该是多样化的”等观点。研讨会产生了重大影响。例如，2008年以来，空军预警学院原院长蓝江桥少将，通过参加国际研讨会，运用战略管理方法，提出了“突出信息化，强化大预警”的发展战略和“立足空间面向全军、服务国家”的办学定位，有力地推动了学校的学科专业、服务面向和发展空间的拓展。蓝江桥少将深有感触地说：“院校研究对学校的办学顶层设计、发展战略选择、科学决策和科学管理都起到了支撑性作用，对学校的发展起到了全方位的推动作用。”

再次，通过管理咨询，推进专题研究。20年来，教科院刘献君、张应强、别敦荣、赵炬明、陈敏、余东升、陈廷柱、雷洪德等教授，带领师生应邀到青岛大学、辽宁科技大学、河北科技大学、中南林业科技大学、临沂大学等60多所学校，与这些学校的领导、院校研究人员共同制定学校发展战略规划。同时，到部分学校为其发展的某些问题进行咨询，并结合其发展实际，面向中层以上干部和部分教师做学术报告。20年来对全国600多所高校进行了管理咨询，对这些学校的发展起到了不同程度的推动作用。一些高校党委书记和校长表示，华中科大教科院教授的报告和咨询启发了他们的思维，进一步明确了办学理念、办学方向和学校定位，找到了办学特色、发展措施。有的高校领导遇到问题后，首先想到的就是到教科院来请教、商讨。2011年初，河北科技大学党委专门给华中科技大学教科院发感谢信，感谢刘献君教授所领导的课题组为该校制定了高水平的“学科建设与发展规划”。信中说：“学科规划专家立足学术前沿，站得高、视野广，对我校背景分析客观、深刻，实事求是，提出的‘建设地方一流教学研究型大学’的长远发展定位，以及学科建设与发展的基本原则、思路和策略等符合我校实际，提出的总体目标和具体任务令人感到振奋和鼓舞，保障措施可行，是引领我校未来十年学科建设与发展的纲领。”

此外，院校研究会还根据高校发展的“类特色”，通过“以点带面”的策略，组织不同类型高校开展专题研讨，让同类型的高校在研讨中明晰问题，相互学习，共同研究并寻找发展之道。如2012年在广东嘉应开展了“办学特色与地方院校发展论坛”，聚集了30多所地方院校，一起研讨地方大学的办学特色与发展问题，院校领导参与踊跃，纷纷亮出各自的招数。2013年5月，院校研究会又组织国内50多所院校在宁波大红鹰学院召开了“建设‘教学服务型’高校研讨会”，会上，多所大学的管理者对“教学服务型”大学的定位、内涵、外延以及发展目标与路径等问题进行了深入探讨，并成立了“教学服务型”大学联盟和地区协作组，计划分片区围绕大学管理与发展的关键问题集中进行谋划和分析。

三、在规范发展中提高

现代大学管理必须建立在充分获取信息、数据的基础上。而数据的缺失是中国院校研究面临的最大瓶颈，推进各级各类高校管理数据库的建设一直是中国院校研究面临的一项艰巨而长期的任务。如何解决这一难题呢？ 2011年7月，在北京召开的“现代信息技术与院校研究”全国院校研究学术研讨会上，笔者提出，中国院校研究要从“初步形成”走向“规范发展”，规范发展总体目标就是“以院校研究信息系统建设为重点，大力发展院校研究，使之逐步走向规范化”。

首先，努力推进院校数据信息系统的建设。一方面，在“现代信息技术与院校研究”学术研讨会上，组织与会代表讨论，形成了《关于建设“国家高等教育综合数据系统”并逐步开放相关信息的建议书》。建议书及时送达教育部及相关部门，并在有关刊物上发表。另一方面，努力推进高校建立分析数据库。回应院校研究人员对了解和学习数据系统设计以及数据分析等方法技术的强烈需求， 2012年4月，在江苏常熟举行了“院校研究信息系统建设和应用学术研讨会”，邀请一些信息管理系统做得较好的高校介绍经验，并现场观摩了常熟理工学院的“决策支持管理信息系统”。这次会议推动了院校研究及信息部门之间的交流、融合及相互学习。

其次，帮助院校研究人员学会运用数据去发现问题、分析问题和解决问题。 2012年暑期，我们与美国海外华人院校研究会共同在杭州举办“大学数据系统设计与分析”院校研究培训班，邀请的主讲人是美国高校从事院校工作多年的资深专家。培训期间，来自54所大学的100多位院校工作人员足不出户，认真聆听，热烈讨论，收获颇丰。紧接着，院校发展研究中心经过半年多筹备， 2013年7月又在云南昆明举行以“院校研究数据分析对象、内容和方法”为主题的全国学术研讨会，逐步推进数据分析。

再次，推进专题研究的规范化。数据分析与专题研究是紧密相连的。通过多年的推进，专题研究已经广泛展开，但仍然缺乏规范性。笔者在学术会议上论述规范化并撰文发表，提出高等教育研究、院校研究要解决问题偏大、资料偏虚、理论偏多、方法偏乱等问题，并要走出常识，要有程序意识，实现“对象化”的对象化，重视验证和创造。

四、在国际化中深化

2013 年 5 月 24 日，华中科技大学教科院博士生魏署光的博士学位论文答辩顺利通过，魏署光的论文题目是“美国院校研究决策支持功能探析”，指导老师为中国院校研究会会长刘献君教授以及美国院校研究会执行主席兰迪·斯温博士。这篇论文也是中国学者与美国院校研究人员合作进行的一项实证研究，兰迪·斯温博士认为，“该研究是迄今为止院校研究领域所开展的最为重要的研究之一”，也标志着中国的院校研究开始立足前沿，与世界上在此领域最先进的国家对话。国际化伴随着院校研究的始终。

首先，走向世界。院校发展研究中心先后派出多名师生到西方各国高校进行学习考察。刘献君、陈敏、张俊超等到加拿大、日本交流。陈敏、余东升、雷洪德、张俊超等到英国、法国、德国等国高校进行考察。2012 年 10—11 月，陈敏教授和张俊超副教授受邀到美国院校研究会总部，与美国院校研究同仁商讨合作事宜，并向他们介绍了中国院校研究的历史、现状和特点，随即成立了“中美院校研究合作研究中心”，双方计划在教材开发、培训课程、国际会议等方面进行合作；在美国召开的院校研究会议上，两位教授有关中国院校研究的报告，引起美国院校研究同行的广泛关注。美国学者认为，作为世界上在校大学生规模最大的国家，院校研究的进展决定着中国高等教育未来的发展。

其次，请国外学者来我国交流、研讨。2004 年以来，以讲授国际化课程、短期交流、参加学术会议等方式，院校发展研究中心邀请了几十位外国学者到我国探讨院校研究。例如， 2012 年 7 月在中国院校研究会和华中科技大学共同举办的“以学生为中心的本科教学变革”研讨会上，中外学者就“以学生为中心”的内涵，如何消除对“以学生为中心”理念的若干误解，以及怎样实现“以学生为中心”的教学，进行了深入探讨，形成了深刻的认识。会后，上海交通大学、国防科技大学、解放军理工大学等多所高校，邀请我们去作讲座，推进以学生为中心的本科教学变革。 2016 年在长沙举行的世界院校研究会会长峰会上，中国、美国、欧洲、日本以及海外华人院校研究会会长分别介绍了各自开展院校研究的情况。此次会议的另外一个目的就是要拓展和欧洲以及日本的合作。在这一次峰会上，大家一致认为，世界各国高校的院校研究具有很多相同的特点，可以相互借鉴，携手合作，共同推进。可以说，这次峰会将院校研究的国际化推向了一个新的阶段。

20 年来，院校研究所的教师们本着高度的社会责任感，将实践和研究有机结合，在推进我国院校研究、实现现代大学管理科学化方面做出了自己的努力和贡献。 2020 年，我们总结了院校研究取得的成绩、存在的问题，撰写了七篇论文，集中探讨中国院校研究走向成熟的对策。面向未来，我们深感任重道远，仍然需要不懈努力。

本书是 20 年来笔者对中国院校研究的研究和实践。一～十一为中国院校研究的发展，院校研究的理论、知识和方法；十二～三十为笔者在华中科技大学、文华学院开展院校研究的实践和探索。书中部分研究和实践，是笔者和同事、研究生共同完成，谢谢他们的努力和奉献。本书出版的目的在于，开展院校研究的交流，争取更多的学者、管理者参与院校研究的理论研究和实践探索，推动中国院校研究尽快走向成熟。书中不当之处，敬请大家批评指正。在此，特别感谢华中科技大学出版社编辑钱坤先生、章红女士，他们认真负责的工作态度、高超的编辑水平，给我留下了深刻印象，感谢他们的辛勤付出。

目 录

一、加强院校研究：高等学校改革和发展的必然要求

21 世纪我国高等教育的总体环境正发生着三大变化：市场化、大众化和国际化。随着高校办学自主权的扩大和多元化，以及高等教育买方市场的形成，高等学校的改革和发展迫切需要科学的院校研究做指导。当前我国的院校研究应从建立院校研究信息资料系统、进行高校管理中实际问题的科学研究和培养院校研究人员等三方面着手进行。

（一）怎样理解院校研究

院校研究（institutional research）是把现代管理科学和高等教育科学研究成果应用于高等学校管理，旨在提高高等学校管理水平的一门学科和一个实践领域。它产生于 20 世纪 60 年代的美国。由于二战后高等教育大发展，传统的高校管理模式不能适应新的形势，美国乃至西方许多国家高校的管理陷入混乱。这导致人们开始反思传统的高等教育与高等学校管理中出现的问题，探索新的管理哲学与管理模式。此后，美国及其他西方国家的高等教育与高等学校管理都发生了根本性的变化，形成了我们今天所看到的管理模式。这场变革史称“高等教育管理革命”。院校研究就是在这场“革命”中诞生的。院校研究协会（Association for Institutional Research）于 1964 年成立。协会有来自北美、欧洲、大洋洲、中美洲、亚洲、非洲等国家的 2873 个组织与个人会员。

院校研究协会1999年给院校研究下的定义是："院校研究是促进对高等院校计划管理与运行的理解，并促使其得以改进的研究。"院校研究协会还确定了院校研究的五个领域。它们是：① 学生事务。包括招生计划、招生策略、学生保持、学生需求评估、学生特点、学生管理、生源问题、研究生招生、学位与证书、学生资助。② 教学事务。包括课程审查、评估与评比、课程管理服务、非传统学习与学校氛围、研究生教育、质量管理、校友研究（教育效果、社会支持与筹资）。③ 教师事务。包括教师计划与政策研究、教师的招聘、教师的保持与发展、集体谈判、工资模式研究、终身制政策、教学、研究、教学评估、与教学有关的校内管理服务配合。④ 资源管理。包括资源布局、管理与模式变更、预算与资金、筹资与募捐战略、学校资源的价格制定与成本控制、人力资源规划、资本与设备的分配与损耗、资源规划与学校发展。⑤ 计划、政策与管理。包括领导、评议会、理事会与董事会、环境分析与预测、战略规划、多元化文化氛围与合作、计划分析、政策与实施、管理实施研究、决策与决策支持、学校工作结果评估、学校与政府、法律事务问题。

从院校研究的发展与实践来看，院校研究的特点主要表现在以下几个方面：第一，院校研究的重心是高等学校，侧重于微观研究而不是宏观研究。第二，院校研究着力研究一切与高校管理有关的问题，如学校年鉴编写、校友工作、学校运动队管理、学校筹资战略、校园犯罪问题等。第三，院校研究既是一个学术领域也是一个实践领域。作为学术领域，院校研究把高等学校管理作为研究对象，由此形成专门的研究方法和学术范式，培养专门的研究人才。院校研究作为一个实践领域，是各高校的院校研究人员通过研究自己学校的管理问题，把现代管理科学和高等教育科学研究成果应用于高等学校管理，为学校管理部门提供管理咨询服务。院校研究要求院校研究人员直接参与学校管理工作，与学校管理人员一起，共同解决管理问题。在院校研究领域中，只有少部分人专门从事学术性研究，大部分人从事实践研究。

（二）我国为什么需要开展院校研究

院校研究的发展程度以高校所获办学自主权的大小为前提。高校办学自主权越大，对院校研究的需求就可能越大，院校研究就可能发展得越快；反之，高校办学自主权越小，甚至没有办学自主权，院校研究就很难发展。

在计划管理体制下，中央与地方政府为高校制定管理条例与管理计划，所有学校按统一模式办学，基本不存在学校需要独立地思考学校应如何办的问题。高等学校主要考虑的是如何按照政府的管理政策与条例办学。政府通过制定高校管理条例与委派学校主要领导对大学进行控制。其结果是政府办大学。在这种条件下，高等教育管理研究自然以研究宏观高等教育管理为主。高等学校管理研究则着力于解释和说明政府的高等院校管理政策与条例，以及有关的经验交流。那种结合本校实际情况，以本校发展和提高本校管理水平为目的的院校研究很少。

如果政府致力于制定宏观教育政策，致力于营造良好的教育环境，各高校能够充分行使办学自主权，能够结合本校实际，制定适当的发展战略，采用适当的管理机制和管理方式，那么我们上面所说的院校研究就有了用武之地。在这种条件下，由于办学条件与办学思路不同，各高校就必须有一套班子，专门从事学校发展战略与管理效益的院校研究。

进入新世纪以来，我国高等教育总体环境正发生着三大变化：市场化、大众化、国际化。以我国加入 WTO 为标志，我国经济市场化以及社会适应经济市场化的速度将大大加快。入世后，我国政府将逐渐转变职能。这意味着基层单位管理自主权逐步扩大。现在政府教育管理部门也在做类似转变，即从办学校到办教育，致力于制定宏观教育政策和营造教育环境，高校办学自主权正在进一步扩大。这就为院校研究的发展提供了必要条件。

但仅有学校办学自主权是不够的，院校研究发展的充分条件是社会有对高等教育多元化的需求与高等教育买方市场的形成。目前，我国高等教育大众化与市场化趋势就是促成这两种变化的最根本的动力。随着高等教育的多元化买方市场的形成，高校间为争夺学生与办学资源而进行的竞争就会日趋激烈，高等学校需时时刻刻关注学生市场与劳动力市场的变化，小心翼翼地确定自己的市场定位，竭心尽力地追赶变化和提高办学质量，千方百计地争取外部办学资源，不遗余力地提高学校资源利用效率。否则学校发展就会受阻，甚至有关门的危险。事实上这种学校之间的竞争在我国某些地区与某些类型学校中已经出现，而且有逐渐扩大的趋势。在这种条件下，学校，尤其是规模较大的学校，有必要设立一个以收集学校内外信息、监视市场变化、组织管理效益评估、研究学校发展战略、提供管理咨询服务为主旨的院校研究机构。

中国加入 WTO 将进一步促进中国高等教育国际化进程，这种影响主要反映在人才标准、培养目标、教育过程、学校组织与管理方面。尽管中国高等学校不可能也不会完全采用西方发达国家高校的模式，但其经验值得我们借鉴。其中之一就是高校管理模式如何实现从传统学校管理到以现代管理科学和教育科学为基础的科学管理的转变。

美国高等教育自 20 世纪 50 年代起大扩张，学生、教师与经费均发生了革命性变化。在校生数 1955 年为 268 万人，1960 年为 379 万人，1965 年为 592 万人，1970 年为 858 万人。① 15 年增长了 3.2 倍。不仅学校如雨后春笋般涌现，而且各校学生爆满。二战前美国没有万人大学，到 1967 年，美国已有 155 所万人以上高校，其中 55 所学校超过 2 万人。②。其次是学生成分多元化。大量非传统学生，如退伍军人、黑人及其他少数民族、妇女学生涌入校园。他们提出了不同于以白人中产阶级理想为基础的传统大学理想的教育要求。

由于学生增加，合格教师严重不足，各校争相聘人，从而使博士教育大发展。博士学位年授予数从 1957 年的 0.8 万人到 1973 年的 3.4 万人，17 年共培养了约 34 万博士。学校到处都是年轻教授。新生代教师把自己看成学术专家（academic professional），而不是传统意义上的学者（scholarship）。他们参加反战运动与民权运动，参与学生挑战传统白人中产阶级大学理想的活动。

联邦政府与州政府给大学的拨款（教育拨款、科研经费、学生贷款等）大量增加。例如，联邦政府对私立高校拨款在 1940 年时不到 1%，而 1970 年达到 23%。1950 年时州政府对公立高校的拨款不到 5 亿美元，而 1970 年的拨款达 580 亿美元。③ 到 1962 年时，各级政府已提供了高校几乎一半的经费（48%），这还不包括学生助学贷款。④ 随着拨款的增加，政府对高校的干预能力也大大增强。

---

① Martin Trow A. American Higher Education：Past，Present，and Future [M] // Goodchild L，Weshsler H. The History of Higher Education.（2ndedition）. MA：Simon & Schuster，1997：572.

② Seymour Harris E. A Statistical Portrait of Higher Education [M]. New York：McGraw-Hill Book，1972：387.

③ Freeland R. The World Transformed：A Golden Age for American Universities：1945—1970 [M] //Goodchild L，Weshsler H. The History of Higher Education. 2nd ed. MA：Simon & Schuster，1997：587-609.

④ Seymour Harris E. A Statistical Portrait of Higher Education [M]. New York：McGraw-HillBook，1972：615.

由于美国大学的规模、组织与功能发生了根本性的变化，如扩招造就了功能复杂的巨型大学，规模的扩大导致组织与管理复杂性增加，政府与社会的卷入改变了大学的责任和大学与政府、社会的关系，大学从封闭系统变成开放系统，从单一目标转向目标多元化，从社会边缘走向社会中心，因此，大学必须重新思考自己的目标、功能、组织、管理等。然而不幸的是，美国许多学校没有认识到高等教育进入了一个新时代，高等学校管理必须做出相应的调整。相反，他们试图维持原有的模式与秩序。结果爆发了全国性的校园骚动。1968—1971 年，包括公立、私立、清教、天主教等 431 所大学与学院爆发了 2362 次校园抗议活动，其中包括 420 次流血事件①，震惊全美。为研究和解决这种种问题，院校研究诞生了。

自 20 世纪 60 年代起，院校研究就开始把高校作为一类特殊组织加以研究。工商管理领域的研究方法与成果，如组织分析、计划与决策研究、成本效益分析等被广泛引入。其次是行为科学方法，如教师、学生类型及其行为方式调查。再如政治学方法，它把大学看成是一个复杂的权力与利益系统来研究。还有资源管理方法，如资源调查、布局、使用与效果研究，尤其是人力资源管理研究。校际比较、声誉研究、评估评比等方法也受到重视并得到广泛使用。由于 20 世纪 70 年代美国经济萧条，经费紧张与提高效益成为高校管理面临的问题，1972 年，政府进一步改高校一般性拨款为学生贷款与项目拨款。学校必须彼此竞争以获得赖以生存的经费，如学费、研究经费、项目经费、捐助等。这促使高等教育市场的形成，更多的企业管理方法，如市场战略、政策分析、效益评估、成本核算、人力资源管理、管理信息系统、目标管理、人口预测、工作效益分析、评估体系研究、决策与决策支持信息系统、资源利用率分析等，进入院校研究。这些研究促进了美国高校管理的变化，也使院校研究的理论、方法与技术专门化。

由于其无可置疑的实用价值，院校研究作为一个实践领域也日益成熟。高校纷纷设立院校研究室，聘用专业研究人员。到 20 世纪 80 年代，以专业研究人员为基础的院校研究室已成了规模较大高校的标准设置。院校研究作为一个专门职业诞生了。今天在北美，尤其是在美国，大多数高校设有一个类似我们的高教所（室）的院校研究组。万人以上学校的院校研究组为 4 至

① Astin A，Astin H，Bayer A，Bisconti A. Overview of the unrest era. In The History of Higher Education [M]. 2ndedition. MA：Simon &Schuster. 1997：724-738.

7人，5000人以上为3至4人。院校研究组多由校长或学术副校长领导（63%），专门从事管理研究与咨询工作。[①]

改革开放20多年来，我国在促进高等学校管理科学化方面已经做了大量的研究工作与实践探索，也取得了很多成绩[②]，极大地提高了高等学校的管理水平。但是由于种种原因，我国高等教育与高等学校管理中仍然存在很多与社会的变化不相适应的方面，阻碍着高等学校的进一步发展。因此，我国高校也需要进行一次"高等教育管理革命"，院校研究应当在这个变革中起主导作用。如果大多数学校的高教所（室）将研究重点转到院校研究方面来，积极投入到学校管理工作中去，从事管理研究与管理咨询工作，就可以在很大程度上解决高教所（室）如何为学校决策与发展服务的问题。

（三）我国应如何开展院校研究

现在提出应积极开展院校研究，并不等于说过去我们对高等院校完全没有研究，这里我们强调的是把现代管理科学和高等教育科学研究成果应用于高等学校管理，旨在提高高等学校管理水平的这样一种院校研究。要开展这种新的意义下的院校研究，我们认为应从建立院校研究信息资料系统、进行高校管理中实际问题的科学研究以及培养院校研究人员等三个方面着手。

1. 建立院校研究信息资料系统

院校研究首先需要大量的信息资料作为基础。目前我国有关国内外院校的信息资料，一是零散，缺乏系统性；二是准确性差，对同一内容的信息，往往说法不一；三是时效性差，不少文章引用的资料，还是20世纪70年代甚至60年代的，跟不上教育的发展。因此，系统收集院校研究信息迫在眉睫。而且在现代科学技术如此发达的今天，建立院校研究信息资料系统完全是可能的。

① Volkwein J F. The four faces of institutional research. In What is institutional Research all about? A critical and Comprehensive Assessment of the profession [J]. New Directions for Institutional Research, 1999, 104 (Winter): 9-20.

② 蔡克勇. 中国高等教育管理研究五十年 [J]. 高等教育研究，1999 (3).

收集院校的有关信息资料，一是各个学校、研究人员都应做这一方面的工作，二是在全国应建立若干信息资料中心，集中进行收集，供国内外同行查询。如华中科技大学教育科学研究院从2001年起，正式建立中外院校信息库，多渠道收集中外大学形成、发展与改革方面的资料。具体包括：办学理念、校史、学校发展规划、学校自我评价报告、学校的政策文本、学校的基本数据、校长工作报告、学校发展研究报告、学校的专业设置、学校的人才培养方案，等等。另外还可以建立院校研究专家信息库、院校研究论文和专著信息库等。在此基础上建立院校研究网站，为所有院校研究人员服务。

2. 进行高校管理中实际问题的科学研究

院校研究关注的是高校管理中的实际问题。过去有人认为，高等教育研究是不结果实的树，这种说法当然不够全面，但应引起我们的注意。研究是从问题开始的，院校研究更是如此。在加入WTO以后，我国高校乃至整个高等教育系统必将在市场化的大背景下走向国际化。这将对我国高校的办学思想、发展战略、组织与管理等产生深刻的影响。因此，当前院校研究亟须研究的是市场化与国际化将对我国高校管理产生哪些主要影响；在这种影响之下，我国高校应在办学思想、发展战略、组织与管理等方面做出哪些调整改革，以促成高等学校在新的环境下健康发展。此外，大学的办学理念、战略管理、组织结构和行政管理，教学、科研和产业各自运作的规律和相互协调发展，大学德育，学生教育和管理，师资队伍建设，学科建设和发展，学位和研究生教育，后勤社会化等等，都需要大力开展研究，以探索其规律，提出改革对策。对这些问题的研究不能仅仅停留在经验的层面上，而是要以高等教育理论和现代管理科学为基础，运用现代研究方法，特别是国外院校研究已经证明的行之有效的方法，来进行科学的研究。院校研究还应该设立自己的学会，创办自己的期刊，为院校研究人员提供交流和研讨的条件。

3. 培养院校研究人员

要发展院校研究，就要大批培养院校研究人才。目前的一个主要障碍是，我们没有一个适合于培养院校研究人才的教育管理专业博士学位制度。

首先，院校研究人员需要三类知识：① 现代管理科学、高等教育学及各种与研究问题相关的知识。这些知识最好通过正规教育获得。② 研究方法和分析技术知识及运用这些知识的能力。这些知识和能力可通过正规教育与工作经验获得。③ 与研究问题相关的背景知识。这些知识主要来自工作经验和在岗学习。[①] 换言之，院校研究既需要较好的专业教育，又要求有丰富的院校工作经验。因此，在职学习与积累工作经验是院校研究人员专业发展的两个基本途径。当代高校组织与管理日益复杂，所涉及的知识已远远超过硕士学位教育所能达到的水平。据 1998 年对院校研究协会会员的调查，50%的院校研究人员拥有博士学位，40%的院校研究人员拥有硕士学位。目前美国高校在招聘院校研究人员时，已把博士学位作为基本要求，硕士学位拥有者一般只能做研究辅助人员。工作经验是另一个知识与能力的主要来源。在院校研究协会会员中，25%的会员有 5～10 年的工作经验，31%的有 10～20 年的工作经验，12%的有 20 年以上的工作经验。所以，工作经验积累对于院校研究人员的培养非常重要。

其次，院校研究的基本任务是解决学校管理问题，创造的不是一般化的理论知识，而是与具体工作相关的实践知识。因此，其研究训练应当注重一般理论与实际工作相结合的应用研究能力培养。

基于上述两点，我们认为最适合培养院校研究人才的是以在职学习为主并注重教育管理应用研究的教育博士专业学位。因此，我们建议，在充分试验的基础上，尽快建立我国的教育博士专业学位，并通过这种学位来培养院校研究专门人才。

什么是教育博士专业学位呢？教育博士专业学位起源于美国。美国的教育类博士分两类：教育学术博士（doctor of philosophy in education，PHD）和教育专业博士（doctor of education，EDD）。两种学位的主要区别是，教育学术博士培养学术研究人员，而教育专业博士培养专业实践人员。美国的第一个教育学术博士学位点于 1893 年由哥伦比亚大学教师学院建立，其目的是培养教育研究的学术人员。第一个教育博士专业学位点是由哈佛大学教育学

① Terenzint P T. On the nature of institutional research and the knowledge and skills it requires［J］. New Directions for Institutional Research，1999，104（Winter）：21-30；Knight W E，Moore M E，Coperthwaite C A. Knowledge，skills，and effectiveness in institutional research［J］. Ibid：31-40.

院于 1920 年建立的。其目的就是培养专业实践人员，如教师、学校管理人员、政府教育管理人员、政府政策研究人员等，为他们提供高级专门训练。创立教育博士专业学位是美国学术传统注重实践的表现，新学位建立后立刻受到热烈欢迎。到 1947 年已有 31 所高校建立了教育博士专业学位点，而且大多数学校中的大多数学生选择了攻读教育博士专业学位。

在教育管理领域，教育博士专业学位更是主流学位。例如，1995 年在美国的 127 个教育管理博士点中，有 61 个只授予教育专业博士学位，43 个授予教育专业博士学位和教育学术博士学位，23 个只授予教育学术博士学位。换言之，127 个博士点中的 104 个授予教育专业博士学位。[①] 斯坦福大学授予两种学位，但规定只有教育管理专业可授予教育专业博士学位。

从我国教育博士的培养标准和要求来看，我们培养的是 PHD，而不是 EDD。但要发展院校研究，我们大量需要的是 EDD 而不是 PHD。因此，如果不建立教育管理 EDD 学位，而用 PHD 标准来培养和评价院校研究人才，其后果必然是延迟甚至窒息院校研究的发展。在这个问题上，我们需要学习哈佛大学当年的务实精神，创立我国的高等教育管理 EDD 学位，为提高我国高校管理水平服务。

简言之，我们认为，发展院校研究是提高我国高等学校管理水平的一个重要途径。全国大多数高校的高教所（室）应当拿出主要力量投入到院校研究中去，在提高高校管理水平方面发挥主导作用。为了迅速培养大批高水平的院校研究人员，我们应当在务实与充分试验的基础上，建立我国高等教育管理博士专业学位制度。

（2002 年与赵炬明、陈敏共同撰写，是我国开展院校研究的第一篇文章）

---

① Mike Milsten. Progress and perils：Development of the field-based ED. D program in educational administration at the University of New Mexico [J]. Planning and Changing，1995，26：130.

二、开展院校研究：推进现代大学管理

中国高等教育正处在大变革、大发展之中，面临前所未有的挑战。我们正在体验高等教育大发展的历史，我们更要高度关注大学的发展，研究大学的发展，把握大学的发展，不留下历史性的遗憾。院校研究正是在这种背景下应运而生的。怎样理解和推进院校研究、在中国如何开展院校研究、研究发展中的重大问题以推进现代大学管理等问题，需要认真探讨。

（一）深入理解院校研究

通过 2003 年 10 月在甘肃天水召开的全国首届院校研究学术研讨会，对院校研究的理解，已达成一些初步的共识，如：院校研究的对象是本校的实际问题；研究的目的是改进管理实践；研究的主要特点是对单个院校的研究，行动研究，咨询研究，自我研究。[①] 2004 年 10 月，在华中科技大学举办的院校研究与现代大学管理高级研讨班和国际学术研讨会上，通过美国院校研究协会八位专家的讲授和与会代表的交流探讨，进一步加深了对院校研究的理解。

---

① 刘献君．关于院校研究的几个问题［J］．高等工程教育研究，2004（2）：25-28．

1. 为什么采用“院校研究”一词

与院校研究相关的词有机构研究、校务研究、校本研究等等。在英文“institutional research”中，“institutional”的本意是“机构”，如果直译应为机构研究，但“机构”一词包含的内容太广，且不确切。校务研究，容易被人理解为具体的工作研究，缺乏学术性。校本研究，近几年来在中小学管理研究中使用较多。相比之下，院校研究一方面对研究对象的界定比较明确，另一方面也体现了一定的学术性，因此，使用“院校研究”一词比较贴切。

2. 院校研究是一个研究领域还是一个学科

院校研究是高等教育、高等教育管理的一个部分，不是一个学科，而是一个研究的专业实践领域。在教育学中应有教育专业博士学位（EDD），以培养专业研究人员和业务实践人员。美国已建立教育专业学位制度，我国也正在探讨并在一些大学试点。与高等教育管理研究相比，院校研究更注重对学校实践问题的研究；与高等教育学会中其他一些二级学会的研究相比，院校研究更注重研究的科学性、综合性。

3. 院校研究是否只能研究本校问题

院校研究主要是研究本校的问题。由于学校的历史传统不同、学科结构和人员结构不同，每一所大学的改革、发展，都是一个创造过程，不可能照搬别人的模式、经验，因此，每所大学都需要对自己进行研究。同时，也只有每所学校都研究好、办好，整个高等教育才能健康发展。但是，院校研究不排除在个案研究的基础上，对一些普遍规律进行学术性的探讨；同时，研究本校，也要与其他学校进行比较，才能认清本校的问题，抓住本质，解决问题。院校研究也有责任从单个学校的研究来看政府的决策，提供政策性建议。

4. 领导者、管理者能否参加院校研究

讨论中，有的代表认为，领导者、管理者如果参与院校研究，就会因其主观愿望、意志，造成院校研究的不科学。应该看到，院校研究是行动研究、咨询研究，研究的目的在于咨询，在于推进决策的科学性。问题的解决、决

策的科学性都有赖于领导者、管理者。因此，他们不仅而且应该参与院校研究，只有领导者、管理者、研究者共同努力，才能有助于院校研究取得成效。

5. 中国过去有没有院校研究

20 世纪 80 年代，中国大学普遍开始建立高教研究所（室），本意是加强对自身发展的研究。20 多年来做了大量的工作，其中一些研究应该说是院校研究。但是，由于多年来政府办大学，高校没有办学自主权，也没有相应的社会问责，缺乏院校研究的外部条件，同时，由于高教研究者自身的局限性，高教研究所（室）的研究有违初衷，大体向两个方向发展：一是发展学科，争取博士点、硕士点、培养人才；二是为学校领导写讲稿、写文章，进行秘书性、经验性的工作研究。当前我国的高教研究普遍存在“三多三少”的状况，即：思辨研究多，实证研究少；宏观问题研究多，实践问题研究少；经验性总结多，科学性、系统性研究少。

由于高校办学自主权的扩大，社会问责制度开始形成，近几年来，中国高教研究者开始重视院校研究，把院校研究作为一个重要的研究领域。2000 年，华中科技大学教科院成立了院校发展研究中心，把院校研究作为学院主要的发展方向；2001 年在全国高等教育研究所联席会议上，华中科技大学教科院倡导通过发展院校研究来提高高校管理水平；2003 年 10 月全国首届院校研究学术研讨会在甘肃天水召开，有来自全国的 95 位代表参加了会议。在那次会议上，代表们提出了两个建议，一是建立中国院校研究会，引领全国的院校研究工作，二是希望能邀请美国院校研究会专家系统地介绍美国的院校研究工作。与此同时，清华大学、北京大学、复旦大学、华东师范大学、苏州大学、大连大学等也开始建立院校研究机构，进行院校研究。

（二）探讨中国院校研究，推进现代大学管理

在中国，如何开展适合我国国情的院校研究，笔者认为要把握以下三个方面。

1. 遵循三个基本原则

（1）借鉴与创造相结合

院校研究首先起源于 20 世纪初的美国，在 20 世纪中期高等教育大发展

中，在美国获得了较快的发展，为美国确立当前的高等教育和高等学校管理模式做出了巨大的贡献。院校研究在美国的发展也引起了其他西方发达国家的关注。从20世纪70年代起，一些西方发达国家开始引进院校研究，并发展出了适合本国国情的院校研究。在我国开展院校研究，首先要充分学习、借鉴美国及欧洲一些先进国家的经验，特别要学习其精神实质，并找出我们自身研究中存在的差距，如：实证研究不够，特别是对数据重视不够；科学的系统的研究不够；对具体实践问题研究不够等。但我们决不能照搬别人的经验，因为我们的国情不同；我国高等教育发展的阶段不同，美国二战以后高等教育大发展，而我国现在正处于高等教育大发展、大变革之中，很多发展的关键问题不解决，具体问题就难以解决；我国高等教育的体制不同、高校内部治理结构不同、机构设置不同。因此，我们要在学习、借鉴的基础上，进行创造，形成具有中国特色的院校研究。

(2) 研究与实践相结合

开展院校研究，应遵循研究与实践紧密结合这一基本原则。在这里，研究与实践相结合，有两层含义。

一是对"院校研究"的研究与开展"院校研究"的实践相结合。我们首先要研究"院校研究"的性质、内涵、特点等，对其有一个基本的认识，但不能停留在这里。与此同时，我们要着手进行院校研究。对一个概念的认识是逐步深化的，边研究、边实践，只有在开展"院校研究"的实践中，我们才能进一步深化对其本质的认识。

二是在开展院校研究的过程中，将对学校实际问题的研究与解决学校实际问题相结合。对学校实际问题，首先要开展研究，找出其问题的症结，提出解决问题的方案。但我们不能就此止步，还要去推动方案的实施，切实解决问题，提高学校管理水平。

(3) 自下而上与自上而下相结合

院校研究需要领导的支持、参与，没有领导的支持、参与，不可能搞好院校研究。因此，我们要主动向教育部、学校领导汇报，争取支持。同时，我们要从力所能及的、基础的问题着手，开展研究，并着手推进解决一些问题。只有自下而上与自上而下相结合，才能有效地推进院校研究。

2. 抓住现代大学管理中若干重大的问题开展研究

中国正在经历伟大的变化，中国高等教育也正经历着一个伟大的变化。中国的市场经济体制改革，中国的高等教育大众化发展以及中国的开放政策所导致的国际化趋势，给高等学校管理提出了一些前所未有的问题与挑战。高等学校将面临一场管理革命。我们正处于高等教育大变革中，我们正在体验历史，我们更要清醒地关注历史，把握历史，不留下历史性的遗憾。因此，首先要着力研究中国现代大学管理中的一些重大问题。

（1）学校定位与学校发展战略问题

定位是战略制定的起点，只有首先确定学校的定位，才能较好地制定学校的发展战略。事实表明，随着高等教育大众化的发展，必然出现高等学校的分化和高等教育的多元化。因此，每个学校是否能够找准自己的位置，制定相应的发展战略，对学校的未来发展具有重大意义。在这个问题上，存在一种普遍的心态，这就是，每个学校都希望在未来的发展中，学校能多上几个台阶，最好从一个地方性的、以教学为主的学校，变成全国性的甚至国际知名的研究型大学。这个心态决定了目前高等学校普遍定位偏高。把学校办好办大的主观愿望是好的，但是它可能不切实际。因为未来中国高等教育发展的主要趋势是发展大众化高等教育。需要大量发展的是面向大众的大众化高等教育，而不是精英教育，这是迫使学校面对现实的力量，是制约高校盲目攀比升格的力量。从总体上讲，在美国高等教育中没有发生过这个现象。美国高等学校非常注意运用市场分割思想来确定自己学校的定位。尽管美国高等学校在原则上可以自行确定学校定位，但是很少看到美国的一个地方教学型院校会把自己的未来发展定位为全国甚至国际知名的研究型大学。那么，我们要研究的问题有：

攀比升格风是不是中国特有的现象？如果是，什么机制在起作用？学校合理定位，政府的责任是什么？社会的责任是什么？学校自身的责任是什么？如何建立引导学校合理定位的机制？

学校定位的内涵是什么？谁来定位？怎样定位？

什么是学校发展战略？战略的内涵是什么？怎样制定学校发展战略？制定战略的难点何在？

(2) 在政府提供的经费不足条件下如何办好学校

为什么要研究这个问题呢？基本理由是，国际经验表明，各国高等教育在从精英教育向大众高等教育甚至普及化高等教育转变过程中，政府与社会对高等教育的绝对经费投入会增加，但资助强度会下降。这是因为高等教育大众化导致教育的规模扩大，而政府与社会的经费支持不可能按同等比例增长，结果造成高等学校自筹经费比例的增加。例如，1970 年美国政府与社会对高等教育的经费支持为 138 亿美元；到 2000 年，这个经费上升到 1141 亿美元，为 1970 年的 8.27 倍。但是这个投入占当年高校总经费的比例，却从 1970 年的 64%下降到 2000 年的 40%。[①] 也就是说，1970 年高校只需筹集大约 36%的经费，而 2000 年则需筹集 60%的经费。类似的情况也发生在中国。以华中科技大学为例，1980 年以前，政府经费在学校经费中的比例在 80%以上，那时学校自筹经费很少。而今天，政府经费已经下降到 30%左右。其他类型的学校也大体经历了类似过程。

美国和我校的一些学者研究表明：当高校较少地依赖政府资源，较多地依赖自筹资源时，会使高校从一个被动的行政下属组织变成一个更有自主创业精神的组织，这将根本性地改变原有的组织与管理模式。如果这个结论具有普遍意义，那我们就必须认真思考高校组织和管理与其资源依赖结构的关系，创造出较少地依赖政府资源、较多地依赖自筹资源的学校组织与管理模式。因此，我们要研究的问题有：

政府究竟应当给高校投入多少钱？以什么方式拨款会有利于学校提高教学质量和办学效益？

政府资助力度下降对高校的管理会产生什么影响？学校的组织结构与相应的管理模式如何改变？

在计划经济时代，政府给多少钱，学校办多少事；而在市场经济条件下，则要办多少事，去找多少钱。在这种情况下，学校如何筹集资金？

(3) 大学教育面向学生、面向社会、面向未来的问题

我们的社会正在发生根本性变化，我们的学生群体也发生了根本性变化。学生的变化主要是由社会的变化引起的。今天的大学生绝大多数是在改革开

① 赵炬明. 美国院校研究发展述评 [J]. 高等教育研究，2002 (3).

放之后的年代里出生的，他们和改革开放之前受教育的人在很多方面有着重大的区别，以至于被人们称为“新新人类”。

我们要认真进行反思，主动进行改革。如果不做这种反思，未来的发展也会迫使我们改变。正像20世纪60年代欧美国家的学生骚动一样，最后以社会动荡迫使大学教育体系对自己进行全面的调整。这场风暴之后，美国高等教育进入了新阶段。美国现在的高等教育研究基本上就是在那一段时期产生的，美国今天的院校研究机构也大多诞生于那段时间。我们研究的问题主要有：

大学生的愿望与理想、目标与追求是什么？社会对大学生的期望与要求是什么？大学生对未来社会的影响怎样？大学生对学校教育的期望是什么？

面对学生的变化，我们应确立什么样的教育思想、观念？如何重新思考学校与学生、教师与学生的关系？现有教育体系、工作方式有哪些不适应时代的变化？如何改革？

(4) 大学法人治理结构问题

“任何组织都有一个治理问题，学校也不例外。”① “大学治理的基本问题是：用什么样的制度才能保证大学的目标和理念的实现。”② “治理”概念是从经济学领域引进来的，公司治理已是一个比较成熟的研究领域。大学是不同于公司的社会化组织，但是在大学的外部和内部都存在着权、责、利的分配问题。

大学的外部关系，是大学与政府、市场的关系，其中首先是大学与政府的关系。在大学与政府的关系中，政府代表社会管理公立高校，政府对公立高校可以实施行政管理权力。政府因具有行政管理权力处于强势地位，尽管大学具备了法人的地位，法律赋予了大学应有的权力，但在现实中并没有完全得到落实，从而限制了大学的办学自主权。在大学内部，大学如何用好办学自主权，恰当地行使权力和履行义务，这是大学办学自主权在大学内部的分配问题。大学一般作为非营利性组织，是典型的利益相关者组织，没有哪个个体或集体全部拥有大学，也没有任何人会对大学负全部责任，研究大学内部权力关系十分重要。因此，我们要研究的问题有：

如何在对学校与政府、市场关系的准确把握的基础上，根据我国国情，

① 俞可平．治理与善治［M］．北京：社会科学出版社，2000：4．

② 张维迎．大学的逻辑［M］．北京：北京大学出版社，2004．

建立现代大学治理结构？如何保障大学办学自主权的落实？

如何调整学校内部治理结构，处理好各种权力关系？由谁来控制大学？以谁的利益为重来决策？决策对谁负责？

3. 从基础抓起，从学校的具体实践问题入手

院校研究，资料（尤其是数据）是基础，要抓住建立数据库这一基础性工作。“教育政策的抉择、行政的措施、校务的规划以及教学的改进，都需要即时、完整、正确的资料做依据。没有资料，往往不能做出正确的判断与选择，也往往失去先机。所以资料即知识，知识即力量。”[①] 我们的很多研究往往凭经验、感觉、思辨，缺乏充分的论证。在院校研究中，要善于运用数据及其他资料去说明问题，寻找对策，解决问题。现在学校一般都有业务数据库，我们要在此基础上建立分析数据库。

院校研究，要从本校的实际问题入手，“用一个很简单的方法去回答很有意义的问题”[②]。近几年来，华中科技大学院校研究中心针对学校的问题，开展了一系列的研究，如华中科技大学何以排名第五、华中科技大学发展战略、教师聘任制实施的策略选择、专业教学中的人文教育、青年教师成长规律研究、学生贷款研究、大学生社团研究等。这些研究都取得了好的成效。

（三）努力推进院校研究

中国教育学会会长周远清同志在“院校研究与现代大学管理”国际学术研讨会上提出：“今后大多数高校的高教研究所要以院校研究为重点。”我们要在教育部的领导下，在中国高等教育学会的指导下，在全国推进院校研究。

1. 培训院校研究人员

开展院校研究，关键靠人，靠一批事业心强、热心院校研究、具有院校研究能力的人。我们要采取多种方式培养院校研究人员。

---

① 彭森明. 全国高等教育资料库之建置及运用［C］//华中科技大学院校研究所. 院校研究与现代大学管理，2004.

② 彭森明. 全国高等教育资料库之建置及运用［C］//华中科技大学院校研究所. 院校研究与现代大学管理，2004.

举办院校研究人员培训班。2004 年 10 月，华中科技大学教育科学研究院联合美国院校研究协会举办了第一届培训班，近 100 位同志参加了培训，大家感到收获很大。今后，计划每年举办一次，每次围绕一个主题进行。2005 年将在西安举办第二届培训班，主题是“高校领导与战略”。

组织编写院校研究培训教材。我们将与美国院校研究协会合作，编写“院校研究理论与方法”“大学发展战略”“教师事务”“学生事务”“教学与科研管理”“财务管理”等教材，成熟一本，出版一本。

推进建立高等教育专业学位制度，通过 EDD，培养高水平的院校研究人员。

各院校自己组织培训。例如青岛大学，组织 20 多位中层干部到美国有关大学对口培训三个月，效果很好。

2. 推进建立院校研究数据库

首先，推进院校建立自己的分析数据库。佛山科技学院的校长、党委副书记、校办主任、院校研究人员一行四人参加这次培训班和国际学术研讨会，他们边学习、边研究，决定着手建立本校的数据库。我们都应该从本校做起，从自己做起。

其次，协助、支持在厦门大学和华中科技大学等建立全国共享的院校研究数据库。

3. 开展院校研究的工作和学术交流

现代社会，信息交流十分重要，我们从三方面着手推进交流。

在华中科技大学院校研究所建立院校研究网站；举办院校研究通讯；创办“院校研究”学术刊物。

4. 继续推进院校研究机构的建立

自 2003 年天水会议以来，部分院校已经建立院校研究机构，这一方面的工作还要继续推进。机构的形式可以多样化，根据学校自身特点、情况而定。

（笔者 2004 年在武汉举办的“院校研究与现代大学管理”国际学术研讨会闭幕式上所做总结发言）

三、院校研究的意义、特征和主要内容

开展院校研究是我国社会政治经济发展的必然要求，是高等教育发展的内在需要，也是高等教育研究走向新阶段的重要标志。为了解决新形势下我国高等教育所面临的问题，促进高等学校的改革和发展，高校领导和高教研究工作者必须转变观念，充分认识院校研究的意义，了解院校研究的基本特征，把握院校研究的内容，克服当前院校研究中存在的困难，努力开展院校研究。

（一）理解院校研究的意义

院校研究对于推进高等学校管理现代化、推进我国高等教育发展和高等教育学的学科建设、推进国家高等教育法治建设，具有重大而深远的意义。主要体现在以下方面。

1. 有利于推进高等学校管理现代化

开展院校研究有利于推进高等学校管理现代化，即管理的科学化、民主化和法治化。

科学化是与科学研究紧密相连的。重视科学研究，积极探索和把握事物的客观规律，尊重事实，努力按客观规律办事，才能实现科学化。开展院校研究，能促使全校上下，特别是各级领导者和管理者学会和养成研究的习惯，参与研究，热爱研究，善于研究，真正形成研究之风，在研究中学习和提高，在研究中决策和发展，真正从经验型管理转变为科学高效的管理。中国高校在管理、发展和决策中出现许多问题，其重要原因之一就是缺少研究，缺少真正的、科学的、规范的院校研究。各级领导者、管理者参与院校研究，一则会使大家的认识日益接近、逐步统一，对学校的政策和决策更加理解、熟悉和支持；二则在研究和实践过程中对本校发展的特点、优点、问题和规律会认识得更清楚，真正使理论和实践结合起来，学会以理论指导实践；三则通过在研究中学习和提高，养成科学的思维，学会科学研究的方法，真正提高自己的工作能力和决策水平，使学校的总体管理水平上一个新的台阶；四则会在研究过程中锻炼队伍，培养出一批理论与实践相结合的有中国特色的教育家和教育工作者。①

民主决策是现代化管理的标志之一。院校研究重视学校数据的收集、整理、分析，并使之公开化。这样，就有利于教师、学生、职员以及社会公众及时了解学校的真实情况并对学校工作进行民主监督；而院校研究人员采用问卷调查、访谈等多种形式听取师生对学校重大决策的意见，也使学校决策能更好地体现师生的民主意愿。可见，院校研究能有力地推进学校管理的民主化建设。

法治化体现在诸多方面，其中之一就是对重大问题进行决策时，要严格遵循相应的法律程序。错误的决策，往往是个人说了算，或者说，是某个领导人凭借个人好恶，在对决策对象没有进行充分调研的情况下所做的主观臆断。院校研究不仅本身有严谨的程式，而且其研究工作已制度化地成为管理决策过程的必经环节和有机组成部分。因此，院校研究有利于推进高等学校管理的法治化。

2. 有利于推进高等学校的改革和发展

通过院校研究，各高校就能真正、全面地认识自身的优势，挖掘自己的潜能，看清自己的弱点，明确自己的地位，发挥自己的作用，使学校发展建设更自觉、更科学、更健康，更具个性和特色，其竞争力和适应能力也将进一步得到增强。这是一个极其重要而又长期没有得到重视和解决的问题。过去，许多学校习惯于眼睛盯着政府，把学习和贯彻上级的批示和精神当作唯

① 吴绍春．关于院校研究的几个问题的思考［M］//刘献君，陈敏．院校研究与现代大学管理．青岛：中国海洋大学出版社，2006.

一的治校良方，跳不出计划经济的思维模式，使学校变成了一个单纯贯彻执行指令的机构、一颗由上级部门指挥的棋子，很少有时间和精力，也很少主动、认真、自觉、全面地认识自己的角色和使命。一些学校不懂得自己的历史和传统，不知道自己的个性和特色，不明白自己的定位和发展方向，只好亦步亦趋地跟着名校走，跟着文件走。开展院校研究，可以帮助高校科学地、客观地认识自己，在不断的发展变化中认清自我，评价自我，研究自我，从而真正地发展自我，创新自我，使学校能够全面、健康、和谐地快速发展。①

在这方面不乏成功的事例。有的学校通过战略研究找准了自身的定位，不去盲目追求高、精、尖，而是将自己定位在服务地方经济，努力为地方开发科技成果、培养优质人才，促进地方经济发展，这样，又反过来赢得了地方政府、企业的积极支持，从而使学校得到了快速发展。有的学校通过广泛调研和客观比较，确立了发展战略中的重点、特色学科，从而加大建设力度，使之跻身全国先进学科行列，有的学科甚至一跃而成为全国第一或唯一，这些学科的发展，又有力地带动了其他学科的发展。有的学校从治理结构出发，致力于理顺各种关系，建立良好的制度、机制，充分调动各利益相关者的积极性，从而大大推进了学校发展。还有一些学校通过研究自己的薄弱环节，分析原因，寻找对策，从而使问题不断得到解决，困难不断得到克服，学校逐步走上良性发展的轨道。

3. 有利于推进高等教育学的学科建设

我国高等教育学自创建以来，经过广大理论研究者和实践工作者的共同努力，发展很快，也产生了一批理论成果，但是离时代和学科发展的要求仍然有很大的差距。究其原因，就在于高等教育研究自身还存在不少问题，主要是对教育实践关注和研究得不够。为了进一步推进高等教育学科建设，我们必须正确认识以下关系：

——共性和个性的关系。特殊高于普遍，个性胜于共性。特殊性寓于普遍性之中，特殊性改变普遍性。共性的丰富性，取决于个性的丰富性。每个学校都有其不可替代的特殊性，需要有针对性地加以研究。只有对单个学校研究透了，才有可能在此基础上，科学准确地归纳出一般规律。

① 吴绍春. 关于院校研究的几个问题的思考［M］//刘献君，陈敏. 院校研究与现代大学管理. 青岛：中国海洋大学出版社，2006.

——理论和实践的关系。首先，哲学来源于非哲学材料，教育规律来源于教育实践，只有对教育实践，特别是对具体从事教育实践的学校进行深入研究和剖析，才有可能探索教育的规律；否则，从现象到现象，从抽象到抽象，是不可能认识教育规律的。其次，国家的教育思想、教育制度、教育方式的创新，首先源于教育实践，特别是源于高等学校的创新，然后才由国家教育行政部门总结、推广和制度化。例如第二课堂、大学生文化素质教育，即由华中科技大学首倡并付诸实施，然后才推广到全国，现在，"科技教育和人文教育融合"已被公认为有创新价值的教育思想。又如大连理工大学率先开设大学生思想教育课程之后，一些大学也相继效仿，方才得到教育部的肯定、支持、推广，最终由中央政治局常委会议讨论并给予肯定。此外，大学生收费上学、学校办产业、后勤社会化等全国性改革，无不始于少数高校的首创。

——借鉴和创新的关系。发展高等教育理论，需要充分借鉴先进发达国家的经验，吸收其理论成果。但是，我们不可能完全照搬别国的理论，更不应"言必称希腊"，唯西方大师马首是瞻。实际上，我国教育实践中的很多问题，是无法完全用西方现有理论来解释的。这是因为我们的国情不同，需要我们在实践、创造、研究的基础上，形成自己的理论。西方学说只可借鉴而不能取代我们自身的理论探索。

院校研究虽然是以单个学校为对象、以实践取向为主、以解决院校具体问题为目的的自我研究，但是，它可以为高等教育学的理论研究提供生动丰富的素材，而且从单个院校总结的某些特殊规律，经过实践的检验，也有可能上升为高等教育学的一般规律。因此，开展院校研究有利于推进高等教育学的学科建设。

院校研究还在高等教育学与高等教育实践之间架起了一座桥梁。就是说，院校研究运用高等教育理论去研究、分析、解决高等学校管理中存在的问题，而用理论指导高校管理的实践，又可反过来验证、丰富和发展理论。

4. 有利于推进国家高等教育法治建设

随着社会的发展，人与人之间的关系将越来越复杂，用以调节人与人关系的法律、法规、制度、政策也在不断发展变化。院校研究针对学校中的各种具体问题进行研究，寻找解决问题的对策，因此，可以检验政府有关法规、制度、政策是否符合学校发展的具体情况。例如，学校贯彻任何政策都需要付出政策成本。通过院校研究，可以了解学校政策成本支付的情况，包括付出是否恰当、学校有无能力承担等，从而对相关政策恰当与否进行检验。学校可以向政府反馈检验的结果，以便政府根据实际情况进行政策调整。另一方面，在院校研究中还可以发现法律、法规、制度、政策上的空白点，提请政府及时制定相关的法律、法规、制度、政策。例如，一些独立学院的自我研究发现，投资方、举办方、办学方之间的责任、权利、义务不明确，特别是产权不明晰，是独立学院发展过程中亟待解决的突出问题，需要政府及时制定有关法规。显而易见，通过院校研究，可以推进我国高等教育的法治建设。

（二）把握院校研究的特征

开展院校研究，要弄清院校研究的含义和基本特征。院校研究是一个发展的概念，对院校研究的含义，不同时期的不同学者从不同的角度提出了自己的看法，大体有：院校研究是高校进行自我研究的一种形式，目的在于帮助学院和大学广泛而全面地收集有关大学内部运行、资源利用和办学效益的数据和信息①；院校研究是对高等教育组织或大学的研究，其宗旨是为高等学校提供有益的信息咨询，以改善学校的管理，为学校政策的制定出谋献策②；院校研究是有组织地收集、记录和分析有关高等教育机构的计划、进程和环境方面的数据及信息的研究活动③；院校研究是一个跨学科的专门领域，强调整合运用现代管理科学与教育心理学的相关知识理论和技术方法，对高等教育组织的管理和普遍性问题进行的一种新分析④；院校研究是专门为改进管理（如规划、政策发展、资源配置以及所有功能领域的管理、决策或评估）提供信息支持的研究，其价值主要体现在对于高校适应变革能力的贡献，以及为

---

① Francis Rourke E，Glenn Brooks E. The Managerial Revolution in Higher Education［M］. Baltimore：John Hopkins Press，1966：44.

② Jonn Muffo A. 美国院校研究概述［J］. 外国高等教育资料，1994（1）：1-4.

③ 胡森. 简明国际教育百科全书·教育管理［M］. 北京：教育科学出版社，1992：300.

④ John Lyons M . Memorandum to a Newcomer to the Filed Institutional Research［EB/OL］. Florida：The Association for Institutional Research，1976. From http：//www.airweb.org.

帮助高校适应变革所起的关键性作用[①]；院校研究是经由数据收集、分析、报告和相关的参谋工作，促进院校正确决策和有效运行的研究活动[②]；院校研究旨在促进对高校的理解，并促使高校计划及其运作不断得到改进[③]。

参照以上诸家之见，根据我国高等教育管理的实际情况及近几年来开展院校研究的实践，笔者认为，院校研究是通过对本校管理问题开展系统和科学的研究，以提高本校管理水平的一种研究。其基本特征主要表现在以下方面。

1. 院校研究是自我研究

院校研究的对象主要是单个的高等学校，是研究者对他身在其中的那所学校的研究。院校研究之所以是自我研究，大学之所以需要这种自我研究，是因为：

首先，现代大学已经变成了规模庞大、组织复杂、功能多样、对社会负有多种责任的特殊组织，需要大量的信息和专门知识才能对其进行有效管理。学校管理人员，尤其是学校主要决策部门，需要专门机构和人员帮助其收集信息、研究问题、提供决策咨询。这个任务不是学术性高等教育研究所能承担的。[④]

其次，每所大学的历史与传统不同、学科结构和人员结构不同、所处地域不同，其每项改革、发展、管理都是一个创造过程。任何一所大学都是具体的、独特的和不可替代的，它所具有的复杂性是其他学校的经验所不能完全覆盖的，也不是任何现成理论所能充分诠释的。院校自身的问题，院校中人最为熟悉、了解。院校自身的问题只能主要靠院校中人去解决。

再次，针对单个学校的自我研究，是院校研究与高等教育研究的重要区别之一。倘若院校研究扩大成对高校问题的一般性研究，就意味着把院校研

---

① Marvir Peterson W. The role of institutional research：from improvement to Redesign［M］// New Directions for Institutional Research（No. 104）. San Francisco：Joss-Bass，1999：83-84.

② Saupejl，Montgomeryjr. The Nature and Role of Institutional Research：Memo to a College or University［R］. Tallahassee，Fla. Association for Institutional Research，1979：3，12.

③ About AIR［OL］.（2006-01-15）. http：//www. airweb. org.

④ 赵炬明. 中国大学与院校研究［J］. 高等教育研究，2005（8）.

究等同于高等教育研究，从而使院校研究失去了存在的依据。自我研究这一特性，使院校研究成为不同于学术性高等教育研究的一个独领风骚的全新研究领域。

因此，院校研究必须考虑本校的历史背景和组织文化特征，从本校所要解决的问题出发，为本校的管理与发展提供直接、有效的信息与咨询服务。由于院校研究活动具有直接服务于院校改进的职能，因而必须建立一支专职和兼职相结合的研究队伍和相应的组织机构，并进入学校的组织体系，内化到现代高等学校管理的制度之中，最终成为高等学校中一种“研究”与“改进”相结合的“制度安排”。[①]

院校研究是自我研究，并不排除邀请校外研究人员参与研究。一般说来，本校研究人员负责本校的经常性研究。但在学校进行重大问题如学校发展战略、定期发展评估等研究时，应当聘请校外专家参与，组建由校内外两方面人员构成的研究组。校外人员可以带来新的思路和信息，扩大校内人员视野；校内人员可以提供本校情况，使研究更加切合本校实际。此外，一些建校较晚、研究力量比较薄弱的学校，可聘请校外人员帮助研究，在开展研究的过程中，帮助建立本校的院校研究系统，培养研究队伍。

2. 院校研究是管理研究

高等学校的工作大体可划分为三个方面：教学科研、后勤产业服务、组织管理信息保障。院校研究是否需要研究学校所有问题？如果不是，那么重点何在？这是有争议的问题。争议的焦点之一是，院校研究是否应当包括对课程和教学问题的研究。院校研究的首倡者之一考雷（W. H. Cowley）给院校研究下的定义是“关于高校一切问题的研究”，而且坚持教学研究应属于院校研究。[②] 另一位早期学者德雷索（Paul Dressel）在《院校研究手册》一书中给院校研究圈定了 13 个研究领域，其中也包括教学研究。[③] 泰特罗（L.

① 蔡国春. 院校研究与现代大学管理——美国院校研究模式研究与借鉴［M］. 北京：教育科学出版社，2006：54-55.

② Cowley W H. Two and a Half Centuries of Institutional Research［G］//Richard G Axt，Hall T Sprague. College Self Study：Lecture on Institutional Research. Boulder：The Western Interstate Commission for Higher Education，1960：1-16.

③ Paul Dressel，Associate. Institutional Research in the university：A Handbook［M］. San Francisco：Jossey Bass，1971：Chapter 6.

Tetlow）1970年对院校研究协会会员的调查表明，当时大多数人也认为院校研究应包括学术工作研究。[①] 但美国后来的实践表明，院校研究事实上基本集中在管理研究，很少涉及教学研究。根据我国现在的情况，院校研究主要是管理研究，这是因为：

首先，院校研究产生的原因很多，其中最直接的原因是高等教育大众化。学校规模的大幅度扩展，引起了一系列问题，例如：高校内部学生、教师、职员及领导之间的协调问题；高校与外部环境之间的协调问题；精英型管理模式向大众化管理模式转变过程中产生的目标调整和资源重新分配问题等。同时，现代大学管理面临许多新的情况，例如：社会变化节奏加快，未来将不再是过去的重演；组织规模越来越大；教育的社会功能越来越复杂；教育质量与教育资源的竞争越来越激烈；管理决策所带来的社会影响越来越大等。因而，中国高等教育和高等学校正面临一场管理革命以及与之伴生的大量管理问题，必须尽快在各方面提高管理工作水平，改进、完善和创新其管理模式，最终建立起适合中国国情的现代高等教育管理体制。在此进程中，以管理研究为特征的院校研究大有用武之地。

其次，从研究性质看，在高等学校中，教学、科研主要是教师的事，只有专业造诣比较高深的教师，才能进行改革教学、课程本身的研究。这里还有一个学术自由的问题，如何进行教学、怎样进行研究，这属于教师的学术自由范畴，只要不涉及政治方向和社会道德问题，其他人都不应干涉。当然，院校研究可以而且应当进行教学管理方面的研究，从有效管理的角度，与教师一道研究教学评估和教学资源利用等问题。

当然，只要事关兴校育人，师生员工皆有关心之责。而院校研究人员则应发挥自己的专业优势，主要研究学校管理方面的问题。

3. 院校研究是咨询研究

赫伯特·西蒙指出："管理就是决策。"现代决策体系由决策系统、智囊系统和信息系统三个部分组成。在决策体系中，院校研究人员主要从事信息系统和智囊系统方面的工作。这就意味着院校研究主要是咨询研究。咨询研究具有服务性、科学性、独立性和自由性等特点。学校的教代会、

① William Lloyd Tetlow. Institutional Research：The Emergence of A Staff Function in Higher Eduction ［D］. Cornell University，1973：29-31.

学生会、学术委员会以及职能部门，都有某种咨询功能，但院校研究机构的优势在于，它汇集了高等教育研究、规划、管理、财务、计算机网络等不同学科和不同工作领域的专家，能进行综合研究，从而促进不同视界的交流和融合，发挥科际整合作用。[①] 在学校管理决策中，院校研究的咨询作用体现在两个方面。

一是信息中枢作用。院校研究致力于收集、归纳、比较和分析本校运行实况和环境变化等各方面的信息，建立、更新并有效管理数据库，以备决策部门之需；同时，针对学校需要解决某一问题，通过专门手段和技术获取并向有关方面提供充足的信息。

二是智囊作用。院校研究机构对于其所在高校的智囊作用，体现在三个方面：① 帮助学校行政部门对有关本校改革和发展的重大问题做出准确的预测。例如，通过广泛而深入的调查研究，在全面、综合评价学校现状和面临的挑战的基础上，对亟待解决的重大问题做出判断和预测，对学校发展的重大战略问题进行分析和规划。② 对具体决策的目标和价值进行论证。例如，在某一特定阶段，高校往往面临着诸多改革和发展任务，需要进行多方面的决策，这就有一个区分轻重缓急的问题。院校研究机构通过对各种决策目标进行论证和对各种价值选择进行评估，抓住关键问题和主要矛盾，帮助行政部门进行及时、必要、对症下药的决策。③ 政策环境分析。在重要政策出台之前，院校研究机构一般要根据校内外需求的变化，结合学校现有支撑、保障条件，对该政策形成和实施中可能遇到的问题做出恰如其分的分析；政策实施后，进行跟踪调研，发现和分析问题，及时形成反馈意见。[②]

4. 院校研究是应用研究

一般来说，研究领域大体包括理论研究、应用研究和实践开发研究三类。院校研究虽以包括高等教育学和管理学等在内的众多学科为基础，但其研究的主要目的不是发展理论；另一方面，院校研究通常也不涉及教学、课程开发等实践开发工作。院校研究通过对高等学校管理方面存在的突出问题进行分析、诊断，以解决学校管理工作的实际问题为基本目的。因此，院校研究居于三类研究的中间层次，属于应用研究。

① 刘献君．论高校战略管理［J］．高等教育研究，2006（2）：1-7.

② 宋旭峰．院校研究的功能与作用［J］．高等教育研究，2003（3）：51.

作为应用研究，院校研究强调理论指导，注重方法的科学性和学校管理问题研究的系统性。即便是解决具体的工作问题，也力求运用科学的方法，如问卷调查、深度访谈、现场观察、个案分析、测验研究、目标模拟等，通过明确问题对象、收集数据资料、分析数据资料来得出结论、撰写报告，这就把院校研究与经验性的日常“工作研究”或“校务研究”区分开来了。[①]

院校研究的应用性特征，要求院校研究人员既掌握高等教育管理和一般管理学等学科的基本理论，又具备足够的应用研究能力，还熟悉学校方方面面的情况。特伦兹尼的研究指出，院校研究人员应具备三种能力，即“专业能力”（如对本校数据的熟悉程度及数据分析能力等）、“说服他人的能力”（如对教师解释教学评价的结果并给出教学法建议）、“背景能力”（对本校的历史和文化管理特殊性的了解程度）。院校研究的应用性特征，要求院校研究人员应具有特定的专业素养和水平。

（三）明确院校研究的内容

院校研究内容是多样的、变化的、发展的，但我们仍可从中找到共同点。参考美国院校研究的经验，结合我国的国情，院校研究的主要内容可体现在以下几个方面。

1. 院校信息的收集、整理、研究与报告

院校研究工作的基础是系统地收集、整理、分析学校运行状况的信息。如果把学校比作一个有机体，这些信息要能准确地反映学校各主要方面的健康状况。院校研究人员应及时地把情况通告给学校领导和有关部门。为此，学校要建立专门的院校研究信息库。院校研究机构要负责保持维护这个数据库，并根据这个数据库所反映出来的情况，定期向学校汇报学校运行情况，选择、建议专项研究课题，提供管理咨询意见。这个工作是所有其他院校研究工作的基础。由于这项工作的经常性和基础性，常使人们误以为院校研究机构就是个收集信息整理信息的部门，反而忽视了院校研究更为重要的工作——为学校管理改进提供管理咨询。

① 周川. 院校研究的职能、功能及其条件分析［M］//刘献君，陈敏. 院校研究与现代大学管理. 青岛：中国海洋大学出版社，2006：57-58.

院校信息源于学校运行信息但不同于学校运行信息。院校信息是定期从学校运行信息中抽取出来的信息，是经过加工处理的反映学校各主要方面运行状况的数据和信息。从院校管理的角度来看，为了达到有效的管理，要求院校信息具有准确性、及时性、可靠性和适用性。院校信息对于院校管理的重要性主要表现在，院校信息是进行预测和院校战略规划的基础，是院校管理者了解和评估内部运作过程的基础；院校信息的流动是进行院校管理的基础手段。院校信息收集的范围，可以从环境、输入、过程、输出四方面来划分。环境主要包括内在环境、市场环境、公共环境、竞争环境和宏观环境。输入包括学生、教师、职员、设施和资金等。过程涉及招生、教学、科研、学生管理、教师管理、学校发展规划、质量评估、后勤保障等。输出是反映学校各种活动结果的信息。

2. 院校年度报告的撰写与研究

自 20 世纪八九十年代以来，美国不少州相继立法，要求各高校每年或每几年向州政府提交有数据和以数据分析为依据的年度教育报告，报告内容主要包括：

① 教育质量的自我评价；

② 招生人数和毕业率；

③ 在校生与毕业生追踪分析；

④ 毕业生就业率和继续升学率；

⑤ 社会和用人单位对毕业生的评价等。

年度报告的研究与写作，已成为美国院校研究者重要的工作内容之一。

我国虽然还没有以立法形式要求高校向政府提交教育报告，但也有相应的惯例：高校每年要向政府教育主管部门报送学校教学、科研、教师、学生等方面的有关数据；校长每年要向教代会报告一次学校工作；有的学校每年还要编制一份年鉴。在这些工作中，院校研究工作者应力求提供比较准确的数据资料并进行数据分析，从中了解学校工作的进展、优势和亟待解决的突出问题，并提出改进的建议。

3. 院校日常管理中的专题研究

学校改革和发展中会产生各种各样需要研究的问题，院校研究工作者要根据学校领导的意见和学校的实际情况，提出问题并对问题进行分析，分清轻重缓急，抓住主要矛盾，进行专题研究。应借助一定的理论和方法，收集与问题有关的数据和事实并加以分析和阐释，在此基础上，提出解决问题的方案和建议，供领导部门决策时参考。

专题研究主要涉及教师事务管理、学生事务管理、资源管理等方面。教师事务管理主要包括教师结构分析、教师资格准入制度和教师职务聘任制度研究、教师教学管理和科研管理研究、教师工作量计算与教师分配制度研究、教师工作成本与教师工作产出率研究。学生问题涉及招生平等、学生经济负担、学生期望与满足情况、课程与教学多元化、学生心理咨询服务、另类文化与越轨、毕业生就业、学生利益保护、学生参与管理等问题。资源管理方面涉及资源开发、规划和使用效率，如资源环境分析与预测、多种资源开发战略、资源使用效率、学校资产经营、校内资源分配、校产利用与成本核算、校园建设与维护等。

4. 院校管理中新的重大问题研究

我国社会、高等教育都处于大变革、大发展之中，高等教育领域正面临一场管理革命，许多新的重大问题需要研究，这些关键问题不解决，具体问题就难以解决。例如，高校管理体制变革，特别是并校带来的多校区管理问题，需要开展“多校区管理研究”和“异地办学研究”；由于高等教育大众化，学校利益相关主体增多，需要进行“院校治理研究”；由于市场经济发展，学校资源按市场方式配置，需要进行“院校融资渠道与方法研究”；作为一种新的办学形式，很多大学创办的独立学院遇到产权、定位、人才培养目标、师资、管理体制等一系列新的问题，需要进行“独立学院管理研究”；由于知识经济发展，学科交叉、综合的趋势越来越强，但原有管理制度很难适应这一趋势，需要进行“学科交叉与制度创新研究”“基层学术组织改革研究”等。

5. 院校战略管理研究

几乎所有最好的大学都是因其卓越的战略领导才得以矫矫不群的。战略管理包括战略规划、战略实施和战略评估，院校战略管理研究要探讨的主要问题有：① 高校战略管理的复杂性、灵活性和差异性；② 外向性是战略的主要特点，面对大众化、市场化、国际化的急剧变化的外部环境，如何抓住机遇进行战略转移和变革，如何在变化中把握学校总体发展目标，如何从外在环境确立内部组织结构，如何面对变化的环境制定自己的政策、机制和措施；③ 定位是战略的核心，如何确定学校的身份和地位；④ 取舍是制定战略的精髓，如何舍弃一些相对薄弱的领域、学科，集中发展自己的强项，形成明显的优势；⑤ 战略实施是战略管理的主体，在战略管理中如何将战略规划、战略实施、战略评估有机结合起来，使之融为一体；⑥ 如何建立良好的制度、机制，让高水平管理人才脱颖而出，如何加强学习、培训，提高领导者的战略领导能力。①

综上所述，当前我国院校研究要着力研究中国现代大学管理中的一些重大实践问题，例如：学校定位与学校发展战略问题；在政府提供的经费不足的情况下如何办好学校；大学教育面向学生、面向社会、面向未来的问题；大学法人治理结构等。

① 克拉克·克尔. 大学的功用［M］. 陈学飞，等，译. 南昌：江西教育出版社，1993：23，25.

四、院校研究中的若干关系

推进院校研究，领导者和研究者都要进一步提高认识，将对院校研究的研究和认识贯穿院校研究的始终；要进一步明确自己的职责，掌握科学的方法，增强责任感。具体而言，在院校研究中要处理好以下四个关系。

（一）汽车“表盘”与“驾驶员”的关系

现在，不少人会开汽车，不会开车者也坐过汽车，深知汽车表盘对驾驶员的重要性。汽车表盘上的各种仪表，都有自己的功能。它能告诉驾驶员，汽车行驶的速度，从而避免超速、违规、罚款；它能告诉驾驶员，汽车的存油量，什么时候该加油了，从而避免车开到半途因缺油而走不动。如果加上 GPS，它能告诉你车行驶到了什么位置，为了到达你所要去的地点，车应该怎么走。根据表盘上反映的各种参数，还可以判断汽车的内部结构是否正常。一次我乘坐的小车行驶在高速公路上，驾驶员和我说，汽车有问题了，因为车速 110 公里，而车轮转速达到了 3000 以上，两者不匹配。后来送去检修，汽车果真出了问题，要是不及时修好，会酿成大祸。

一位大学校长（党委书记），驾驶着乘坐几万人甚至上十万人的“大车”，不能没有“表盘”。院校研究就是为大学校长（党委书记）管理学校制造和提供“表盘”。

2007 年，笔者访问澳大利亚，重点考察了维多利亚大学院校研究中心。该中心有20多位工作人员，其中8位工作人员的主要任务是深入教师、学生中了解情况，收集信息。例如，每年新生开学前，一份调查报告就会摆在校长的办公桌上。这份报告包括这一届新生中学时的状况、学习水平，他们的愿望，这一届学生与上届学生的比较，本校新生与相近学校新生的比较，等等。有了这样一份材料，校长对这一届学生的教育措施、方法，心中就有数了。院校研究的职能包括基本职能和高级职能。院校研究的基本职能是对本校及其相关环境数据进行收集，并将这些数据描述成有用的信息，作为决策的参考或对外发布。院校研究工作者收集的本校数据，包括学校工作各主要领域的数据，如学生事务数据、教师事务数据、财务数据、机构与设施数据等；环境数据则包括与本校相关的各种外部因素，如市场环境（生源、师资、校友、捐助人、用人单位等）、公共环境（政府、基金会、新闻媒体、公众等）、竞争环境（同类院校、同类专业）、宏观环境（人口、经济、技术、政治、文化）等方面的数据。院校研究的高级职能主要指进行专题研究，专题研究包括学校运行中各种矛盾与问题的分析、教学活动及其他项目的评估、学校各种发展规划的前期论证等。院校研究工作者针对上述问题，以数据与事实为基础，通过科学方法与程序对问题做出解释，并提出可供选择的对策和方案，以作为学校管理决策的依据。以上这些，都是一位大学校长（党委书记）领导好一所学校的前提条件。

自行车也是车，为什么不需要表盘呢？因为自行车结构简单，车速慢，面临的环境不复杂，既不可能在繁华的街道上横冲直撞，也不可能骑着自行车上高速公路。骑自行车也可能出问题，那不是因为没有表盘，而是因为自行车本身出了问题，如刹车失灵，或者车速过快。摩托车则介于自行车和汽车两者之间，有简单的表盘即可。校长（党委书记）们管理大学，从历史发展来看，经历了“骑自行车”“骑摩托车”阶段，现在进入了“开汽车”阶段。二三十年前的大学，规模较小，学校职能以教学为主，内部组织结构简单，在计划经济条件下，外部环境也不复杂。校长（党委书记）们像骑自行车一样，走走看看，凭自己的经验，大体上可以管理好大学。现在大学的状况发生了很大的变化，需要科学管理。

现代大学的变化主要表现在以下几个方面：一是学校规模扩大。1949年，我国普通高校20多所，年招生3.06万人；1978年普通高校598所，年招生40.15万人；1988年普通高校1016所，年招生61.92万人；1997年普通高校

1020所，年招生100.04万人。[①] 2007年普通高校1908所，年招生565.92万人，在校生1884.90万人。[②] 由此可见，1997年，我国普通高校校均招生人数在1000人之内，在校生3000～5000人的学校就属于人数很多的了，在1997年之前，则更少。到2007年，校均在校学生达到万人，平均算，都是万人大学，有的则达到几万、上十万人，可称为多元巨型大学。量的增长，必然引起质的变化。学校规模庞大，面临的事务也会复杂多样。二是学校职能扩展。过去的大学，以教学为中心，现代大学的职能大大扩展。就教学而言，过去以本科教学为主，现在研究生教育占据了重要位置，职业教育呈半壁江山之势，而且还有网络教学、远程教学、继续教育中的教学等。由于已步入知识经济社会，知识生产、科学研究的重要性日益突出，科学研究"不仅是大学获取资源的一种渠道，也成为大学教师职业的核心任务"[③]。由于大学已从社会边缘步入社会中心，与社会的联系越来越密切，社会服务的职能也大大扩展，如为政府决策提供咨询，为解决社会问题提供服务，为各行各业发展培训人才，为新农村建设提供智力支持等。此外，过去是"政府给多少钱，学校办多少事"，现在则是"学校办多少事，要去找多少钱"，学校要通过多种途径去筹集资金。三是学校面临的社会环境越来越复杂。从计划经济到市场经济，大学也同样要面对市场，与社会的方方面面发生广泛的联系，否则，学校难以生存和发展。同时，高等教育国际化，带来高等学校的"脱域化"问题，如脱域经营、人员的跨域流动、资源的跨域获取、知识的跨域供给等。这就要求高等学校通过学者互访、师生互换、学位等值、课程交流、举办学术会议等多种形式，扩大国际交流与交往，从而开阔视野，启迪智慧，推进学校发展。因而，学校所面临的环境越来越复杂。

面对现代大学的变化，学校领导者必须清醒地认识到，现代大学管理仅凭个人的经验，进行经验管理是不行的，必须进行科学管理。学校领导者要根据院校研究人员提供的信息、数据，以及咨询研究，把握学校发展的方向，

---

① 教育部.1997年教育统计数据［EB/OL］.http：//www.moe.edu.en/edoas/website18/03/info//203.htm，2005-05-26.

② 教育部.2007年教育统计公告［EB/OL］.http：//www.moe.edu.en/edoas/website18/54/info//20997965475254.htm，2008-05-05.

③ 吴合文，毛亚庆.新自由主义、全球化与高等教育发展［J].高等教育研究，2008（12).

解决学校发展过程中存在的问题，对学校发展中的重大问题进行科学决策，充分发挥“汽车表盘”的作用。

（二）理论与实践的关系

如果说，第一个关系是学校领导者、管理者必须首先认识和把握的关系，那么，这里所说的理论和实践的关系，则是院校研究者首先应该把握的。下面从三个方面来阐述。

1. 理论来源于实践

陶行之先生认为，“行是知之始，知是行之成”。一切理论都来源于实践和经验，并受到实践和经验的检验与矫正。同样，高等教育理论来源于高等教育实践。我们比较一下，美国的高等教育研究和我国的高等教育研究走过了两条不同的路径。美国的高等教育研究是从实践研究开始的。从 1701 年马瑟父子（Increase & Cotron，Matter）为建立耶鲁学院而进行的学校“管理模式”研究，1823 年哈佛大学提克诺（George Ticknor）的课程设置研究，以及康奈尔大学、密歇根大学、麻省理工学院等进行的课程与教学改革研究，1909 年开始的院校调查运动，一直发展到今天专业化和国际化的院校研究。而学科性的高等教育研究则出现较晚，直到 1893 年美国才出现了第一个高等教育专业研究生培养项目，这可以看作是学科性高等教育研究出现的标志。[①]这个事实表明，实践是先于理论出现和发展的。只有实践发展到一定的程度，理论研究才成为可能。高等教育研究也是如此。美国的高等教育研究注重实证研究，特别是大量采用定量研究方法，以及运用案例研究，通过这些研究来总结规律，提炼概念。伯顿·克拉克的主要著作都是建立在案例研究的基础上的。

我国的高等教育研究则走了一条相反的道路，从高等教育学科建设的探索开始，进而提出院校研究。我国从 20 世纪 80 年代初开始，着手高等教育研究，其动机也是想研究解决实践问题，而且一些具有远见卓识的校长们结

① Lester F Goodchildl. Higher education as a field of study：Its origins，programs，and purposes，1893—1960［C］//New Directions for Higher Education，No. 76. 1991：15-32.

合办学进行了十分有益的探索。但由于种种原因，我们走上了一条学科建设的道路，探索建立高等教育学，一时间，高等教育学、高等教育管理学、高等学校管理学，以及高等教育史、高等教育经济学、高等教育社会学、高等教育生态学、教育未来学等，如雨后春笋，大批出现。接下来，争取学位授予权，争上硕士点、博士点，培养高等教育研究人员。应该承认，这既是我国国情的需要，也对促进高等教育研究起到了极大的推动作用，其功绩应该充分肯定。但也必须看到，任何事物都是有利有弊的，这种方式也带来了负作用。这主要表现在，高等教育研究人员开始进入高校教师系列，从事学术职业，国家、学校按学术标准，以其学术性评价研究人员的成果，大家争相发表论文，出版著作，因而高等教育研究脱离实际的情况十分严重。由于远离实践，不少文章、著作没有“买家”，领导不看，教师不看，学生不看，高教研究圈子内的人员互相阅读，互相引用，其作用可想而知。

现在，倡导院校研究，从领导到研究人员都非常赞成，但由于指导思想没变，评价体系没变，因而推动起来十分困难。就是对院校研究开展状况的评价，一些人发文评价，仍然以学术为标准，如发了多少文章，在什么级别的刊物上发表文章，什么人发了文章，等等。因此，进一步推进院校研究，需要在高等教育研究的指导思想、思路、评价体系等方面来一次大的转变，否则，不仅院校研究难以推进，高等教育研究也难以深入。

2. 认识实践的特点

院校研究是面向学校管理实际，研究管理实践问题，但仍然需要以现代管理科学理论、高等教育理论为指导。理论是一个判断或一系列判断，它为研究实践问题提供一个框架，研究者以此来追寻研究问题，综合和解释研究结果。因此，在院校研究中如何认识和处理理论与实践的关系十分重要。

认识和处理理论与实践的关系，关键在于把握实践的特点。相对于理论而言，实践具有以下特点。其一，实践具有紧迫性。管理中的实践问题，都是管理者当前面临的亟须解决的问题，管理者需要在有限的时间内迅速“做出决定”，采取行动、解决问题，否则，贻误时机，将会产生严重的后果。理论探索则不然，理论研究可以通过反复探索和实践，并要经过实践的检验。其二，实践具有动态性。任何实践都不是静止的，都是活生生的、发展的、变化的。管理中的实践问题，不可能像出了问题的汽车拖到修理厂去修理一样，在我们研究期间静止不动，等着我们去研究，等我们研究好了，它再运动。恰恰相反，在研究期间，实践问题照样在变化，还可能会产生新的问题。其三，实践具有模糊性。理论是认知的结果，由一个一个判断组成，边界条件比较清晰。实践属于前认知，实践的边界比较模糊，其逻辑也并非逻辑学家的逻辑。其四，实践具有总体性。与理论不同，实践、实践问题具有整体性，涉及方方面面，往往牵一发而动全身。如大学毕业生就业问题，涉及学校的办学理念、学科专业设置、教学质量、学生的价值观、社会经济发展状况、人才的需求情况，以及政府、社会对就业问题的重视程度、毕业生与用人单位联系渠道是否畅通等诸多方面。

实践、实践问题的上述特点，对院校研究提出了很高的要求。面对这些特点、要求，要提高院校研究的质量，院校研究者应力图从以下几个方面来把握。首先，对所在学校的历史、发展及管理的情况要十分熟悉。熟能生巧，一个优秀的汽车修理师，从汽车的响声中就可以判断问题所在。只有对学校的情况十分熟悉，面对管理问题，经过调查考察，才能较快地抓住问题的症结，提出解决问题的对策。其次，抓事实，弄清事实。实践问题总是以某种事实呈现在我们面前。事实是客观存在的，是人们思想观点形成的基础。事实是客观事物的本来面貌、真实情况。事实和事物具有同一性，即事物本身就是事实，事实本身也是事物。但事实与事物又有差异性，原来的事物变化了，原来的事实没有变；原来的事物消失了，原来的事实依然存在。因此，面对实践问题，要弄清事实，只有"实事"，才能"求是"。再次，思维要有穿透力。面对管理中实践问题的事实，思维要穿透事实，要能透过现象，抓住本质。同时，院校研究者要有高度的责任感，从学校的发展、大局出发，认真研究管理中的实践问题，如遇"突发事件"之类，则应不计时间，全力以赴，快速给出咨询意见。还要有高超的文字表达能力，咨询报告应言简意赅，抓住要害，一目了然。

3. 既要"求真"，更要"求用"

美国学者威廉·维尔斯曼认为，"一般而言，教育的所有研究都有一个或两个目的，即知识的拓展和问题的解决"[①]。"知识的拓展"，属理论研究，可

① 威廉·维尔斯曼．教育研究方法导论［M］．袁振国，译．北京：教育科学出版社，1997：14.

称之为“求真”。“问题的解决”，属实践研究，可称之为“求用”。共性和个性是紧密相连的，我们对单个的学校研究透了，就可以在此基础上，科学准确地归纳出一般的规律。院校研究可以而且应该为“求真”做出贡献。但院校研究本身是以单个学校为对象的自我研究，以实践取向为主，以解决院校中的问题为目的，属实践研究，主要是“求用”，这一点必须牢牢把握。

（三）量的研究方法与质的研究方法的关系

院校研究要针对院校管理中存在的问题进行系统、科学的研究，因而离不开科学的方法。在院校研究中，量的研究方法和质的研究方法是两种最基本的研究方法，如何认识和处理这两种研究方法的关系，十分重要。

1. 研究方法的运用随着院校研究的发展而变化

以美国为例，在研究方法的运用上，美国的院校研究是从量的研究方法为主，发展到定量的方法与质的方法并重。

据美国学者芬彻（Fincher）《院校研究的艺术与科学》一文的认定，关于院校研究目的的表述，最初是由美国教育统计信息与研究委员会办公室做出的。该委员会认定，院校研究的目的在于采集统一的数据，形成统一的数据报告。因此，定量的方法在院校研究中占据了主导性地位。[①] 另一方面，当管理从经验管理转向科学管理时，数据、记录以及预测等信息成为科学化、精细化管理的基础。院校研究作为高等教育领域内的管理研究，也不例外。于是，收集数据、整理数据、分析数据，为管理提供决策依据，就成为院校研究的主要任务，定量研究方法也必然成为其主要的方法。但是，随着院校研究内容的不断变化和丰富，也由于院校研究专业化发展的需要，院校研究的方法从 20 世纪七八十年代的以“描述性的定量研究”为主，在九十年代转向更为综合化的研究方法。[②] 其中，质的研究方法受到了更为广泛的重视。它与定量的研究方法互为补充，构成了院校研究中的主要方法之一。

---

① Fincher C. The art and science of institutional research［M］. New Direction for Institutional Research，No. 46. San Francisco：Jossey Bass，1995.

② Petersonm W. The role of institutional research：from improvement to redesign［M］. New Directions for Institutional Research. San Francisco：Jossey Bass，1999（Winter）.

对此，美国著名高等教育专家马文·彼特森（Marvin W. Peterson）也做了分析，他以图表的方式描述了随着高等学校外部和内部环境的变化，院校研究的任务也随之发生变化的过程（见表1）。

表1　院校研究的演变：应对院校的挑战

年代	外部环境	管理上的压力	院校与治理	绩效的焦点	院校研究的主要任务
1950—1960	增长与扩张	方向与社会公责	规范的合理的组织（科层制）与学院的范型	资源	描述，促进新的发展
1960—1970	分裂与要求	秩序、控制与入学机会	政治问题与开放系统	声誉	分析，比较
1970—1980	经济衰退	效率与市场导向	管理与市场	结果：生产能力和效率	评估和定量
1980—1990	资源约束与提高质量	缩减、重新定位与节约、功效和质量	组织性的混乱、文化密集型混合	产出：目标成就、学生的绩效、结构和新的动力	分析与比较，规划与政策分析
1990—2000	对教育提出的挑战与新的组成	重新设计制度	企业型的网络、联盟与内涵的风险、有效的组织	重新界定产业和大学的作用，新的使命方向及其关联，重新组成程序和结构，改革工作的文化	对知识产业的分析，抢先行动，自主性

资料来源：Marvin W Peterson. The role of institutional research: from improvement to redesign [M]. New Directions for Institutional Research, 1999 (Winter).

在高等教育大众化发展的初期，也就是20世纪50—60年代，高等学校入学人数急剧增长，高等教育规模不断扩张，导致高等学校普遍感到现有的资源无法满足发展的需求，因此，高等学校绩效的关注点放在寻求更丰富的资源上。相应地，院校研究关注的主要问题是研究学生的特征、教师工作和活动、入学条件、收入与费用等。这时的院校研究在方法上以定量描述为主。这就是所谓院校研究方法以定量研究为主的来源。

彼特森同样也认为，从 20 世纪 80 年代开始，院校研究的主要任务出现了新的内容，这些内容包括：院校战略规划研究，院校使命的评述，招生、学生需求和满足的研究，学生、教师和项目的评估，重大设备的条件及其使用的研究，决策支持系统的设计，管理事务研究，政策分析，等等。彼特森指出，这些新增的任务，使得院校研究者将“更主要地依赖于质的研究手段”。

2. 定量研究与质的研究互为补充[①]

任何研究方法总是既有所长也有所短。定量方法主要的优势在于揭示被研究对象之间的因果关系。如，有 A 就会有 B，A 变则 B 变。但它却无法解释 A 如何导致 B 的变化。此外，定量的方法揭示的是事物之间的普遍联系，是一种共性，而无法形成更为具体的情境化的认识。质的研究方法则是深入被研究对象的内部，最终形成的是关于被研究对象的整体性的、高度情境化的认识。也就是说，这种高度整体性和情境化的研究，揭示了某个特定对象所包含的三种性质：普遍共性（everything）、局部共性（something）、个性（nothing but it self）。质言之，定量研究得到的是一种抽象的认识，而质的研究得到的则是一种具体的认识，能揭示经验实在的多元性、丰富性和差异性。两种研究方法各有所长，也各有所短，在一定程度来说，质的方法弥补了定量方法的局限性。

以学生事务研究为例。过去多数采用的是通过统计分析（statistic comparisons，设计试验）或者数据描述（surveys，观测）这样一些以实证主义科学方法为基础的定量方法。定量研究的结果虽然揭示出事物之间的因果联系，但也必然导致脱离具体的文化环境和更为深广的情境来理解学生。因此，学生事务研究者或实际工作者越来越意识到，他们必须在特定的环境中通过深入学生生活的内部来理解学生及其文化，而这是定量研究方法所无法解决的问题。于是，质的研究方法开始进入学生事务的研究和实践之中。质的研究在高度情境化的整体性环境中，探索对对象立体性的理解。这一方法的运用，无疑极大地扩展了对学生事务理解的深度和广度。因此，在学生事

① 余东升．质的研究方法［M］//刘献君．院校研究．北京：高等教育出版社，2008：152.

务的专业（professional）发展和实践中，质的方法的训练和使用成为必不可少的内容。

3. 我国院校研究仍然要十分重视量的研究方法

我国的院校研究，仍然需要十分重视量的研究方法，这是因为：首先，定量研究方法在院校研究中具有基础性的地位。定量研究方法是一种“用数字和度量来描述的，而不是用语言文字”来描述的科学研究方法①，在研究过程中，运用一定的工具或一定的法则，对所观察对象的某种特征做量化描述。定量研究具有精确性，定量研究方法用数字描述现象，比定性研究方法用语言描述现象更为精确，能观测到现象的微小变化层面，更准确地反映现象的本质；定量研究具有可比性，定量研究方法往往按照预定的研究目的，控制某些条件，按严格的程序进行操作，其研究是可重复和可验证的；定量研究具有预测性，定量研究方法可以把现象的变化及其影响因素归结为数量表达式，据此对现象的可能变化做出预测。② 这些，都是院校研究所必需的。

其次，我国的院校研究仍然处在定量研究方法为主的阶段。由于我们正步入高等教育大众化阶段，高等学校所面临的情况、压力与美国20世纪五六十年代的情况相似，关注的主要问题，如在教师管理方面主要涉及教师职务聘任、教师工作量计算与薪酬分配制度、教师工作成本与教师工作产出率等问题；在学生事务管理方面主要涉及招生公平、学生经济负担、毕业生就业、课程与教学多元化、学生利益维护等问题；在资源管理方面主要涉及资源获取、资源环境分析与预测、多种资源开发、资源使用效率、学校资产经营、校内资源分配、校产利用与成本核算、校园规划与建设等问题。这些问题的解决，需要描述性的定量研究。

再次，我国高教研究者、院校研究者对定量研究不习惯、不熟悉。长期以来，我国学者比较习惯于思辨研究、经验研究，对大量研究论文的统计分析表明，运用定量研究的很少。近年来，情况虽然有所变化，一部分学者开始重视定量研究，但现状仍然不能令人满意。定量研究大都停留在初级阶段。

---

① 威廉·维尔斯曼．教育研究方法导论［M］．袁振国，译．北京：教育科学出版社，1997：14.

② 陈敏．定量研究方法［M］//刘献君．院校研究．北京：高等教育出版社，2008：110.

以用得比较多的问卷调查为例，在问卷设计过程中，很多问题表述不准确，致使被调查者提供的资料失去意义；在问卷调查实施中，没有遵循随机抽样的原则，却将获得的资料作为随机样本来使用，力图去推测总体的情况；在对问卷调查的分析中，大多停留在对数据的描述性分析上（如频数分析等），而更深刻的相关分析、因素分析等运用非常少。究其原因，定量研究需要研究者有数理基础，需要对研究者进行专门训练。长期以来，我国高中阶段文理分班，高考文理分科，文科学生数理基础较差，掌握定量研究方法有一定难度。因此，在院校研究中，要大力加强对院校研究者研究方法的培训。

此外，一部分学者认为，我国高等教育的数据分散、保密、不完整，无法开展定量研究。应该承认，这是我们面临的一个现实问题，是开展定量研究的一大障碍。关于这一方面，教育部、有关研究单位正在研究、建立相关数据库。但另一方面我们也要看到，收集数据资料的方式有两种。一种是使用经常性资料，如中国教育统计年鉴、学校日常的统计数据等。另一种是使用专题性资料，即进行专题性调查所获得的数据资料。其中，专题性资料是院校研究者可以主动获取的。

（四）中立性与服务性的关系

在高校内部，设有各种职能部门，这些部门也要对自己的工作进行研究，那么，为什么还要院校研究中心进行研究呢？重要原因之一是，院校研究的中立性，它关注但不参与具体管理业务工作，在行政体系与学术体系、学校领导与师生员工、校内与校外之间起到一种沟通、协调的作用。但院校研究又是在学校领导下，根据学校领导的要求，为改进学校管理服务的。“院校研究者的问题恰好是，他们在组织上属于他们的客户组织，即他们所服务的大学。更糟糕的是，院校研究室通常不仅是在组织上属于大学，而且在行政上隶属于大学行政系统，其独立性甚至不如大学中的教师和专业人员。”[①] 因此，处理好院校研究的中立性与服务性的关系十分重要。

1. 坚守自己的职责

院校研究不是纯粹的学术研究，主要任务不是产出学术成果；院校研究

① 赵炬明．管理咨询与院校研究［J］．高等工程教育研究，2007（2）．

不是领导的秘书班子，仅仅做决策辩解和政策注释，完成"工作总结""资料汇编""领导报告"；院校研究不是一般的宣传机构，只负责对学校的工作进行解释和宣传。院校研究是通过对本校管理问题系统和科学的探索以提高本校管理水平的研究，主要职责包括：院校信息的收集、整理、研究与报告，院校年度报告的撰写与研究，院校日常管理中的专题研究，院校管理中遇到的新的重大问题的研究，院校战略管理研究。我们应该坚守自己的职责。

2. 熟悉但不介入学校管理工作

开展院校研究，对学校的历史、现状、发展必须有充分的了解，对学校的管理工作必须十分熟悉。但院校研究工作者不必介入管理过程、决策过程。一旦介入，受角色效应的影响，难以保持自己的中立性。

3. 区分对内与对外

如果一个瓶子里有半瓶水，对外，我们会说我们还有半瓶水，水不少；对内，我们则强调，我们的半个瓶子是空的，问题大得很。在院校研究中，我们也会遇到类似的问题。对学校内部，我们首要的职责是找问题。"院校研究并不是高校用来为自己歌功颂德的工具，院校研究者的使命在于运用各种手段，找出学校运行中存在的问题与缺点，并为解决这些问题和缺点提出方案和建议，为管理者决策提供依据。"[①] 对外，则应根据对学校各种数据资料的系统分析，找出比较优势，展现自己的优势，从而树立学校的良好形象，以争取更多的支持，推进学校的发展。

在院校研究中处理好中立性和服务性的关系，关键还在于院校研究者要有高度的责任感、强烈的奉献精神和严谨科学的工作态度。

① Dressel P L. Nature of institutional research in self study［M］//Institutional Research in the University：A hand-book. San Francisco：Jossey Bass，1971：23.

五、院校研究的基本范式

院校研究有两种研究路向，一种是“（问题）—理论—假设—观察—理论—（问题）”的研究路径，另一种是“（问题）—观察—概括—理论—观察—（问题）”的研究路径。从哲学方法论层面看，院校研究主要有四种研究范式，即经验主义、实证主义、结构主义和人本主义。其中，实证主义和经验主义是定量研究的方法论基础，结构主义与人本主义是定性研究的方法论基础。定性研究与定量研究并不是绝对的两分，它们构成一个连续的系谱。实验法与文学法位于这一系谱的两个极端。

院校研究是把现代管理科学和高等教育科学的研究成果应用于高等学校管理与高等学校发展，旨在提高学校管理水平和办学品质的研究。① 作为高等教育研究中的一个新的研究领域，院校研究产生于20世纪60年代的美国。尽管院校研究的研究方法尚不成熟，但跨学科研究始终是院校研究最突出的特点。最早被引入院校研究的是工商管理领域的研究方法，诸如组织分析法、决策研究法、成本效益分析法等等。其后，行为科学的方法、政治学的方法相继被引入院校研究，促使院校研究的方法与技术日益专门化。然而，当前的主要问题却是如何把众多的研究视角与研究方法整合起来，并在整合的基础上进一步开拓新的研究视角与研究方法。围绕这一问题，本文拟从哲学方法论

---

① 刘献君，赵炬明，陈敏．加强院校研究：高等教育改革与发展的必然要求［J］．高等教育研究，2002（2）．

的层面，就院校研究中的定性与定量范式提出些不成熟之见，为院校研究方法论的整合及新研究视角的开拓提出一条思考的路径。

（一）研究路径：院校研究的两种路向

任何研究必须从问题出发，这是毫无疑问的。但院校研究作为“实践取向”的研究，尤其强调问题意识，强调从现实情景中发现问题。从院校管理与院校发展的实践中寻找问题是院校研究的起点。

针对院校发展中出现的问题，我们大体上有两种研究路向（如图 1 所示）。

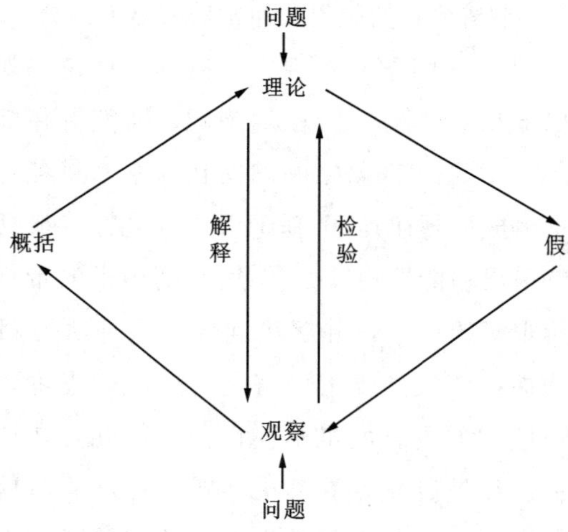

图 1　院校研究路向图

第一种研究路径是“（问题）—理论—假设—观察—理论—（问题）”。具体言之，这种研究路径包括如下几个过程：① 根据问题寻找与问题相契合的解释性理论；② 依据逻辑推理从理论中导出具体假设，并把假设陈述为可检验的命题；③ 通过观察收集经验证据用以评估假设的真实性；④ 把经过经验检验而新建立的规律收编到理论中来，从而扩展现存的理论。这种研究路径旨在解决问题，但其具体运行的过程是始于理论而终于理论的。一般来说，这个过程主要是一演绎过程，遵循从特殊到一般的原则。但这一过程不仅仅只有演绎，其中也有归纳的成分。事实上，对于像院校研究这样很少建立规律的实践性很强的社会性研究，演绎步骤常常是相对贫乏的，产生不了多少可以检验的经验假设。在这种情况下，研究者不得不去推究较少确定性的领域，去做出较少实质性基础的假设，甚至需要用类比或隐喻来推进他对特定论题的潜在认识。在这种情况下，归纳对研究者做出假设有特别重要的意义。应该说，在院校研究中研究者做出假设时有两个不容忽视的信息来源——个人经验与学术读物，个人经验是我们做出假设的最后依据。亚洲开发银行经济学家汤敏博士关于教育启动消费的研究就是循着这种路径进行的。[①] 针对中国在亚洲金融危机之后经济疲软及中国高等教育严重滞后于国民经济发展的问题，汤敏博士等人根据经济学中“投资拉动内需”的原理，提出这样的一个假设：扩大高等教育规模可以刺激经济增长。中国所进行的高教史中罕见的“扩招”就是这一理论假设的具体实施。他的这一假设如果能被中国的实践所证实，那么“扩大高等教育的规模将对国民经济增长产生积极的影响”的假设就确立了其真实性，并成为一个新建立的规律从而扩展现有的教育经济理论。

第二种研究路径是“（问题）—观察—概括—理论—观察—（问题）”。这种研究路径包括如下几个过程：① 围绕问题，研究者在其工作过程中观察某些现象；② 推究现象，寻找现象之间的内在联系，将各种现象归之于与其相关的类别中以揭示组成性规律；③ 基于组成性规律，概括出两个或多个现象之间的相互联系以得出功能性规律；④ 用归纳出来的带规律性的理论（功能性规律）来解释所观察的现象，并解决问题。这种研究路径同样以解决问题为依归，源于实践而终于实践。大而言之，这一过程主要是一个归纳的过程，遵循从特殊到一般的原则。但也不仅仅只有归纳，在这个过程中也有演绎。准确地说，这一过程是研究者受解决问题的冲动所驱使去推究所观察的现象，他们极力寻找规律来说明它们的存在，并用概括出来的抽象理论来解释特有的现象。这实际上是从特殊到一般又从一般到特殊的过程。而后者正是一种演绎。笔者最近进行的一项研究“在大学专业教学中进行人文教育”采用的就是这种研究路径。[②] 如何结合专业课教学进行人文教育是当前素质教育中存在的突出问题。解决这一问题没有现成的理论可循，只能在实践中观察、从实践中进行归纳提炼，最后，构建出解决问题的理论。为此，笔者组织了华中科技大学教育科学研究院的博士生、硕士生，就“结合专业教学进行人文教育”这一问题，对近百位教师进行了深入的实地观察和深度访谈，

① 汤敏．教育启动消费呼之欲出［N］．经济学消息报，1999-02-09.

② 刘献君．科学与人文相融：论结合专业教学进行人文教育［J］．高等教育研究，2002（5）.

并在此基础上进行了专题研讨。研究发现，结合专业教学进行人文教育的方式是丰富多彩的，概而言之，主要有：起于知识、启迪精神、渗透美育、行为互动、营造氛围、以悟导悟、以人为本、止于境界。把这些方法上升为理论，就是：科学与人文相融，起于知识、成于境界。如是，解决大学教育中科学与人文相融的关键就是如何提高教师的人文素养，因为“传授知识”是教师的本分，“转知成智”是教学中的至高追求。于是，我们归纳出提高教师素质的三点对策：① 要深入研究教育，准确理解教育；② 要广泛阅读，扩大自己的知识面；③ 要有高度的责任感。

值得注意的是，由于定量研究本身具有演绎性，其研究从一开始就倾向以理论为基础，故定量研究更接近于第一种研究路径。而定性研究并不强调在开始的时候对所研究的问题有一个理论基础，理论往往是在研究的过程中逐步建构出来的，因此，定性研究自然更带有归纳的色彩，更接近第二种研究路径。

（二）研究范式：院校研究的哲学基础

与研究路径密切相关的是研究范式的选择问题，研究范式与研究路径具有内在的关联性。所谓研究范式，其意是任何一个学科的研究者，都是在由那个学科的某种哲学所提供的框架内从事研究，这种哲学就表现为一种研究范式。作为一个学术共同体共同遵守的规则，研究范式可能是明确的，表现为一些“被阐明的规则”；也可能是含蓄的，以“未阐明的规则”形式存在。但不管是阐明的还是未阐明的，都对学术共同体中的成员起着一种规定作用，并以此彰显出该学科的独特性。

人们常说，哲学既是世界观又是方法论。哲学之所以是世界观，是因为任何哲学均包含某种本体论及与之相关的认识论。本体论限定着“什么可能存在”和“什么是可知的”。与此相对应，认识论则限定着“我能认识什么”及“我怎样才能最终认识它”[①]。由于哲学的本体论与认识论一起被用来限定某种方法论，即一套指示研究和争论将如何在学科内进行的规则和程序，亦即如何才能将信息收集并组织起来。[②] 因此，哲学又被称为方法论。理论的运

① ［英］约翰斯顿 R J. 哲学与人文地理学［M］. 江涛，译. 北京：商务印书馆，2000.

② ［英］约翰斯顿 R J. 哲学与人文地理学［M］. 江涛，译. 北京：商务印书馆，2000.

用就是方法，就是在这个意义上说的。

研究范式的核心是方法论，故我们常常把研究范式称为方法论范式。方法论的应用能使某一学科的知识积累起来、组织起来，可见，方法论对任何一个学科来说都是至关重要的。作为一个跨学科的研究领域，院校研究不可能只有单一的方法论存在。事实上，在院校研究中有多种方法论并存。既有注重寻找普遍性的方法论，又有强调特殊性的方法论；既有崇尚主观性的方法论，亦有倾向客观性的方法论。如果我们把主观性的方法论与客观性的方法论作为纵坐标，而将普遍性的方法论与特殊性的方法论作横坐标，就会得到四种方法论范式（如图 2 所示）。

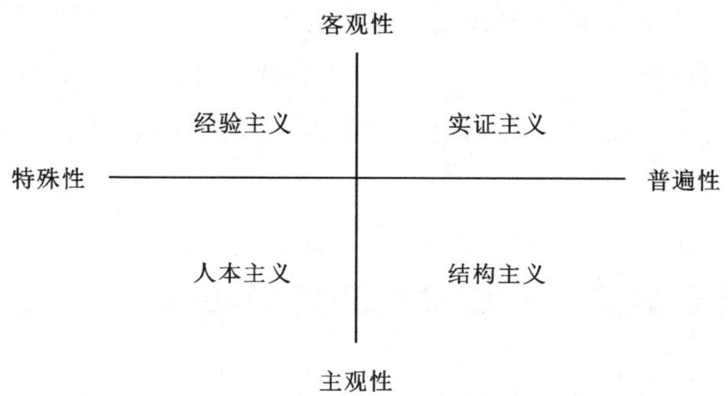

图 2　院校研究方法论范式图

院校研究中的各种具体方法，诸如组织分析法、成本效益分析法、行为科学方法、政治学方法以及历史法、人类学研究方法等均可定位于上述四种方法论范式之中，它们与实证主义、经验主义、人本主义及结构主义四种方法论范式有极深的理论渊源。

实证主义认为，知识只能通过经验取得。就其方法论而言，它强调一种对事实陈述的证实，追求知识的客观性和真理的普遍性。重复证实是这种方法论的核心，它是定量研究的理论基础。经验主义也强调人们是通过经验来认识的，只有经历过的事物才能被认识。这种方法论的核心是：接受某种知识的前提是能够提出所经历过的事实依据。它强调经验事实的客观性，但同时又注意到个体经验的特殊性。因此，经验主义具有定量与定性两重性。人本主义认为，知识是在一种由个人所创造的意识世界中主观地获取的。因此，应该研究个人的主观世界。人本主义方法强调的是知识的主观性而不是知识的重复性与真理性。结构主义认为，世界是由表层结构（现象世界）与深层结构（机制世界）所构成的，深层结构不能被直接观察到。因此，现象世界

（即被领悟的世界）并不一定揭示机制世界（它是现象世界产生的原因）。结构主义强调机制世界的普遍性，故认为知识具有重复性与真理性；但与此同时，它又承认现象世界的主观性，知识在一定意义上又具有不可检验性。其方法论涉及理论建构，认为这些理论可以解释所观察到的东西，但理论的真实性不可检验，因为理论已进入了不可观察的机制世界。人本主义与结构主义构成了定性研究的方法论基础。

（三）研究技术：院校研究的方法系谱

通过上述分析，我们可以发现定性研究与定量研究不是绝对的两分。定性研究基于描述性分析，本质上是一个归纳的过程，即从特殊的情境中得出一般的结论；而定量研究与演绎法更为接近，是从一般的情景中推广到特殊的情景中。[①] 就具体的研究方法来说，纯粹的定性与纯粹的定量都是很少见的。只能说，某种方法是定性多一点还是定量多一点，定性研究与定量研究之间是一个连续的系谱（如图 3 所示）。

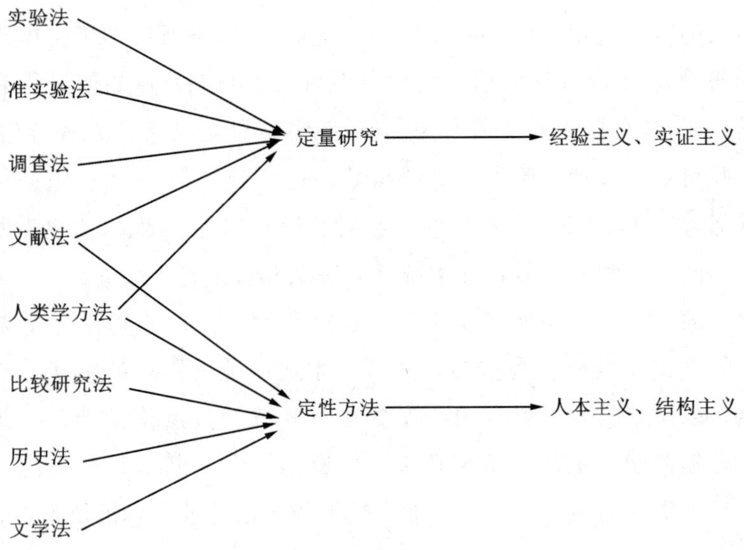

图 3　院校研究的方法系谱

① 袁振国．教育研究方法［M］．北京：高等教育出版社，2000．

从最典型的定量研究实验法到最典型的定性研究文学法，根据定性、定量的比例，中间依次是准实验法、调查法、文献法、人类学方法、比较研究法、历史法。其中，文献法与人类学方法介于定性与定量之间，既是定性的研究方法又是定量的研究方法。为了拓宽研究的视野，必须重点考察两种极端的情况。极端的研究方法因为其偏离常态才显得更有意义，偏离常态的方法可以扩大研究方法的外延，拓宽我们探究院校发展的视野，从而丰富现有的院校研究的方法。基于此，本文重点考察院校研究中的两种极端方法——实验法与文学法。

1. 实验法

实验法本来是一种自然科学的研究方法，引入院校研究之中，指的是一种经过精心的设计、在高度控制的条件下、通过操纵某些因素来研究变量之间因果关系的方法。我们所控制的刺激称为自变量，随自变量而变化的因素就是因变量。经典实验设计必须有实验组和对照组。实验的逻辑是：实验组由“前测—实验刺激—后测”组成，对照组由“前测—后测”组成。

实验法的基本过程大体上由九个步骤组成：① 根据某种理论做出一个因果关系的假设；② 决定如何引入实验刺激（自变量）；③ 如何进行有效的因变量测量；④ 选取合适的实验对象；⑤ 将实验对象以某种方式分组；⑥ 对所有的实验对象（包括实验组和对照组）进行前测；⑦ 对实验组进行实验刺激；⑧ 对全体实验对象（包括实验组和对照组）进行后测；⑨ 收集所有的资料，进行不同组之间的比较，并用统计方法探究假设是否成立。

实验法的哲学基础是实证主义的。这种研究方法的前提是命题要以使它得到证实的方式加以分析与重写；然后，才把这种可检验的陈述、假设与现实相对照，以建立其真实性。由于实验法主要依托数量化基础，因此它与如下科学信念是密切相关的：价值自由、所有的科学判断都是客观的、命题的真实性要基于学术的内在标准，不能为道德或政治等外在标准所左右。

实验方法的核心是假设检验，也就是所谓的证实原理。具体言之，任何一种科学理论都是由一特定演绎系统构成的，演绎系统包括两组因素：一组是初始命题（假设），一组是依据系统内的规律而从初始命题中导出的演绎命题。[1] 理论的发展就是不断地演绎新命题。假设是一种推断，是一种在一定条件下会是什么的陈述；它是从已知的东西中演绎出来的，是一种尝试性的解释。为了使人们接受假设为真，必须收集足够的经验证据来评估假设的真实性。然而，由于假设作为科学规律的前奏被预设为具有适合于整个预定经验范围的普遍性质，而要对之做出彻底的检验常常是不可能的。因为在很多的情况不可能研究全部的可能事件，所以只能采取抽样的方式进行部分检验，最后从样本推出总体。至于样本能否说明总体，这可通过概率论的有关原理做出说明。如果通过假设检验证明所获得的结果是“真实的”，那么它就是一条科学规律。这条规律在其规定的领域内解释了要研究的现象。

2. 文学法

所谓文学法，就是以文学式的表述具体地、活灵活现地再现丰富多彩的经验世界。它围绕大学中人的活动的“故事”以及大学成长的“神话”而展开，是对院校发展中人与事的一份记录，是把院校发展的经验以“故事”的方式做出论述、表述和传达。叙事法是一种典型的文学法。以文学的形式来探究教育问题，其实并不是什么新的创造。事实上，它是教育研究中源远流长的一种传统。以文学法探讨教育问题的例子，在中国先秦古籍中俯拾皆是。《论语》《孟子》《荀子》《庄子》等经典著作中处处都能找到以简短的故事、寓言揭示深刻教育问题的范例。在西方教育研究中，叙事法更是蔚为大观。从柏拉图的《理想国》（前 370 年）到莫尔的《乌托邦》（1516 年），从伊拉斯谟的《一个基督教王子的教育》（1516 年）到拉伯雷的《巨人传》（1532 年），从康帕内拉的《太阳城》（1602 年）到安德里斯的《基督城》（1619 年），从培根的《新大西岛》（1627 年）到卢梭的《爱弥儿》（1762 年），从裴斯泰洛齐的《林哈德与葛笃德》（1781—1787 年）到古德兰德的《一个被称为学校的地方》（1984 年）等等，都是以文学叙事法演绎教育理念的经典名著，它们在人类教育史上的贡献是任何抽象的教育理论专著所无法替代的。

文学法的哲学基础主要是人本主义的。人本主义的认识论着重知识的主观性，强调人是一种有思想的生灵。人的意向性创造了自身的世界，故观察者与被观察者都具有主观性和能动性。文学法的主要目的是重建各种个人的

① ［英］约翰斯顿 R J．哲学与人文地理学［M］．江涛，译．北京：商务印书馆，2000.

世界、各种具体而生动的世界。院校研究呼唤着文学，将教育与人性重新联系起来是院校研究的题中之义。院校研究至少在两个方面要借助于文学。① 文学能够被用来提供千百年来学者们对大学生活之真切体验的基本线索，文学可充当大学的编年史，是大学历久弥新的档案。学者们在描述院校这个世界的同时，也促使了院校的形成与演进。因为文学可以非常形象地制造一些强烈的印象，影响公众对大学的态度。纵观大学的发展史，公众的态度对大学的发展是生死攸关的。② 对文学所做的贡献有助于提升院校研究的品位。院校研究与文学是一种共生关系，当院校研究者写出的文章与书籍在阐明大学的血肉与个性、人的生命与精神是如此的深刻有力，以至于与其他的人文学者产生了激荡心灵的共鸣，此时我们还需要为院校研究的合法性苦苦争辩吗？院校研究者应该成为有创造性的艺术家。套用 W. 沃森（W. Watson）的诗句[①]，教育研究承受不起热情的消失，更不用说放弃，没有了热情的教育学就像失去了血液的肉体一样枉活于世，只能交给掘墓人了。

在院校研究中，具体的细节与高度的概括、生动的叙事与不受个人感情影响的抽象分析，都有位置。如果说文学的本质在于综合认识，那么它与院校研究是不谋而合的。文学作为一种探索复杂性的努力和极具现实意义的描述，本身就具有很高的认识价值。作为蕴涵生气和灵气的高等院校，大学是一种真实而具体的存在。我们需要按照院校的本来面目来认识院校，尽管努力这样做会牺牲逻辑的严密性。文学是对人类经验世界的一种有效透视方式，它是院校研究中综合认识和写作的一种有效模式。文学能在特殊中揭示一般，故文学的学术启发性绝不亚于思辨的论文。

在当前十分重视定量研究的情况下，强调文学的方法有特别重要的意义。确立任何一种研究方法的霸主地位，都会窒息其他研究方法之生机。在社会问题的研究中，追求纯粹的量化实际上是以冰冷的数学语言排斥鲜活的生命力，以刻板的假设检验消解生命的有机组织，以苍白的形式掩盖对现实的隔膜。定量分析表面精确，其实模糊。还是歌德说得好：理论是灰色的，而生活之树常青！

（和周光礼共同撰写）

① Watson J W. The soul of Geography [J]. Transactions, Institute of British Geographers NS8, 1983.

六、院校研究的专题研究

中国院校研究走到了今天，今后如何发展，是大家共同关心的问题。我和校院校研究所的老师们反复讨论认为，深入开展院校研究要以专题研究为突破口；以案例研究为专题研究的基本方法；解决专题研究中存在的突出问题，努力提高研究水平；建立院校研究案例库，充分发挥院校研究在推动全国高等学校发展中的作用。与此同时，要努力建设系统的数据信息系统和以数据为基础的研究与决策体系，科学地进行数据收集、数据分析，实现以数据为基础的决策。

（一）以专题研究为深入开展院校研究的突破口

2000 年 3 月，华中科技大学建立院校发展研究中心，着手开展院校研究。2003 年 10 月华中科技大学教育科学研究院发起并组织了全国首届院校研究学术研讨会，与会代表就怎样理解院校研究、如何开展院校研究等问题进行了广泛讨论，达成了初步共识，这次会议成为我国开展院校研究的标志。此后，2004 年 10 月、2006 年 6 月分别举办了两次院校研究国际研讨会，共同探讨“开展院校研究，建立现代大学制度”“高校领导与战略”等问题。通过六年的努力，我国开展院校研究的局面已经打开，这主要表现在：通过借鉴美国及欧洲部分国家开展院校研究的经验，探索中国特色院校研究的理论与方法，对院校研究的内涵、特征、主要内容以及开展院校研究的意义等，已经达成基本共识；开设院校研究课程，举办院校研究讲习班，编写院校研究教材，着手培养院校研究专业人员；部分高等学校已开展院校研究的专题研究，为学校领导提供决策咨询，如青岛大学通过院校研究，实施战略管理，加快了学校的发展，华中农业大学在开展院校研究中制定了《院校研究科研课题管理办法》，西北大学、中国地质大学、中央财经大学、云南师范大学、辽宁工业大学、长江大学、上海对外贸易学院、空军雷达学院等部分高校通过多种方式着手开展院校研究；院校研究得到了教育部领导、高等教育学界及部分高等学校领导的认同和支持。同时我们也必须看到，中国特色院校研究理论和方法的探索还有待深入；部分高等学校领导和高教研究人员对开展院校研究还没有引起足够的重视，认识有待加强；自觉开展院校研究的高等学校还不够广泛。面对这种情况，如何深入推进院校研究，经过反复思考，我们认为，应以专题研究为突破口，通过广泛开展专题研究，将我国院校研究推向一个新的阶段。为什么应以专题研究为深入开展院校研究的突破口，这是因为：

首先，专题研究易于展开，容易见到成效。院校研究开展过程中，遇到很多难题，如：院校研究是一种新的研究范式，高校领导和高教研究人员的认识和研究能力难以适应；由于高校没有统一的、经常性的资料搜集制度、机构，研究资料和研究人员分家，院校研究难以开展；原有高教研究机构游离于学校体制之外，研究难以发挥应有的作用；缺乏新的成果认定制度，研究人员的实际贡献难以认定，专业技术职务晋升难以解决，等等。相对而言，针对学校管理实际的某一问题，进行专题研究，研究人员有比较大的自主性，也比较容易展开，专题研究的成果用于改进学校管理实践，推动学校发展，容易见到成效，取得学校领导的认同和支持。

其次，专题研究是院校研究的主要内容之一。院校研究内容是多样的、变化的、发展的，其主要内容包括：院校信息的收集、整理、研究与报告；院校年度报告的撰写与研究；院校日常管理中的专题研究；院校管理中新的重大问题研究；院校战略管理研究。以上五项主要内容，后三项都属于专题研究，专题研究是院校研究的主要内容之一，是院校研究的题中应有之义。

再次，在专题研究中锻炼队伍。院校研究不同于一般的日常工作研究。一般的工作研究往往产生的是“工作总结”“资料汇编”“情况汇报”之类的成果，不能深入揭示院校发展、管理中的深层次问题，揭示产生问题的原因，找到解决问题的有效对策。院校研究需要运用科学的研究方法，遵循科学研究的程式，探索科学的结论，提出有效、可行的对策。这就要求院校研究者应能提出好的问题；是一个好的倾听者，不被自己的思维方式和先入之见所束缚；牢牢抓住研究问题的本质。以资料收集为例，由于在资料收集过程中往往不断出现新问题，这些新问题与原有的理论假设可能并不一致，需要对原有的理论框架进行调整。“只有经验丰富的研究者才能把新出现的问题转化成取得学术突破的机会，而不是陷入其中无法自拔，也只有训练有素的学者才能在研究中不表露出任何个人的感情色彩或偏见。”① 任何人“在下水之前不可能学会游泳”。通过开展专题研究可以帮助我们掌握院校研究的理论和方法，从而锻炼、培养院校研究队伍。

(二) 以案例研究为专题研究的基本方法

专题研究可以采用实验法、调查法、档案分析法、历史研究法、案例研究等多种方法。在研究中，可以根据不同的研究对象、不同的研究要求，选取相应的研究方法。但是，院校研究中专题研究所面对的问题都是在一定情景中，各要素之间相互联系、相互制约、高度相联，要求选用比较合适的研究方法。实验法在实验室环境中进行，把现象从其前后联系或背景中分割出来，把关注的焦点集中在少数几个变量上，当研究者可以直接地、精确地、系统地控制事件过程时，才可能采用实验法。历史研究法十分重要，要关注处理相互关联的现象及其环境背景，但它所面对的不是当前正在进行的事件。调查法可以同时考察现象及其前后联系，但它对前后联系的探讨是极为有限的。相比之下，案例研究法比较适合院校研究中的专题研究，这是因为：

“案例研究是探索难于从所处情境中分离出来的现象时采用的研究方法。”② 案例研究适合的情况是：“研究问题类型是‘怎么样’和‘为什么’，研究对象是目前正在发生的事件，研究者对于当前正在发生的事件不能控制

① (美) 罗伯特·K. 殷. 案例研究——设计与方法 [M]. 周海涛，主译. 重庆：重庆大学出版社，2004：11.

② (美) 罗伯特·K. 殷. 案例研究方法的应用 [M]. 周海涛，主译. 重庆：重庆大学出版社，2004：13.

或极少能控制。”[①] 案例研究是一种实证研究，它在不脱离现实生活环境的情况下研究当前正在进行的现象；待研究的现象与其所处环境背景之间的界限并不十分明显。也就是说，采用案例研究法，是因为研究者相信事件的前后联系与研究对象之间存在高度关联，要把事件的前后联系纳入研究范围之内，从而探索相应的结论。因此，案例研究与院校研究中专题研究的要求十分吻合，应当将案例研究作为专题研究的一种基本方法。

案例研究是一种要求高、难度大的研究方法，在研究过程中首先要做好研究设计。研究设计是从“需要回答的问题”到“得出的结论”的逻辑步骤，主要包括分析所要研究的问题、提出假设、界定分析单位、连接数据与假设、解释研究成果的标准等五个方面。[②]

分析所要研究的问题。应用研究始于问题，提出问题之后，要对所研究的问题的性质进行分析。尽管所研究问题的实质各不相同，但所有问题可以用“5W”表示，即“什么人”（who）、“什么事”（what）、“在哪里”（where）、“怎么样”（how）、“为什么”（why）。案例研究最适合回答“怎么样”和“为什么”的问题。

提出假设。研究假设可以引导研究者集中关注所要研究的问题，而不致分散精力。只有明确提出某种具体的假设后，研究才会有正确的方向，而不致偏离。例如，某研究者在做“H大学教师职业稳定性影响因素研究”课题时，针对H大学是研究型大学的特点，在前期研究的基础上，提出了如下研究假设：“教师的职业稳定性与教师的个体特征、工作满意度、工作压力、组织承诺有关”。提出了这样的研究假设，研究的范围缩小了，研究的可行性增加了。

界定分析单位。对分析单位的不同界定，会导致采用不同的研究方法或者不同的资料收集方法。界定分析单位以后，才能确定资料收集、资料分析的范围。分析单位可以是事件（如校园枪击案），或实体（如某一国家、某一学校、某一课题组），或单个的个人（如问题少年、模范学生、政治领袖）等。界定分析单位时，要进行文献综述，在前期研究文献的基础上进行；要与研究同伴共同探索，反复分析，力求准确。

---

① （美）罗伯特·K. 殷. 案例研究——设计与方法［M］. 周海涛，主译. 重庆：重庆大学出版社，2004：66.

② （美）罗伯特·K. 殷. 案例研究——设计与方法［M］. 周海涛，主译. 重庆：重庆大学出版社，2004：11.

连接数据与假设，解释研究成果的标准。这两个要素是案例研究中证据分析的前期步骤，研究讨论应该为证据分析打下坚实的基础。连接数据与假设可以有多种形式，其中“模式匹配”是重要方法之一。同时，对一般案例而言，很难精确地设定解释这类研究结果的标准，研究者可以通过不同的模式之间的对比足够强烈、鲜明，以至于研究结果可以根据至少两种相互矛盾的模式的比较而得以解释。

研究设计之后，在案例研究实施过程中，要经过筛选案例、收集资料、证据分析、撰写案例研究报告等步骤，才能完成一项案例研究。这些，都必须在案例研究的学习、实践过程中，逐步掌握、熟练。

为推进院校研究，应尽快建立全国性院校研究案例库，将符合案例研究基本要求、有一定借鉴意义的研究案例，按照一定的程序，进入院校研究案例库，供高校领导、院校研究工作者学习、研究和实践时参考。

（三）解决专题研究中存在的突出问题，努力提高研究水平

院校研究推进的难度比较大，院校研究成果难以发挥应有的作用，究其原因，主要是没有突破传统的、泛泛而论的研究，研究者缺乏科学的研究方法，研究没有达到应有的科学水平。笔者多年来在指导学位论文和参与学位论文答辩、参与专题研究的过程中，感到在专题研究中存在四个方面的突出问题，这些问题是：

1. 问题偏大

问题是研究的发端，研究的目的是要解决问题，因而研究者要有强烈的问题意识。研究中，在这一方面存在的主要问题是：看不出问题，没有问题，不知道研究的目的是什么；把现象当问题，如“学生学习积极性不高”，这只是一种现象；把假问题当真问题，如“水变油”；把一个领域当问题，如有的研究停留在“学科建设”“学分制”“现代大学制度”“教师聘任制”等，没有找到所要解决的问题。在这些问题中，突出的是问题偏大。由于问题偏大，研究时往往泛泛而论，抓不住要害和实质，研究结论空泛，研究起不到应有的指导作用。

2. 资料偏虚

解决问题靠什么？靠证据，靠资料。我们研究的深度，取决于掌握资料（证据）的多少，“有多少资料，做多少东西”，要运用正确的方法去收集第一手资料。不少论文在论述中，往往是某某导师怎么说，某某经典作家怎么说，某某名家怎么说，或者从网上找一些第二手、第三手的资料。用这些“虚”的资料再加上看到的某一个时髦说法，得出一个结论。这种结论是“贴”上去的，不是“长”出来的。我们的研究要在对大量第一手资料的分析中，“生长”出科学的结论。

3. 理论偏多

科学研究就是要运用现有的理论、知识，去解决未知的问题，从而发现规律和新的知识，不能“以无知去研究未知”。理论的作用主要表现在三个方面。一是理论对经验的先行激发作用。在科学研究中经验的产生对于理论有很强的依赖性。二是理论对经验的共时建构作用。理论参与经验的建构，即我们通常所说的观察中渗透着理论。理论成为经验的一个内在的组成部分。三是理论对经验的事后解释作用。这种解释作用表现在：理论审查经验的性质，作出评价；理论解释经验的内容。[①] 人们开始认识到理论的重要性，但在研究过程中，往往搬来一大堆理论，哲学的、心理学的、管理学的、社会学的、教育学的理论，仅仅将各种理论往那里一放，没有发挥其应有的作用。在研究中，要经过反复比较、思考，找到与解决问题适切的、具有解释力的理论。

4. 方法偏乱

一种科学研究的明确标志就是具有科学的研究方法。方法是“船”和“桥”，没有“船”和“桥”就过不了河，没有正确的方法，就不可能研究和解决问题。由于在评价一项研究时强调研究方法，一些研究者在研究报告中也会列举多种方法，但这些方法往往与研究内容脱节。究其原因，主要是对研究方法的学习、掌握不够，对一些常用的研究方法不熟悉，因而在研究中

① 蒋劲松．经验、理论与整体主义——兼与柯志阳先生商榷［J］．自然辩证法通讯，2003（5）：102-106.

方法偏乱。在今后的院校研究中，我们要着力去找到一种或多种适合院校研究的分析框架。分析框架是从一个理论出发，针对要研究的问题所提出的基本研究思路、工具，它是理论和问题两者之间的桥梁。面对一大堆杂乱无章的材料，没有分析框架，研究无从下手。北京大学教育学院陈学飞教授等在进行政策研究时，根据萨巴蒂尔提出的三种政策理论发展方式，提出了“以理论发展为导向的经验研究”的分析框架，值得我们借鉴。

问题、资料、理论、方法是科学研究中的四个基本要素，而四个要素又是相互联系、来回穿梭式互动的。只要抓住这四个要素，并努力去解决研究中容易出现的关键问题，院校研究的发展就可以往前跨进一大步。

(四) 增强责任感，努力推进院校研究

以专题研究为突破口，院校研究取得新的发展，其主要标志是：广度，在现有基础上，更多的省市、更多的高等学校主动开展院校研究；深度，逐步探索、形成院校研究中专题研究的理论、分析框架和技术；影响力，通过院校研究，发现、研究、解决高等学校管理中存在的突出问题，推进高等教育发展。为此，我们要在以下几个方面下功夫。

◤1. 提高认识

对一个事物的认识是无限的，对院校研究的认识要贯穿开展院校研究的始终。要不断认识开展院校研究的意义，院校研究的特征、内涵和方法，院校研究的难点、重点，等等。要在不断学习中认识，持续研究中认识，宣传推广中认识。

◤2. 增强责任感

高等教育质量关系国家、民族的未来。高等教育进入大众化阶段以后，发展中面临大量的新的问题，这些问题不解决，我国高等教育难以健康、持续发展。抓住发展中的问题，开展专题研究，探索高等教育发展的规律，提出解决问题的对策和方法，为领导决策提供强有力的管理咨询，这是我们高教研究工作者的历史责任。

3. 树立研究意识

科学研究有其自身的理论、逻辑、方法，需要认真去学习、探索。在研究中，要有强烈的问题、资料、理论、方法意识，抓住并解决其中的突出问题，在研究中学会研究，不断提高我们的研究水平。院校研究者还要有教育管理咨询意识，学会做管理咨询，主动开展管理咨询。

4. 落实专题研究

“研究实践相互推进”，一方面要研究院校研究，一方面要实践院校研究。以专题研究为突破口，就要善于抓住院校管理中的问题，列出专题，逐一开展研究。院校研究中，一定要发挥学校领导和院校研究工作者两个方面的积极性，学校领导要提出问题，提供条件，主动接受管理咨询；院校研究工作者要自觉、积极开展研究，提高研究水平，主动提供管理咨询。院校研究分会则应通过案例库、网络、媒体、专题研究会等多种方式，交流、推动专题研究。我们相信，只要通过大家共同努力，中国院校研究一定会走向一个新阶段。与此同时，要努力建设系统的数据信息系统和以数据为基础的研究与决策体系，科学地进行数据收集、数据分析，实现以数据为基础的决策。

（2007 年在青岛举办的“以专题研究为突破口推进院校研究”学术研讨会上的总结发言）

七、院校研究的规范发展

中国院校研究开展已经十年，走过了“初步形成”阶段，未来十年，将走向规范发展阶段。我们正处于两个十年的交汇点上，有必要回顾已经走过的“初步形成”阶段，并探索“规范发展”阶段的背景、目标和措施。

(一)“初步形成”阶段的院校研究

20 世纪八九十年代，我国学者开始介绍美国的院校研究，但在我国开展院校研究却始于本世纪初。通过十年研究，我国院校研究走过了“初步形成”阶段，其主要标志是：

1. 开展对院校研究的研究，出版发表了一批著作、论文，初步明确了中国院校研究的特征、职能和内容

院校研究始于美国，他们的研究已有 100 多年的历史。开展院校研究，首先要学习美国院校研究的经验。通过翻译《质的研究及其设计：方法与选择》《管理今日大学：为了活力、变革与卓越之战略》等九部著作及有关论文，介绍美国院校研究的经验；通过举办院校研究国际研讨会，聘请兼职教授，邀请包括美国院校研究协会主席在内的数十位美国专家来华讲学等方式，了解美国院校研究的经验；通过到哈佛大学、加州大学伯克利分校、马里兰大学、威

廉玛丽学院、密歇根州立大学等进行实地考察，学习美国院校研究经验，从中受到启示。

院校研究的必要性是深入开展院校研究的前提。2002 年开始，我国学者从高等教育已经拥有办学自主权，市场化、大众化、国际化对高等教育和高等学校管理提出了众多的新问题，高等学校需要从经验管理到科学管理，高等教育研究的发展需要在方法论上发生根本性转变等多个方面，论述了院校研究的必要性。

开展院校研究要认识和理解院校研究。院校研究开展之初，很多人并不理解，提出了一系列问题。这些问题主要有：为什么采用“院校研究”一词？院校研究是一个研究领域还是一个学科？院校研究是否只研究本校问题，领导者、管理者能否参加院校研究？中国过去有没有院校研究？院校研究与高等教育学、高等教育管理、高等学校管理、校本研究有什么区别？在中国开展院校研究的意义何在？院校研究的基本特征、主要职能、主要内容是什么？院校研究中如何运用定量研究方法、质性研究方法、政策分析方法、管理咨询方法、案例研究法等研究方法？院校分析数据库怎么建设？院校研究在中国高校组织中如何定位？院校研究机构如何设置及工作职责如何界定？等等。[①] 通过对这些问题的研究，概括性地提出了院校研究是自我研究、管理研究、咨询研究、应用研究。对院校研究的职能、内容逐步统一了认识，并对相应理论问题进行了探索。

2. 通过以专题研究为突破口，有力地推动高校开始重视对自身的研究

在我国开展院校研究的条件还不充分的情况下，如何着手院校研究，尽快从院校研究的研究走向院校研究呢？在 2007 年的全国院校研究学术研讨会上，经过共同探讨，提出了“以专题研究为突破口，将中国院校研究推向一个新阶段”。这是因为，专题研究是院校研究的主要内容之一，相比而言，专题研究容易把握、易于开展，见效比较快；高校自身有大量的问题需要研究，领导有需求，容易引起重视；通过开展专题研究可以帮助我们进一步掌握院校研究的理论和方法，从而锻炼和培养院校研究队伍，为以后院校研究的规

① 刘献君．华中科技大学教育科学研究院院校研究十年回顾［J］．高等教育研究，2010（9）：42-46.

范发展做好准备。同时提出了达到新阶段的三个标志：一是广度，即在现有基础上，更多的省市、更多的高校主动开展院校研究；二是深度，即逐步探索、形成院校研究中专题研究的理论、分析框架和技术；三是影响力，即通过院校研究发现、研究、解决高校管理中存在的突出问题，推进高等教育发展。

专题研究，大体包括两个方面。一是院校自身积极开展专题研究，特别是在科学发展观学习和实践活动中，在"十二五"规划制定中，院校普通开展了专题研究。院校研究人员针对本校管理问题，运用科学的方法，收集大量资料，进行科学分析，提出解决问题的对策，供决策者参考。二是院校研究人员创设由部分学校共同参与的全国性、地区性的专题研究，如清华大学组织的NSSE（全国大学生学习性投入调查）研究，北京大学组织的北京地区学生学习积极性研究等。

专题研究的开展，有力地促进了高校对自身的研究。华中科技大学、华中农业大学、长江大学、河北科技大学、青岛大学、西华师范大学、沈阳航空航天大学、云南师范大学、长沙理工大学、河南农业大学、空军雷达学院、山东交通学院、临沂大学、武汉纺织大学等一批高校党委书记、校长经常参加院校研究会的活动并亲自抓本校的院校研究。例如，华中农业大学每年列出若干项目，进行招标，并制定了《院校研究科研课题管理办法》。"上海交通大学中长期评估""愿景、使命与行动——清华大学创造世界一流案例研究""走向国际化——浙江大学案例研究""中国海洋大学教师专业化发展的组织模式研究""中央财经大学学院整体工作评价指标体系研究""中原工学院内部质量保证体系构建""临沂大学实施扁平化管理改革研究"等一大批高质量的专题研究，有力地推动了学校的改革和发展。①

3. 通过院校研究国际和国内学术研讨会，出版教材，进入课堂，着手培养院校研究人员

开展院校研究，关键靠人，靠一批事业心强、热心院校研究、具备院校研究能力的人。我们采取多种措施培训院校研究人员。首先，将研讨会与培训相结合。从2003年起，逢单年举办全国性研讨会，逢双年举办国际研讨

① 刘献君．华中科技大学教育科学研究院院校研究十年回顾［J］．高等教育研究，2010（9）：42-46.

会。研讨会前，先举办培训班，请国内外院校研究者作学术报告。例如，2004 年 10 月举办了第一届院校研究国际学术研讨会，会前举办了“院校研究与现代大学管理”高级研讨班，来自 113 所高校的专家学者 200 余人参加了研讨班，美国院校研究会会长及七位院校研究工作者作了学术报告。每次研究会，围绕一个主题，与会代表在充分准备的基础上，共同学习，共同探讨，共同创造，在学习、探讨、创造中提高。

编写院校研究教材。从 2005 年开始，在中国高等教育学会的支持下，我们用了三年时间，编写院校研究教材。在编写过程中进行多次研讨，对院校研究作了比较系统的总结。2008 年 8 月，高等教育出版社出版了第一本院校研究教材。教材出版后，受到好评。

与此同时，在高等教育学、教育经济与管理等研究生专业开设“院校研究概论”“院校研究专题”“高校战略管理”“统计方法”等课程，让学生了解院校研究的理论与方法，重视实践问题研究，增强了实践研究能力。

4. 建立全国性、省级院校研究会，创建院校研究案例库，搭建研究和交流平台

成立专业学术团体，是组织、推动院校研究的一种重要方式。2007 年 5 月，民政部正式批准成立中国高等教育学会院校研究分会。2008 年 7 月，院校研究分会第一届理事会成立。院校研究分会通过召开学术会议、举办培训班、创建中国院校研究案例库、设立院校研究网站、推动高等教育刊物建立院校研究专栏等多种方式，搭建研究和交流平台，推动院校研究。例如，院校研究案例库的建设，对院校研究的开展起到了较好的促进作用。院校研究没有现成的、一成不变的研究范式，而是在实践中成熟和发展。为了提供一个学习、交流的平台，决定以出版《中国院校研究案例》丛书的形式，建立院校研究案例库。《中国院校研究案例》（第一辑）于 2009 年 1 月出版，该书由于案例经典、内容全面而受到广大读者欢迎。《中国院校研究案例》（第二辑）以“战略规划与战略管理”为主题，于 2010 年 6 月出版。《中国院校研究案例》（第三辑）以“学校制度建设”为主题，于 2011 年 6 月出版。大量生动的、规范的案例，为高校专题研究提供借鉴、示范。

2009 年 10 月，四川省高等教育学会院校研究分会成立。一批大学校长积极参与学会工作，活跃了院校研究。华中科技大学、大连理工大学院校研究机构被批准为省级人文社会科学重点研究基地。这些组织、基地的建立在推

动院校研究开展中，发挥了积极的作用。

5. 通过重视院校自身问题的研究，在推进高等教育研究方法论的转变中，发挥了重要作用

我国的高等教育研究和美国的高等教育研究相比，从方法论上看，行进的路径不同。美国的高等教育研究是先出现院校研究，后出现高等教育的学术研究。我国则是从探索高等教育学的建立开始，培养了一大批高等教育研究生，出了一批高等教育著作。由于缺乏基础，我国高等教育学学科建设进展缓慢。而从共性和个性的关系来看，特殊高于普遍，个性胜于共性；特殊性寓于普遍性之中，特殊性改变普遍性；共性的丰富性，取决于个性的丰富性。每个学校都有其不可替代的特殊性，需要有针对性地加以研究。只有对单个学校研究透了，才有可能在此基础上，科学准确地归纳出一般规律。从理论和实践的关系看，教育规律来源于教育实践，只有对教育实践，特别是对具体从事教育实践的学校进行深入研究和剖析，才有可能探索教育的规律；否则，从现象到现象，从抽象到抽象，是不可能认识教育规律的。院校研究的开展，推动高等教育研究者开始关注实践问题，研究实践问题。别敦荣教授等对近10年刊发在《高等教育研究》上的论文进行统计，发现“与前10年相比，对高校内部管理的研究已经走出了强调宏大叙事研究的套路……近年来对高校管理的研究以研究具体问题为主”[①]。研究的基本思路和方法论的根本性转变，对高等教育学的学科建设将产生重大影响。

中国院校研究开展已经十年，走过了“初步形成”阶段。由于院校研究条件的局限，研究探索的时间还不长，院校研究缺乏规范性和应有的深度。今后十年，院校研究将进入“规范发展”阶段。“一年可能干不成任何事，十年可能干成任何事”。我们将要对未来十年进行规划，明确院校研究规范发展的背景、目标和主要措施。

（二）院校研究规范发展的背景分析

前十年院校研究之所以能初步形成，主要是因为高校有了办学自主权，

① 别敦荣，彭阳红．近十年我国高等教育研究的现状与未来走向［J］．高等教育研究，2008（4）：65-72．

有了研究的需求：这十年起步比较艰难，主要原因在于需求还不旺。未来十年，由于社会、教育的发展，高校领导对院校研究的需求将逐步旺盛起来，对开展院校研究提出了迫切要求，院校研究需要实现规范发展。社会、教育发展对院校研究的推动，突出表现在以下三个方面。

1. 信息技术对院校研究的推动

《国家中长期教育改革和发展规划纲要（2010—2020 年）》（以下简称《教育规划纲要》）明确指出："信息技术对教育发展具有革命性影响，必须予以高度重视。"未来十年，将是信息技术在我国进一步迅猛发展、加速普及、渗透到方方面面的十年。信息技术对高等教育的影响主要表现在以下几个方面。

挑战大学的基本功能。一方面，信息技术将推动大学从单一的教学功能，向教学、科研、社会服务的综合功能转变。另一面，也是更重要的，信息技术将赋予大学，特别是研究型大学新的功能。信息技术加快知识更新的速度，并使知识有可能直接转换为生产力。因而大学要成为国家创新、创业人才的摇篮，成为国家科技创新的重要基地，大力推进科技成果的转化及其产业化，成为国家高新技术产业的孵化器和辐射源。

改变教学模式、学习方式。信息技术，特别其网络技术的发展，网络化的多媒体教学，使教学、学习可以不受时间、地点、条件的限制，从时间、地点的限制中解放出来。学生增加了选择的自由度，选择教师、学习内容和学习进度。学生获得了参与教学过程的主动性，广泛与世界各地的教师交流，主动与教师探讨重点、难点问题，享受丰富的教学资源。

模糊"边界"。网络将使世界成为地球村，每个公民随时随地可以了解世界各地的情况，通过多方面与世界各地人们交流，在一定程度模糊了国家的"边界"。信息技术使大学的资源通过互联网相联系，实现共享，学生可以在学校之间自由修课，获取学分，院校之间的"边界"模糊了。信息技术更加模糊了学科之间、教学与科研之间的"边界"。

重组高校队伍。这突出表出在两个方面，一是高校队伍中技术人员的数量增长。以往，高校主要是教师、职员、后勤人员，技术人员数量少而且受不到重视。信息技术的发展，各个方面需要大量的技术方面的人员，美国不少高校技术人员已经占到教职工总人数的 20% 以上，而且对技术人员的要求越来越高，他们在学校的地位也越来越重要。二是教师的流动性增加，兼职教师的数量扩大。信息技术的发展，使教师对世界各地大学情况了如指掌，将尽力选择适合自己的岗位。由于教学不受时空限制，兼职教师的数量将大大增加。

高校信息的特点对高等教育管理产生重大影响，主要表现在以下方面。

信息的易变性导致高校规划的困难。战略规划是面向未来的，制定规划时，需要准确把握学校未来发展的有关信息。但信息时代，信息瞬息万变，给规划的制定和实施带来了困难。

信息的模糊性导致高校决策的困难。高校有关信息难以获取，具有局限性、模糊性。例如，社会对人才需求状况的信息、学生学习效果的信息、教师对学校工作满意度的信息，都难以准确获取。信息是决策的基础，信息的模糊性，导致决策的困难。

信息传播的多维度导致高校管理的民主化。以往社会，信息传播是单向度的，从上到下，老百姓通过报纸、广播、电视了解外界信息。信息技术发展以后，特别是博客、微博的创生，每个人都可以发布信息，传播信息。老百姓可以通过多种渠道获取信息，增加了对官员的监督，对决策的参与，无形中推进了民主化的进程。

信息的广泛性导致决策模式的转变。信息与数据紧密相联，信息的广泛性建立在数据广泛性的基础之上。数据、信息的广泛性，形成了数据驱动决策模式。决策者首先要掌握大量的数据，对数据的加工形成信息，对决策者有用的信息成为知识，对知识的思考产生智慧，因而形成一种新的“数据—信息—知识—智慧”决策模式。

信息技术对高等教育产生了深刻影响，对高等教育管理提出了新的要求，高等学校管理必然要从经验管理走向科学管理。在这一过程中，领导者十分需要院校研究。如果没有规范的院校研究，尤如开汽车时驾驶员没有表盘，领导者将寸步难行。

2. 建设高等教育强国对院校研究的推动

建设高等教育强国是我们的崇高的历史使命。《教育规划纲要》明确提出建设教育强国、建设高等教育强国。高等教育强国是指一个国家的高等教育培养的人才、提供的科技成果和社会服务，能够基本独立自主地解决本国在经济、社会及科学技术发展中所出现的重大理论和实践问题。“基本”——主要是指对外国技术的依存度在20%以下。[①] 建设高等教育强国，关键是人才培养的数量和质量。

建设高等教育强国是一个庞大的社会工程，需要政府、社会、大学共同努力。在建设高等教育强国中，高等学校面临的主要挑战是：

合理定位，办出特色，在本层次上达到一流，建设若干所世界一流大学。首先，高等教育强国必须拥有世界一流大学，若干所研究型大学必须承担建设世界一流大学的重任。同时，建设高等教育强国，必须培养各类、各层次高素质的人才，这就要求每一所大学合理定位，办出特色，在本层次上达到一流。现在，虽然大家都在说特色，在制定“十二五”规划时，规划中出现了不少办学特色的字样，但规划的内容中却没有特色。特色是需要创建的，每所学校要明确自己创建特色的方向、目标、内容、项目，然后逐步去创建。这需要院校研究者去研究、提炼，给决策者提供咨询意见。

如何凝练自己的核心教育理念？大学是一个理念组织，尽管学校并不完全等同于某个理念，但理念却是学校的力量之所在。大学的教育理念与大学的精神、使命、功能等有着密切联系，同时又对具体的教育目标、教育制度、教育活动、教育方法以及学生的成长等产生直接影响或施以无形制约。在大学教育理念方面，我国大学的主要问题不是缺乏理念，而是没有形成自己的核心理念。大学罗列出了不少理念，但大多没有一条清晰的主线，理念要素之间缺乏应有的逻辑关系；有的本末倒置，将局部性的职能理念凌驾于全局性的核心理念之上；有的子理念之间相互矛盾，甚至与核心理念冲突背离；理念与办学实践、学生成长脱节，没有起到应有的作用。凝练学校的核心教育理念，是十分艰巨的任务。

此外，如何培养一批拨尖创新人才和大批各级各类优秀人才；如何产生原创性及解决社会经济文化实际问题的科研成果，提供一流的服务；如何培养一批具有国际领先水平的学科带头人和具有国际竞争力的教学科研队伍；如何形成一流的科学管理，创建民主、宽松、开放、和谐的学术氛围，等等，都是大学建设高等教育强国中面临的重大问题。

① 蔡克勇．关于建设高等教育强国的若干问题，建设高等教育强国文集（一）[M]．北京：高等教育出版社，2010：25.

3.《教育规划纲要》对院校研究的指导和促进

《教育规划纲要》明确了今后十年我国教育发展的指导思想、工作方针、战略目标、战略主题、发展任务、保障措施等，对高等学校的改革、发展提出了明确要求，研究任务十分繁重。

《教育规划纲要》不仅为院校研究的开展指明了方向，提出了问题，而且创造了十分有利的条件。

进一步强调要落实和扩大办学自主权。《教育规划纲要》进一步明确了高等学校按照国家法律法规和宏观政策，行使办学自主权。这些办学自主权的获得，使高校可以自主制定自己的发展规划与战略重点。在摆脱了束缚自身发展的行政干预后，高校开始拥有独立的主体意识和内在的利益诉求。高校可以独立自主地配置内部资源，而这恰恰是开展院校研究的必备条件。

要推进政校分开、管办分离。随着政府教育管理职能的转变，政府主要进行宏观管理，如政策法规、发展规划等的制定，而从干预高校办学的微观领域撤出。这虽然有利于高校办学自主权的实现，但对于长期以来高校习惯于政府“红头文件”的管理方式而言，会导致其在发展中的不适应和管理中的盲目性。高校要想尽快走出行政管理的思维方式，必须依靠院校研究工作来更多地为决策提供咨询服务。

要完善社会问责机制。社会问责制度的建立与完善，使得高校在管理中必须以科学决策来取代经验决策，而高校进行科学决策的前提就是通过开展院校研究来为高校提供决策服务。否则，仍然沿袭以往的管理观念，必将在社会的问责中受到社会的批评。

要构建国家教育管理信息系统。以往在高校中开展院校研究的一个现实问题就是数据的缺失。《教育规划纲要》中明确规定：要加快学校管理的信息化进程，促进学校管理标准化、规范化；推进政府教育管理信息化，积累基础资料，掌握总体状况，加强动态监测，提高管理效率。这说明，政府已经开始意识到数据信息系统在教育管理中的重要性，在政府的重视与引导下，高校必将更加重视数据库的建设，而这为院校研究的开展提供了必不可少的条件。

倡导教育家办学。《教育规划纲要》中明确指出，创造有利条件，鼓励教师和校长在实践中大胆探索，创新教育思想、教育模式和教育方法，形成教学特色和办学风格，造就一批教育家，倡导教育家办学。教育家校长在高校管理中必将会更加尊重教育规律，充分发挥院校研究在高校管理中的重要作用。

未来十年，高校面对信息社会，肩负着建设高等教育强国的崇高历史使命，承担落实《教育规划纲要》提出的任务，责任重大，需要智慧，迫切需要院校研究。

（三）院校研究规范发展的目标

本来十年，是院校研究“规范发展”的十年，总体目标是：以院校研究信息系统建设为重点，大力发展院校研究，使之逐步走向规范化。具体目标如下：

1. 促进建立院校研究信息系统

美国学者 Maassen 认为，“院校研究是基于以下环节的研究活动：收集一所高校的内部状况资料；收集该校的环境资料；分析整理这些资料便于转换为有用信息；根据这些信息对学校的计划、政策、决策进行论证。”① 院校研究的核心是为管理和决策提供有效和可靠的信息依据。充足的数据、科学的院校研究信息系统，是院校研究规范发展的前提。

数据和信息的关系十分密切。信息是客观事物属性的反映，是经过加工处理并对人类客观行为产生影响的数据表现形式。任何事物的属性都是通过数据来表示的。数据经过加工处理之后，成为信息。信息 = 数据 + 处理。而且，信息必须通过数据才能传播，才能对人类产生影响。因而，数据、信息是开展院校研究的前提和基础。

院校研究信息系统主要包括：从国家高等教育综合数据系统中取得的信息；从各类专题数据库中取得的信息；从学校业务数据库中取得的信息；从专题调查中取得的信息；为院校管理和研究建立的分析数据库。从以上几个方面获得的信息，能大体满足院研究的需要。

近一年来，华中科技大学院校发展研究中心对我国院校研究信息系统建设现状进行了初步调查。调查发现，我国国家级高等教育数据库系统正在建立，如“全国高等学校教学基本状态数据库系统”已经初步建成。建立了几

① Maassen P A M. Institutional Research and organizational adaptation [C]. Paper Presented at the Eighteenth European AIR Forum, Loughborough, England, 1986.

个专业性数据库，如高校招生管理系统。各校分散独立的业务数据库已运行多年。部分学校已开始系统统一建立业务数据库。个别学校，如中国人民大学、常熟理工学院，着手建立了自己的分析数据库。但是与发达国家相比，我们仍有极大的差距，主要问题如下：

由于国家级有关信息系统正在建设之中，而且数据保密，不公开，院校研究中不能取得比较性数据。校内处于“信息孤岛”状态，信息分散，院校研究不能取得应有的数据。没有建立分析数据库，难以对数据进行有效分析。信息技术落后，数据汇报、在线分析处理、数据挖掘等在我国院校研究中几乎处于空白。更为重要的是思想观念和体制方面的差距，人们缺少运用数据、信息来解决问题的意识和观念，条块分割、部门独立，各自为政，强调自己的利益和需要，严重阻碍了系统统一业务数据库和分析数据库的建立。

数据、信息的缺乏，信息技术落后已经成为制约我国院校研究规范发展的瓶颈。因此，推进建立院校研究信息系统，特别是加强系统统一业务数据库和分析数据库的建设，是未来十年院校研究十分重要而又艰难的任务。这个问题解决了，将一通百通。

2. 深化院校研究的专题研究

从 2007 年提出以专题研究为突破口以来，专题研究在高校迅速开展。但是仍然存在两个突出问题：一是缺乏广度，这一方面表现在还有不少高校没有重视和开展专题研究；另一方面专题研究的内容还比较窄。二是缺乏规范，还没有熟练掌握院校研究的科学方法，特别是案例研究达不到应有的水平。因此，深化院校研究的专题研究，应在以下两方面下工夫。

在广度方面，专题研究的范围应该逐步扩大，应从三个方面着手：一是教师的教学和学生的学习，包括教学和学习方法改进、教学和学习效果评价、教师发展和学生成长、创新创业人才培养，等等。其中特别要关注对学生的研究，如：大学生的愿望与理想、目标与追求；社会对大学生的期望与要求；大学生对学校教育的期望；面对学生的变化，我们应该确立什么样的教育思想、观念；如何重新思考学校与学生、教师与学生的关系；现有教育体系、工作方式中有哪些不适应时代变化的内容，应如何改革。二是院系的管理，包括学科专业建设和课程建设、学术自由和学术发展、教师管理和学生管理、院长角色定位和职责，等等。三是学校的决策与治理，包括治理结构，战略规划，学校的定位、特色与理念，重大问题决策，学校的变革与发展，等等。同时，推动越来越多的高校开展专题研究。

院校研究专题研究的规范，首先要遵循社会科学研究的一般规律，同时要考虑院校研究的特殊性。院校研究是自我研究、管理研究、咨询研究、应用研究，在专题研究中，要突出把握以下三个方面。一是在充分对本校状况调查的基础上确立问题。问题不是想当然地在那儿，而是研究者艰苦建构的结果。抓住的问题应该是真问题，而不是自己想象出来的问题；应该是学校管理和发展中需要解决的主要问题，而不是次要问题；问题要明确、具体。二是分析问题要建立在大量数据的基础上。院校研究就是要运用大量的数据去发现问题、分析问题、解决问题，让数据成为管理和决策的基本依据。收集大量真实可靠的数据，是院校研究的基本要求。三是创造性提出解决问题的对策，为决策提供依据。

3. 探索院校研究理论

作为一种研究范式，同任何一个理论流派一样，在积累了大量的实证研究或案例研究以后若长时期没有新的突破，就会面临危机和衰落。[①] 院校研究的规范发展需要理论指导。科学研究是要运用现有理论、知识，去解决未知问题，从而发现规律和新的知识。经验的产生对理论有一定的依赖性，因而理论对经验具有先行激发作用。科学观察、测量中渗透着理论，因而理论对经验具有共时建构作用。理论审查经验的性质、作出评价，因而理论对经验具有事后解释作用。探索院校研究理论十分重要。

理论的探索有一个过程，在院校研究中，我们要借鉴制度理论，围绕组织的变革与发展，在大量案例研究的基础上，寻求突破，探索中程理论，以指导院校研究的实践，从而实现院校研究的规范化。

4. 培训院校研究人员

院校研究能否实现规范发展，在我国高等教育中发挥应有的作用，还取决于院校研究人员的素质和水平。

由于院校研究的特殊性，院校研究人员队伍具有自身的特征。一是多学

① 周雪光．方法、思想、社会科学研究．读书［J］．2001（7）：32-39.

科性。院校研究的对象是综合的，因而开展院校研究需要多学科的知识，如教育学、管理学、经济学、社会学、信息技术、统计学等。这并不是需要每一个院校研究人员都具有这些学科的知识，而是院校研究需要多学科人员的组合。在院校研究中，多学科人员的相互理解、相互支持、相互融合是十分重要的问题。二是综合性专业素质。无论哪一个学科的人员，都应有综合性专业素质，如理解分析能力、实践问题分析能力以及熟悉学校情况运行规则的背景能力。三是社会责任感和奉献精神。高等教育进入大众化阶段之后，高校面临大量新的问题，这些问题不解决，我国高等教育难以健康、持续发展。而在研究这些问题时，会面临大量非学术事务，成果也难以发表。这就需要院校研究者具有高度的社会责任感和奉献精神。

我国院校研究工作者大多来自教育学、管理学领域，尽管近十年在实践中探索，有所提高，但仍然与院校研究的要求有很大的差距。我们需要通过专业学位、正规培训、在职学习、在实践中成长等多种方式，培养一支高素质的院校研究专业人员队伍。

（四）院校研究规范发展的主要措施

我们正处在院校研究“初步形成”十年和“规范发展”十年的交汇点上，根据今后十年院校研究规范发展的目标，要采取有力措施，逐年规划，共同努力，推进我国院校研究的规范发展。

1. 就建设与开放高等学校综合数据系统给国家主管部门提出建议

中国高等教育学会院校研究分会经过广泛调查和深入研究，经第四次全国院校研究学术研讨会讨论，就建设“国家高等学校综合数据系统”，建立高校信息公开制度以逐步实现高等教育信息的全面开放，以及规范高校综合数据系统建设，提出建议，形成了《关于建设“国家高等学校综合数据系统”并逐步开放相关信息的建议书》，建议将送教育部等有关部门。我们期望通过“国家高等学校综合数据系统”的建立，规范数据标准，如收集哪些数据、如何使其具有可比性、如何分析和解读这些数据，等等，并逐步公开数据，以推动高校系统统一数据库和分析数据库的建设，从而推动我国院校研究工作的开展，提升高校科学管理水平。

◤2. 与国家综合数据系统相结合，按照统一的指标体系，建设高等学校综合数据系统

高等学校综合数据系统包括系统统一的业务数据库、分析数据库、专题数据库，其建设既要与国家综合数据系统相结合，按照统一的指标体系进行设计，同时，它又是建设国家综合数据系统的基础。因此，首先要提高高校领导者的认识，解决实际存在的思想观念问题，以及有关技术问题，努力推进高校系统统一数据库的建设。

推广典型经验，推进分析数据库的建设。目前，少数学校已建成分析数据库，并开始发挥作用，如中国人民大学的管理数据库——中国人民大学事业发展数据库；常熟理工学院的高校管理决策系统等。院校研究分会将进一步调查、了解、发现更多的好的典型。近一年内，选择在一所学校，举办分析数据库建设的初级研讨班，让大家实地考察、参观、感受，从而学习分析数据库的建设。

推动建立专题数据库、区域数据库，实现局部的数据共享。在现有专题数据库的基础上，推进建立更多的专题数据库。如华中科技大学院校发展中心拟建立通过测量学生批判性思维以检测学生学习效果的数据库。倡导有条件的同一类学校，如农业院校、艺术院校、师范院校，同一地区的学校，建立区域数据库，实现数据共享。

推进高等学校综合数据系统逐步实现向全社会开放。除推进国家高等学校综合数据系统开放外，也要推动每个学校的综合数据库向社会开放。开放高等学校数据库，有利于提高高等学校决策的科学性、管理的有效性。高等学校可以利用数据库进行校际比较、区域比较研究，还可以进行财务比较、教师管理比较、学生事务比较、发展战略比较，等等，从而发现学校优势和不足，取他人之长补自己之短，制定科学的战略规划，改进学校管理工作，进而推进学校教育事业的改革和发展。

◤3. 通过创建常模参照、深化案例库建设、创建院校研究刊物，进一步推进专题研究规范化

专题研究始终是院校研究的重要组成部分，是院校研究的高级职能。院校研究信息系统的建设将有助于专题研究的开展和规范化，因而必须进一步大力加强专题研究。

院校研究分会将采取有效措施，组织全国院校研究工作者探索案例研究，开展院校问题诊断与决策咨询，形成若干典型模式，为院校研究提供常模参照。

精心建设院校研究案例库。要在全国范围内，广泛征集高水平的案例研究，选择符合研究规范的案例，继续出版《中国院校研究案例》，以交流、推进专题研究。案例集以突出主题与兼顾一般相结合。近期拟编辑出版以“专题调查与数据库建设”为主题的案例集。

积极筹备创建院校研究刊物，为院校研究成果发表提供阵地，并起到引导院校研究成果评价、建立院校研究成果评价体系的作用。与此同时，积极推进现有高等教育刊物开设院校研究专栏，广泛发表专题研究成果。

4. 采用多种方式，探索院校研究理论

理论指导实践，同时理论又来源于实践。实践越丰富，才越有可能创建理论。我们要借鉴中医理论形成的方法。中医在对大量多种多样疾病医治的过程中，借鉴传统文化中的经典，归纳、总结出自己十分精辟的理论，形成中医自己的经典，以指导行医。我们要借鉴制度理论，围绕学校组织的变革与发展，在大量案例研究的基础上，寻求突破，探索中程理论。

举办多种形式的小型研讨会，每次研讨会围绕一个问题，组织对该问题有深入思考的学者，运用头脑风暴法，进行深入交流、碰撞，从而产生思想火花，为院校研究理论的形成创造条件。

修订《院校研究》一书。2008 年由高等教育出版社出版的《院校研究》一书，体现了当时学者们对院校研究理论、方法的探索，但是这种探索仅仅是初步的。随着理论探索的深入，将修订、再版《院校研究》一书。

5. 有针对性地举办院校研究培训班，系统培养院校研究人员

院校研究需要大批多学科的研究人员，因此，培训的基础在高校、在基层、在实践。要通过专业学位以及其他多种学位点，开设院校研究相关课程，从学生开始培训，使他们掌握院校研究的基本理论与方法，转变研究的思路与方式，为以后从事院校研究做好准备。要鼓励在实践中学习、研究，研究、实践相互促进，从而在实践探索中掌握院校研究的理论与方法。

院校研究分会则应进行整体规划，根据院校研究的实际，确立若干研究

方向、领域。每个方向、领域建立各自的课程模块，并编写相应的教材。在此基础上，借助美国院校研究协会的力量，共同有针对性地举办院校研究培训班，培养一批院校研究骨干。

6. 推进建立省级院校研究分会，发挥群体力量和智慧，分工合作，推进十年发展目标的实现

四川省高教学会院校研究分会建立之后，发挥了很好的作用，积累了一定的经验。在此基础上，推进在其他省市建立院校研究分会。近一年内，争取在河北、陕西、广东、重庆等省市建立院校研究分会，以后逐步推开。这样，在省市院校研究分会之间进行合理分工，发挥各自的优势和智慧，形成各自的重点和特色，从而全面推进院校研究的规范发展。

与此同时，还要做好院校研究的信息交流、宣传工作，让更多的领导、学者理解院校研究、参与院校研究、推动院校研究。

我们要有坚定的信念、坚忍不拔的毅力，将十年发展的目标与近期研究紧密结合，扎扎实实地推进中国院校研究的规范发展。

（2011年在北京举办的“加强管理信息系统建设，推动院校研究规范发展”学术研讨会上的总结发言）

八、院校研究规范发展的路径

中国院校研究已经初步形成并且进入了规范发展阶段，但是规范发展的任务还远没有完成[①]。高校领导者科学决策意识不强，对院校研究重视程度还不高；数据缺失现象仍然存在；院校研究工作者的水平、能力有待提高。面对这些问题，在推进中国院校研究规范发展过程中，我们要着重解决以下四个问题。

（一）处理服务领导决策与服务学生发展之间的关系，提高决策支持的科学化水平

在中国推动院校研究发展需要确定正确的研究方向与路径。当下合适的路径与方向就是要建立高校决策支持系统，为提高高校决策支持的科学化水平服务。院校研究应该能够为学校决策提供支持，这是院校研究的基本职能，发展院校研究需要建立高校决策支持系统。对于决策支持系统，不同学科有着不同的理解，但总体而言，决策支持系统能够为决策者提供所需数据、信息和背景资料，帮助决策者明确决策目标和进行问题识别，建立或者修改决策模型，并提供各种备选方案[②]。院校研究，包括发展规划处

---

① 刘献君．院校研究规范发展中的若干关系［J］．中国教育研究，2016（10）：21-23.

② 刘献君．发展院校研究建立高校决策支持系统［J］．大学教育科学，2017（1）：10-14.

以及高等教育研究所的研究就是要发挥决策支持的作用。

高校的决策以及决策支持有其特殊的重要性。高校决策之前必须确立目标，目标就是方向、动力。高等学校的目的与任务在于培养人才，因此高校的每一个决策都应该以此为基础。但实际情况是，众多外部与内部的因素都使得学校的决策多多少少偏离了这一目标，也就是说目的和手段容易脱节。高校的这种特殊性首先表现为培养目标的模糊性。考虑到两个重要因素，即社会对人才需求的多样性以及学生成长的个体差异性，我们往往难以商定出一个具象的培养目标。其次是人才培养效果的滞后性，学生质量高低应该要接受社会的检验。最后是学校组织结构的松散性。大学组织之间缺乏一种紧密联系，往往呈现各自为政的状态。这是大学和企业之间很重要的区别。

这些特点也导致了高校决策具有自身的特殊性。首先，高校决策是为自由创造条件的决策，高校教学与科研是探索性的，它们都需要自由作保障。我们有多少大学领导在做决策的时候是记得这一点的呢？恐怕很少。其次，高校决策有学术、行政、综合三种类型。纯学术问题只需要进行价值判断而不需要利益判断，如一位引进的教师是否达到了所需要的学术水平，这就需要学术委员会判断。涉及利益的纯行政问题是需要进行行政决策的，而高校中也不乏一些事物同时涉及了学术与行政，这个时候就需要综合地看待。最后，高校决策容易脱离根本目标，先前已经提过了。高校决策在两极中徘徊，这一点是普遍存在的问题，大量的两极问题包括个体与社会、科研与教学等等。当然，高校决策会对国家的未来产生深远影响，这是毋庸置疑的。

大学治理是大学利益相关者参与决策的结构与过程。学生是大学重要的利益相关者，理应参与学校的决策。而且参与决策的过程也是重要的教育过程，需要有学生参加。高校决策应该以学生为中心，决策应始终围绕学生成长，有利于学生成长，要正确处理好两个“服务”（即服务领导决策与服务学生发展）之间的关系，从而真正提高决策支持的科学水平。这是我们今后院校研究需要关注与把握的一个重要方向，也是一个路径。决策围绕学生，深入学生群体，听取并了解学生的意见，唯有如此才能真正有利于提高决策支持的科学化水平。

（二）处理数据分析与质性研究的关系，提高院校研究人员的素质与能力

美国院校研究主要是进行数据分析，现在也进行质性研究，某种程度上

也是中美院校研究人员相互产生了影响。所以我们不是要单纯地向美国学习，而是要相互学习。笔者和美国院校研究会会长合作培养的博士魏署光在美国做了一个关于院校研究决策支持的大课题，其内容就为美国院校研究的发展提供了重要的理论依据。在院校研究中，诸多问题的显现与解决都有赖于对数据的收集与分析，这就决定了数据在院校研究中具有至关重要的地位。目前，决策也已经进入“数据、信息、知识、智慧”阶段，数据的缺失是我国开展院校研究的一大障碍。现在已经进入大数据时代，数据的重要性更加突出。大数据与传统数据相比最大的优势在于其具有实态性。传统数据是事后的构拟结果，而大数据是实态数据，而非之后的构拟；更加重要的是，“社会的数字化”以及“数字的社会化”这两个过程相互作用，使得数字与社会融为一体。

面对散乱且价值密度低的大数据，社会学者冯仕政提出了三阶段法：数据爬梳、数据分析以及数据解释①。数据爬梳主要由两部分内容组成，包括数据的抽取和重新分类与赋值，其主要任务在于改变原有数据的形态，引导其向逻辑化与主题化转化；数据分析的目的就是要挖掘出数据之间的逻辑关系；数据解释建立在第二步的基础之上，以数据之间的逻辑关系为起点，揣摩、分析并推断出更具有一般性的规律。为了顺利完成数据分析这个繁杂的过程，多学科的共同参与必不可少，尤其是教育科学、统计科学与计算机科学的介入。虽然数据分析的重要性不言而喻，但是在情境性认识的阐述方面，如个体的体验、情绪变化、心理反应、组织文化与价值等有着明显不足。而在这些方面，质的研究则具有独特的适切性②。

2016 年，在与文华学院 150 多名毕业生的交谈中，院校研究人员发现“尊重”“目标”“交往”“环境”四个词出现的频率很高，这也从侧面反映出影响学生成长的重要因素，也是学校教育需要重点关注之处。让人印象深刻的是一个学生的一句话，她说：“个性化教育起点是尊重学生，终点是学生尊重。”这是她思考的成果。首先一个学校要在教育的过程中尊重学生，这样学生才能尊重老师、尊重学校、尊重社会。2016 年新生开学典礼上笔者的致辞主题就是“尊重”，然后在全校开展“理解尊重，践行尊重”的教育，效果喜

① 冯仕政．大数据时代的社会治理与社会研究：现状、问题与前景［J］．大数据，2016，2（2）：3-16.

② 刘献君，张俊超．中国院校研究的特点探析［J］．中国高教研究，2014（11）：73-76.

人。这是质性研究。

质性研究的重要性还体现在另外一个方面。我们应该认识到，和美国的院校研究发展相比，我国的院校研究处于不同的发展阶段。美国早已进入高等教育普及阶段，发展中的许多重大问题已经基本解决。前几年，笔者在和美国学者进行交流的过程中发现，我国现在教育中存在的某些问题美国已经在二十世纪五六十年代就解决了。现在做比较教育研究的时候存在的问题是什么呢？就是把我们现在的情况和美国当下的情况做比较，这是无法相比的，所以得出的一系列的结论都不是基于同一个层面得出的。美国院校研究中遇到的问题主要是学生成长，如入学率、保持率、毕业率以及通过学习分析提高学生个体学习成绩等。学习分析是美国最近一段时间提出的新概念，主要是通过大数据对学生个体进行分析。我们现在做的都是对学生整体学习状况进行调查，而学习分析则具体到个人。

我国高等教育发展正处于转型之中，面对我国社会与高等教育的大变革、大发展，在高等教育中我们正面临一场管理革命，很多新的重大问题需要研究，这些关键问题不解决，具体的问题也难以攻破。由此可知，中国院校研究更加应该重视质的研究。但仅仅重视质的研究还不够，院校研究还要重视数据分析，因此对院校研究人员提出了很高要求。同济大学出版社出版的一本有关院校研究的书中，就提到了院校研究人员需要具备的三元智能：分析与技术智能、院校事务智能以及院校背景智能。所谓院校背景，就是说你要认识并且熟悉研究的学校，假如没有任何的实际经验，提出的决策支持是不具有可实施性的。院校研究包括什么？可以说，它包括自我研究、管理研究、咨询研究以及应用研究[①]。也就是说，院校研究所研究的是本校问题与管理问题，它不做决策，主要是起到咨询的作用，不是理论研究。阎光才教授在2016年的院校研究年会上指出，院校研究人员需要有人文关怀、数据素养、价值判断以及理性思维。为了提高院校研究人员的素质与能力，我们需要采取以下几方面的措施：一是改革高等教育专业研究生教育的培养目标、课程结构以及课程内容，长三角地区可以做一个项目，主要就是关于高等教育管理的培养目标、课程结构与内容该如何改进；二是加大培训力度，如开办培训班、设置网络课程等。

① 刘献君．院校研究规范发展中的若干问题［J］．高等工程教育研究，2017（5）：3-7.

（三）处理国际化与中国特色的关系，探索适合中国国情的院校研究理论与方法

2016 年于长沙开办的世界院校研究会会长峰会上，中国、美国、欧洲、日本以及海外华人院校研究会会长都分别介绍了各自开展院校研究的情况。此次会议的另外一个目的就是要拓展和欧洲以及日本的合作。在这一次峰会上，大家一致认为世界各国高校的院校研究具有很多相同的特点，可以相互借鉴、携手合作、共同推进。可以说这次峰会将院校研究的国际化推向了一个新的阶段①。

为什么我们要借鉴美国院校研究的经验呢？如前文所述，高等教育是有着共同的规律的，而美国的高等教育走在我们前面，对很多问题的研究先于我们。作为世界上最早开展院校研究的国家，多年的实践已经积累了大量经验，所以美国院校研究的理论、方法是值得借鉴的。还有一点就是有一批美籍华人在美国从事院校研究工作，他们对国内高校了解得透彻一些，便于双方交流。在借鉴方面，我国院校研究人员已经做了大量的工作。从 2001 年开始，我们从美国买回了许多书进行翻译，出版了“院校研究译丛”“美国高等教育管理学经典译丛”以及“新工具丛书”等三套丛书，除此之外还翻译了大量的论文。同时，我们邀请了 50 多位美国大学校长、院校研究人员来我国讲学，举办培训班；20 多位美国院校研究人员受聘为兼职教师；40 多位院校研究人员到美国学习、参会；共同培养博士生，开展课题研究。

我们在发展中国的院校研究时需要牢记美国与中国国情有着很大的差别，这样的差别不仅仅体现在国体与政体方面，而且它与高等教育发展的情况也是息息相关的。考虑到诸多因素，院校研究中国化的探索也是必需的。具体比较下来，这些不同点主要包括两国的社会制度不同，政体不同；社会环境与思维方式不同；两国院校决策体制不同，中国的高校是以条为主的管理模式，是由业务部门所驱动的决策体系，而美国高校则是独立的实体，决策由数据、院校研究部门所驱动。此外，我们在院校研究中所遇到的问题也不同。对于美国院校研究的不足之处，我们也要加以避免。雷洪德副教授最近谈到了美国院校研究的“四重四轻”：重个体轻组织、重弱势轻强势、重方法轻理

① 赵蕾．中国院校研究规范发展路径探索——2016 年“中国院校研究的挑战与突破”学术研讨会综述［J］．高等教育研究，2017，38（2）：106-109.

论以及重量化轻质性。他提出中国院校研究要赶上美国院校研究之重，补上美国院校研究之轻。

我们对院校研究中国化已经有了初步的探索。首先是明确中国院校研究的意义和内容；其次是以专题研究为突破口，以案例研究为基本方法；最后就是理论研究与实践研究相结合，探讨其理论与方法。要探索适合中国国情的院校研究理论方法，我们还需要从以下方面入手：站在国际前沿，吸收先进的理论、方法与技术，坚定不移地为培养热爱党、热爱社会主义的高素质人才服务；立足于本校实际，有针对性地开展院校研究以及探索中国特色的院校研究理论与方法。

（四）处理机构的行政性与研究的专业化的关系，使院校研究的组织由无序走向有序

院校研究和行政、纯学术研究有很大的不同，院校研究的特点是机构行政性与研究专业化。院校研究还有着其他方面的特殊性[①]。院校研究的主要职能是为学校提供决策支持。只有进入学校的决策体系、行政体系，院校研究才有可能发生作用。如果院校研究无法进入整个决策体系，而是始终游离在外，是很难有所作为的。院校研究所提供的服务主要集中在决策咨询方面，具体说来就是基于对校情的了解，能够对外部情况进行探究分析，为学校决策者提供专业的意见，故而它所扮演的角色既非决策者，亦非决策执行者。从中我们了解到院校研究对专业化有着一定的要求，它所提供的是专业化服务。可以说，如何处理好机构的行政性与研究的专业化之间的关系，是院校研究面临的突出问题。从华中科技大学两年前开始的对中国800多所本科高校的高等教育（院校研究）机构调研的情况来看，中国院校研究机构的设置情况较为复杂，这样的复杂性主要有以下几种情况：设立了单独的院校研究机构负责发展规划制定工作等，此类高校仅占少数；发展规划处（室）与高等教育研究院（所）分设，此类情况发生在大多数高校中；部分学校只设立了发展规划处（室）而没有高等教育研究院（所）；120多所高校将发展规划

① 魏署光．美国院校研究的决策支持行为及其影响因素［J］．教育研究，2015，36（3）：150-158.

处（室）与高等教育研究院（所）合并，两块牌子一套人马，分工合作。

理顺关系，推动院校研究组织由无序走向有序需要做到以下几点。首先要理顺机构设置。我国目前存在的是一种分散式的院校研究，可以分成两步来完成由无序到有序的转变。第一步是根据常桐善先生的建议，我们需要建立院校研究协同体，将高等教育研究和发展规划处合并，协同开展研究。第二步是建立院校研究机构，名正言顺地开展院校研究。其次是要建立相应的制度。我国目前对教职工的考核、晋升主要有两种路径：一是行政，二是学术。这种考核与晋升制度导致院校研究人员要么创造条件争取在行政系统晋升，要么写文章争取课题，在学术方面晋升。我们是否可以借鉴高校辅导员的管理方式，让院校研究人员可以同时或者分别在行政、学术两个方面晋升，并且建立相应的制度。最后是推动校长重视院校研究，这是关键。只有校长重视了，院校研究才能真正地开展起来。2017 年的年会，我们增设了“院校研究与高校领导决策”分论坛，以吸引大学校长参与。有了校长的支持，院校研究的工作开展与发展就有了更大的空间。

（2017 年在同济大学举办的院校研究学术会议上发言的部分内容）

九、文华学院院校研究的规范发展

文华学院 2007 年成立院校研究所，首任所长为赵炬明教授，第二任所长是周进博士。笔者作为副董事长、校长，积极指导、参与院校研究，探索院校研究。文华学院院校研究所自成立以来，与华中科技大学教科院院校研究所等机构开展广泛而深入的合作，将院校研究前沿理论与成果运用于文华学院办学实践，注重“小而精、高起点、广动员、重实效”，院校研究与办学特色相互支撑，学术研究与实践行动相互结合，以实践问题与实际需求为导向，以数据平台与基地建设为支撑，以教师教学发展中心为载体，带动全校管理部门以院校研究的理论与方法共同研究实践问题，推动实际工作，形成全校上下、内外合力开展院校研究的氛围和局面，取得了一定的理论与实践成果，有效促进了管理科学化与民主化，成为同类院校中具有自身特色的决策支持机构。2017 年，文华学院院校研究所被中国高等教育学会评为“第五届优秀高等教育研究机构”。以下主要介绍文华学院院校研究所在院校研究规范发展中的一些探索。

（一）学校战略规划要更加自觉、科学、有效

在为学校提供决策支持中，帮助学校领导把握战略发展方向，明确战略目标，制定并实施战略规划，促进学校健康发展，始终是院校研究的重要任务，文华学院在开展院校研究中十分重视战略规划。

我国高校战略规划的制定，可以追溯到1956年。1956年国家开始重视科学研究，制定了国家十二年科学技术发展远景规划。随之，大学也开始制定规划，例如，华中工学院（华中科技大学的前身）制定了《一九五六年——一九六〇年的综合规划》，规划主题是"积极开展科学研究，努力提高师资水平"。2003年至2008年，我国开展第一轮本科教学工作水平评估。评估方案中，对制定学校发展规划提出了明确要求，推动了各高校制定战略规划，确立自己的办学定位、目标、理念等。在这一过程中，根据高校在战略规划中存在的问题，2006年3月，中国高等教育学会院校研究分会在西安举办"高校领导与战略"国际学术研讨会。经过研讨，提出要从战略规划走向战略管理，并要特别关注五个方面的问题：战略实施是战略管理的主体；将提高教学质量作为学校的核心战略；将经费的筹措、规划放在战略管理的突出地位；战略规划应该是多样化的；学校战略要体现校长的信仰、理念，但不是校长个人的愿景。[①] 通过各高校的共同努力，战略规划开始逐渐发挥作用。

面对新时代党和国家对高等学校的新要求，以及高校战略规划中仍然存在的突出问题，文华学院认为，高校战略规划要更加自觉、科学、有效，并在以下几个方面加以改进和提升。

1. 战略目标不能停留在口号上

目标是方向、动力，战略规划首先要确立目标。战略目标要有超前性，要有明确的内容，指导教师教学和学生学习。但以往的战略目标往往停留在口号上，如建设社会主义一流大学，建设高水平应用型大学，建设一流民办大学，等等。

大学的根本任务是培养人，而人才要满足社会需要。社会的发展，对人才提出了新的要求。特别是人工智能的发展，社会生产、生活、职业将发生重大变化。例如，机器以全新的人机交互方式感知人类；图像识别技术开始进入产业化阶段；各类语音识别系统应用在生活中；大量简单、烦琐、重复性工作由智能助手完成；人机协同覆盖从决策到运营、从生产到服务的经济活动全链条。人机协同产生了新的学科和新的"员工"。例如，知识工程，一门新兴工程技术学科，是社会科学与自然科学相互交叉、科学技术与工程技

① 刘献君．大学校长与战略——我国大学战略管理中需要研究的问题［J］．高等教育研究，2006（6）．

术相互渗透的产物，是运用现代科学技术手段高效率、大量地获得知识、信息的技术。其产生，将人类专有的文化、科学、知识、思想等，同现代机器联系起来，形成人机系统。又如，数字员工，是人工智能加上人类的面容，自然与人交流，有记忆，能回答问题，处理事务，称之为“新领”。我们的战略规划，不能无视这些变化，而要深入了解、审视这些变化，从而确立战略目标。

文华学院十分重视战略目标。首先，建校之初确立了“十年建校、十年发展、十年提高”的三十年长远战略目标。其次，精心确定五年规划的目标。例如，“十四五”期间的总体目标是，学校努力建设高质量教育体系，各项办学指标达到本科合格评估标准，部分优势专业位居同类高校前列，硕士学位点实现零的突破，支撑区域发展的应用创新与服务能力稳步增强，成为特色鲜明的一流民办教学服务型大学。并提出分项目标，例如，学科专业建设目标是，建立健全学科专业动态调整机制；本科专业控制在 40 个以内，专科专业计划数控制在 10 个左右；推进新工科、新文科建设，加强 5 个学科专业群建设；10 个及以上专业获批湖北省一流专业，2 个以上专业获批国家级一流专业；鼓励学科交叉，试办微专业，培养复合型人才；10 个以上专业达到优势工科专业与国际化工程教育认证标准。

2. 确立战略主题

战略主题是战略思想、核心理念的集中体现，战略目标的高度概括。以往的战略规划大多没有战略主题。《国家中长期教育改革和发展规划纲要（2010—2021 年）》的战略主题是“坚持育人为本，全面实施素质教育”。洪堡大学战略规划（2012—2017）的主题是“科学达致修养——培养探究思维”。战略主题能起到指引学校发展方向、把握战略目标、统一思想、凝聚人心的作用。在战略规划中，一定要凝练战略主题。文华学院经过研讨提出，“十四五”期间的战略主题是“从特色发展走向全面提高”。

3. 规划战略行动

战略行动是战略实施的具体安排，在战略规划中十分重要。要使战略规划与战略实施相结合，必须有战略行动。我们的战略规划大都有战略措施，却没有战略行动。战略措施属发展策略，是方法和手段，不能代替战略行动。例如，21 世纪初，H 大学在战略规划的战略措施中，提出用 2 亿元进行学科建设，2 亿元引进和培养师资，2 亿元建设高水平实验室。措施很好，但没有规划行动，没有明确钱从哪儿来。在战略实施中，由于弄不到那么多钱，整个规划落空。国外高水平大学的战略规划，一般都有战略行动，例如，洪堡大学的战略规划中，为了实现创建“有利于学术自由”的管理文化这一战略目标，制定了如下战略行动：2012 年 7 月完成行动服务网络改革计划的最终确定；2012 年 8 月 1 日开始，研究服务中心重组；2012 年 10 月 1 日开始，重组国际事务办公室；2013 年 1 月 1 日开始，重组人事服务中心；2013 年 5 月 1 日完成洪堡大学所有员工个人发展新计划；2014 年 11 月 1 日完成行政改革的评估。决策机构为执行委员会、各系及部门负责人。这样的战略规划，将规划与实施紧密结合，容易取得成效。

文华学院将“十四五”规划中的战略措施改变为战略行动，并提出实施以下战略行动：实施党建与思政教育行动，全面落实立德树人根本任务；实施个性化教育行动，全面提高应用型人才培养质量；实施特色培育行动，全面推进一流学科专业建设；实施协同创新行动，全面发展产学研融合育人体系；实施师资建设行动，全面激发人才创新活力；实施以评促建行动，全面构建内部质量保障体系。

4. 开展战略评估

战略评估是审视战略规划，监控战略实施，并对战略实施进行系统性评估的过程。

文华学院从以下几个方面开展战略评估：审视战略规划，包括审视规划是否符合高等教育规律，是否适应社会发展的要求，是否符合学校发展的实际，是否具有现实可操作性；评估战略实施，包括检查战略基础，衡量战略绩效，战略的修正与调整。今后，还将对全校及各单位的资源利用效率进行评估。评估资源利用效率包括考察投入与产出的对比关系，进行成本分析，通过对其资源占用、消耗与工作业绩的综合分析，对校内各单位的资源利用效率做出评价。在战略管理中，战略评估十分重要。

（二）学生是自己学习的决策者，院校研究要为其决策服务

高等学校的根本任务是立德树人，因而学校决策的根本目的是提高立德

树人的有效性。文华学院在探索中认为，学校决策要以学生为中心。一方面，由于种种原因，学校决策容易脱离根本任务、目的。另一方面，在大学教育教学中，学生的成长发展过程，是一个决策过程，学生是自己学习的决策者，这是因为：

教育的目的是促进人的个性全面发展。每一个人都是一个独立而完整的世界，每一个人成长的问题，最终只能由自己解决。教育的根本目的在于个体自身，任何教育都要回到个体。学生学习的过程，是一个自我决策的过程。

教育是未来的事业，教育必须适应科学技术变革、发展的要求。例如，互联网是科技发展的重要方面，互联网最大的特点是开放性、互动性、个性化、全球性。美国国家工程院提出工程科学中面临的十四大挑战，其中第十三项挑战是“提升个性化学习”。同时，科学技术的发展，特别是大数据，为个性化教育、学生自我决策创造了良好的条件。

现代社会对大学生提出了培养创新精神和创业能力的要求。创新精神本质上是一种独立探究的精神，关键在于个体突破常规、独立思考、独立判断、独立探究、独立发现。同时，创新创业的范围很广，创新是无限的，而人的生命和能力是有限的。这就要求每个学生发掘自己的优势潜能，找准可能的创新方向和创新点，作出正确的决策，最大限度地形成创新成果，以服务社会。这也是学生自我决策的过程。

如何为学生的学习决策服务呢？根据现在学生的学习状态，文华学院从以下几个方面着手。

1. 引导学生的学习需要

我们的教育教学面临很多问题，其中必须引起高度重视的问题是，大学生学习积极性不高。这是一个不争的事实，已有诸多论证。造成这种现象的原因是多方面的，如：大学生学习负担轻、学习压力不大；教育评论偏颇；教师水平达不到培养一流人才的要求，等等。这些都是外部原因。最重要的原因是学生学习需求不旺，如：缺乏像 1977 级、1978 级学生那样强烈的求知欲望；缺乏德智体美劳全面发展的成人、成才的强烈愿望；缺乏自我实现，为国家、社会发展奉献终生的强烈学习动机，等等。究其原因，主要是不少学生不懂得上大学的意义，不知道上大学对自己意味着什么，缺乏强烈的学习需要，学习积极性不高。这个问题不解决，教育教学难以收到成效。

如何引导学生的学习需求？文华学院的主要做法是：

首先，要认识需要的重要性。马克思指出："任何人如果不同时为了自己的某种需要和为了这种需要的器官而做事，他就什么也不能做。"可见，需要是人改造世界和认识世界的内在驱动力，也是学习的内在驱动力。同时，教育是对人的需要的培养，教育的目的之一是提高学生的需要素质。人的需要是习得的，是在受教育的过程中、在吸收人类文化过程中形成的，社会文化的内容制约着人的需要。教育要帮助学生提升需要的层次，提高需要素质。引导学生学习需要，是教育的题中之义。

其次，要认识需要的特点。人的需要是客观要求作用于主体时人所体验到的一种主观状态。[①] 理解需要，应把握以下几点：需要的主体是生命主体，离开生命体，需要就不存在；需要必须指向一定的对象；需要体现了需要对象与主体之间的一种价值关系[②]；需要具有差异性、阶段性、动态性、层次性、历史性等特点。

再次，通过改进教育教学，提高学生的需要素质。在教育教学和日常思想教育过程中，帮助学生认识客观世界的丰富性、多样性、发展性，认识客观世界对个体的要求；认识自我，特别是自己的优势、兴趣、特长；认识客观世界和自我的关系，特别是价值关系，确立正确的价值观。这是一个十分复杂的过程，需要进行深入探索。

2. 引导学生明确学习目标

目标具有指引功能，不仅为人指出了未来需要达到的活动水平，而且决定了人的努力方向和活动中的注意力分配情况。一个人确立了人生目标，才能有明确的方向、前进的动力。

目标具有层次性。目标可以划分为过程性目标和达成性目标，长远目标和短期目标。要引导学生树立长远目标，并将长远目标分解为一个一个短期目标，在实现一个一个短期目标中，达至长远目标。

目标具有多样性。人的需要的多样性、社会生活的多样性，决定了目标的多样性。要引导学生根据自己的需要、能力、社会的需求，确立自己的目

① 《心理学百科全书》编委会. 心理学百科全书［M］. 杭州：浙江教育出版社，1996：271.

② 王仕杰. 需要德育论［M］. 武汉：湖北人民出版社，2010：20.

标，在社会发展中找到自己的位置。

目标确立的过程，是一个自主选择的过程。要引导学生认清自我，了解社会，选择适合自己能力、兴趣、性格，能为社会发展做出贡献的发展方向和目标。

在明确学习目标的基础上，文华学院通过“一人一规划”，引导学生制定人生规划和学习规划。

3. 帮助学生学会学习

大学生的主要任务是学习。就教育而言，学生学习了就有教育，没有学习就没有教育。在大学生自我决策中，帮助他们认识学习，学会学习，十分重要。根据现在大学生的学习状态，在这一过程中，文华学院重点关注以下问题，并采用多种方式，和学生共同探讨，从而帮助学生学会学习。

大学应该学什么？大学教育主要是素质教育，学习对象主要包括智力学习、非智力学习、方法学习。智力学习包括知识性学习、事实性学习、原理性学习、逻辑性学习。非智力学习包括学会尊重、学会生活、学会生存、学会做人。方法学习包括学习选择性方法、探究式方法、发现式方法、再生式方法。要引导学生对学习进行全面规划。

学习从哪里开始？从学习内容看，大体包括知识学习、行为学习、思想学习。不同的学习，着眼点不一样，知识学习从理解开始，行为学习从模仿开始，思想学习从问题开始。

学习最大的特点是什么？学习有很多特点，其中最大的特点是，读书学习谁也替代不了。世界上很多事，别人都可以代替你去做，但读书学习，得靠自己。学习是个体的学习，成长是个体的成长。

学习的中介是什么？实践是知识转化为素质的中介。感受是人类最基本的需要，是人的生命过程。只有通过实践才能感受，才能在改变环境的过程中改变自我，才能实现客观世界和主观世界的转换。

学习中最大的问题是什么？提不出问题是学习中最大的问题。要树立强烈的问题意识，在提出问题、分析问题、解决问题中学习。

（三）教职员工共同参与院校研究

我国院校研究的参与者，从少数高教研究人员对院校研究进行研究开始，到研究人员、部分管理人员开展院校研究，发展到现在，需要全校教职工共同参与院校研究。以下从两个方面进行分析。

从学校决策看，决策的环境、条件变了。决策需要共同创造。我们已经进入新时代，提出了建设教育强国的要求，高等学校发展的目标更高了，需要解决的问题更多了，决策的难度更大了。我们已经进入信息时代，引发新一轮科技革命，其重要特点是未知远大于已知，互联网的逻辑是去中心化。面对此，特别需要通过群体化的方式，共同去解决面对的问题。大学的科学决策需要信息、思想、智慧。智慧来源于创造。大学成员文化层次高，智力水平高，创造性强。但任何个人的智慧都是有限的，只有每个成员参与创造，才能形成群体智慧。

文华学院在个性化教育过程中，提出共同创造，很多观念、对策思想来自教师、学生，例如："教育的起点是尊重学生，终点是学生尊重"，"个体差异是教育的重要资源"，"优化结构，重点突破"，"设计潜能导师"，"整体引导，个体指导"等等，都是师生在共同创造的过程中提出来的。

从为学生的学习决策服务看，更需要全校教职工，特别是教师参与。教师与学生接触交流最多，对学生的影响最大，为学生学习决策服务，主要依靠教师。为学生学习决策服务，文华学院采取以下方式。

1. 在教学过程中指导学生学习决策

对学生的学习决策进行指导，首先应结合教学进行，在专业教育中指导。学生进入大学以后，有了自己的专业，而其专业又基本决定了他未来的职业。学生虽然有了自己的专业，但并不完全了解。通过专业教育，使学生了解专业形成的背景，专业涉及的范围，专业的发展前景、前沿，专业在社会发展中的地位，专业学习的目标、内容与方法，帮助学生认识专业、热爱专业。当学生觉得现在的专业与自己的兴趣、爱好和职业理想不相符合时，及时指导学生调整专业。

在课堂教学中指导。课堂教学不仅仅是传授知识，还要关注学生的成长。例如，在教学中发现学生身上的优点，帮助学生树立自信心。教学中设计亮点，激发学生的好奇心。将教学内容融入课程结构，帮助学生把握学习目标。以志向培养志向，志向只能由志向来培养，老师要有坚定、明确的志向，把自己全部心血倾注在学生身上。

在科技和社会实践活动中指导。科技和社会实践活动，一般是学生自主开展的活动。在这些活动中，帮助学生找到自己的兴趣、爱好所在，认识自己的优势、劣势，发现问题、解决问题，并找到自己今后的发展目标。

2. 设立潜能导师，指导学生学习决策

在研究生教育中，已有成熟的导师制，对研究生学习、成长进行全面指导。应建立本科生导师制，指导本科学生学习。本科生导师制，可以采取多种方式。

文华学院在个性化教育中，首创潜能导师制。潜能导师的主要职责是帮助学生发掘优势潜能，指导学生规划学习和人生。在教育实践过程中，针对不同年级学生的特点和需求，一年级设置“班级潜能导师”，由一名专业教师担任潜能导师，两名高年级学生担任副导师，组成潜能导师组，对学生进行指导。二、三年级设置“项目潜能导师”，根据学生的学习、科研团队的状况，设置潜能导师。四年级设置“设计潜能导师”，由毕业设计指导老师兼任。潜能导师的指导和帮助，激发了学生兴趣，增强了学生的自信，促进了学生的个性发展。

3. 建立制度性交流，指导学生学习决策

成人，就是一个人内在地意识到自我与他人和世界的根本性联系。教育的目的是培养人，交流、交往在教育中具有重要的意义。大学，就是给老师们、学生们提供了一个交流、交往的场所。在教育中，交往十分重要，学生只有在与老师、同学的交往中，才能正确认识自我，形成学习、人生决策。这种交往，当然首先在教学中进行，但同学们在学校的生活是广泛的，交往是丰富多彩的，还要建立多种多样的制度性交往，为师生交往搭建平台。所谓制度性交流，不是随机的、偶发的，而是通过制度，保证交往的持续性、有效性。

文华学院建立的制度性交流主要有：周日晚点评，即每周日晚，以年级为单位，老师、学生围绕大家关心的话题进行共同探讨，其定位是促进学生个性发展的平台，主要功能是督促、沟通、探讨、展示。此外还有，每年上半年，校长和部分老师一道，找 150 名毕业生谈心，了解他们四年的心路历程，以及成功之处和存在的问题，探讨学生个人发展和学校发展。与学籍异

动学生逐个谈心，帮助其端正学习态度，发现自己的优势，找到学习中存在的问题，制定学习规划。

（四）建立院校研究协同体

以往的院校研究机构，大体有以下几种形式：院校研究中心（所），高教研究所（院），高教研究所+发展规划处，发展规划处。根据形势的发展，院校研究功能的拓展，充分发挥院校研究机构独特的整合功能和专业优势，应该把整个学校建成一个“大院校研究机构”。在这一方面，已有相关探索，例如，日本东北大学的院校研究机构由三个层次的机构组成：院校研究办公室，室长为校长特别助理，有三名专业人员；院校研究运营小组，由院校研究办公室牵头，相关职能部门参加，定期研究协商院校研究的有关问题；院校研究运营协调会，由常务副校长牵头，主要讨论院校研究的方针。

文华学院的院校研究机构，由院校研究所和院校研究协调委员会组成。院校研究协调委员会由校长任主任，常务副校长、院校研究所所长任副主任，主要职责是，协调学校战略规划、战略实施和战略评估相关工作；提出学校改革发展和决策支持需要研究的问题；协调大型调研与数据情报的采取分析。

在院校研究协调体中，校长和院校研究专职人员要起到引领、组织、推进作用，引导全校教职员工共同创造，为学校决策和学生学习决策服务。为此，要在以下几个方面下工夫：提出决策目标，引导共同创造；建立共同创造的制度，形成共同创造的路径；收集、分析资料，组织交流，形成决策咨询意见；表彰在共同创造中做出贡献的人员，形成共同创造的氛围。

发挥信息技术的优势。信息技术不仅对学校决策提出了新要求，而且为全员参与决策咨询创设了条件。例如，广泛运用QQ、微信等，建立网络交流平台。信息技术拉近了师生关系，提供了便捷的交流渠道。领导、老师们可以广泛使用QQ、微信群，与学生开展交流、互动。开展学习分析。学习分析旨在通过大数据测量、收集、分析、报告学习者及其学习情境的相关数据，以促进对学习过程的理解，并对学习及其发生的环境进行优化。为学生发展创设空间。空间是个体和事物依存的场所，是生命之家，是学习、创造的舞台。学生认识自己、明确了发展方向之后，学校的责任主要是为学生创设可供选择的自由发展空间。如，创新适应现代大学生学习特征的教学空间，创新学习无处不在的校园空间，创新可供选择的制度空间，创新精神空间，等等。

面对新时代，院校研究的未来发展涉及面广，需要探索的问题很多。我们只有从实际出发，不断发现问题，研究问题，解决问题，才能有力地推进中国院校研究的规范发展。

十、院校研究与高校决策支持系统

党的十八届三中全会决定中指出，“全面深化改革的总目标是完善和发展中国特色社会主义制度，推进国家治理体系和治理能力现代化。”突出强调国家治理问题。决定又进一步指出，要“完善学校内部治理结构”。学校治理指学校内外利益相关者参与学校重大决策的结构和过程。可见，决策是学校治理的关键性因素，科学决策十分重要。决策体系一般包括决策系统、监督系统、执行系统和决策支持系统。决策支持系统是决策体系的重要组成部分。必须十分重视高校决策支持系统的建设。

（一）建立高校决策支持系统的重要性

对决策支持系统，不同的学科有不同的理解，笔者认为，决策支持系统为决策者提供所需数据、信息和背景资料，帮助决策者明确决策目标和进行问题的识别，建立或修改决策模型，提供各种备选方案，并且对各种方案进行评价和优选，为决策提供必要的支持。决策支持系统主要包括三个主要方面：数据、数据系统；知识、技术；人员、机构。决策支持系统是决策体系的重要组成部分。

高校决策中的决策支持系统具有特殊重要性，其重要性主要体现在两个方面。一方面，高等教育管办评分离，学校拥有更大的办学自主权。过去，政府管大学、办大学、评大学，高校主要是执行上级决定，重大问题不需要自己决策，因而也不需要决策支持系统。现在，高等教育实行管办评分离，管办评分离已成为高等教育综合改革的突破口。政府管大学，实行“放、管、服”结合。高校办大学，拥有比较充分的办学自主权。办学中的重大问题需要自己决策。大学之间，办学的定位、目标不同，学科结构、人员结构不同，历史、文化传统不同，每一所大学，都不可能照搬别的大学的经验，需要创造，在创造中决策。这种决策需要比较充分的决策支持。

另一方面，高校决策由于其自身的特点，具有其特殊的复杂性。笔者在研究中，将高校决策的特点概括为五个方面：第一，高校决策是为自由创造条件的决策。高校是学术组织，主要任务是传播知识、创造知识、培养人才。学术活动的过程是一个创造过程。而自由加求知等于创造。自由是创造的前提，没有自由就没有创造。学术自由是学术组织的生命力所在。因而，大学决策要为自由创造条件。第二，高校具有学术、行政、综合三种决策。高校的权力特征之一是学术、行政二元权力结构，学术、行政两种权力具有明显的不同特征，相应的决策也有各自的特点。根据高校决策对象、决策主体及权力结构不同，其决策有学术、行政、综合三种决策。对纯学术问题，只需要进行真伪判断的问题，通过学术组织，进行学术决策。对于纯行政问题，只需要进行利益、利害判断，通过行政组织，进行政策决策。学校的大量问题，既需要做出真伪判断，又需要做出利害、利益判断，需要学术、行政共同进行综合决策。第三，高校决策容易脱离根本目的。在高校现实的决策中，由于其特殊的环境、条件、组织结构，追求“成人的无限目的”容易被“适应政治需要和经济生存的有限目的”所取代，决策往往容易远离根本目的。第四，高校决策容易在两极中徘徊。高校的很多现象，常常呈现出两极的状态，如理性与人性、个体本位与社会本位、学术型与应用型、适应社会与超越社会，等等。由于决策者价值取向的多元，以及非此即彼的思维方式等原因，决策中容易抓住一极，或者在两极中徘徊。[①] 面对如此复杂的现象，高校决策不能停留在经验决策，必须进行科学决策，提供有力的决策支持。

（二）高校决策支持的现状分析

我国高校决策支持系统建设的现状如何？近几年来，华中科技大学院校

① 刘献君．高等学校决策的特点、问题与改进［J］．高等教育研究，2014（6）：17.

发展研究中心通过多种方式进行了调研，特别是2014年5月起，历时一年多，通过问卷、访谈、询问等多种方式，首次对全国878所本校高校高教研究机构进行了一次全面、深入的调研。[①] 调研发现，决策支持系统不健全，是我国高校决策体系中存在的一个突出问题。

决策支持系统主要包括数据、数据系统，知识、技术，人员、机构三个方面。

在数据、数据系统方面，近几年来，虽然数据系统建设取得了一定进展，但问题仍然不少，如：国家级的教育数据库尚处于建设之中；大学的业务数据库互不连接，形成信息孤岛，导致数据分散、不一致；部分数据不公开，处于保密状态，研究人员不能取得相应的数据；大学基本没有建立起自己的分析数据库。

在知识、技术方面，决策的有关理论、知识比较零散，缺乏创新；高等教育理论有待深入探究；信息技术中，数据挖掘、在线分析处理、数据汇报等，几乎处于空白。

决策支持系统建设的重点在人员、机构，有了健全的机构和高水平的人才，就会努力去探索高等教育理论、决策理论、相关信息技术，也能推进数据库的建设，以下重点分析人员、机构。

我国高校与决策支持相关的机构主要有高教研究所（室）、发展规划处。关于高教研究机构，调查发现，在全国878所本科高校中，设有高教研究机构的有514所，占59%；共有研究人员4578人，其中专职研究人员2311人。514所高校中，设有高等教育硕士点的100所，占19%；设有高等教育博士点的20所，占4%。高等教育研究机构除培养研究生和进行宏观高等教育研究外，主要任务是受学校领导委托开展专题研究，为领导撰写报告、讲话稿等（见图1）。

高教研究机构本应为学校决策提供支持，但由于种种原因，并未起到这一作用。主要原因是：机构的定位、职能不清晰，未能进入学校的决策体系；没有形成为高校提供决策服务的长效机制，工作流程的科学性和规范性不高；由于制度和习惯的影响，高教研究人员对学校决策问题研究积极性不高，能力不足；高校决策中，经验决策的影响根深蒂固，高校领导对决策支持的需求不旺，对高教研究的重视不够。调查发现，大部分本科院校的高教研究机

---

① 刘献君，等．教育研究转型迫在眉睫［N］．光明日报，2013-03-17（15）.

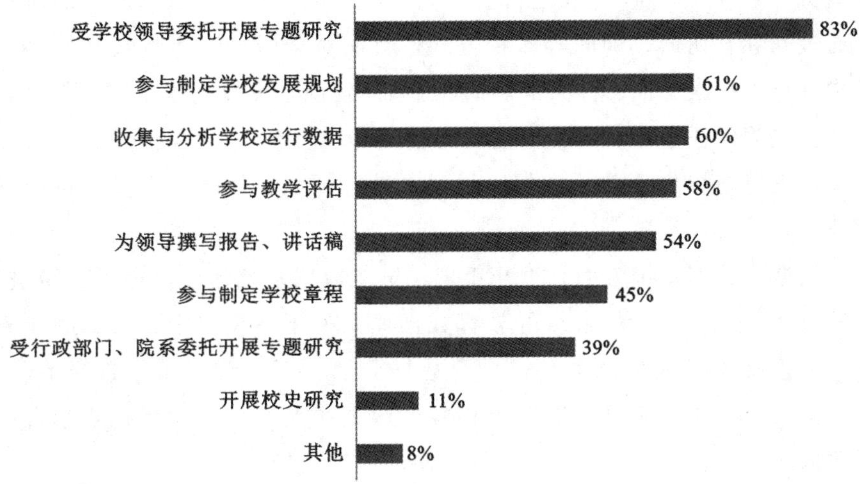

图 1　高教研究机构的主要任务

构处于“彷徨”之中，没有找准发展的路径，在学校的地位不高，没有发挥应有的作用。部分研究人员谈道：高教研究机构“不汤不水，不学术不行政”“没有职能，不接地气”“苟延残喘，生存艰难”，学校似乎认为我们“有了不多，没有也可以”“高教研究发展三十年了，一直没有找到一条妥当的发展之路”。有的学校领导认为：“高教研究发的文章那么多，很少有说到点子上去的，往往看了几篇就看不下去了。”“他们的研究在云端上，飘在那里，上不接天，下不接地。”“高教所在学校没有什么发言权。”“他们不关注、也不研究学校的问题。”可见，现在的高等教育研究机构难以担负决策支持的重任。

发展规划处则是近年来教育部重视学校战略规划的产物。大多数学校建立了发展规划处，他们在制定大学章程、战略规划等方面发挥了积极作用，但也存在一些问题。由于是纯行政部门，在工作中没有运用系统的科学方法；因是发展规划处，大多停留在规划的制定上，容易使规划制定、规划实施、规划评估脱节，从而使规划停留在“纸上画画，墙上挂挂”；做了一些本属学校办公室、学科办、科技处等部门应该做的工作，造成一些工作相互推诿。发展规划处也难以担负学校决策支持的重任。

（三）院校研究应成为高校决策支持系统

大力发展院校研究，使之成为高校的决策支持系统，主要理由如下。

第一，这是由院校研究的性质所决定的。院校研究是高等教育研究的一个领域。院校研究是通过对本校管理问题开展系统和科学的研究以提高本校管理、决策水平的研究。院校研究是通过收集与分析数据，为决策过程提供支持的一门专业。

院校研究是一个发展的概念，对院校研究的含义，不同时期不同的学者从不同的角度提出了自己的看法，大体有：院校研究是高校进行自我研究的一种形式，目的在于帮助学院和大学广泛而全面地收集有关大学内部运行、资源利用和办学效益的数据和信息[①]；院校研究是对高等教育组织或大学的研究，其宗旨是为高等学校提供有益的信息咨询，以改善学校的管理，为学校政策的制定出谋献策[②]；院校研究是有组织地收集、记录和分析有关高等教育机构的计划、进程和环境方面的数据及信息的研究活动[③]；院校研究是一个跨学科的专门领域，强调整合运用现代管理科学与教育心理学的相关知识理论和技术方法，对高等教育组织的管理和普遍性问题进行的一种新分析[④]；院校研究是专门为改进管理（如规划、政策发展、资源配置以及所有功能领域的管理、决策或评估）提供信息支持的研究，其价值主要体现在对于高校适应变革能力的贡献，以及为帮助高校适应变革所起的关键性作用[⑤]；院校研究是经由数据收集、分析、报告和相关的参谋工作，促进院校正确决策和有效运行的研究活动[⑥]；院校研究旨在促进对高校的理解，并促使高校计划及其运作不断得到改进[⑦]。从各种定义来分析，院校研究有其基本特征：院校研究是自

---

① Francis Rourke E，Glenn Brooks E. The Managerial Revolution in Higher Education［M］. Baltimore：John Hopkins Press，1966：44.

② Ohn Muffo A. 美国院校研究概述［J］. 外国高等教育资料，1994（1）：1-4.

③ 胡森．简明国际教育百科全书·教育管理［M］. 北京：教育科学出版社，1992：300.

④ John Lyons M. Memorandum to Newcomer to the filed Institutional Research［EB/OL］. Florida：The Association for Institutional Research，1976. From http：//www. airweb. org.

⑤ Marvir Peterson W. The role of institutional Research：form improvement to Redesign［C］// New Directions for Institutional Research（No. 104）. San Francisco：Joss-Bass，1999：83-84.

⑥ Saupejl，Montgomery J R. The Nature and Role of Institutional Research：Memo to a College or University［R］. Tallahassee，Fla. Association for Institutional Research，1979.

⑦ About AIR［OL］.（2016-05-21）. http：//www. airweb. org.

我研究、管理研究、咨询研究、应用研究。[①]

根据我国高等学校的现状和需求，院校研究的主要内容是：院校信息的收集、整理、研究与报告，院校年度报告的撰写与研究，院校日常管理中的专题研究，院校研究中新的重大问题研究，院校战略管理研究。

从院校研究的性质、内容看，院校研究带有综合性，院校研究机构完全可以成为高校的决策支持系统。

第二，世界发达国家高校都十分重视院校研究，并使之成为学校决策支持系统。

2016 年 7 月 8 日，世界院校研究五会会长峰会在长沙举行，中国、美国、欧洲、日本、海外华人院校研究会会长介绍了各自开展院校研究的情况，交流了经验，探讨了合作的途径。大家一致认为，院校研究在学校决策咨询中的地位越来越突出，世界各国高校的院校研究具有很多共同特点，可以相互借鉴，携手合作，共同推进。

院校研究起源于美国，早期开展个人自发性的院校研究，1945 年起，全国性院校研究形成，1980 年开始走向专业化、国际化。现在，绝大多数大学都建立了院校研究机构。美国院校研究发展的一个突出特点是，其发展与高等教育和高等学校规模密切相关。从组织分析角度看，规模越大，功能越多，组织结构就越复杂，管理也就越复杂。而个人的知识经验、能力、精力是有限的。因此，在学校从小到大、简单到复杂的发展过程中，总会碰到管理复杂性超过管理者能力的情况，于是需要别人帮助其收集信息、分析问题、提供咨询。美国院校研究十分活跃，在学校起到了信息权威、政策分析者、对外信息提供者、决策支持者的作用。美国大学的院校研究，在学校的决策、运行、发展中，起到了十分重要的作用。

欧洲、日本近十年来也相继开展院校研究，由于政府重视，发展势头良好。台湾地区教育部门十分重视院校研究，拨出专款，支持大学开展院校研究。

第三，近十多年，我国院校研究实践取得初步成效，形成了良好的基础。

2000 年华中科技大学成立院校发展研究中心，率先开展院校研究。2003 年，在甘肃天水举行了第一次全国院校研究学术研讨会。2007 年，成立中国

① 刘献君. 院校研究论略 [J]. 新华文摘，2007 (3)：101-102.

高等教育学会院校研究分会。近十年来，学会从两个方面推进院校研究。[①]

一是推动大学校长、高等教育研究人员参与、开展院校研究。中国高等教育学会院校研究分会的同仁通过研讨会、培训班、编写教材、撰写文章、巡回演讲等多种形式，宣传院校研究的意义，介绍院校研究的方法。近一年多以来，为推进院校研究，我校组织对全国本科院校高教研究、院校研究机构的状况进行了一次全面的调查，通过调查，摸清了情况，发现了问题，并提出了对策建议。调查报告在《光明日报》发表后，引起了广泛的反响。现在越来越多的高校校长开始重视院校研究，例如，同济大学校长裴钢院士说："只有院校研究人员善谋，才有决策中枢机构善断，也才有中国大学治理体系和治理能力现代化的持续改善。"[②] 这给了我们极大的鼓舞。同时，越来越多的高教研究人员，特别是年轻的同志积极参与院校研究，令我们十分欣慰。

二是针对我国高校管理中存在的主要问题，开展院校研究，推进学校发展。例如，2006 年 7 月在西安召开"大学领导与发展战略"国际学术研讨会，针对战略规划中存在的主要问题，提出要从战略规划走向战略管理，将战略规划、战略实施、战略评估有机结合起来。这次研讨会对院校研究中的战略规划制定产生了重大影响。2012 年 7 月在武汉召开"院校研究：以学生为中心的本科教育变革"国际学术研讨会，明确提出了"以学生为中心"的理念，并开始将院校研究的重点转向学生，产生了深远影响。此后，又围绕学生学习、教学管理进行了多次研讨。与此同时，学会还定期举办小型研讨会。2016 年 5 月，院校研究会和光明日报社、铜仁学院共同举办了第二次教学服务型大学建设学术研讨会，深化了对教学服务型大学的认识。

院校研究的开展，也使高等教育研究机构的状态发生了一定的改变。现在，机构设置大体有以下几种情况：少数学校独立设立了院校研究机构，将发展规划制定等任务纳入其中；多数学校发展规划与高教研究所分设；部分学校只设立了发展规划处；127 所高校将发展规划处与高教所合并，两块牌子一套人马，分工合作。这为调整院校研究机构、开展院校研究创造了良好的条件。

但是，由于没有得到政府政策的有力支持，部分大学校长缺乏科学决策

① 刘献君．院校研究规范发展中的若干关系［J］．中国高教研究，2016（10）：20-23.

② 常桐善．院校研究的发展与应用［M］．上海：同济大学出版社，2016：2.

观念，数据缺失，研究人员院校研究的水平跟不上要求等原因，院校研究发展仍然比较缓慢，严重地制约了高校决策的科学化。

院校研究的发展，必须得到政府支持，否则难以深化。希望政府重视、支持院校研究，使之成为高校决策支持系统，我们提出如下政策建议。

1. 教育部门重视和支持院校研究，使之成为高校决策体系的决策支持系统

我国高等教育改革，有的是自下而上，如思想品德课开设、文化素质教育；有的是自上而下，如本科教学评估、高等学校合并、创新创业教育。自下而上的改革，往往比较扎实、深入，但难以推动；自上而下的改革，往往发展迅速，易于推动，但容易一哄而起，难以落实。根据中国的国情，成功的改革，往往都是自下而上与自上而下相结合的。[①]

院校研究开展之初，我们用了几年时间，进行院校研究的研究，探索中国特色院校研究的理论和方法。随之，以专题研究为实践的突破口，开展院校研究。积累了一定的经验之后，我们又从总体上对院校研究的规范发展进行研究，设计方案，并在实践中逐步推进。然而，由于院校研究始终处于一种自发状态，没有得到政府教育部门的有力支持，发展比较缓慢，没有在高校决策中发挥应有的决策支持作用。政府教育部门的支持主要体现在：将院校研究纳入教育部门工作的视野，在工作计划、领导讲话及有关文件中体现院校研究，从而引起高校领导的重视；在完善内部治理结构中，划拨经费，支持一部分高校开展院校研究，为学校决策提供支持，推进决策的科学化；建立决策问责制度，促进校长提升科学决策的意识、水平、能力，重视院校研究在决策支持中的作用。

2. 加速国家教育数据库建设，并向院校研究人员开放

数据是开展院校研究的基础，已成为共识。现在已经进入大数据时代，数据的重要性、作用更为突显。与传统数据相比，大数据具有自己的独特优势。传统数据基本上是拟态数据，数据的形成高度依赖于研究设计和研究对象对研究设计的反应；相对于所观察的社会行为，数据是事后拟构的结果。

① 刘献君．院校研究规范发展中的若干关系［J］．中国高教研究，2016（10）：20-23.

大数据则是实态数据，是社会行为者主动生成的，而非之后的构拟；更为重要的是“社会的数字化”与“数字的社会化”这两个过程相互作用，使数字与社会融为一体，研究社会，离不开数据。

首先教育部门要推进高校自身重视数据建设，建立全校统一的数据库，建设分析数据库，增强获取大数据的能力，为院校研究的开展奠定坚实的基础。同时，加速国家教育数据库建设，并向院校研究人员开放。学校与社会、其他高校紧密相连，为学校提供决策支持，不仅需要获取本校的数据，还需要获得国家、社会及其他高校的数据，在数据比较中发现问题，分析问题，提出解决问题的对策。

3. 改革相应的考核晋升机制

院校研究机构与其他行政、学术机构不同，兼有行政性和学术性。一方面，院校研究机构是学校决策体系的一部分，肩负决策支持的任务，具有行政性。另一方面，院校研究机构不做决策，也不贯彻执行决策，而是通过了解校情，分析学校外部环境的变化，开展专题研究，进行决策咨询，为决策者提供专业化服务。因此，院校研究机构的研究需要专业化。如何处理好机构的行政性与研究的专业化之间的关系，是院校研究面临的突出问题。这种矛盾主要表现在对院校研究人员的考核晋升上。

我国大学目前对教职工的考核、晋升，主要有两种路径，一是行政，二是学术。这种考核、晋升制度，导致院校研究人员要么创造条件争取在行政系统晋升，要么写文章，做课题，带研究生，争取在学术方面晋升。要进行新的人事制度设计，建立相应的考核晋升机制，鼓励院校研究人员在自己岗位上努力工作，做出贡献。

（根据2014年5月至2015年9月华中科技大学院校研究所对全国878所普通高校高等教育研究、院校研究机构调查撰写）

十一、中国院校研究走向成熟的条件、标志及对策

任何事物都有一个从萌芽、发展到成熟的过程。院校研究亦如此。通过20年的努力，中国院校研究经历了初步形成、规范发展，现在，已经走到了一个新的节点。中国院校研究只有突破节点，走向成熟，才能真正立起来。

（一）中国院校研究走向成熟的条件

2000年3月华中科技大学成立国内首个院校研究机构——院校发展研究中心。2003年10月，全国首届院校研究学术研讨会在甘肃天水召开。

2004年7月举行首届院校研究国际学术研讨会。期间，在学习、借鉴美国院校研究理论、方法的基础上进行院校研究的研究，探讨开展中国院校研究的必要性、可行性、特征和内容等，并达成基本共识。

2007年7月在青岛举行全国院校研究学术研讨会，提出“以专题研究为突破口，将中国院校研究推向一个新阶段”。此后，在全国高校广泛开展院校研究的专题研究，出版院校研究教材，培训院校研究人员，建立全国性、省级院校研究会，创建院校研究案例库等。至2011年，经过10年的努力，院校研究在我国初步形成。[①] 2011年7月在北

① 刘献君．努力将中国院校研究推向一个新阶段［J］．高等教育研究，2007（9）：25-28.

京举办院校研究学术研讨会，提出推进院校研究的规范发展，总体目标是，“以院校研究信息系统建设为重点，大力发展院校研究，使之逐步走向规范化”。[①] 又经过10年的努力，通过促进建立院校研究信息系统、深化院校研究的专题研究、探索院校研究理论、培训院校研究人员等，规范发展的目标已基本达到。自此，中国院校研究开始走向成熟。

1. 对院校研究形成了较高的认同感

院校研究开始之初，遇到了“什么是院校研究”“为什么要开展院校研究”的质疑，很多人不了解、不认同院校研究。现在，院校研究得到普遍认同。周远清先生说：“高等教育研究主要是高教理论研究和院校研究。”潘懋元先生说：“大学高教研究机构的主要任务是院校研究。”北京大学、同济大学等高校校长亲自指导院校研究。多数高教研究人员开始参与院校研究。部分行政人员主动参加院校研究会议，运用院校研究理论、方法指导自己的工作。这是因为，进入21世纪后，院校研究显现其必要性和可行性。院校研究的必要性主要体现在，市场化、国际化、信息化对高等教育提出了新的要求；大众化对高等教育和大学管理提出了新的问题；从经验决策到循证决策，高校决策需要科学的决策咨询；社会问责制度开始形成，需要高校应对。院校研究的可行性主要体现在，《高等教育法》赋予高校办学自主权；信息技术、大数据的发展为院校研究的开展创造了条件；从20世纪80年代开始，高等教育学科培养了一批高等教育研究人员。

2. 对中国院校研究的探索形成了基本共识

中国院校研究是在学习美国院校研究基础上起步的。美国是世界上最早开展院校研究的国家，多年的实践积累了大量的经验值得我们借鉴。通过购买美国院校研究书籍、邀请美国院校研究人员来我国指导、到美国高校实地考察院校研究实践等多种方式，系统了解学习美国院校研究经验，使我们能尽快站在世界院校研究的前沿。同时，我们也深刻地认识到，美国院校研究是美国社会、政治、经济和美国高等教育的产物。中国和美国的国情不同，

---

① 刘献君．中国院校研究将从初步形成走向规范发展［J］．高等教育研究，2011（7）：1-8.

高等教育发展的阶段、过程、内容以及发展中遇到的问题不同，因此，需要探讨院校研究的中国化。这种探讨主要体现在以下几个方面。

中国院校研究的内涵。开展院校研究，首先要理解院校研究。通过广泛的探讨，我们逐步对中国院校研究形成了基本共识。例如，将院校研究界定为，院校研究是通过对本校管理问题开展系统和科学的研究，以提高本校管理水平的一种研究。① 将院校研究概括为自我研究、管理研究、咨询研究、应用研究。② 将院校研究的特征概括为，系统收集数据，科学分析数据，为学校管理决策提供支持。③ 将院校研究的主要内容归纳为，院校信息的收集、整理、研究和报告；院校年度报告的撰写与研究；院校日常管理中的专题研究；院校管理中的重大问题研究；院校战略管理研究。

中国院校研究的理论与方法。与美国院校研究相比，我们更注重院校研究理论的探讨，注重量的分析和质性研究相结合，并通过质性研究最终走向行动研究。④ 从2005—2019年，我们共举办了6次院校研究理论与方法专题研讨会，每年院校研究年会都设立了院校研究理论与方法分论坛。通过研究，我们初步明确了探索院校研究理论、方式的思路，即院校研究可选择两种研究路径，兼顾实践性和理论性。院校研究的理论不过于追求专属性，可用多学科方法来发展院校研究理论；方法具有多义性和迁移性，数据是院校研究的基础；院校研究具有反思性，不仅仅是揭示规律，更多的是要建构理论、创造价值；只有在理论与实践相互推进的过程中，通过反复实践，才有可能总结出理论。通过研究，提出了一些理论观点。例如，中国院校研究应坚持“有用、有效、开放、创新”四个原则；研究中必须关注实践的“紧迫性、动态性、模糊性、总体性”特征等。通过研究，对数据分析和质性研究关系的把握更深刻，并提出要实现“客体研究”与“主体研究”“现象说明”与“意义解释”“外显认知”与“内隐体验”相结合，以推进院校研究的发展。⑤

---

① 刘献君，赵炬明，陈敏．加强院校研究：高等学校改革和发展的必然要求［J］．高等教育研究，2002（2）：54-58.

② 刘献君．院校研究论略［J］．高等工程教育研究，2006（5）：27-34.

③ 赵炬明．管理咨询与院校研究［J］．高等工程教育研究，2007（2）：53-62.

④ 余东升．质性研究：教育研究的人文学范式［J］．高等教育研究，2010（7）：63-70.

⑤ 李小平．关于院校研究方法的反思与创新［J］．高等教育研究，2007（9）：29-33.

院校研究是一个发展的概念。随着社会的变化、高校的发展，院校研究也在不断发展变化。随着院校研究的规范发展，2018 年，我们提出中国院校研究必须处理的四对矛盾：服务领导决策与服务学生发展；数据分析与质性研究；国际化与中国特色；机构的行政性与研究的专业化。[①] 为了解决这些矛盾，我们提出四个方面的对策，即学校战略规划要更加自觉、科学、有效；学生是自己学习的决策者，院校研究要为决策服务；教职员工共同参与院校研究；建立院校研究协同体。[②]

3. 广泛开展院校研究实践

参与院校规划制定，推进高校战略发展。制定高校发展战略规划始终是院校研究的重要内容。2006 年在西安举办了“院校研究领导与战略”国际学术研讨会，总结了高校制定战略规划面临的五个突出问题，提出要从战略规划走向战略管理，将战略规划、实施、评估紧密结合。这次会议推动我国高校战略管理进入一个新阶段。2019 年 11 月，在“十三五”规划收官、“十四五”规划启动之时，举办“院校发展战略规划编制”高级研修班。此次研修班对新时代高校如何找准定位与制定战略目标、如何运用有效的方法为编制战略规划提供依据、如何系统推进规划编制、实施、评估等问题，展开了充分的研讨和交流，对“十四五”规划的制定起了指导作用。每年年会设置高校发展战略分论坛。期间，形成了一些有见地的观点，即战略管理是推进高校发展的必经之路；战略思想是确定战略目标、重点的基本依据；战略规划制定需要利益相关者共同参与、共同决策；资源匹配是高校战略规划有效实施的关键；战略评估本质上是一种传导机制，等等。

探讨教育教学改革，提高人才培养质量。改革教学管理，为学生学习服务，提高人才培养质量，是院校研究的根本任务。院校研究从三个方面推进。一是针对教育教学中面临的重大理论和实践问题组织研讨。例如，2012 年举办“院校研究：以‘学生为中心’的本科教育变革”国际学术研讨会，2014 年举办“大学课程建设与本科教学改革”国际学术研讨会，2017 年举办“院校研究与学生成长”学术研讨会，2018 年举办“大数据时代的院校研究与个

① 刘献君．中国院校研究规范发展的路径［J］．高校教育管理，2018（1）：1-6．

② 刘献君．新时代院校研究的规范发展［J］．高等工程教育研究，2019（1）：93-98．

性化教育”国际学术研讨会。这些研讨会在推动高校转变教学观念、开展教育教学改革实践方面取得了好的成效。二是为提高学生学习效果，开展学情调查。例如，清华大学团队从2007年起在本校和多所高校开展本科生学情调查，华中科技大学团队在本校和多校开展本科生个性化学习与发展调查，西安交通大学团队进行了研究型大学学生就读经历调查，等等。通过调查，发现经验，找出问题，提出提高学生学习能力的应对措施。三是利用大数据进行学习分析。大数据为学生个性化发展提供了条件。部分高校通过大数据为学生“画像”，帮助学生有针对性地学习。

以项目形式开展研究，为高校决策提供支持。根据学校改革和发展的需要，设立若干项目，组织院校研究人员、行政人员、教师开展研究，为学校决策提供支持，这是我国高校普遍采用的一种方式。例如，北京大学创立“北大研究”，通过课题立项的方式，鼓励全校师生开展与北大改革、发展相关的学术研究。在这一过程中，管理人员与研究人员相互合作开展研究，解决了院校研究的组织问题，加强了学术研究与管理实践的深度融合，为北大教育教学改革提供了决策依据。

4. 初步建立了院校研究交流平台

建立院校研究分会。成立专业学术团队是推动院校研究的一种重要方式。2007年5月，经民政部批准成立中国高等教育学会院校研究分会。2008年7月，院校研究分会第一届理事会成立。学会在推进中国院校研究发展中发挥了重要作用。

定期举办院校研究学术研讨会。从2003年起，每年举办一次大型院校研究学术研讨会：逢双年为国际学术研讨会，主要探讨教育教学改革和高校管理中遇到的重大问题；逢单年举办全国性学术研讨会，重点探讨中国院校研究的理论和方法。参会人数由50多人发展到600多人，研讨会效果受到普遍好评。同时，根据需要，适时举办小型研讨会，专题研讨院校研究中遇到的突出问题。

建立中国院校研究案例库。从2009年开始，通过出版中国院校研究案例集的方式，建立院校研究案例库。至今共出版7集，每集一个主题，如“战略规划与战略管理”“学校制度建设”“高校课程建设与改革”“中国高校的院系治理”等。案例集的出版，一方面作为案例库，为院校研究人员开展案例研究提供了范例和有关参考资料；另一方面，在共同编写的过程中，起到了互相学习、交流的作用。

建立院校研究国际交流合作机制。现在，院校研究主要在美国、欧盟、日本、中国开展，通过建立国际交流合作机制，相互学习，取长补短，共同推进院校研究。国际交流合作机制主要有，举办世界院校研究会会长峰会、联合举办研究论坛、相互参加院校研究年会和进行院校研究互访、建立中美院校研究合作交流中心等。通过这些合作交流机制，联合培养博士生，合作开展科学研究，探讨院校研究的理论和方法，深化院校研究的国际化。

5. 院校研究机构探索和院校研究人员培养取得初步成效

开展院校研究，需要相应的机构。2014—2015 年，我们组织课题组对全国高教研究机构进行了一次系统调查，《光明日报》整版刊登了调查报告。调查发现，全国 878 所本科高校中，设有高教研究机构的有 514 所，占 59%，共有专兼职研究人员 4578 人。只有少数高校独立设置了院校研究机构；多数高校分设发展规划处和高教研究机构；部分高校仅设立了发展规划处；127 所高校将发展规划处和高教研究机构合并，两块牌子一套人马。调查表明，院校研究机构正处于探索、形成的过程之中。[①]

采用多种方式，培训院校研究人员。主要方式有，举办院校研究在职人员培训班；推动建立教育学专业学位；在高等教育学、教育经济与管理专业开设院校研究方向；编写院校研究教材；在工作实践中锻炼成长。一支专兼结合、老中青结合的院校研究队伍正在成长、形成。[②]

综上所述，经过 20 年努力，中国院校研究走向成熟的条件已经具备。

（二）中国院校研究成熟的标志及面临的主要问题

院校研究的成熟意味着，从中国高等教育实际出发，创造中国院校研究的理论和方法，建设中国院校研究的制度和组织，在解决中国高校管理问题、

① 刘献君，余东升，陈敏，等．高教研究转型迫在眉睫［N］．光明日报，2016-03-17（15）．

② 张俊超．中国院校研究规范发展的实践转向与路径选择［J］．高等教育研究，2013（2）：35-42．

推进高校发展中作出自己应有的贡献。其标志主要体现在，系统的院校研究理论、知识和方法体系；完整的院校研究专业人员培训体系；院校研究机构的普遍设置和院校研究的全面开展；健全的院校研究交流协作网络和平台；良好的院校研究环境和氛围。中国院校研究走向成熟面临的主要问题如下。

1. 高校主要领导对院校研究必要性的认识有待深化

院校研究主要是为高校决策提供咨询、支持。决策者有强烈的需求是开展院校研究的前提。现在，我国高校部分领导已认识到院校研究的必要性，开始重视院校研究，但仍有不少高校领导认识不足，不重视院校研究。究其原因，从院校研究的开始和推动来看，美国是在高等教育大众化，高等教育面临大量新的问题，高校主要领导者认为学校的管理和发展需要研究、创新和决策支持后，才开始推动院校研究的。日本则是政府推动院校研究。日本文部省在分析世界高等教育发展状况后发现，日本高等教育有落后的趋势，因而将是否建立院校研究机构和开展院校研究作为高校拨款的重要依据之一，从而迅速推动了日本高校院校研究的开展。我国院校研究的开展则是高等教育研究者审时度势提出来的，重要动机之一是推动高等教育研究的转型，促进高教研究为高教管理实践服务。这种由研究者提出，自下而上推进的院校研究，虽然付出了很大努力，但仍没有得到部分高校主要决策者的认同。

从高校主要决策者情况来看，不重视院校研究大体有两个方面的原因。一是我国高校虽然有了一定的自主权，但并不充分，很多情况下仍是贯彻、执行上级指示，因而通过学习教育理论进行创造性决策的意识淡薄，更没有开展院校研究的要求。二是领导者不熟悉科学决策。科学决策是一个体系，由若干系统组成，起智慧作用的院校研究只是决策体系的一个系统。在整个决策体系中，主要决策者只有提出决策的目标、内容，智囊系统才有可能去收集资料、分析资料，提出决策咨询。调查发现，一部分高校领导埋怨、指责高教研究者脱离实际，不为学校发展服务。其中当然有研究者的问题，但高校领导不能提出明确的决策目标、内容和决策咨询的要求是首要原因。

2. 院校研究人员培养体系尚不健全

院校研究的质量取决于院校研究人员的水平。院校研究的复杂性、特殊性对院校研究人员应具备的能力提出了很高的要求。院校研究人员要有人文关怀、奉献精神、数据素养；具有价值判断、理性思维和研究实践问题的能力；掌握多学科知识、高校的背景知识等。

首先，目前院校研究人员的水平不能满足院校研究的需要。我国院校研究人员的组成主要来自两个部分，一是具有高等教育学学科背景的研究生，二是高校行政人员。具有高等教育学学位的博士、硕士熟悉高等教育理论且有一定的科研能力，但量化研究水平不高，不熟悉案例研究、行动研究等与院校研究密切相关的研究方法，不了解高等教育管理实践，缺乏相关背景知识。高校行政人员有比较丰富的高等教育管理实践，但缺乏系统的科学训练，科学研究能力不足。

其次，院校研究人员培训体系不健全。经过多年努力，院校研究机构对人员培训做了大量工作，但仍存在不少问题。在正规学历培训方面，教育博士学位（EDD）本来是应院校研究而生的，但现有培养方案满足不了院校研究的需要；虽然高等教育学、教育经济与管理学位教育开设有院校研究课程，但其内容大多是概论性的，没有形成院校研究的专业方向和开发出系列课程。在人员培训方面，虽然院校研究机构举办了若干个培训班，但系列性不强，针对性不足，在结合院校研究人员工作促进其成长、提高方面还缺乏有效的机制。

再次，院校研究工作者的职业化还没有起步。每一种职业都有职业标准，包括入职条件、职业评价和晋升等制度。但院校研究仍以教师或行政人员职业为标准，没有自己的职业体系。

3. 院校研究机构的无序状态还未从根本上改变

开展院校研究需要相应的机构。除极少数高校建立了院校研究机构以外，多数高校的院校研究分散在高教研究所、发展规划处等机构中，仍处于无序状态。造成这种状态的原因主要如下。

我国高校从 20 世纪 80 年代开始，逐步建立高教研究机构。这些机构建立伊始，主要是研究本校的教学问题，后来建立学科专业、培养研究生，进入 21 世纪后，它们才开始重视院校研究。高等教育研究机构已经成型，将其改变为院校研究机构的难度很大。

我国高校的内部决策体系是以“条”为主的管理模式，以业务职能部门驱动的决策体系。业务职能部门与上级行政主管部门的密切联系具有参与决策支持的先天优势。因此，高校领导更多依赖业务职能部门提供决策咨询。新建立的发展规划处也属于业务职能部门，肩负着行政事务。

院校研究的特殊性影响其机构的发展。与业务职能部门和教学、科研机构不同，院校研究机构要处理机构的行政性与研究的专业化之间的关系。院校研究主要职能是为高校决策提供支持，因而必须进入高校的决策体系和行政体系，并获得相应的组织支持。① 院校研究通过数据分析、科学研究，才能为高校决策提供专业化服务。这对院校研究机构提出了很高的要求。

组织资源的欠缺。任何组织运行和发展都需要资源。院校研究需要的组织资源具有特殊性。从有形资源来看，不仅需要经费、人才、设备，还需要数据。从无形资源来看，更需要信任、授权。② 现在，院校研究组织资源十分欠缺。

4. 专业化的交流协作平台有待提升

开展和推进院校研究需要以专业化的交流协作平台为依托。中国院校研究虽然着力交流协作平台的建设，也取得了一定的成就，但与院校研究走向成熟的要求仍有很大的距离，其主要问题在于：

院校研究实践的探索、交流平台不广泛。2007 年建立的中国院校研究分会发挥了积极作用，但省级、同类院校交流平台的建立进展迟缓。省级交流，由于地域、文化相近，易于展开。但经过多年努力，仅建立了四川省、陕西省院校研究分会，其他省份的交流平台始终没有建立起来。同类院校，如理工、农林、文管、医学等，具有类特色，易于探讨相关问题，但其院校研究的交流平台也较少建立。

没有建立集中的院校研究科学探索、交流平台。院校研究不仅有很多实践问题需要探索，也有很多相关理论、方法问题需要进行科学探讨。现在，《高等教育研究》《中国高等教育》等刊物开辟了院校研究专栏，但院校研究没有自身的刊物。刊物对推进院校研究的理论研究十分重要。由于没有自己的刊物，理论研究也受到了一定的影响。据初步统计，从 2002 年至 2019 年，我国学术刊物发表院校研究的相关论文，2002 年 2 篇，203 年 8 篇，2005 年

① 魏署光．美国院校研究的决策支持行为及其影响因素［J］．教育研究，2015（3）：150-158.

② 常桐善．院校研究的组织资源及其管理［J］．高等教育研究，2020（3）：51-60.

16 篇，2011 年 66 篇，2017 年 24 篇，2019 年 19 篇。从 2000 年逐步增加，但近几年逐步减少。院校研究的理论研究需要平台的支撑。

数据平台仍是制约院校研究开展的重要因素。院校研究需要通过数据去发现问题、分析问题、解决问题。各高校都有自己的业务数据库，部分高校开始建立综合数据库、分析数据库，但多数高校的数据仍处于分散的状态，没有建立综合数据库、分析数据库。国家高等学校综合数据库已开始建立，但数据不完善、不公开，研究人员难以得到相关数据。

院校研究的国际合作交流有待制度化。院校研究机构在国际交流方面做了大量工作，也取得了一定成效，但尚未制度化；特别在探索交流、人员互访、培训等方面未建立相应的制度，因而难以深化。

5. 高校办学自主权的缺失，制约了中国院校研究的深入开展

以往，中国高校没有办学自主权，因而也没有开展院校研究的需求。进入 21 世纪以后，随着《高等教育法》的颁布与实施，高校有了办学自主权，因而也产生了院校研究的需求，院校研究逐步展开。现在，高校尽管有了一些办学自主权，但仍不够。例如，《高等教育法》第 11 条规定，高校依法自主办学，实行民主管理。第 32 条至 38 条具体规定了 72 项办学自主权。这些自主权中，有的至今没有落实，如“依法自主设置和调整学科、专业”，部分专业仍要经过国家有关部门批准。全国人大常委会在《高等教育法》的执法检查报告中指出：“有的政府部门在岗位编制、进人用人、职称评审等方面管得过多、过细，学校缺少自主权。”①

政府对高校不放心，权力下放后，仍通过各种检查、评估、项目、排名等方式，迫使高校“向上看”，盯着上级要求，不敢越雷池一步，某些自主权成为一句空话。给予一部分高校自主权，又使另一部分高校丧失某些自主权。我国高校类型多，情况复杂，不能用一把尺子，一刀切。例如，职称评定。政府把职称评定权给了所有高校的同时，又做了很多细节规定。要求所有级别职称应在学校一级评审中通过，一律实行差额评审。像武汉大学、华中科技大学这类高校，本来有了职称评定自主权，并形成了自己的一套办法。现

① 王晨．全国人民代表大会常务委员会执法检查组关于检查《中华人民共和国高等教育法》实施情况的报告——2019 年 10 月 21 日在第十三届全国人民代表大会常务委员会第十四次会议上［J］．中国人大，2019（24）：6-11．

在，它们必须按照教育部统一规定，将原来下放在学院的副教授、讲师评审权收归学校。评审中等额、差额应视具体情况而定，现在，所有评审都要实行差额。这种现象也应该引起关注。

（三）努力推进中国院校研究走向成熟

中国院校研究走向成熟，要在初步形成和规范发展的基础上，针对存在的问题，从中国国情出发，努力转变观念，建立制度，完善平台，优化环境。

1. 转变观念

首先，是否重视院校研究是衡量高校书记、校长是否合格的重要尺度。管理就是决策。决策是领导者的重要职责，而院校研究正是为高校决策提供咨询。现代科学决策离不开咨询系统，这是因为高等教育有自身的规律，决策要符合规律。因而需要决策者和决策咨询者共同学习、研究教育思想，探讨高等教育的理论和规律。

高校的管理和发展离不开社会的发展，决策要探索社会对高等教育发展提出的新要求。进入21世纪，市场化、国际化、大众化对高校发展提出了新的要求。进入新时代，高校又面临数字化、普及化、个性化，这些变化同样会对高校发展提出新的要求。与信息化不同，数字化让新一代信息技术超越了技术本身，其特征主要体现在，信息的数字化和模型化，带来了信息的透明、一致和高流通；决策智慧化使组织机构具备了补脑的概念，使人类历史积累的社会和技术决策规则发生质变，从根本上优化或颠覆性优化既有的思维方式和决策模式；参与主体的多元化和协同化，创造了全新的世界统一的语言方式，彻底改变了人类交流方式，架构了开放和共享的全新生产组织与协作生态。那么，我们就要探究数字化背景下教育行业发展的特征，数字化时代高校发展面临的新挑战，带来的新契机等等。

高校具有个性特征，决策需要对自身进行探讨。每一所高校历史传统不同、学科结构不同、所处地域不同、文化传统不同，其决策不能照搬别人的经验，需要深入探索。

院校研究和高校主要领导的关系犹如汽车表盘和驾驶员的关系。没有表盘，驾驶员不可能驾驶好汽车。没有院校研究，高校领导也领导不好学校。

高校主要领导要充分认识院校研究在学校决策中的重要性，从而重视院校研究。由于高校领导任期限制，这种认识过程将是长期的。

其次，院校研究是应用研究。学术研究大体包括理论研究、应用研究和实践开发研究。院校研究主要是对高校自身的研究、管理研究和咨询研究，属应用研究。

作为应用研究的院校研究，以理论为指导，采用科学方法，对高校管理问题进行系统的研究。即使是对工作中的具体问题，也力求运用科学方法，从明确问题对象、搜集数据资料到分析从中得出的结论、撰写报告，力求在研究程式上规范。这就使院校研究与日常经验性“工作研究”或“校务研究”区别开来。

作为应用研究的院校研究，需要创造院校研究理论，构建院校研究知识体系，创新院校研究方法。但是，我们必须认识到院校研究是一个开放的领域，没有十分清晰的边界，与其他领域有很多重合、交叉之处，可渗透程度高。因而，就理论而言，首先是运用教育学，并借鉴哲学、管理学、社会学等多学科理论来解决院校研究中存在的问题，同时也可以逐步探索自己的理论，形成多学科理论体系。就方法而言，要十分重视数据分析与质性研究的结合。在质性研究中，特别要重视案例研究和行动研究。

再次，共同创造。决策是人们对未来目标以及达成目标的方法、途径所做的决定。决策面向未来，实质上是一种预测，这就决定了高校发展、管理中的决策不能由领导者个人决定，需要依靠群体智慧。

高校是高级知识分子集中的地方，他们能够为学校决策贡献智慧。高校领导一定要确立共同创造的观念，通过院校研究，集中师生智慧，推进学校发展。

2. 完善制度

制度是指大家共同遵守的办事规程或行动准则，其目的是使各项工作按计划、按要求达到预期目标。一个事物只有制度化，才能立起来。制度的完善与否是一个事物是否成熟的重要标志。院校研究的各项制度有待完善，特别是要重视高校决策制度、院校研究人员培训制度和职业制度。

首先，完善高校决策制度。随着社会的发展，高校管理者依靠领导者个人的阅历、知识和智慧的经验决策必须转向依靠科学决策。科学决策的本质是以信息为基础的决策。没有科学的决策制度，院校研究不可能开展，高校也难以发展。

其次，完善院校研究人员培训制度。院校研究能否走向成熟还取决于院校研究者的专业素质和水平。院校研究人员的培训可以通过正规教育、在职培训和工作锻炼三个方面进行，因而要建立三个方面的培训制度，即以课程与教材建设为突破口，推进正规教育的专业化；以关键人员培训为突破口，提高在职培训的有效性；以研究习惯培养为突破口，提高工作实践的研究性。

再次，完善院校研究职业制度。任何职业都需要相应的职业制度。作为一种职业，院校研究还没有完全建立起来，需要探索建立相应的职业制度。院校研究的职业制度主要包括：① 就业准入制度。要根据院校研究的工作性质，从学历、知识、能力、素质等方面对从事院校研究工作的人员提出要求，建立就业准入制度。② 考核制度。院校研究人员的考核要与院校研究的效能相联系，不仅要看其提供的数据、报告，还要看成果被采纳的情况，对高校管理和发展所产生的作用，据此综合提出考核指标。③ 晋升制度。院校研究人员的晋升要考虑行政和学术双重属性。在现有高校晋升体系中，有两种晋升制度可以借鉴。一是辅导员的行政级别和职称系列双重晋升；二是研究员制度。关键是实事求是地制定适合院校研究工作的晋升标准。

3. 拓展平台

一个人舒展才华、完善自我、事业成功需要平台。一项事业的开展、完成需要平台。院校研究的开展，同样需要平台。院校研究走向成熟需要拓展平台、完善平台，特别是拓展院校机构平台、大数据平台和交流平台。

首先，拓展院校研究机构平台。没有健全的院校研究机构，院校研究难以开展。总体而言，我国院校研究机构还处于分散、无序状态。要改变这种状况，必须从我国国情、高校管理现实出发，创建自己的模式。从我国院校研究开展的状况来看，建立大院校研究机构——院校研究协同体，是一种重要的选择。院校研究协同体可由三个部分组成：院校研究所（高等教育研究所），主要负责收集、分析资料，形成决策咨询意见；院校研究联席会议，由主管领导牵头，院校研究所和相关职能部门参加，交流情况，探讨问题，形成共识；院校研究协调委员会，由校长牵头，主管领导及院校研究所、相关职能部门参加，提出决策目标，分析主要问题，明确职责分工。院校研究协同体使院校研究机构成为共生价值的大组织、多元协调的大系统、开放共享的大空间，从而成为深度互动的大平台。

其次，拓展大数据平台。大数据平台是集数据接入、数据处理、数据存储、查询检索、分析挖掘、应用接口为一体的平台。大数据平台是院校研究走向成熟的基础。近几年来，大数据平台建设有了一些成绩，但离院校研究走向成熟的要求还有很大的距离。大数据平台的建设主要从四个方面着手：① 院校大数据平台。现在高校各部门都有自己的业务数据库，但这些数据库中的数据是流动的，历史性数据有限；各自为政，相互保密，不便于交流；运行繁忙，不便于研究。院校大数据平台的建立要从整合业务数据库、建立综合数据库和建立分析数据库两个方面入手。② 国家高等教育大数据平台。院校研究虽然是对本校问题的研究，但一所高校不是孤立的存在的，需要在与其他高校的比较中寻找问题，确立目标，形成特色。因而，院校研究也需要依靠国家高等教育大数据平台。国家高等教育大数据平台已经建立，今后需要扩展内容，使数据更广泛；公开数据使院校研究者易于查找数据。③ 若干专题大数据平台。各类学会、协作机构应根据自己的研究特色，建设若干专题数据库，如战略管理、学科建设、教师、学生等数据库。

再次，拓展院校研究交流平台。院校研究交流平台的建设主要是坚持、拓展、深化。例如，在坚持办好中国院校研究分会的同时，推动建立省市、同类高校院校研究分会；在坚持与高等教育刊物共同办好院校研究专栏的同时，争取创办院校研究刊物；在继续坚持院校研究国际合作交流的同时，实现交流的制度化、常态化等。

4. 优化环境

开展院校研究需要一个良好的环境，以形成重视、支持院校研究的文化氛围，否则，中国院校研究难以走向成熟。优化环境要特别重视落实办学自主权，培育数据文化和加强社会问责。

首先，落实办学自主权。办学自主权是开展院校研究的前提条件，也是最重要的一种环境。落实高校办学自主权的关键是政府。政府要认识高校办学自主权是高校组织特性所决定的。高校以立德树人为办学目的，属学术组织，需要教的自由和学的自由，高校的教学、科研、管理只有身在其中的领导、师生才能作出正确的决策。政府要相信高校领导和师生能够运用办学自主权，办好自己的学校。因此，政府要依法给予高校充分的办学自主权，正确运用“放管服”，促进高校健康成长。高校也要能“接得住”，要有高度的责任感和自信心，共同创造，正确决策，办好学校。按照教育规律，探索高校个性，科学决策，立德树人，就是对国家和人民负责，也是最好的对上级负责。

其次，培育数据文化。院校研究是运用数据去发现问题、分析问题和解决问题。数据是院校研究的基础。高校不仅要重视数据，还要培育数据文化。数据文化是以数据为导向的决策文化，其核心在于利用信息作出合理的决策，从而帮助组织获得竞争收益，达到目标。它关注的不是数据，而是有效利用资源作出有利的决策。良好的高校数据文化既是开展院校研究的基础条件、环境，又是高校努力达成的目标。数据文化是院校研究成熟的重要标志。培育数据文化，要重视从数据管理到数据治理，从个体手工到参与者联盟，从“报告文化”到“数据文化”，从“自上而下”到“自下而上”，人人都成为决策主体。

再次，加强社会问责。任何组织都有可能产生组织惰性，失去进行自我改进的压力，高校亦如此。社会公众对高校办学有知情权、监督权，要形成社会问责制度，要求高校向社会公众报告其运行情况。现在，谁都可以批评高校、评价高校，但高校可以置之不理。有了公共问责制度，高校就必须向政府部门和社会监督机构提交学校运行情况的报告及有关统计数据，这样高校自然处于社会的监督之下，不断自我改进就有了制度上的保障。数据的收集、分析、报告，正是院校研究的重要职责。加强社会问责，会为院校研究的成熟营造良好的环境氛围。

中国院校研究已经开始走向成熟，进入了一个新的发展阶段。和初步形成、规范发展相比，走向成熟要求更高，遇到的问题更多，花费的时间更长，需要付出更大的努力！

（2020 年在院校研究所共同研究的基础上，笔者和陈敏、张俊超文撰写）

十二、大学校长与战略

我国大学校长开始重视战略管理，特别是战略规划的制定中，注重对学校定位、学科建设、师资队伍建设、校园建设等关键问题的探讨，这是十分可喜的。但在战略管理中，仍然有一些问题，未能引起人们的关注，例如，战略实施是战略管理的主体，提高教学质量是学校的核心战略，经费的筹措应该处于战略管理的突出地位，战略规划应该是多样化的，学校战略规划要体现校长的信仰、理念，但不是校长个人的愿景，等。以下就这些问题谈一些认识，以期引起大家的关注和讨论。

（一）大学校长要高度重视战略

《中华人民共和国高等教育法》规定："高等学校的校长为高等学校的法定代表人"，肯定了校长的法律地位。"作为领导一所大学的最高行政领导和学术核心组织者，校长对大学的宏观长远发展起着至关重要的作用，要成为战略家。大学校长应当具备战略家的眼光和气魄，运筹帷幄、决胜千里，把工作的重点放在发展规划的制定和调整中，放在抓大事、干大事、成大事方面；能够把握机遇、乘势发展，善于'假于物'，充分利用有利时机和条件发展大学；同时，更要审时度势、谋划全局，具有战略家的能力、意识，能抓住大学发展中的主要矛盾和矛盾的主要方面，利用恰当时机积极推进改革和创新，使大学的建设与发展按照规划的目标稳步前进。”① 大学校长要高度重视战略。

1. 世界上所有最好的大学和学院都是因为有了有力的战略领导

成都武侯祠有一副对联：“能攻心则反侧自消，从古知兵非好战；不审势即宽严皆误，后来治蜀要深思”，说明了审时度势、从战略上思考和处理问题的重要性。制定战略就是要把自己的智慧、远见和意志掌握在自己手中，而不是由外力所掌握，或陷于无序的状态，从而使本部门、本单位健康、持续、快速发展。战略对于大学有特殊的重要性，这是因为，大学的主要特征是围绕知识运行；大学的主要产品是学生，这种产品自己参与生产自己的过程，产品的质量检验具有滞后性，大学的发展要着眼于未来；大学组织结构的特征是学科与行政单位结合的矩阵式结构，松散关联，需要从全局、整体上加以把握；大学与环境的联系是全方位的，而不是局部的，大学的发展需要对社会环境进行深刻的洞察、透析。

具体而言，战略对于大学发展的重要性表现在：① 大学发展是一个过程，是有明确指向的目标性运动，目标的选择要有战略眼光；② 大学发展还是一个极其复杂的过程，而战略可以帮助我们理顺各方面力量的关系，促使发展由可能变成现实，一个平台一个平台跃进；③ 在大学发展过程中，战略可以起导向作用，解决发展沿什么方向进行、重视什么和舍弃什么、如何进行价值选择等问题。

世界发达国家一些顶尖大学的发展，都是因为有了有力的战略领导，例如，斯坦福大学，史德龄（Sterling）在1949—1968年任校长，任期达19年，在其任期内提拔特曼为副校长兼教务长，两人联手，形成战略领导团队的核心。他们提出了两条重要的战略构想：一是在关系国家安全等重要的学科领域（如航空等）占据领导地位，发展学术尖塔，扩大斯坦福的影响；二是发挥大学中的科学家和工程专家对工业和社会发展的关键作用，构造“大学-政府-企业三赢关系”，并通过获得政府-军方赞助而集中发展能给斯坦福带来全国声誉的学科及领域，进而吸引企业与大学形成联盟。这些战略构想提升了斯坦福的学术水平，使之成为美国顶尖的大学之一，校长史德龄因此被誉为斯坦福快速发展的建筑师。

---

① 段宝岩．学者、智者与战略家、CEO——中国现代大学校长的双重角色与多种能力［J］．国家教育行政学院学报，2006（1）：40.

◤2. 部分大学校长已经自觉地运用战略指导学校发展，并取得了成效

我国近代大学建立以来，大学校长中的一些有识之士开始从战略上思考大学的发展，因而出现了一些办得生气勃勃的大学。但由于我们对战略的重要性认识不足，特别是计划经济时代，政府办大学，学校没有办学自主权，也难以产生战略构想。因而多数大学校长没有从战略上考虑学校的发展，即使有一些战略性的举措，大多属不自觉的，无意识的。

近十年来，高等学校开始重视战略。特别是教育部部长周济提出认真思考两个问题（建设一个什么样的大学，怎样建设这样的大学）、精心制定三个规划（学校发展战略规划，学科建设和队伍建设规划，校园建设规划）以来，各个学校都从战略上开始分析自己的优势、劣势，面临环境的变化，确定自己的定位和发展目标，努力形成自己的特色。部分大学校长已经自觉地运用战略来指导学校的发展。

南京大学校长蒋树声教授领导全校制定学校战略规划。他提出，大学战略规划的核心内容是战略目标，而大学战略目标要能反映学校自身的特色。在客观分析南京大学的优势、劣势之后，他认为"提出在短期内把南京大学建成世界一流大学的战略目标是不切实际的。我们最后确定了分两步走的发展战略目标，第一步是先建成世界知名的高水平大学，然后经过若干年努力，力争建成以综合性、研究型、国际化为重要标志的世界一流大学。"[①] 围绕发展战略目标，提出了"注重质量，提高内涵"的指导思想，进而提出以学科建设和队伍建设为战略重点，并提出了一系列战略措施，例如，为发展新兴学科、现代学科、应用学科，提出了建设"学科特区"的创新举措，并建立了五个学科特区。注重从国外一流大学引进优秀学术团队，重视中青年学术骨干和优秀学科梯队建设，努力营造有利于创新人才成长的良好环境，着力加强师资队伍建设。战略规划的实施，有力地推动了南京大学的发展。

周济院士担任华中科技大学校长期间，十分重视战略，亲自组织战略规划的制定和实施。在分析学校发展的宏观背景和学校自身发展的优势和劣势之后，提出了建设具有世界先进水平的一流大学的战略目标。这个远景目标

① 蒋树声．关于我国研究型大学发展规划的战略思考［J］．南京大学学报（哲学·人文科学·社会科学），2003（2）：7-9.

分两个阶段实现：到2020年左右，建成世界知名高水平大学；到2050年，建成具有世界先进水平的一流大学。确定了以“育人为本，学研产三足鼎立”“人文教育和科技教育相融合”“突出特色的综合化”“开放式与国际化”为主要内容的战略方针。提出了以“实力是根本，发展是硬道理”“以改革求发展，以创新求发展”“兴团结之风、兴实干之风”为主要内容的战略思路。同时，采取了一系列重大战略措施，例如，在学科建设方面，投入2亿元，建设10个左右重大项目；投入2亿元，建设100个左右的重点项目。在师资队伍建设方面，投入2亿元引进100位左右的高层次优秀人才；每年派出120位教师到国外学习进修半年以上。战略规划的实施，使华中科技大学获得了跨越式发展。李培根院士担任校长以后，提出从目标、理念、文化、生态、选择五个方面进行“战略把握”，提出从超越、捕捉、跟进、重组、协调五个方面进行“战略推进”，强调“育人为本，创新是魂，责任以行”。

在“战略与领导”国际研讨班和国际会议上报告的一些大学，都比较自觉地从战略上把握和推进学校发展，取得了可喜的成效。

3. 面对社会环境巨大、深刻的变化，一些大学校长仍然认识和准备不足，未能进行战略调整

近十年来，社会环境发生了巨大、深刻的变化，这突出表现在，经济体制由计划经济体制向市场经济体制转变，知识经济初见端倪，经济全球化，高等教育由精英型向大众化转变，政府提出建设创新型国家，实行战略调整，这些对高等教育发展提出了新的要求，高等学校将面临一场管理革命。而战略的主要特点之一是外向性，它的一个基本宗旨是利用外部机会以化解或回避威胁，关注的是外部环境的变化对组织发展的影响，例如，如何进行战略转移和变革，如何在变化中把握学校总体发展目标，如何从外在环境高度确立内部组织结构，如何面对变化的环境制定自己的政策、机制和措施等等。①

大学校长对此应有深刻认识，积极主动地加强战略领导，进行战略调整。大学层战略领导的主要任务是：① 明确地提出自己的核心办学理念，确立符合社会发展趋势和大学资源与特色的独特愿景或定位；② 为大学筹集更多的财物资源或强化大学拥有或可利用的研究设施；③ 依据基本的战略原则——突出优势和（或）把握社会需要的发展机会——指导大学的战略规划和资源

① 刘献君．论高校战略管理［J］．高等教育研究，2006（2）：1-7.

配置，实行学科非平衡发展和集中资源配置；④ 按战略要求选聘和考核院长和系主任，从而带动整个大学的管理；⑤ 通过健全的机制与下属管理层尤其是院长、系主任保持良好的正式和非正式沟通。[①]

（二）我国高校战略管理中要十分重视的几个问题

近几年来，各个高校都开始重视和制定战略规划。在制定战略规划中，开始重视学校定位、学科建设、师资队伍建设和校园建设等关键问题，这是十分可喜的。在2006年的院校研究国际学术年会上，学习美国等发达国家高校战略管理的经验，对照我国高校战略管理的现况，大家认为，在战略管理中，除需要继续重视上述问题之外，还必须突出关注以下五个方面的问题。

1. 战略实施是战略管理的主体

总结“十五”规划时，大家感到有个比较共同的问题是规划与实施脱节，未能有效地推动学校的发展。从商业、企业以及发达国家大学的情况看，人们都是从认识战略开始，到制定战略规划，发展到重视战略管理。在企业、商业界，20世纪50年代开始重视战略，60年代开始制定战略规划，70年代开始提出战略管理。高等学校引入战略比企业、商业界要晚一些，但同样经历了一个从战略到战略规划，再到战略管理的过程。我国高校“八五”“九五”期间开始提出战略，“十五”期间开始全面重视战略规划，“十一五”期间，我们应开始重视战略管理。

战略管理包括战略规划、战略实施和战略评估，它将战略的制定、实施、评估和控制看成一个完整的过程来加以管理，以提高这一过程的有效性和效率。战略实施是将战略规划转化为现实绩效的过程，它是整个战略管理的主体，这是因为：

战略规划仅仅是为发展指明了战略方向，确立了战略目标，明确了战略重点，提出了战略措施，而要将这些转化为现实绩效，推动学校健康、持续发展，则要靠战略实施。如果仅仅停留在战略规划，规划可能成为一纸空文、毫无意义。

① 武亚军．面向一流大学的跨越式发展：战略领导的作用［J］．北京大学教育评论，2005（4）：64.

与战略规划相比，战略实施是一个涉及面更广的复杂过程，具体表现在：战略规划是在行动之前部署力量，战略实施则是在行动中管理和运用力量；战略规划是一个思维过程，而实施是一个行动过程；战略规划需要协调的是少数人，实施则需要更广泛的行动者之间的协调。[①]

与战略实施相比，战略评估是监控战略实施，并对战略实施的绩效进行系统性评估。战略评估是对战略实施的评估，离开战略实施，也谈不上战略评估。

因此，在进行战略规划时，要进行投入-产出分析，进行可行性论证，不断促进战略制定过程与战略实施过程有机地融为一体；要通过分解目标、责任，优化资源配置，调整组织结构，完善相应的制度、机制，加强战略领导等措施，有力地推进战略实施；进行战略评估，适时调整、完善战略规划，确保战略实施的有效性。

2. 将提高教育质量作为学校的核心战略

"提高高等教育质量"是党中央"十一五"期间对高等教育发展的基本要求。提高高等教育质量的重要性，主要体现在：知识经济时代，国家的贫富、发展速度，比人类历史上任何一个时期都更取决于高等教育的质量，没有更高质量的高等教育，发展中国家将越来越难以从全球性知识经济中获益；不管哪一类学校，学校的根本任务是育人，人才培养的质量是高等学校的生命线，教学工作始终是学校的中心工作；我国已实现高等教育大众化，截至2005年底，高等教育毛入学率已达21%，量的增长必然引起质的变化，面对大学生数量的巨大增长，如何提高教育质量是一个亟待研究和解决的新课题。因此，必须把不断提高教育质量放在高校发展战略的核心地位。

联合国教科文组织《关于高等教育的变革与发展的政策性文件》中指出：大学教育质量"最终取决于教学科研人员、课程与学生的质量以及其基础设施和学术环境的质量。提高'质量'包括许多方面，高等教育提高质量的措施的主要目标应当是学校和整个体系的自我完善。"可见，对于高等学校而言，提高教育质量涉及教育目标、理念、师资、教学与科研、设施、文化等方方面面，是一个体系性、全局性、战略性问题。以往高等学校的战略规划，

① 刘向兵，李立国．高等学校实施战略管理的理论探讨［J］．中国人民大学学报，2004（5）．

写入了教育质量，但往往放在措施里面，仅仅作为一个局部问题对待。

这次国际研讨会上，重庆文理学院院长牟延林教授的报告给我们以启示。重庆文理学院将“质量文化建设”作为引领学校发展的核心战略，提出“质量文化是包含理念、过程与结果为一体的完整体系”；“质量文化不仅是一种战略设计，更是一种整体运作；质量文化是一所高校永远不懈追求的发展目标”①。为此，他们从体系上考虑，提出“质量立校”的办学方针，提出“教育即服务”的观念（他们将全校机构分为两类，一类是教学部门，即教学系，另一类是教学服务部门，即院机关和教辅单位），向全校提出了“有思想的劳动，有创新的落实，有质量的发展”的“三有品质”要求，创造了“三标一体”（国际质量管理体系、国际环境管理体系和职业健康安全管理体系）教育质量模型，提出了一系列战略措施。质量文化核心战略的实施，有力地推进了重庆文理学院的发展。

3. 将经费的筹措、规划放在战略管理的突出地位

在计划经济时代，政府办大学，政府给多少钱，学校办多少事，校长不必为经费问题而伤脑筋。进入市场经济时代以后，政府拨款方式改变，不是采用包下来的方式，而是采用按学生人头拨款、专项补贴和科研项目资助等方式；政府拨款虽然在总量上有所增加，但由于学生人数大为增长，由于高科技发展等原因，高等教育成本增大，政府拨款在学校总收入中的比例越来越小，一般占1/3左右，少的只占百分之十几。因此，经费筹措和规划问题变得越来越重要。有人将美国大学校长职责高度概括为“弄钱、挖人”四个字。这是因为，学校要生存、要发展，就要有财源；要有财源，就要有生源；要有生源，必须有高质量教学和科研工作；而要做到这一点，必须有优秀教师和管理人员。所以，弄钱和挖人就成了美国校长的核心任务。② 我国大学战略规划开始重视大师、大楼，但对经费认识和重视不足，因而造成，由于没有考虑经费的筹措，项目与经费脱节，没有经费保障，项目建设完全落空；利用国家政策，在没有科学规划的情况下，盲目向银行贷款，一所实力不是很强的大学，为了校园建设等，贷款十多亿元，不说还本，仅每年付息就得

① 牟延林．新建地方本科院校质量文化的探索与实践［C］．在西安举办的第二届院校研究国际研讨班上的报告，2006-06-06.

② 韩骅．校长与教育家：治校理念与治校权［J］．高等教育研究，2002（5）：55.

一亿多元，致使学校无法正常运转。经费在战略规划中的重要性还表现在以下几个方面：

(1) 在师资、设施、校园、声誉、经费等学校资源中，经费处于核心地位，其他资源都要靠经费来支撑。高水平的教师，需要付给比较高的薪金，否则，就可能被别的大学挖跑。高水平的设备，要靠经费来购置。提高学校声誉，也需要经费，西安市有的民办大学，为了让社会了解，争取生源，每年花在招生宣传方面的经费多达2000多万元。

(2) 经费的多少，影响学校战略选择的自由度。经费多、实力雄厚的大学就可以选择比较高的战略目标，战略实施中，自主性就比较大。而经费少的学校，往往容易受社会环境方方面面的制约，选择的自由度也就比较小。

(3) 经费结构，决定学校校长工作的方向、重点。一所学校的经费结构，大体由政府拨款、学费、社会捐赠和自己创收四个部分组成，这四个部分中每一部分在经费的结构中所占比例不同，校长工作的方向、重点就不一样。

(4) 经费的依赖结构，决定组织的管理模式。这表现在，一个组织因为能够有效组织和利用资源而存在；资源依赖外界，外界资源的不确定性，造成组织的不确定性，成功控制外部资源是组织取得成功的前提；组织内部成员资源获得能力，决定其在组织中的地位，因而组织成员有可能以此向组织讨价还价，对组织而言，就产生了一个控制问题，组织控制能力取决于组织与成员之间的交易地位，为此，组织要进行管理设计。一个组织成功的标志在于，获取更多的资源，实现更好的控制。①

(5) 战略重点，需要依靠经费来保证。战略规划中一个十分重要的方面是保证战略重点，如何保证？靠经费的优先支撑。校长最大的权力是资源配置权，校长要通过资源配置，优先划拨经费，支持战略重点的实现。

因此，在战略管理中，要将经费的筹措、规划放在突出的地位。在战略管理中，要考虑如何筹措经费，如何有效地使用经费，进行投入-产出分析，研究经费结构带来的相关问题。这次在西安举办的国际研讨会上，美国西伊利诺伊大学校长 Alvin Goldfarb 博士的报告给了我们启示。他担任西伊利诺

① 赵炬明．资源、战略、组织——从资源依赖角度看高校战略与组织设计［C］．在西安举办的第二届院校研究国际研讨会上的发言，2006-06-08.

伊大学校长后，着手进行战略规划，在反复研讨的基础上，将其战略规划定为“政治和财政战略”，提出了四个策略：（一）吉尔波特成本保障；（二）资源从非教学机构向教学机构的再分配，主要包括获得政府委托的管理成本的缩减额度，收取学费、债券和财政独立项目的行政费用，把新收的学费优先分配给新教学项目；（三）筹款，主要包括支持年度基金，确定特殊的需求，全面展开筹款运动；（四）为基建项目开展政治游说。[①]

4. 战略规划应该是多样化的

我国大学战略规划还处于初级阶段，很多学校的规划基本上是一个模式，表现出高、大、空，不利于战略实施。统一性包含在多样性之中。大学的复杂性、多元性，决定了大学战略规划的多样性。每所大学的历史传统不同，学科结构和人员结构不同，所处地域不同，因而每所大学战略规划的过程都是一个创造过程，每一个战略规划都应该是独特的。

就战略目标而言，有的大学（如北大、清华）是建设世界一流大学；有的大学（如南京大学、华中科技大学）是建设世界知名高水平大学；有的大学（如新建地方本科大学）是完成由专科到本科的转变；有的大学（如有些独立学院）提出自己的战略目标是“自主办学”。每所学校，应根据自己的状况，提出战略目标。

就战略阶段而言，有的已经形成了完整的战略构想和战略规划；有的初步形成了战略构想；有的还没有自己的战略构想。不同的状况，应采取不同的对待方式。

就战略规划的形式而言，有的可以是总体的战略规划；有的可以是就学校发展中的某一重大问题形成战略规划，如师资建设，毕业生就业；也可以只提出战略目标，如美国西北大学的战略目标是，每个学科进入美国国内前十名，达不到的，学校提供条件，学科制定计划；也可以是针对某一问题，提出一个目标，围绕目标，提出几个项目，等等。总之，战略规划要切合自己的实际，不应去追求一个模式，以能够进行战略指导，取得实际效果，推动学校健康、持续发展为原则。

---

① Alvin Goldfarb. A President’s Political and Financial Strategies：Imperatives for the future of Higher Education［C］. 在西安举办的院校研究第二届国际研讨会上的报告，2006-06-06.

5. 学校战略要体现校长的信仰、理念，但不是校长个人的愿景

大学校长，由于其“位置优势”，是大学战略策划者、战略决策者、战略执行者和战略执行的监督者，对大学的发展影响巨大。① 大学的发展，与校长的信仰、教育理念关系密切。中国的蔡元培、张伯苓、梅贻琦、陶行知、陈鹤琴，外国的福禄培尔、第斯多惠、乌申斯基、杜威、赫钦斯、洪堡，等等，都以其信仰和教育理念深深地影响了自己的学校。

西安国际学术研讨会上发言的一些大学校长，他们提出的战略构想、教育理念，都与自己的信仰、经历有密切关系。美国西伊利诺伊大学校长 Alvin Goldfarb 博士是移民，家境比较差，在纽约上学，纽约的收费比较低，他当校长以后的一个理念是，创造条件，尽可能降低学生的学费。因此，他的战略规划中，也充分体现了这一点，近几年来，与同类学校比，他所在学校学生的学费增长幅度最小。美国加州圣克拉拉密森社区学院校长 Frank Chong 博士，是美籍华人，深感亚裔在美国地位比较低，而社区学院亚裔比较多，因此，他选择领导一所社区学院，通过自己的努力，为他们服务，以改善他们在美国的生存状态。在国际研讨会上，华中科技大学校长李培根院士谈到自己“责任以行，服务社会”的办学理念，湖南师范大学原校长张楚廷教授谈到的“以人为本”的办学理念，都与他们的经历、信仰有关系。

学校的战略规划，必须体现校长的信仰、理念，但是，战略规划不能是校长个人的愿景，校长的信仰、理念有一个如何转换为办学理念、转化为什么办学理念的问题，这是因为：

首先，大学，特别是现代大学大多是巨型大学，有众多的利益相关者，大学校长不拥有大学，也不可能对大学的发展负全部责任。战略规划要综合考虑国家、社会、学生、教师、校友等利益相关者的意愿。

其次，绝大多数校长任职的大学，都不是一片空白，有其历史、传统，有特定的办学理念、学科结构、师资队伍、校园文化。因此，首先要进行考察研究。如果学校没有形成自己的办学理念、战略构想，则应和大家一道，共同去确立办学理念、战略构想。如果学校已形成办学理念、战略构想，但与现在社会发展、学校发展不相适应，则应进行战略调整。如果学校已形成

① 谢安邦．战略管理中大学领导面临的角色挑战与对策［C］．在西安举办的第二届院校研究国际研讨会上的发言，2006-06-07.

先进的办学理念、完整的战略构想，而且与现在社会发展、学校发展完全适应，则应坚持原有的战略构想，并努力实施，实现战略构想。

学校发展是一个连续过程，每一代人都应作出自己应有的贡献。以华中科技大学为例，20 世纪 70 年代末 80 年代初，朱九思校长确立了先进的办学理念，形成了战略构想。1984 年，朱九思校长因年龄原因不再担任校长。新上任的黄树槐校长，尽管也有自己的想法，但没有提出新的战略构想，而是从战术上提出“异军突起、出奇制胜”，努力去实现朱九思校长提出的战略构想，促使学校得到了长足的发展。试想，如果黄树槐校长将原有的战略构想丢掉，自己又另搞一套，学校发展肯定受损失。因此，学校有时希望校长提出新理念，形成大的战略构想；有时则希望校长“无为”，老老实实去实现上任校长提出的战略构想。关键在于，校长应以学校发展大局为重，“忘我才能得我”，不计个人得失，将自己的信仰转换为符合学校发展实际的教育理念，努力推进学校的发展。

（三）院校研究在战略管理中的作用

院校研究能否在战略管理中发挥作用，取决于学校校长和院校研究人员两方面的积极性。首先，学校校长应有科学决策的理念，相信和依靠院校研究工作人员，向他们提出问题、布置任务，决策时充分考虑他们的咨询意见。院校研究人员（包括高教研究人员、规划办公室人员、教学评估中心人员等）应转变观念，认识到院校研究是针对本校管理问题的咨询研究，主要是自我研究；提高素质、掌握科学的理论和方法；从现在开始，从具体管理问题开始，扎扎实实开展研究。这里仅仅从院校研究人员的角度，谈谈院校研究在战略规划中的作用。

1. 收集和提供信息

科学决策的本质在于根据事实（信息）作出决策，信息是决策的依据、管理的基础。因此，在决策中信息是十分重要的。学校战略规划的制定，院校研究人员首先要为师生员工开展讨论和学校领导进行决策提供信息。

制定战略规划所需信息，可分为社会环境（学校发展的宏观背景）和学校发展状况两个方面。从我国情况看，社会环境可以从中华民族现代化的历史进程、世界知识经济发展的历史进程、世界高等教育发展的历史进程、中国高等教育大众化发展的状况，以及地区社会、经济、教育的发展状况等方面考察。学校发展状况可以从学校发展历史与传统，学科发展与学科结构，教师、职员、学生的数量、素质与结构等方面考察。

信息可以通过数据和非数据两种形式表达。首先是数据，可以通过学校及学校部门数据库、其他院校数据库、国家教育和研究部门数据库获得所需数据，也可以通过专题调查（邮寄、电话、网络调查）获取数据。对数据要进行基本层次的数据分析，主要运用描述统计手段，对各种基本特征或现象进行描述、分析。同时，信息也可以用非数据形式表达，如师生员工的各种认识、意见，学校带有倾向性的问题，其他大学战略规划的内容和形式，等等。

2. 进行专题研究

战略规划中涉及很多问题，如学校定位、学校发展的优势和劣势、战略目标、战略指导思想、战略重点、战略阶段、重大战略措施，等等。院校研究人员要就这些问题逐一进行深入研究，提出一个或若干个方案。在此基础上，还可以提出学校战略规划的初步设想。在研究过程中，要充分运用收集到的各种信息（包括数据和师生员工的各种意见），运用科学的方法，力求得出比较科学的结论，供师生员工讨论和学校领导决策时考虑。

3. 影响校长，甚至引导校长

我国大学校长一般来自教学、科研岗位，有丰富的教学、科研经验，但要达到高水平校长的要求，有一个学习、成长的过程。每一位校长，都会有自己的信仰、理念，但怎样将自己的信仰、理念转换为适合指导本校发展的教育理念，也需要有一个过程。院校研究人员一般经过专门训练，懂得高等教育理论，熟悉学校情况及有关学校管理的专门术语，而且相对而言，比较超脱，看问题比较客观，因此，可以帮助校长，影响甚至引导校长。

影响校长的方式很多，例如，经常为校长提供各种有价值的信息、资料，帮助其开阔视野；请国内外一些教育专家来校演讲，帮助其增长知识；还可以请校长一同出席高质量的学术研讨会，使其融入国内高教研究之中。有几所大学的高教研究所所长和校长建立了良好的工作关系，经常和他们一道出席研讨会，共同探讨问题，受到校长的好评。当然，这种影响是相互的，而且往往也是无形的。

（2006年在西安举办的“高校领导与战略”院校研究国际学术研讨会上的总结发言）

十三、大学战略规划中需要处理的若干关系

“十三五”即将结束，“十四五”即将开始。回顾和总结大学战略规划的发展过程，为使大学战略规划更加科学和有效，应处理好三个关系，做到三个结合，即连续性和阶段性相结合，战略重点和一般相结合，战略规划和战略实施相结合。

（一）连续性和阶段性相结合

世界是过程的集合体，客观事物是作为过程存在的。任何事情的发展都有完整的过程，而过程又是由一个一个阶段组成的。事物发展既有连续性又有阶段性，学校的发展亦如此。因此，在战略规划的制定中要将连续性和阶段性相结合。

1. 连续性和阶段性结合，审视我国大学战略规划的发展历程

1956 年，我国高等教育发展开始摆脱苏联模式，探索自己的道路，这成为新中国高等教育发展的一个重要节点。也正是在这一年，高校开始制定战略规划，如我见到的华中工学院（现华中科技大学）的五年综合规划。后来，由于众所周知的原因，学校战略规划中断。1980 年起，随着国家发展规划的制定，清华大学、华中科技大学等一些高校开始制定“六五”“七五”发展规划。21 世纪初，因为本

科教学工作水平评估的要求，各高校都开始制定发展规划，即“十五”“十一五”规划等，规划意识开始形成并逐步取得一定成效。

由于战略规划制定是由上而下展开的，加之过程又非常复杂和艰难，在开始时规划的作用多停留在“纸上画画，墙上挂挂”，实际并未产生多大效用。因此，学术界、高校开展了对战略规划的持续探索。例如，2006 年中国高等教育学会院校研究分会在西安举办了“院校研究：领导与战略”国际学术研讨会，邀请国内外众多大学校长、学者参加。首先，这次会议提出从战略规划走向战略管理，要站在战略管理的高度将战略规划、战略实施、战略评估有机结合。其次，提出学校领导要高度重视战略规划，如果书记、校长不亲自抓，那么战略规划将达不到应有效果。再次，根据战略规划中存在的主要问题，提出了做好战略规划的五点建议。如将提高教育教学质量作为学校的核心战略，将经费筹措和规划摆在战略管理的突出地位等。① 2013 年院校研究分会在昆明举办“院校研究数据分析的对象、内容和方法”学术研讨会，呼吁在战略规划过程中，重视运用大数据解决战略“定量分析不足，实证依据缺乏”等问题，从而提升战略规划水平。2019 年，院校研究分会在武汉举办“院校发展战略规划编制”高级研修班。这次研修就新时代高校如何找准定位并制定战略目标，如何运用有效方法为规划编制提供依据，如何系统推进规划的编制、实施和评估等展开了充分研讨和交流，对“十四五”规划的制定产生了一定的指导作用。

经过 20 余年的努力，自觉、科学、有效制定战略规划的意识已然形成，战略规划的内涵、制定战略规划的方法和步骤已基本明确，越来越多的高校开始发挥战略规划的作用，以推进学校健康发展。但是，其间仍然存在一些问题，例如，有的学校书记、校长没有直接抓战略规划，学校重视战略规划的程度也不够；战略规划与战略实施、评估的结合仍不够紧密，相互脱节的现象仍然存在；部分高校制定的规划没有战略主题，因而难以突出战略重点，战略目标仍然停留在口号上，以战略措施代替战略行动，不重视资源配置，等等。这些问题都有待研究解决。

---

① 刘献君．大学校长与战略——我国大学战略管理中需要研究的几个问题［J］．高等教育研究，2006（6）：1-12.

2. 连续性和阶段性相结合，审视学校发展过程

学校的发展是连续性和阶段性相结合的过程。在规划制定中，既要审视学校的历史发展过程，又要探讨学校发展现在处于什么阶段和位置。这样才能把握发展的目标、重点和举措。

学科是大学的基本元素，大学随着学科的发展而发展。学科发展是战略规划的重要内容。一个学科的成长，在一个生命周期内大体要经过起步、发展、提高三个阶段。因此，在规划制定中要审视学科发展的状态和趋势，分析本学科所处的发展阶段，明确本阶段学科发展的思路、目标、行动方案和评价标准。例如，华中科技大学在理工大学中率先发展文科，根据学科发展规律，逐个阶段推进。在起步阶段，主要是明确创建文科的思路，采取切实有效的行动，确立"应用为主、交叉见长"的方针。在发展阶段，主要抓住文化素质教育的开展和深刻认识文科发展的意义，依托理工优势重点发展特色文科，按照学科规律统筹文科发展各要素。在提高阶段，主要抓住基础文科的发展，建设一级学科，争取国家重大项目。由于做好了连续性和阶段性相结合，学校文科得以迅速、健康发展。

大学离不开管理，大学规划也应关注学校管理。马丁·特罗认为，"量的增长必然引起质的变化""规模是一切问题的根源"。周光礼认为，如果把大学看成一个数学模型，自变量是学生的规模，学生规模变了，教师规模、教学投入和教学空间等也必然发生改变，学校的管理模式也会随之发生改变。一般而言，学生规模在 1 万人以下，学校可以实行一级运行模式；当学生规模超过 1 万人，学校则必须实行校院两级运行模式。[①] 从精英教育到大众化乃至普及化教育，大学面临一场管理革命。因此，在规划制定中要分析学校发展阶段，特别是规模发展状况，从而确定管理创新的目标与模式。

学校的师资队伍、教学、科研、文化等都有一个发展过程，在规划时同样要注意连续性和阶段性相结合。

3. 连续性和阶段性相结合，审视学校所处环境的变化

战略管理的基本宗旨是利用外部机会化解或回避威胁，它关注外部环境

① 周光礼．中国大学的战略与规划：理论框架与行动框架［J］．大学教育科学，2020（2）：10-18.

对组织的影响。有研究表明，大多数高校四分之三左右的变化由外界因素引发。战略的主要特点是外向性。环境是变化的，制定战略规划一定要分析本阶段学校所处的环境。

我们现在正在制定“十四五”规划，面临什么样的环境呢？“十四五”时期是我国实现全面建成小康社会战略目标、开启建设社会主义现代国家新征程的重大战略转换期。刘国瑞认为，“十四五”时期，我国正处于百年未有之大变局。世界科技革命和产业革命风起云涌，国际竞争空前激烈，全球治理面临更复杂的因素。在这一形势下，国家面临战略目标转变以及区域协调发展、经济高质量发展、治理现代化等艰巨任务。[①] 这对高等教育发展提出了更高的要求。高校在制定“十四五”规划时，一定要抓住重大战略转换机遇，融入国家发展战略，从而推进学校发展。

（二）战略重点和一般相结合

我们现在制定战略规划，一般以五年为周期。在五年时间内不可能解决太多问题，所以一定要抓住发展中面临的最重要的问题，形成战略重点。同时，学校的发展是一个整体，各方面相互联系、相互制约，因而也要兼顾一般，关注学校发展中的基本问题。同时只有关注一般，才能保证战略重点的实现。在各阶段战略规划之间，由于战略重点改变，学校要实行相应的战略转变。

1. 战略重点和一般相结合，准确选择战略重点

选择战略重点要建立在对学校发展过程深入分析的基础上，把握节点，形成战略重点。在战略实施过程中，要抓住战略重点，冲破节点，牵一发而动全身，推进学校健康发展。例如，中国人民大学在制定“十三五”战略规划时，根据本校国际性不足的弱点提出了两个战略重点，即增强关键性学科实力和全力提升国际性。通过近五年的努力，学校发生了重大变化，国际性大大提升。[②] 又如 1956 年华中工学院在制定战略规划时，根据学校当时的状

① 刘国瑞．国家重大战略转化期高等教育现代化的定位与思路［J］．高等教育研究，2020（5）：1-12.

② 周光礼．中国大学的战略与规划：理论框架与行动框架［J］．大学教育科学，2020（2）：10-18.

况，确定战略重点为“积极开展教学研究，提高教师科学水平”。围绕这一重点，学校采取了一系列措施帮助教师投入科学研究，在研究中提升科研水平，从而奠定了学校发展的基础。

战略重点要体现在战略主题中。战略主题是战略思想的体现，是战略目标和战略重点的高度概括。要将战略重点融入战略主题之中，从而引导师生明确学校发展的战略方向和重点，统一思想、凝聚人心。如我国即将完成的《国家中长期教育改革和发展规划纲要（2010—2020年）》就吸取了大家的智慧，是一个非常好的文件，它的战略主题是“坚持育人为本，全面实施素质教育”。德国洪堡大学规划（2012. 11—2017. 10）的战略主题是“科学达致修养——培养探究思维”。但我国高校的战略规划大多没有形成战略主题，在制定“十四五”规划时应加以关注。

2. 战略重点和一般相结合，要兼顾一般

大学的根本任务是立德树人，主要职能是教学、科学研究、社会服务，管理中涉及的主要要素是理念、队伍、制度、资源、文化。在战略规划中，在抓住战略重点的同时要兼顾这些因素。更为重要的是，在规划这些因素时要围绕战略重点来展开，通过兼顾一般来实现战略重点，否则战略重点就成了空中楼阁，不可能实现。

文华学院在建校时提出了三个十年目标：起步，发展，提高。2013年第一个十年结束时，学校提出了第二个十年的发展思路和重点，即“优化结构、重点突破”。然后，学校将这一战略重点分解到以下几个方面。

一是优化学科结构，力争特色学科建设有战略性突破。学校对现有学科专业进行调整和优化，在普遍提高的基础上突出重点。即全校形成2～3个重点学科专业，每个学部培育1～2个重点学科专业，每个学科专业形成自己的优势学科方向。

二是优化师资结构，力争人才梯队和科研团队有标志性突破。其标志是一批优秀的中青年教师脱颖而出，实现学科专业带头人主要是老教师向主要是中青年教师的转变，以中青年教师为骨干的教学、科研团队能承接和完成国家、省部级重大研究项目，师资队伍结构发生根本的变化。

三是优化人才培养结构，使个性化教育在实践中有创造性突破。学校要调整和优化人才培养的规模、层次和专业结构，特别要重视优化课程结构、

加强课程建设，实现学校和社会的结合、教学和科研的结合，为学生的个性发展创设广阔空间。

四是优化资源结构，力争在资源转化上有发展性突破。资源匮乏是制约民办高校发展的主要原因。学校要努力争取资源，既向政府争取政策和资源，也要面向社会、服务社会，在服务中争取资源。学校还要创造资源，通过多种途径筹集资金。

五是优化组织结构，在发挥管理制度灵活性上有实质性突破。制度的灵活性是民办高校发展的一大优势，必须充分利用这一优势，在制度建设上有实质性突破，从而推进学校的发展。

3. 战略重点和一般相结合，适时进行战略转变

战略重点不同，相应的战略方针、战略思想、战略行动亦不同，而且"一般"的规划也不尽相同。因此，随着战略重点发生改变，要适时进行战略转变。近 40 年来，华中科技大学在发展过程中随着战略目标和战略重点发生改变，相应地实行了战略转变，促进了学校的发展。其突出的战略转变有三次。

第一次战略转变发生在 20 世纪 80 年代至 90 年代初，学校的战略目标和重点是建成国内一流大学，为此实行了以下战略转变：由教学到教学科研相结合，由本科教育为主到本科教育和研究生教育并重，由单纯的工科到理工文管多学科共同发展。这些转变都十分重要。例如，本科生和研究生的比例反映了一所大学水平的高低。在 2019 年，湖北大学招收本科生 5000 多人，研究生 1000 多人；华中科技大学招收本科生 8000 多人，研究生 9000 多人；清华大学招收本科生 3000 多人，研究生 8000 多人。

第二次战略转变发生在 20 世纪 90 年代中至 21 世纪初，学校的战略目标和重点是建成世界知名高水平大学，相应的核心战略转变是由科学教育到科学教育与人文教育相融合，由教学、科研到学、研、产三足鼎立。这两个转变由华中科技大学率先提出并持续实践，在国内高等教育发展中起到了引领作用，也有力地推进了学校战略目标和战略重点的实现。

第三次战略转变从 2012 年开始延续到现在，学校的战略目标和重点是建设世界一流大学。一流大学要有一流的教学、一流的科研、一流的师资、一流的经费和一流的管理。华中科技大学基于自身现状和存在的差距提出了三

个转变：从数量发展向质量提升转变；从工医优势向综合优势转变，进行综合性大学建设；从以教师为中心的教学向以学生为中心的教学转变。

战略转变要“适时”，学校应根据连续性发展的需要，确定是否转变、怎样转变。学校主要领导有任期，都处于学校发展的某一阶段。主要领导上任以后，要审视学校发展历史，从而确定自己任期内学校的发展目标、思路和重点，切忌为了“政绩”而不顾连续性，随意提出新的发展目标和重点。1984年，华中工学院领导班子换届，李德焕书记、黄树槐校长沿袭了上一任领导制定的发展目标和重点，没有提出新的目标，仅在战术上提出“异军突起、出奇制胜”。李德焕书记形象地说：“前任领导挖了一个坑，我们的任务是把这个坑填满。”他们用了十来年时间填“坑”，既实现了前任提出的战略目标和重点，又为后任领导学校发展奠定了基础。如果每任领导都不顾发展的连续性，各人自搞一套，学校肯定难以健康发展。

（三）战略规划和战略实施相结合

战略规划和战略实施脱节是战略规划作用难以发挥的一个重要原因。战略规划仅仅是为发展指明战略方向，确定战略目标，明确战略重点和战略行动，而要将这些转化为现实绩效，推进学校健康、持续发展，则要靠战略实施。战略实施的难度在于，战略规划是行动前部署力量，战略实施则是在行动中管理和运用力量；战略规划是一个思维过程，而战略实施是一个行动过程；战略规划中需要协调的是少数人，战略实施则要协调全体师生的力量。战略规划和战略实施相结合十分重要。

1. 战略规划和战略实施相结合，在规划中变战略措施为战略行动

有战略措施没有战略行动，这是战略规划制定中存在的最突出的问题。战略措施属于发展策略，还不是战略行动。战略行动是实现战略的具体安排，不能用战略措施来代替战略行动。战略措施可以有，但应放在战略行动中。我们的战略规划往往缺少战略行动这一部分，而多数国外知名大学的规划中都有战略行动部分。如前述洪堡大学的战略规划，它针对每个战略目标都提出了战略行动，表1显示了其针对目标3（建设“有利于学术自由”的管理）提出的具体战略行动。

表 1 洪堡大学战略规划中的战略行动（三）

长远发展：行政改革和个人促进措施		
重大行动及时间安排	行政服务网络改革计划的最终确定	2012 年 7 月 1 日截止
	研究服务中心重组	2012 年 8 月 1 日开始
	国际事务办公室的重组	2013 年 10 月 1 日开始
	人事服务中心的重组	2013 年 1 月 1 日开始
	完成洪堡大学所有员工个人发展新计划	2012 年 5 月 1 日截止
	行政改革的评估	2014 年 11 月 1 日截止
决策机构	执行委员会，各系及部门负责人	

在制定“十四五”规划过程中，一方面，要变战略措施为战略行动，而且要明确每一年的分目标和具体行动，以解决规划和年度计划脱节的问题；另一方面，要把每年的行动列出来，进行任务分解。文华学院采用“清单+典型”的方式推进战略实施。“清单”指学校根据战略规划列出每年的重点工作并分解到有关领导和部门，定期检查落实，年终总结以此为依据。同时学校也注重抓典型、表彰先进，既总结好的经验，也为全校工作提供示范，从而推进战略行动有效落实。

2. 战略规划和战略实施相结合，重视资源配置

大学是消耗稀缺资源的机构。企业与学校相比，企业水平越高，赚钱越多；大学水平越高，花钱越多。资源既是教育发生发展的基本条件，也是大学与社会互动交换的载体。大学战略规划要十分重视资源，如果不重视资源配置，规划就难以实施。

大学三大功能的实现都要靠资源支撑。资源的多少影响大学战略选择自由，资源雄厚，战略选择就多，如果只有两三个亿，那么战略很难选择；资源结构决定校长工作的方向和重点，公办学校“跑部前进”，民办学校靠学生，那就要把教学搞好，要追求生源，两者方向不一样；资源的依赖性决定组织的管理模式；战略重点要依靠资源来保证。

资源之于大学主要涉及三个方面。第一，资源获取，即办多少事找多少钱。计划经济时代，政府给多少钱大学办多少事；现在市场经济环境中，大学办多少事就要找多少钱，这就看各自的本事。第二，资源配置，即有了钱

要怎么配置，怎么保证重点。第三，资源转化，即资源成为大学与社会互动交换的载体。资源转化是资源在个体发展、组织发展、社会发展之间的创造。资源转化是学校获取资源的重要方式，是在实践中解决大学办学与政府、社会之间关系的钥匙。

资源可以分为三类：基础性资源、发展性资源、衍生性资源。每一类资源又分为三种要素，基础性资源包括人力、物力、财力；发展性资源包括知识、政策、市场；衍生性资源包括理念、文化、制度。资源转化就是在三类九要素中相互转化。

资源转化的路径可分为三种：一是结合性转化，即资源联合嫁接路径；二是结构性转化，即资源结构优化路径；三是认知性转化，即资源内生路径。

事实上资源转化是篇大文章。前任教育部部长陈至立曾多次讲到英国华威大学，该校能在较短时间内跻身世界一流，很重要的一条就是善于资源转化。通过资源转化，获取基础性资源，实现价值优化，激活办学活力，提高人才培养质量。

3. 战略规划和战略实施相结合，重视战略评估

战略评估是审视战略规划、监控战略实施并对其进行系统性评估的过程。战略评估至今仍然未被大家重视。推进战略规划和战略实施相结合，提高规划的科学性和有效性，应十分重视战略评估。做好战略评估可以从以下几方面着手。[①]

其一，审视战略规划。战略评估首先要对战略规划进行审视和评估。评估的内容包括规划是否符合高等教育规律，是否适应社会发展要求，是否符合学校发展实际，是否具有现实可操作性。评估方式之一是邀请校外专家、有关领导、教师及学生代表对规划进行论证。

其二，评估战略实施。首先，检查战略基础，了解构成现行战略的机会与威胁、优势与弱势等是否发生了变化，发生了何种变化，因何而发生变化。其次，衡量战略绩效，对预期目标与实际效果进行比较，研究在实施战略目标过程中取得的结果。最后，修正与调整战略，在检查战略与衡量绩效的基础上，作出延续战略、调整战略、重组战略或终止战略的决定。

① 刘献君．论战略管理与大学发展［J］．高等教育研究，2016（3）：1-13.

其三，评估资源利用效率。在战略评估中，要对全校及各单位的资源利用效率进行评估。要考察投入与产出比，进行成本分析，通过对资源占用与消耗、工作业绩的综合分析，对学校及各单位的资源利用效率作出评估。

战略规划制定过程是一个共同创造的过程。每所大学的发展历史、学科结构、人员结构不同，发展中遇到的问题也不同，其战略规划都需要创造。大学师生有文化、水平高、有智慧，学校规划最终要靠师生实施，需要大家认同。因此，在规划制定过程中要汲取群体智慧、凝聚共识，调动师生参与学校发展的自觉性、积极性和创造性，共同制定好规划。

（2019年10月在院校研究分会举办的“院校发展战略规划编制”高级研修班上所作的主题报告）

十四、华中科技大学文科的阶段性发展战略

1952年起，我国在高等教育界进行了大规模的院系调整。这次院系调整，一方面，改变了过去重文轻理的专业结构，加强了工、农、林、医等学科专业，适应了国家经济建设的需要；另一方面，也存在不少弊端，其中之一是拆散了综合性大学，除少数文、理综合大学以外，其余都为单科性大学。改革开放以后，为适应现代化建设的需要，培养高素质的一流人才，单科性大学纷纷向多科、综合性大学发展，其中比较典型的是清华大学、上海交通大学、华中科技大学等理工科大学创办、发展文科。

理工见长高校（以下简称理工高校）建设和发展文科虽然有四十年的历史，但仍在艰难的建设过程中，其水平与综合性大学的文科相距较远。理工科大学如何发展文科，尽管已作了众多探讨，仍然值得总结、探索。客观事物是作为过程而存在，世界是过程的集合体。理工科高校发展文科是一个过程。过程是事物发展所经过的程序，由一个一个阶段所组成。根据学科发展的规律，以及笔者在华中科技大学参与学科建设特别是文科建设的经验，研究认为学科发展大体经过起步、发展、提高三个阶段。理工高校文科发展具有阶段性、长期性、渐进性，要把握阶段性发展战略。在文科建设中，要分析本校所处的阶段，阶段发展的思路、目标、行动、评价以及阶段之间的战略转变等。

以下以华中科技大学文科发展为例，阐述文科发展在阶段性发展战略中的三个战略阶段。

（一）高起点创建

华中工学院（华中科技大学的前身）是我国最早创办文科的理工高校之一。华中工学院文科发展起于偶然。1979 年，时任院长朱九思先生到美国、加拿大、日本访问两个半月，得出印象：这些国家的一流大学都是从单科、多科发展到综合性大学；综合性是一种不以人们意志为转移的客观规律。因此，朱九思院长回国后，从建设综合性大学的目标出发，开始在仅有工科专业的华中工学院创建文科。

1. 明确文科创建的思路

理工高校创办文科不是从“无”开始，而是从“有”开始。“有”表现在：已经有一批高水平的理工科学科，有学科建设的经验，为硕士点、博士点的授权单位；已经有政治理论部，包括哲学教研室、经济学教研室、党史教研室，还有外语系等。有一批具有一定水平的文科老师。同时，国内文科综合性大学有一批较高水平的文科学科、专业，有大师级的学者，可以借力发展。因此，学校创建文科的基本思路是，依托现有文科教师，聘请校外高水平学者，高起点创建。高起点创建主要体现在，先建立研究所，申报硕士点，再创造条件，申办本科专业。

2. 采取有效的行动

根据文科创建的思路，学校采取有效行动，扎实推进文科建设，这些行动主要有：

创建研究所（室），聘请名家担任所长（主任）。从 1980 年至 1984 年，先后建立了高等教育研究室、中国语言研究所、哲学研究所、经济学研究所、社会学研究所、美术摄影研究室。学科水平首先取决于学科带头人的水平，高起点创建，要聘请高水平学者担任所长，引领学科建设。学校领导千方百计在国内高校聘请学科带头人。高教研究室聘请有丰富教育管理经验的姚启和先生担任主任；中国语言研究所聘请著名语言学家严学窘先生担任所长；哲学研究所由朱九思先生亲自担任名誉所长；经济学研究所由著名经济学家张培刚先生担任所长；社会学研究所聘请著名社会学家王康先生担任所长，同时聘请费孝通先生指导；美术摄影研究室聘请著名艺术家周韶华先生担任主任。这些学者不是挂名，学校为他们提供较好的研究、生活环境，他们扎扎实实带领教师开展教学、研究，推进学科建设，在我校文科建设中起到了十分重要的奠基作用。

创建硕士点、本科专业。学校首先创建硕士点，在创建的过程中，培养师资、积累教学经验，为申办本科专业做准备。从 1983 年到 1986 年，学校先后获得辩证唯物主义与历史唯物主义、自然辩证法、外国经济思想史、社会学、高等教育学、科技英语的硕士学位授予权。与此同时，部分文科逐步获准招收本科学生。先后有科技英语、技术经济、新闻学、汉语言文学、中国社会主义建设、社会学等本科专业。有了硕士点、本科专业，文科建设充满生机和活力。

广泛开展学术交流。只有广泛开展学术交流，才能让教师们把握学术前沿，活跃学术思想，提高学术水平和教学质量。学校千方百计邀请国内外著名学者来校讲学和开展学术研讨活动。例如，学校邀请诺贝尔经济学奖获得者西蒙博士和爱泼斯坦、路易·艾黎、马海德及部分美国、日本著名学者来校讲学；邀请国内著名学者和专家费孝通、雷洁琼、杨伯峻、黄钢、丁玲、李德伦、李尔重、汤文选、冯今松等来校开展学术交流。同时，鼓励教师走出去，参加各种学术活动。学校规定，凡出去参加学术活动的教师，回来后都要在本单位报告自己的学习内容和学习体会，大家共同分享。

创办学术期刊。高校学报和专业期刊是反映一个高校学术创新水平的窗口，也是促进学术交流、扩大学术影响以及推动学术研究繁荣的有效载体。可以说，学术期刊的影响力在一定程度上也促成了学校对外的学术传播力和社会影响力。学校先后创办了《语言研究》《高等教育研究》《高等工程教育研究》《华中科技大学学报（社会科学版）》等期刊，为学校学科综合化发展和深度参与人文社会科学创新起到了积极作用。目前这些期刊在业内已经拥有了一定的知名度和影响力。

3. 确立“应用为主，交叉见长”的方针

1987 年 7 月，学校召开第一次文科工作会议，对文科建设的情况进行回顾总结，提出了“应用为主，交叉见长”的文科建设方针。至 1987 年，文科建设已经取得了一定的成绩，形成一定的规模，已毕业硕士研究生 111

名，本科生181名，专科生380名。如何进一步发展，学校提出了“应用为主，交叉见长”的方针。这一方针的提出主要基于三个方面的原因：一是社会科学发展综合化的趋势，二是社会主义建设对文科人才的要求，三是本校强大的工科优势。因此，学校提出：“我们要培养既懂得科学技术，又懂得经济、政治、法律的人才，来研究我国的技术结构、技术开发政策和对策；要培养既懂得语言学又懂得计算机科学的人才，来研究语言信息、人机对话和机器翻译等；要培养既懂得教育科学又懂得系统工程和宏观管理理论的人才，从事教育发展的预测、规划和管理；要培养既懂得新闻理论和党的政策，又懂得科学技术并且能够掌握现代化通信手段的人才，从事新闻工作等等。”①

此后，各系、研究所开始认识到，适应社会主义现代化需要的文科应用人才，在其知识和能力结构上必须是文理交叉的，并开始积极行动。例如，中文系招收的语言学研究生，全部从事交叉学科研究，如语言学与数学、语言学与心理学、语言学与计算机科学等。新闻系在本科生教学中增设高等数学、计算机原理与应用、计算机语言、科技发展与经济管理等课程。外语系在理工科学生中选择英语成绩优秀的学生，让他们选修英语专业课程，获得第二学士学位。

至1990年代初，经过10多年的不懈努力，学校文科创建已基本完成。到1994年，学校建有5个本科专业，7个硕士点，文科教师和学生都具有一定规模。华中工学院文科创建有三个显著特征：一是高起点，站在学校学科平台的高度创建文科。二是小而精，开始阶段不可能四处出击，全面开花，要找准突破口。三是坚忍不拔，理工高校创办文科，是一种创造、改革，需要学校领导有改革创新的勇气、胆略、决心和有力的行动。

（二）特色发展

以1994年文学院成立为标志，华中科技大学文科建设走向了一个新的阶段——特色发展。学校将除经济、管理以外的文科系、所集中起来，成立文学院，以集中力量发展文科。这时，文科发展面临的主要问题是：规模小、

① 华中理工大学内部资料．文科发展十年（1977—1987）［G］．武汉：华中理工大学，1987：8.

水平低，仅有为数不多的硕士点、本科专业，没有博士点；教师中名师少，中青年学科带头人严重不足，教师中具有博士学位的仅两人；教学水平有待提高，科学研究还没有迈开步伐；办学条件不足，仅有一栋文科大楼，图书资料匮乏，外文书籍奇缺。根据文科发展现状，学校提出，这一阶段文科发展的思路是“加强基础，面向社会，交叉见长，特色取胜”。发展的目标是，“扩大规模，重点突破”。

1. 深刻认识文科发展的意义

笔者曾说：“工科学校可以建设和发展文科；工科学校办文科十分艰难。”[①] 难首先表现在领导和管理人员对文科发展意义的认识上。发展文科，不仅是建设综合性大学的需要，更是培养高素质人才的需要。

学校对文科意义的认识，文科的特色发展，与文化素质教育相伴相生。文化素质教育起于偶然。1994 年文学院成立后，为了取得理工科的支持，为理工科服务，决定举办人文讲座。人文讲座第一期，人山人海，学生十分踊跃。这引起了我们的思考，大学生为什么那么喜欢听人文讲座？文学院组织了一系列调查，调查表明，大学生人文知识匮乏，严重影响了学生的健康成长。人文学科的重要性表现在：人文科学告诉人们文明是怎么产生的，帮助人们了解世界，了解自己，了解人对社会的责任；人文精神为科学启迪方向；人文素质是形成综合素质中其他素质必不可少的条件[②]。因而，学校率先在全国开展文化素质教育。文化素质教育的开展，帮助学校领导和教师加深了对文科发展重要性的认识；培养和锻炼了文科教师；理工科教师、学生开始关心、支持、参与文科建设；形成全校重视文科发展的氛围。

2. 依托理工科优势，重点发展特色文科

学科是大学的基本元素。学科建设要集中有限资源，实现重点突破。依靠本校理工科优势，实现文理交叉、发展特色学科，这是理工见长高校发展文科的最佳选择。这既避免了走文科见长高校发展的老路，又发挥了自己的

① 刘献君．华中科技大学文科跨越式发展的战略思考［J］．高等教育研究，2001（5）：35-40.

② 刘献君．论加强文化素质教育与全面推进素质教育的关系［J］．高等教育研究，1999（6）：32-36.

优势。华中科技大学文科发展中，精心选择文理交叉学科方向，发展特色文科。例如：新闻学院以新闻传播学与信息学科大跨度交叉，开辟“网络新闻传播”方向，聘电子与信息工程系系主任为新闻学院副院长，共同策划；经济学院突出数量经济、发展经济学；公共管理学院突出数字化城市管理、电子政务；哲学系发展生命哲学，其教授在《科学》上发表论文；法学院突出科技法学；中文系将语言学与计算机技术交叉融合，开辟了新的发展方向；教育科学研究院重点抓院校研究。

通过特色发展，实现了重点突破。重点突破首先体现在博士点的建立。1998年，高等教育学申报博士学位授予权获得通过，实现学校文科博士点零的突破。由于开展院校研究，此后，高等教育学又获批国家重点学科。随后，经济学成为文科第二个博士点。张培刚教授经过10多年的艰苦努力，培养年轻学者，开展发展经济学、数量经济学研究，84岁高龄作为第一学术带头人，获得博士学位授予权，该学科后又获批国家重点学科。语言学及应用语言学以自身的特色成为文、史、哲基础学科中的第一个博士点。此后，新闻学、管理学、哲学等学科相继获得博士学位授予权。文科博士点的建设、国家重点学科的获得，使学校文科发展走上了一个新的台阶。

3. 按照学科建设规律发展文科

学科建设有自身的规律，其中之一是学科建设的四个基本要素，这也是笔者在学科建设中探索的结果。学科建设的四个基本要素是：方向、梯队、项目、基地。其相互关系是：学科方向是基础，学科梯队是关键，项目是载体，基地是依托。[①]

选择学科方向。一个学科有多个方向，学校不可能都去建设，应有所选择。选择时要把握：学科的本体部分要有研究方向，要确立有特色的学科方向，要不断寻找新的增长点。前已阐明，学校依托理工科优势，选择特色学科方向。

建设学科梯队。学科梯队中，要有一位高水平的学科带头人和若干学术骨干。学科梯队建设中，首先要选择高水平的学科带头人，其水平大体决定了学科发展的水平。在学科发展阶段，学校花大力气挑选具有国内顶尖学术

① 刘献君．论高校学科建设［J］．高等教育研究，2000（5）：16-20.

水平的学科带头人。例如：公共管理请中国MBA之父夏书章教授担任名誉院长（不设院长）；科技法学请北京大学博导、最早开展科技法研究的罗玉中教授担任院长；经济学院请著名经济学家张培刚教授担任院长；新闻学院聘请中国社会科学院新闻研究所原所长孙旭培教授作为学科带头人来校工作；哲学系引进欧阳康、张曙光教授等为学科带头人；历史研究所聘请著名历史学家张岂之教授任所长。他们在学科建设中发挥了重要的引领作用。期间，还十分重视学术骨干的引进和培养，文科教师中引进150多名博士，其中不少为名家弟子，有的现在已成为长江学者，他们支撑着学校文科发展。同时，采取多种措施对现有教师进行培养，给予教师更多包容性和支持性政策，引导教师逐步成长为具有学术竞争力的学者。

积极争取科研项目。项目是学科建设的载体。文科发展要借鉴理工科经验，增强科研意识、项目意识。首先要组织起来，联合作战。院系领导和学科带头人要用主要精力抓学科建设，发动富有学术思想的教师团队寻找新的生长点，构想新的课题，组织申报大项目。其次是要敢于竞争，善于转化。科研就是强调在发挥优势、防止从优势下降为劣势的同时，敢于竞争，坚决将劣势转化为优势，并处理好科研中长期与近期、大题目与小题目、理论研究与应用研究的关系，搞好合作，锲而不舍①。

加强学科基地建设。基地是学科建设的依托，十分重要。大学既需要大师，也需要大楼，文科教师需要安静的学习、研究、交流场所。期间，学校新建了4栋文科大楼，调整后新增3栋文科大楼，文科大楼由1栋增加至8栋，基本满足了文科教学、科研的需要。图书资料对文科建设有极特殊的重要性。学校集中建立文科图书馆和文献中心，每年投入200万元用于购置文、史、哲等方面的基础工具性图书，增设外文期刊，购买原版外文书籍，图书馆资料建设上了一个台阶。同时，文科实验室建设得到加强，也取得了一定成效。

至2006年，经过12年的建设，文科特色发展已初见成效：一是学科布局日趋完善，大多数学科覆盖了本科专业、硕士点和博士点（拥有两个国家重点学科，9个省重点学科；26个博士点，6个博士后流动站，64个硕士点，28个本科专业）；二是发展规模初步形成，教师中具有博士学位者150人以

① 朱九思．“文革”后中国第一所实行改革的大学［J］．高等教育研究，2003（5）：1-7.

上，学生数量达到较大规模，建成8栋文科大楼；三是学科优势开始显现，通过重点学科突破、交叉学科融合，为学校综合办学实力的提升打下了基础。

（三）全面提高

经过10多年的努力，学校文科得到了发展，形成了较大规模，特色比较鲜明，以两个国家重点学科为标志，文科发展实现了重点突破。但与综合性大学相比，文科发展仍然存在很大差距，主要问题有：学科发展不平衡，特别是基础文科仍然薄弱，学科总体水平低于理工科；缺少大师级学者，高水平学者不多，教师总体水平有待提高；缺乏争取重大项目的能力，国家级重大项目少；文科的社会知名度不高，社会影响力小，高考高分学生报考少，学生就业不理想；文科管理、评价难以符合文科发展规律。文科建设需要全面提高，其目标首先是达到本校理工科学科、专业的水平，进而建设一流文科。这个任务比前两个阶段更艰巨，时间也会更长。近10多年来，学校在以下方面做出了努力。

1. 发展基础文科

在学科体系建设中，基础学科很重要。对理工科而言，数理化是基础；对于文科而言，文史哲是基础。“基础不牢，地动山摇。”正如张楚廷先生所说：“在世界上最好的大学里，人文科学都具有崇高的地位。包括麻省理工学院（MIT）这样似是以理工科著称的一流大学，也不例外。人文科学甚至是一个尺度。有很强的人文科学不一定是一流大学，但若没有很强的人文科学，它就一定不是世界一流大学。”[①] 现在理工科大学文科水平与综合性大学文科水平的差距，首先表现在基础文科发展水平的差距上。全面提高，首先表现在基础文科发展水平的提升。全面提高，首先要提高文、史、哲基础文科的水平。期间，学校采取了一些措施，发展基础文科。例如，引进著名哲学家邓晓芒来校工作，通过“东湖论坛”从国内外引进有发展潜力的中青年学者等，增强师资力量。建立哲学学院，为哲学学科发展创设空间。建立艺术学院，并提出“一生一艺”，支持艺术学科发展。但这一方面仍然

① 张楚廷．高等教育哲学通论［M］．北京：高等教育出版社，2010：253.

力度不够，特别是历史学科的发展迟缓，需要引起重视。

2. 建设一级学科

在创建、发展阶段，学科建设主要是立足二级学科。至提高阶段，学科建设必须立足于一级学科建设。单一的二级学科难以发展，建设一级学科更有利于多学科之间的交叉、融合，形成学科的协同共生效应。现行的国家学科评估制度是按一级学科进行评估，如仍停留在单个二级学科，学科难以生存，更谈不上发展、提高。

近10多年来，学校文科提升，力求按一级学科建设。例如，语言学及应用语言学二级学科博士点，发展为中国语言文学一级学科博士点，包括文艺学、语言学及应用语言学、汉语文字学、中国古代文学、中国现当代文学、少数民族语言学、古典文献学、比较文学和世界文学等8个二级学科博士点。高等教育学由二级学科博士点发展为教育学一级学科博士点，包括高等教育学、教育学原理、课程与教学论等二级学科。文科一级学科建设已取得初步成效。学校现有文科博士学位授权一级学科12个（全校41个），二级学科博士点51个（全校189个）。文科现有硕士学位授权一级学科14个（全校45个）。在上一轮学科评估中，14个一级学科参评，没有出现C，其中A 1个；A- 2个；B+ 7个。

3. 争取国家重大项目

承担国家社科重大项目是文科水平的标志之一。通过国家重大项目可以凝聚多学科教师，形成重大成果，为国家战略发展做出贡献，并培养高水平学者。为此，学校采取一系列措施予以支持、鼓励。例如，重视团队建设，在文科建设中，设立学术团队项目，对学术团队和团队带头人给予经费支持。设立人文社会科学发展专项基金（年1000万元），主要用于重大学科平台建设；基础和前沿研究；跨学科研究；基金项目后激励；知名作家驻校讲学。对获得国家社科重大项目的团队和带头人给予重奖等。经过努力，在争取国家重大项目方面，取得了重要进展。2007年以来，学校承担国家社科基金重大项目21项。近5年，学校承担国家社科基金重大项目18项，年度项目127项，专项、委托项目5项；教育部立项重大项目2项，年度项目78项，专项、委托项目15项。

理工高校文科建设具有阶段性、渐进性。现在，华中科技大学文科建设仍处于全面提高之中，还有很长的路要走。针对文科建设中全面提高阶段的目标以及存在的问题，今后特别要把握三个方面。

首先，把握文科发展的方向性。与理工学科建设相比，文科建设有自身的特点。第一，人文社会科学具有导向性、教化性、民族性、体验性，最重要的是具有鲜明的意识形态特征，它既是知识体系，也是价值体系。文科建设必须坚持以马克思主义为指导，立足中国大学实际，从发展大局、政治大局去分析理解人文社会科学的历史地位和时代价值，这是繁荣发展高校人文社会科学的基本原则。第二，人文学科具有价值引领、知识传授、能力培养的作用。一流文科的建设，不仅是高水平、复合型人才培养的需要，更是孕育创新性思维的土壤，关系到一流大学建设和学校竞争优势的形成。第三，文科建设具有自身的规律，例如：研究的形式一般来说是个体劳动；文科的产品不仅仅是科学知识，更重要的是思想，思想越新、越深，就越有成就；文科的研究对象主要是人而不是物，研究周期比较长，效果难以立竿见影、一蹴而就，等等。因此，在文科建设中要把握文科发展方向，遵循文科建设规律，促进文科健康发展。

其次，着力加强文科师资队伍建设。文科建设水平的提高，关键在于教师队伍水平的提高。笔者经常比较华中科技大学和武汉大学文科的师资队伍，一个明显的现象是：武大文科的某学科走掉几个学术带头人，有影响，但影响不大。华中科大文科某学科，如果走掉一两个学术带头人，往往“地动山摇”。理工大学高水平文科教师太少。在提高阶段，师资队伍建设中要处理好两个关系。一是引进和培养的关系。与创建、发展阶段不同，提高阶段仍然要重视引进，但更要重视培养。高水平的学者成长有一个过程，经过前面两个阶段，这批学者成长了，有的已经成为“长江学者”。到了“全面提高”阶段，重点不再是“挖”人了，而是要努力培养现有教师，充分发挥他们的作用。二是引进国内培养的博士和国外培养的博士的关系。就文科而言，两者各有优势和劣势，在引进中要同等对待。事实表明，国内培养的一批文科博士，成长迅速，发挥了很好的作用。师资队伍的建设、提高，任重道远。

再次，建设良好学术生态。理工科大学的文科建设面临两个突出问题：一是“工科脑袋办文科”。周远清同志曾在我校说过，“工科脑袋办不好文科”。理工科大学的领导绝大多数出身工科，他们不是不想办好文科，而是对文科的重要性和规律认识不足。工科教授中，有的既精通某一专业，又熟悉人文社会科学，具有“综合脑袋”，如杨叔子院士。但是，多数工科教授不熟悉文科。担任领导后，开始学习，但领导有任期，熟悉了可能面临换届，新的领导又要从头学习。二是和理工科相比，文科“帽子”少，在学术资源竞争中处于劣势。文科没有院士、“杰青”，没有国家级奖项（理工科国家级三大奖，每年评一次），没有世界公认的“三大期刊”，等等。面对这种情况，重要的出路是建设良好的学术生态。武汉的知名大学，都有一座山。华中科大后面是喻家山。20 世纪五六十年代，我们读书的时候，是光秃秃的喻家山，学校组织学生到山上种树，种比较容易长的松树。只有一个树种，容易长毛虫。我们都到山上捉毛虫，女生吓得直哭。后来，由于多种原因，山上不仅有松树，而且有樟树及其他树种，树上不长毛虫了。这就是生态平衡。学术也要生态平衡。

建立学术生态，在理工科的森林中，文科要使自己“强”起来。只有“强”起来，才能“尾大不掉”，才能不湮灭在理工科的汪洋大海之中。因此，在文科建设的提高阶段，不能再坚持“小而精”，要做大、做强。同时，要建立、完善适合文科生长的学术制度，如资源配置制度、学术评价制度、差异化管理制度，等等。只有建立了良好的学术生态，文科才能健康生长。

理工科大学文科发展具有阶段性、渐进性，每一所大学发展历史不同、发展水平不同、所处阶段不同。不同的学校要分析自己的发展状态，弄清所处发展阶段，明确本阶段发展的思路、目标，采取切实行动，一个阶段结束之后，要适时地转移到新的阶段，并科学地实现战略转变。如此，才能逐步推进文科健康发展、提高。

（2020 年华中科技大学院校研所课题组在对本校文科发展调研基础上撰写，陈瑜参加调研与撰写）

十五、高等学校定位的层次、依据

世界上的任何事物都不是孤立存在的，而是整个系统网络上的一个个网结，相互联系，相互制约。做任何事情，明确自己在整个系统中的位置，即定位，是基础和前提。高等教育系统是社会大系统的一部分，每一所高等学校都是整个高等教育系统的一部分，办好高等学校的前提和基础同样是定位。

（一）高等学校定位的三个层次

高等学校定位，应该从三个层面来考虑，即高等学校在整个社会大系统中的定位，一所学校在整个高等教育系统中的定位，学校内部各要素在学校发展中的定位。

1. 高等学校在整个社会系统中的定位

任何社会都是由政治、经济、文化三个部分组成的，它们相互依存、相互协调、相互贯通，共同组成一个有机的整体。然而，这三个部分又是相对独立的，各自有不同的特点，运行规律、目标和功能各不相同。对社会起主要调节作用的因素也包括三个方面：力（权力）、利（利益）、理（道理、知识）。政治领域中起主要作用的是力，辅之以利、理；经济领域中起主要作用的是利，辅之以力、理；文化领域中起主要作用的是理，辅之以力、利。综观社会，政府、军队、公安等应属于政治领域，企业、商场、农场等应属于经济领域，学校则属于文化领域。高等学校属于文化领域，而不属于政治领域和经济领域，这就是高等学校在社会系统中的基本定位。

文化具有外在的社会性和内在的学术性。“大学作为文化系统的重要组成部分，自然也具有外在的社会性和内在的学术性。”① 人们在思考高等学校在社会系统中的定位时，也往往从这两个方面来考虑。

从外在的社会性出发，着重强调大学的开放性和社会责任。北京大学前校长陈佳洱院士在北大百年校庆期间举办的“面向21世纪的高等教育”大学校长论坛上指出，“引导社会向前发展”是大学的使命。后来在哈佛大学举办的中美大学校长研讨会上，他再次强调：大学应该成为国家的思想库，在运用知识的过程中为国家服务。② 类似的论述还有，“大学是人类社会的动力站”（哈罗德·珀金）；“大学是国家最进步力量的先驱”（R. V. 加西亚）；“大学是社会的道德灵魂”（威廉·洪堡）；“大学是社会之光”（竺可桢）；大学是“人类社会有史以来最能促进社会变革的机构”（西奥多）；“大学具有塑造社会的能力”；大学是“检验许多较为重要的社会生活的基本原理的场所”等等。③ 为社会服务是大学不可推卸的责任，但这种服务，只能立足于“理”，即通过创造新的知识，培养和谐发展的高素质创新性人才来促进社会发展。

从内在的学术性出发，则着重强调大学的超越性和探索真理、追求知识的责任。德国哲学家卡尔·雅斯贝尔斯认为：“大学是学者和学生追求真理的社区”④。日本京都大学第13任校长鸟养利三郎指出：“大学是一个特殊的社会部分，这一大学社会，其宗旨是以探索真理为其神圣事业。”耶鲁大学第9任校长小贝诺·施密特德则强调：大学的意义及价值在于追求真理。⑤ 因此，发展学术对大学、学者具有生命的本体意义。而发展学术重在追求真理，追求真理则要求学者的活动只服从真理的标准，以“理”来衡

---

① 周光礼，刘献君．学术自由与社会干预的整合认同［J］．江苏高教，2002（1）：43.

② 贾红卫，等．中美高教的历史性聚会［N］．中国教育报，2000-02-17.

③ 眭一凡．大学使命：大学的定位理念及实践意义［J］．教育发展研究，2000（9）：18-22.

④ 陈家薇．耶鲁大学［M］．长沙：湖南教育出版社，1990.

⑤ 眭一凡．大学使命：大学的定位理念及实践意义［J］．教育发展研究，2000（9）：18-22.

量。同时，只有充分尊重大学内在的学术性，最大限度地保持大学的学术自由，才能实现大学外在的社会性，更好地为社会的整体利益服务，为人类的长远利益服务。

2. 一所学校在整个高等教育系统中的定位

高等教育随着社会发展而发展。社会发展到今天，现代科技在社会生活中的应用导致了社会各行各业的分工不断强化，使得从业人员的岗位日益专业化。职业的专业化反过来要求教育培养专门化的人才。每一所高等学校都可以在社会发展中找到自己的发展空间。市场机制的引入使高等学校不得不在严酷的竞争中寻找生机。正如伯顿·克拉克所言："竞争的状态能激励一些院校像企业那样去寻找特色，并从中取得利益。"① 因此，高等学校要在整个高等教育系统中明确定位，形成自己的办学理念和办学特色，这是高等学校发展的基础和前提。

高等学校在整个高等教育系统中的定位，主要体现在办学类型、办学层次和办学特色三个方面。办学类型涉及多个方面，如按隶属关系来分，有部属高校、地方高校；按办学主体来分，有国家主办的高校、民办高校；按学科结构来分，有单科性学校、多科性学校、综合性院校。笔者认为，我们在研究学校定位时，主要应考虑后者，即学校的学科结构类型。办学层次，主要指学术贡献和人才培养的层次。从这个角度来看，目前我国大学的办学层次大体分为研究型、教学科研型（或以本科教学为主）、职业技术型三个层次。不同层次的高校，在学术贡献、人才培养层次、对社会服务的方式，以及在高等教育体系中所发挥的功能、作用不同。办学特色是指学校与其他学校相比所表现出来的独特的办学内涵。② 办学特色可以体现在办学观念、办学风格、培养目标、学科水平、课程体系、管理方式等诸多方面。办学类型、层次不等于办学水平，办学水平往往体现在办学特色上。从某种意义上说，特色就是水平。高校办学特色定位是形成办学多样化的有效途径，是高校在教育市场中具有竞争力的表现，也是高校吸引生源、形成社会地位的基础。③

---

① 伯顿·克拉克．高等教育系统——学术组织的跨国研究［M］．杭州：杭州大学出版社，1994：254.

② 郭桂英，姚林．关于我国高校办学定位的研究［J］．江苏高教，2002（1）：60.

③ 郭桂英，姚林．关于我国高校办学定位的研究［J］．江苏高教，2002（1）：60.

高等学校在高等教育系统中的定位问题，实质上是高等教育系统的分层问题。由于各校的历史、文化传统不同，地位、等级不同是不可避免的。况且对任何一个国家来说，要有效地发展学术，必须集中智力和资源。如果在分配人才和资金方面对所有的大学一视同仁，势必造成资源的分散，无法促进学术的有效发展。分层能促使各学校各具特色。千校一面，培养的人才就很难适应社会多样化的需求。而“不同层次的专业培训，不同类型的、适合不同学生的一般教育，复杂程度不等的研究，所有这一切都可以因院校的分工后产生了各类相应的组织结构而得到承担”[①]。伯顿·克拉克曾经断言：“实施高等教育的最差的办法就是把所有的鸡蛋都往一个篮子里装——高等教育最忌讳单一的模式。”[②]当然，高等教育系统层级的形成不是通过自上而下的行政命令来完成的，而是各高校在竞争的环境中通过自主选择、自主定位来实现的。

3. 学校内部各要素在学校发展中的定位

学校内部各要素在学校发展中的定位，是指根据高等学校在整个高等教育系统中的定位，来确定自己的办学规模、人才培养规格、学科布局、服务面向、管理模式等。这里对此不做重点论述。

（二）高等学校定位的依据

我国高等学校办学中最大的问题之一是定位不准确，缺乏个性和特色。如专科学校想升本科，本科学校想上硕士点，有了硕士点的学校想上博士点。单科学校想办成多科学校，多科学校想办成综合大学，大家都想往研究型大学的行列里挤。因此，当前研究高等学校定位，主要是研究高等学校在高等教育系统中的定位。

2002年，本科教学水平评估以来，在教育部的倡导下，大家开始探索高等学校的定位问题。例如，清华大学的办学定位是“综合性、研究型、开放式”；北京大学定位于“建设世界一流大学”；同济大学的定位是“理工结合、

① 伯顿·克拉克．高等教育系统——学术组织的跨国研究［M］．杭州：杭州大学出版社，1994：291.

② 伯顿·克拉克．高等教育系统——学术组织的跨国研究［M］．杭州：杭州大学出版社，1994：307.

文理交融、科学教育与人文教育协调发展的多功能型现代大学”；中山大学定位为“居于国内一流前列的，在国际上有广泛影响的高水平的研究型、综合性大学”；华中科技大学定位为“国际化、研究型的综合性大学”；山东大学定位为“国内外知名的高水平大学”；电子科技大学定位为“在电子信息领域具有世界先进水平的一流大学”；云南大学的定位是“处于全国同类高校先进行列，部分学科在国内具有优势和特色，立足边疆，服务云南，成为国内高等教育领域培养高层次人才、解决地方经济建设和社会发展重大问题的基地之一”；湖北汽车工业学院定位为“培养高层次、创新型、应用型人才的技术性本科院校”，等等。这些学校的定位都是在经过广泛论证的基础上提出来的。在给自己学校定位时，主要应考虑以下三个方面的因素。

1. 社会政治、经济、文化发展对高等学校的要求

教育必须与社会发展相适应。研究高等学校的定位，必须考虑社会政治、经济、文化的发展对高等学校的要求。

江泽民同志在十六大报告中提出全面建设小康社会的目标。报告中指出：“全面建设小康社会，最根本的是坚持以经济建设为中心，不断解放和发展生产力。根据世界经济科技发展新趋势和我国经济发展新阶段的要求，本世纪头二十年经济建设和改革的主要任务是，完善社会主义市场经济体制，推动经济结构战略性调整，基本实现工业化，大力推进信息化，加快建设现代化，保持国民经济持续快速健康发展，不断提高人民生活水平。”“推进产业结构优化升级，形成以高新技术产业为先导、基础产业和制造业为支撑、服务业全面发展的产业格局。”因此，在高等学校定位时，必须了解我国产业结构和就业结构调整、变化的状况，办学类型、办学层次和学科专业要与此相适应。

首先，要考虑社会产业结构的变化。1990—2001 年，在我国国内生产总值的比重中，第一产业由 27.1%下降为 15.2%，第二产业由 41.6%上升为 51.1%，第三产业由 31.3%上升为 33.6%。信息产业发展迅速，“九五”期间信息产业平均增长速度超过 30%，“十五”期间，信息产业总产值将超过 1.4 万亿元，到 2005 年，信息产业的增加值将占我国 GDP 5%的份额（全国 GDP 增加值一般为 7%～8%）。文化产业也将大大发展。1998 年文化产业的产值比 1990 年增加了 6 倍，达 148 亿元，这还大大落后于发达国家。到 2005 年，文化产业的产值将超过 5000 亿元。

其次，社会越发展，越是需要具有高等教育水平的人才。根据世界范围的统计分析，当人均GDP低于1000美元时，高等教育毛入学率一般在15%以下；当人均GDP在1000～3000美元时，毛入学率在15%～50%之间；当人均GDP高于12000美元时，高等教育毛入学率将超过50%。现在，日本高等教育的毛入学率已经达到46%，美国为82%，发展中国家的平均比例也达到了14.1%。我国由于社会经济加速发展，高等教育毛入学率急剧上升，1980年为2.24%，1990年为3.45%，1999年为10.5%，2001年为12%，2002年为14%，预计2005年将超过15%。同时城市化进程加快，1990年，我国城镇人口占总人口数的26.4%，到2001年，已达37.6%，若干年后，将达到60%。

这些都说明，很多岗位对人才的要求比过去大大提高了。如小学教师，过去中学毕业生就可以胜任，今后则要求大学本科毕业。在高科技产业中，不少工人岗位开始要求具有大专教育水平，或经过高等职业培训。城市化进程的加快，对人们的文化水平的要求也会相应提高。另外，一些职业岗位在萎缩，另外的一些岗位则在增加。这就要求我们在研究高等学校定位时，要考虑社会对从业人员素质要求普遍提高的趋势，以及岗位的变化和不同职业、不同岗位对人才的具体要求。

每一所大学，都处在某一区域。这一区域的经济、文化发展状况对人才的数量、质量、类型的要求，都将影响学校的发展。因此，高等学校定位时，还应充分考虑自己所在区域的状况。

2. 了解国内其他高等学校的发展状况，发挥自己的相对优势

每所高等学校都处于整个高等教育系统之中，它们相互影响，相互促进，相互制约。因此，在定位时，必须了解国内其他高校，特别是本地区高等学校的状况，做到“人无我有，人有我优”，“别的大学能做的，我们不做”。在这方面，国外大学已经有不少成功的范例。例如，美国斯坦福大学曾打算建立建筑学院，但建立建筑学院必须同时发展建筑学、土木工程等4个专业，这必须有很大的投入，而且，当时美国的建筑行业的就业情况并不理想，同时该校附近的伯克利大学已有一个相当好的建筑学院，经过综合考虑后，斯坦福大学决定取消这个计划。又如，美国卡耐基-梅隆大学认为，在21世纪生物技术非常重要，要成为世界一流大学，必须发展生物学，但他们放弃了建

设一个医学院的设想，因为建医学院工程太大，后来决定借用附近匹兹堡大学的医学院来发展自己的生命学科。可以看出，这两所学校对本校和其他院校的现实状况非常重视，事实也证明，它们当初的选择是明智的。这两个例子都说明，知己知彼，扬长避短，是高校定位的必然选择。

3. 了解自己学校发展的历史，展其所长

高等学校的定位，还离不开自己发展的历史和基础。每一所大学在自己的发展过程中，都有自己的长处或优势，也一定会有自己的短处或劣势。知道自己从哪里来，才会更清楚自己要往何处去；了解自己的家底，才能打有准备之仗。每所学校在制定自己的发展规划，对自己进行定位时，要认真回顾自己的发展历程，分析自己的优势和劣势所在，注意扬长避短，发挥自己的优势及长处。

（三）高等学校定位的要求

高等学校定位是一项涉及面广、事关学校发展全局的大事，学校领导在组织师生员工确定学校定位时，要有大视野、大智慧、大手笔。

1. 要有大视野

人有多大的视野，就有多宽广的世界，就有多大的选择空间。因为人的活动都是在一定的历史条件和社会环境下进行的有方向、有目的的活动。做任何事情，都必须对自己赖以发展的条件和环境，对事物发展的各种可能性，尽可能地深入把握和全面了解。越是能够看到自己长远的、根本的利益所在，越是能够树立远大的理想，确立远大的奋斗目标，充分发挥主体的能动性，有一番大的作为。

当人类步入21世纪时，大家有一种共同的感觉：周围的一切都处在激烈的大变动中，节奏明显加快。许多过去从来没有遇到过的新问题层出不穷地呈现在我们面前。人们原来没有料想到的事情一件接一件地发生。这种变化无论在广度还是深度上，都远远超过了人类以往所经历的任何一个世纪。因此，我们观察、分析问题一定要有广阔的视野。

现在我们正处在大的转型时期，这突出地表现在，人的需求将由以物质

需求为主转向以精神需求为主。有史以来，人们有物质、精神两大需求，但笔者认为，人类至今基本上以物质需求为主。知识经济社会的到来，则可能导致人们的需求以精神需求为主。人们需要充实的精神生活，越来越多的人需要接受高等教育。因此，我们要有大视野，高等学校的定位一定要充分考虑这一方面的因素。

另一方面，由于社会心理、公共政策等因素的影响，目前家长、学生、用人单位都一味地追求高学历，看不起职业教育、专科教育。但这种现象肯定是暂时的，很快将会改变。因此，我们在确定高等学校的定位时，要善于从复杂的现象中看到事物运动的基本态势，抓住基本规律，从眼前的利害中超越出来，突破经验的视野，对社会需求进行全局的、客观的把握，穿透眼前，看到长远。这同样需要大视野。

2. 要有大智慧

有了大视野，还要有大智慧。智慧就是辨析判断、发明创造的能力。面对错综复杂的情况、急剧变化的时代，有了大智慧，才有穿透力，才能把握事物的本质。大智慧的表征是“通”，通天地人之谓才，要学富五车，深谋远虑，运筹帷幄。

高等学校的定位同样要有大智慧。要以史为鉴，寻找前人研究成果中的智慧；要观察现实，研究当前社会提供的智慧；要辨析判断，善于“异中求同，同中求异”，确立自己的特色。校长、党委书记要有大智慧，但仅靠一两个人的智慧是有限的，还要发挥群体智慧。高校是专家学者群集的地方，不乏有智慧者。因此，在学校定位时，要让师生共同参与讨论，发挥互补效应。

3. 要有大手笔

有了大手笔，才会有大发展。大手笔，要有大气魄，要有超越、怀疑、批判精神。要超越各种形式的禁锢和守旧观念，挑战各种历史理论和权威，深刻批判与反思，进行前提性追问、主体创造与建构。

在进行高等学校定位时，大手笔突出表现在要敢于“有所为，有所不为”。有所不为，要有大手笔，敢于砍掉不适合自己学校发展的东西；有所为，要有大手笔，敢于在自己的位置上创新，创一流，创唯一。

十六、教学服务型大学在实践探索中发展

2006年，笔者在湖南省吉首大学参加教育部组织的本科教学水平评估，吉首大学主要领导提出，现在研究型、教学研究型、教学型、高职高专的大学分类中，研究型、教学研究型，我们够不上，教学型又不适合我们的状况。这种分类，没有我们这一类学校的位置。这一问题，引发了我的思考。经过一年多对类似学校的考察和研究，笔者提出了“教学服务型大学”，2007年在《教育研究》第7期上发表了《建设教学服务型大学——兼论高等学校分类》一文，并将教学服务型大学描述性地界定为，以本科教学为主，根据条件和需要适度发展研究生教育；教学和科学研究以服务地方为宗旨，培养地方需要的应用型人才，产出地方需要的应用性成果；大力开展以满足社会需要为目的的各种服务活动，形成为地方全方位服务的体系。该论文发表之后，在高校产生了一定的影响。武汉纺织大学、黑龙江科技大学、海南师范大学、浙江树人大学、宁波大红鹰学院等主动将本校定位于教学服务型大学，在实践中创造，并有力地推动了学校的发展。

2012年，华中科技大学教科院院校研究所余东升教授，带领部分博士生对上述学校进行了一次深入调研，发现教学服务型大学建设取得初步成就，推动了学校发展，教学服务型大学具有极强的活力，并归纳总结了教学服务型大学发展的主要路径：培育具有强烈服务意识、服务精神的学校领导核心，确立学校转型发展的办学格局，走“联合培养”的应用型人才培养之路，开拓合作研究的应用研究、

试验开发之路，建立共容共生的组织制度。调查同时发现，部分学者、管理者对教学服务型大学还存在诸多疑虑，担心降低了学校的层次、水平，因而缺乏理论自信和实践自觉。

2013 年 5 月，中国高等教育学会院校研究分会在浙江宁波召开了第一次全国教学服务型大学建设学术研讨会，国内部分学者和学校领导出席研讨会。这次研讨会，重点探讨了教学服务型大学提出的必要性、合法性，教学服务型大学的内涵与特征，教学服务型发展的道路，如何确立自己转型发展的路径等。通过研讨，笔者进一步将教学服务型大学界定为，在我国高等教育大众化进程中发现的，以推动知识的创新、传授、应用与地方经济社会发展相结合为宗旨，全面构建新型的教学与科研模式、组织制度形式和资源配置方式的现代大学。随后又有吉林建筑大学、广东嘉应学院、贵州铜仁学院、河南黄淮学院、文华学院等一批大学定位于教学服务型大学。为了推进教学服务型大学的发展，2016 年 5 月，中国院校研究会和《光明日报》教育研究中心、铜仁学院共同在贵州铜仁举办了第二次全国教学服务型大学建设学术研讨会，以进一步推进教学服务型大学发展。

近三年来，我国社会经济文化及高等教育自身发生了深刻变革，院校研究工作者抓住变革契机，在实践中发现问题、分析问题、解决问题，进一步推进了教学服务型大学的理论研究和实践探索。

（一）高等学校转型发展的要求

2013 年 11 月党的十八届三中全会通过了《关于全面深化改革若干重大问题的决定》，明确提出了要深化教育领域综合改革，创新高校人才培养机制，促进高校办出特色、争创一流。2014 年 2 月，国务院做出“引导一批普通本科高校向应用技术型转型”的战略部署，表明政府对本科高校转型发展提出了明确要求。2015 年 10 月，教育部、国家发改委、财政部三部委联合颁布《关于引导部分地方普通本科高校向应用型转变的指导意见》。从《指导意见》的内容看，一是对部分本科高校先行有益的探索进行了肯定；二是对普通本科高校，特别是地方高校的转型发展提出了具体要求；三是将“应用技术型”改为“应用型”，提升了地方高校的发展空间。

本科高校向应用型转型是地方经济社会发展的要求，符合学校自身发展的需要，势在必行。笔者认为，需要探讨的问题在于，将“应用型”作为转型高校发展的定位是否合适？如何使本科高校自觉地、更好地向应用型转型发展？

将“应用型”作为转型高校发展的定位是否合适？对这个问题要进行具体分析。分类是定位的前提，研究定位，首先要探讨高校的分类问题。分类有不同的标准，如对人的分类，可以以性别、年龄、学历、职业等为标准。分类有不同的目的，目的不同，分类也会不同。不同的国家，由于其高等教育的管理体制不同，分类的目的、标准也不一样。

美国联邦政府不管大学，美国没有国立大学，其分类的主要目的是识别类型、便于统计。美国最具有影响和代表性的高等学校分类为卡耐基高等教育机构分类，其分类的目的是，“找出美国高校的基本类别，使同类高校在功能（职能）、学生和教师方面比较接近，而不同类别的高校则在这些方面有着明显的区别”①。美国卡耐基分类标准公布始于 1973 年，1976 年、1986 年、1994 年、2000 年、2005 年进行过多次调整，但变化的幅度不大。2005 年，卡耐基分类将美国高等教育机构分为博士学位授予机构、硕士学位授予机构、学士学位授予机构、副学士学位授予机构、特别中心的机构、部落学院、其他等七类（见表 1）。

表 1　2005 版卡耐基高等教育机构分类之基本分类（Basic Classification）

机构类型	总数/个	占机构总数比例/（%）
博士学位授予机构	282	6.40
硕士学位授予机构	690	15.80
学士学位授予机构	735	16.80
副学士学位授予机构	1811	41.30
特别中心的机构	806	18.40
部落学院	32	0.70
其他	26	0.60
总计	4385	100

资料来源：刘玲、柏昌利：《美国 2005 版卡耐基“基本分类”的内容解读与方法启示》，《复旦教育论坛》2007 年第 5 期，第 76-80 页。

① 陈厚丰．高等教育分类的理论逻辑与制度框架研究［D］．厦门：厦门大学，2009：196.

我国高等教育体制是政府管理大学。过去，政府管大学、办大学、评大学，管办评一体。现在，实行管办评分离，逐步做到政府管大学、学校办大学、社会评大学。我国高等学校分类，不仅用于对大学的识别、统计，而且用于引导学校办学。因而，高校分类涉及学校办学的诸多方面，如培养目标、学校类型、办学层次、学科专业、服务面向等，其中，学校类型是高校分类的基本方面。从我国现有高校分类看，培养目标有学术型、应用型、职业技术型；学校类型有研究型、教学研究型、教学型、高职高专；办学层次有多种划分，如公办、民办，部属、省属、地属，“985”、“211”、一本、二本、三本等；学科专业划分有综合性、理工、农业、林业、医药、师范、财经、政法、体育、艺术等。

各种分类，有各自的作用。笔者认为，应用型大体与学术型相对应，属人才培养目标，如果说是定位的话，属人才培养目标定位。学校定位，带有综合性的主要是类型定位。在我国当下的大学管理和评价中，只有“985”“211”院校的选拔和培育制度，对于其他面广量多的大学分类，还没有明确的标准，但在实践工作中，大多采用了“研究型”“研究教学型”“教学研究型”和“教学型”的四分法。尤其是在当前大学自身的规划和目标中，采用以上分类的占多数。[①] 在现有对我国大学类型的划分中，增加教学服务型大学，正好与培养应用型人才相适应。例如，国内转型发展比较好的黄淮学院，对其定位做了明确表述，发展目标定位为国内知名应用技术大学，办学类型定位为教学服务型。

教学服务型大学需要发展，不断提高水平，其发展方向在哪里？笔者认为，如同教学研究型大学可向研究型大学发展，教学服务型大学可向创业型大学发展。1998 年，美国教育家伯顿·克拉克在其著作《建立创业型大学：组织上转型的途径》一书中，根据 20 世纪中后期以来欧洲一些大学的发展特征，提出了“创业型大学”（entrepreneurial university）的概念。几乎在同一时间，纽约大学社会学教授亨利·埃兹库维茨也根据美国大学的发展史给出了“创业型大学”的定义。他认为，判断一所大学是不是创业型大学要根据其使命，创业型大学的使命除了教学、研究外，还要服务于区域经济和社会的发展。从这一定义来看，创业型大学与教学服务型大学也具有相同的“服

① 陈厚丰．中国高等教育分类研究现状述评［J］．大学教育科学，2010（1）：34-48.

务”使命。创业型大学必须具备较强的科技开发、成果转化的能力，其形成需要具备五个关键要素：“团体研究的组织；具有商业潜力的基于研究的创造物；开发出能够以受保护的知识产权形式将研究成果转移到大学以外的组织机制；大学拥有组建企业的能力；学术和商业因素整合入新的方式，如大学—产业研究中心等。”[①] 由此可见，教学服务型大学可向创业型大学发展，创建具有中国特色、自身标准的创业型大学。我国本科大学分类，可以由线性变为平面（见图 1）。诚然，这只是一种探讨。一个国家的高等教育体系的形成与其创新体系、经济体系的性质关系密切。研究型大学，我们从美国借鉴而来，应用技术大学从德国借鉴而来。如何根据我国国情，探索自身的高等教育体系，任重道远。

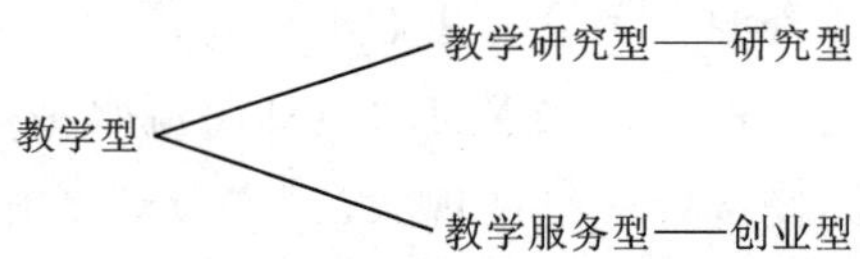

图 1　高等学校分类

将学校定位于教学服务型，有利于培养应用型人才。应用型主要体现在培养应用型人才，产出应用性科研成果。培养应用型人才，主要面向地方经济发展，必须与社会经济、产业发展紧密结合，与企业生产实践紧密结合，与地方教育推广培训紧密结合。产出应用性科研成果，需要研发地方经济发展需要的应用性成果，推广科技成果转化应用，关注科技成果开发与应用需求，直接对接企业技术开发需求以及问题解决。[②] 教学服务型的定位，能够引导学校领导、教师从“重学轻术”、自我封闭中走出来，树立强烈的服务意识、服务精神，走向地方、融入地方、服务地方，不断进行探索、实践，不断开辟新的路径，培养应用创新人才，推进学校健康发展。

(二)“双一流”建设的挑战

2015 年，中央全面深化改革领导小组第 15 次会议审议通过《统筹推进世界一流大学和一流学科建设总体方案》，提出了部分大学和学科“进入世界一

① 卢胜．创业型大学及创业生态系统初探［J］．当代经济，2009（2）：118-120.

② 徐绪卿．教学服务型大学：理论研究与创业框架［M］．北京：中国社会科学出版社，2014：99.

流行列”和“进入世界一流前列”的明确要求，这是我国第一次提出大学、学科要在一定时间内进入世界一流前列的宏伟目标。“‘双一流’建设的总体目标是推动一批高水平大学和学科进入世界一流行列或前列，加快高等教育治理体系和治理能力现代化，提高高等院校人才培养、科学研究、社会服务和文化传承创新的水平。这些高校将成为知识发现和科技创新的重要力量、先进思想和优秀文化的重要源泉、培养各类高素质优秀人才的重要基地，在支撑国家创新驱动发展战略、服务经济社会发展、弘扬中华优秀传统文化、培育和践行社会主义核心价值观、促进高等教育内涵发展等方面发挥重大作用。”① “双一流”建设是国家战略，意义重大。在“双一流”建设中，为使部分大学和学科尽快“进入世界一流行列”和“进入一流前列”，国家不可能向地方本科高校增投大量资源。大量的地方本科高校如何面对“双一流”建设，努力抓住发展机遇，获取资源，在本层次达到一流水平，是一种极大的挑战。笔者认为，面对我国的经济社会发展现状，“产业转型升级，地方经济结构调整”为地方大学发展提供了前所未有的机遇。

2012 年底召开的中央经济工作会议将加快调整产业结构和提高产业整体素质作为 2013 年经济工作的六大重点之一。产业转型升级，地方经济结构调整将是今后一段时期我国经济建设十分重要的任务。从国际经济形势看，在当今世界经济形势不断变化，技术创新不断涌现，全球范围内的新工业化浪潮呈现以信息技术和环保相关技术为代表的新趋势。例如，美国计划将新能源技术作为推动美国新工业发展的主要动力，试图推动以新能源技术驱动的新一轮工业革命。从我国实际看，一方面，经过多年高速发展，我国以低成本劳动力为基础的工业增长模式已难以持续，比如，我国曾经拥有的比较优势是廉价劳动力、广阔的土地以及廉价供给的资源，但现在人口红利已经到了顶点，未来劳动力越来越少，劳动力成本已经大幅上升。另一方面，更为重要的是，我国缺乏关键核心技术。2016 年 5 月 30 日，习近平同志在全国科技创新大会、两院院士大会、中国科协第九次全国代表大会上的讲话中指出：“必须认识到，同建设世界科技强国的目标相比，我国发展还面临重大科技瓶颈，关键领域核心技术受制于人的格局没有从根本上改变，科技基础仍然薄弱，科技创新能力特别是原创能力还有很大差距。”习近平同志还列举了大量

① 刘献君．经济社会发展转型与教学服务型大学建设［J］．高等教育研究，2013（8）：1-9.

事例，例如，从理论上讲，地球内部可利用的成矿空间分布在地表到地下1万米，目前，世界先进水平勘探开采深度已达2500至4000米，而我国大多小于500米。材料是制造业的基础，目前我国在先进高端材料研发和生产方面差距甚大，关键高端材料远未实现自主供应。再看看在我国经济相对发达的广东省，前不久，我到东莞理工学院考察，从调研中了解到，广东省1600多家装备制造企业，拥有自己核心技术的只有300多家，1000多家没有自己的核心技术。年产9200万部手机，但核心芯片全部是别人的。年产电视机7000万台，但电视面板的玻璃、液晶造不出来。年产200万辆汽车，发动机造不出来。有关负责同志指出，在我们这里，就是一说到关键核心技术，就没有技术。其他中西部省份，情况则更为严重。在我国，产业转型升级迫在眉睫，技术创新的任务十分艰巨。

技术创新的主体在企业。但企业的创新人才，需要高等学校培养，技术创新也需要高等学校合作。目前，地方高校的水平与技术创新和创新人才培养的要求相去甚远。地方高校教师大多是近十年来高校的毕业生，他们在理论研究上缺乏积累，技术创新缺乏实际经验。这些高校科研项目、经费甚少，专利，特别是发明专利更少。如部分地方高校每年科研经费不足千万元，没有一项发明专利。地方高校目前的状况，难以在产业转型升级、技术创新中发挥作用。

应用型不等于低水平。培养应用型人才、产生应用型成果，需要高水平的教学、科研活动和高水平的教师。如何提高教师、学生的水平和教学、科研的水平？定位于教学服务型大学，在校地互动中，在为地方服务中转型发展，是一种重要选择。定位于教学服务型大学，并经过努力实践的部分大学的发展，是有力说明。在应用研究和试验开发方面，这些学校深入企业把握实践中需要解决的实际问题、紧迫问题；通过战略联盟，联合攻关，师生和企业员工一道研究，共同解决问题；在解决实践问题的过程中，形成研究成果，获取办学资源，锻炼教师队伍，培养应用型创新人才。例如，武汉纺织大学由武汉科技学院更名而来，科研的基础并不是很好，但由于其坚持走教学服务型大学之路，在服务社会的过程中提升了研究能力，获得了大量资源。近几年来，该校获多项国家科技支撑计划、“863”项目、“973”项目，科研总经费达2.4亿元，1000万元以上的项目有6个，其中“苎麻产业发展关键技术与设备”进入国家科技支撑计划，获科研经费9000万元。2008年以来，该校获国家科技进步奖一等奖1项，国家发明奖二等奖2项，国家科技进步奖二等奖 2 项，学校发生了根本性变化，上了一个新台阶。

在培养应用型人才方面，教学服务型大学打破学校的自我封闭，与企业、政府联合，在创新创业的实践中培养人才。服务地方，将教学、科研、社会服务三大职能整合起来，完成大学的核心使命——育人。教学方面：以学生为中心，通过以实验为基础的教学，改善教学效果。科研方面：使科研贴近生活，贴近学生，实现学科交叉、多学科研究，产生高水平应用性成果。社会服务方面：为教学、科研、育人创设了广阔的平台、空间。在服务地方中，还创造了大量新的教学组织、形式。例如，常熟理工学院建立行业学院，如阿特斯光伏科技学院；大红鹰学院校企联合建立学院，如大宗商品商学院；东莞理工学院建立特色产业学院，如中兴通讯学院；文华学院与大型企业联合举办特色班，引进最前沿的先进技术，校企共同培养人才，如机器人制造特色班。

地方产业转型升级，经济结构调整，需要先进技术，需要大批掌握先进技术的高水平创新型人才。但是，我们地方本科院校，离此要求的差距非常大。如何在服务地方中提升自己的水平，培养适应地方产业转型升级的应用型人才，是极大的机遇和挑战。

（三）服务经济时代的需求

人类社会经历了农业经济时代、工业经济时代，现在正走向服务经济时代。服务经济是从产业角度对经济发展阶段和特征的把握，是基于服务业的经济发展形态。服务经济就范围而言，包括生产性服务、生活性服务和公共服务三大方面，基本内容包括服务产业和服务贸易。一般而言，一个国家，如果一种经济形态中服务业增加值在 GDP 中的相对比重超过 60%，或者服务业的就业人数在整个国民经济就业人数中的相对比超过 60%，则处于服务经济发展阶段。20 世纪 80 年代开始，世界经济全面向服务经济转型，在世界范围内，服务业占发达国家经济比重已经超过 70%，服务业就业人员占就业人员的比重为 60%～75%。

加快发展服务业，特别是生产性服务，是我国转变发展方式和调整经济结构的重要方向。我国服务业虽然规模较小，结构欠佳，竞争力弱，但需求旺盛，发展势头良好。高等学校，特别是地方本科院校，应十分重视服务业发展的需求。

这里，以农村发展对服务经济的迫切要求为例加以说明。服务农业，服务农村，是地方本科高校的重要任务。那么，农村、农业的发展状况如何。笔者家在湖南农村，曾对农村的状况进行过考察。现在，在农村种地的大多是60岁以上老人。年轻人基本上进城打工。由于长期离开农村，他们已经不熟悉农活，不习惯农村生活。老人总有干不动的一天，年轻人即使回来，也干不了。那么，出路在何方？笔者和农业大学的部分老师进行过探讨，出路在于改变生产方式、组织结构和制度。例如，发展服务业，通过建立农场，包括家庭农场等多种方式，将土地相对集中起来进行耕种。同时，建立多种生产服务，如机械播种、施肥、收割，储存、加工等各种服务业，为农业生产服务。这种服务将生产服务、生活服务、公共服务紧密结合，工业和农业紧密结合。农村将面临一场深刻的革命，这场革命催生服务经济的发展。与之相关，还有城乡融合、一体问题，由于生活水平提高，大家渴望一种舒适的生活，但雾霾等环境污染，城市人开始向往农村，将城市生活和农村生活结合，等等。而面对以上与农村、农业相应的服务经济的发展，需要开发相关技术，探讨相关组织制度、机制，更为重要的，需要培养大批与之相适应的高级技术和管理人才。这不仅有关农业大学，而且所有大学、学科都与之相关。谁关注、动手早，谁就能取得先机，走在时代发展的前面，推进学校发展。

服务时代，也是“预约时代”，实现准确、及时的预约，要求人们具有很高的诚信水平。面对服务经济，在大学教育中，加强诚信教育，是一项十分重要的任务。

教学服务型大学的发展，正好顺应了服务经济时代的需求，要求办学者必须牢固树立为社会发展服务的思想；强化了为社会经济发展培养具有服务精神、服务能力的应用型人才。

（四）美国“服务学习”的启示

近几年来，学术界开始研究、介绍美国的“学习服务”，给我们以极大启示。美国“服务学习”的提出，是对高校三大职能认识的深化，“社会服务”职能实现的具体化，是其社会服务体系的核心，具有重大的借鉴意义。

“服务学习”一词最早是1967年由美国南部地区教育基金会提出的；1980年代开始大规模探索；1985年由布朗大学、斯坦福大学校长等发起建立服务学习的民间机构，使命是“教育公民，建设社区”，现有1100多所大学参加；1990 年经美国国会批准，建立了“全国服务-学习交流中心”；大多数大学建立了自己的服务学习机构，如加州大学洛杉矶分校的“社区学习中心”，伯克利分校的“服务-学习研究与发展中心”，密歇根大学的“社会服务-学习中心”等。对“服务学习”的界定比较多，其中有代表性的是，“全国服务-学习交流中心”官方网站的表述：“服务-学习是一种教学和学习策略，该策略旨在通过融合社区服务活动、课程学习和结构化反思，丰富参与者的学习体验，增强公民的责任感，并促进社区发展”①

美国服务学习的内容有课程服务学习和课外服务学习两个方面。课程服务学习包括作为必修课的服务学习课程、作为选修课的服务学习课程、学生可以获得额外的服务学习的学分的课程、服务学习实习或独立研究、实地服务学习、结合社区的研究或基于问题的服务学习、服务学习顶点课程、浸入式经验课程、服务学习专业及辅修证书等。课外服务学习课程则包括入门的一次性的短期经验、连续的课外服务经验、基于学生宿舍楼的服务学习项目、作为课程一部分的课外要求、集中的和浸入式的经验、有校友参与的经验等。

美国的服务学习经过多年的发展，已经比较成熟了，逐步形成了以下特点：强调服务与课程的学习相结合，强调实施过程中的反思，强化学校与社区的联系，重视学生、教师和社区的协同合作与互惠。

美国服务学习的重点在课程。课程是教育教学的基本依据，是实现教育目标的基本保证，是学校一切活动的中介。“服务学习”促使我们思考教学服务型大学如何确立有别于其他类型大学、具有自身特征的课程目标、结构以及课程教学。这是一篇大文章。

首先，完善课程结构。在课程目标、结构上，重视社会服务，将教学、科研、社会服务有机地融为一体，达到育人的目的。过去，我们在建构课程体系中，仅仅从教学出发，将科研、社会服务排除在外。服务学习能将三者统一起来。美国国家与社区服务公司将服务学习界定为：“将有意义的社区服务经验与学术性学习、个人成长和公民责任相结合的教与学的方法。”② 在课程结构的调整中，可将服务活动与学术课程整合，使严格的学术性内容与有

① What is Service Learning? [EB/OL]. 2016. http://www.servicelearning.org/what-is-service-learning.

② Seon-Yong Lee, et al. The Civic Leadership Institute: A service-Learning Program for Academically Gifited Youth [J]. Journal of advanced academics, 2008 (2): 273.

意义的服务相结合，从而使学生了解为什么要学习这些材料，并加深对课程内容的理解，学会服务，培养责任感和行动技能。

其次，创建服务学习课程。我国十分重视大学生社会实践，开展了大量丰富多彩的社会实践活动，建立了多种多样的社会实践基地，大力表彰社会实践活动先进单位和个人，取得了比较好的成效。但是，仍然存在不少问题，主要问题是没有形成系统，离体系化的要求相距甚远。这些问题主要表现在：其一，社会实践基本没有进入课程，没有纳入人才培养体系。因此，参加活动的学生往往只有少数积极分子。其二，社会实践与社会服务脱节。学生只有在服务社区、服务居民等社会服务活动中，才能密切与人民群众的血肉关系，从服务中了解人民，增进情感，提升思想。其三，各种活动分散，没有形成有机整体。现在，思想教育课程、文化素质教育课程、业务教学、党团及学生会活动、各种社团活动，都设有实践环节，但这些活动的设计者、组织者不同，互相没有联系，导致不少活动低水平重复，学习效率不高。其四，没有形成统一的组织管理机构。各种活动各自为政，没有像教学、科研那样，形成相应的机构，统一管理社会实践活动。[①] 我们要将思想理论课、文化素质教育课、专业课、大学生社会实践、社会实践基地活动、社团活动等各种实践活动统一考虑，与社区服务紧密联系，纳入课程体系，形成丰富多彩、生动活泼的课程，供大学生选择。

再次，在课程教学中，重视学生的反思。反思是服务学习的核心。实际经验并不一定带来学习领悟，必须通过反思才能领悟升华，反思是经验学习最重要的一环。我们的课堂教学，忽视反思这一环节。“学而不思则罔，思而不学则殆。”[②] 大学生的主要任务是学会学习、学会思考。在课程教学中，要重视反思，引导学生反思，给学生的反思留下广阔的空间。

此外，办学资源带来的压力，促使教学服务型大学重视资源转化。近几年，教育部要求高校在网上公布学校自身的经费预算，而从校园网上查询到的“985 工程”高校经费，给地方本科高校很大的震动。一是这些高校经费预算金额大，2015 年经费预算，最多的高达 174.9 亿元，最少的也有 20 多亿；二是办学水平与占有资源的多少大体成正比；三是学校水平越高，获取资源的能力越强。地方高校每年经费预算，大多数为 2 亿～3 亿元。这一对比，促

---

① 刘献君．论高等学校社会服务的体系化［J］．高等教育研究，2014（12）：1-6.

② 杨伯峻．论语译注［M］．北京：中华书局，2006：18.

使地方高校思考办学资源问题的重要性以及如何获取办学资源。资源是大学发展的重要基础。大学是一个消耗稀缺性资源的机构，是资源网络集合体，资源对大学发展具有重要的基础性作用。学校发展的直接决定因素是经费，大学战略的选择很大程度上是由经费配置方式决定的。在市场经济条件下，资源转化是大学获取资源的重要方式，教学服务型大学建设，为高校资源转化提供了有利条件。关于这一方面，已在笔者《论高等学校社会服务的体系化》[①] 一文中论述，在此不再赘述。

事物发展有一个从偶然到必然再到自由的过程。教学服务型大学也必须在实践中共同创造，在发现问题、研究问题、解决问题的过程中逐步发展、完善。

（2016 年 5 月在贵州铜仁举办的第二次“全国教学服务型大学建设学术研讨会”上的总结发言）

① 刘献君．论高等学校社会服务的体系化［J］．高等教育研究，2014（12）：1-6.

十七、高校学科建设中的若干问题

2000 年 5 月，笔者曾在《高等教育研究》发表《论高校学科建设》一文，就学科建设的意义、基本环节以及面临的新情况、新问题进行了论述。在近 10 年院校研究和学科建设研究与实践中，深感加强学科建设，还必须关注学科建设的阶段、内容、重点突破、内动力与外动力等问题。

（一）高校学科建设的阶段性问题

任何事物的发展既有连续性，又有阶段性。在发展过程中，每一阶段有其确定的发展内容，而且前一阶段发展好了，后一阶段才能顺利发展。高校学科建设同样如此，有其阶段性。考察若干高校学科建设过程发现，高校学科建设大体有三个阶段：起步、发展、提高。起步阶段，主要是将学科建起来，明确发展方向、重点，达到一定规模，需 10 年左右。发展阶段，主要是扩大规模、建立平台，在若干点上有所突破，需 10 年左右。提高阶段，重在提高学术水平，在已有平台、重点突破的基础上实现全面提高，也需 10 年左右。

以华中科技大学文科发展为例，1979 年开始创办文科，经过起步、发展，现在已经开始进入提高阶段。

起步阶段（1979—1993 年）。1979 年，学校率先在全国理工科大学中创建了第一个文科研究机构——中国语言研究所，从国内和校内中文专业毕业的教师中找了几位老师，开始语言研究。此后，从政治理论课部找了几位老师，分别开始办社会学、经济学、科技哲学等专业，从新闻界调了几位有新闻实践经验的同志，开始办新闻专业。到1993年，完成了文科发展的起步，文科办起来了，有了一定的规模，而且办得比较好。起步阶段的主要经验是：学校领导者有改革、创新的勇气、胆略和决心。工科大学办文科，当时是一个重大突破，从上到下阻力重重，以朱九思同志为首的领导班子敢于担当，千方百计冲破阻力，把文科办起来了，实属不易。而且，在创办文科的过程中，敢于创新，走自己的路。例如，从数学系将林少宫、李楚霖等高水平的数学教师调至经济学系，共同创办数量经济学科，田国强、艾春荣、谭国富等经济学家都是我校数量经济专业本科毕业的。从湖北日报、襄樊日报将汪新源、程世寿等同志调至学校，领导新闻系，使新闻专业一开始便重视实践环节。

发展阶段（1994—2008年）。1994年以经济学院和文学院成立为标志，华工文科步入了发展阶段。1994年，学校文科的大体状况是，没有博士点，有7个硕士点；教师中具有博士学位的2人；科研经费每年20多万元；文科基本上挤在一个楼（东七楼）。经过历任学校领导和全体文科教师10多年的努力，2008年文科状况是：有两个国家重点学科，9个湖北省重点学科；26个博士点，6个博士后科研流动站，64个硕士点，28个本科专业；2008年科研经费2000多万元；教师中具有博士学位者150多人；8栋文科大楼。这种发展的速度，不能不说是一个“奇迹”。

发展阶段主要有以下三条经验值得肯定。① 每个学科选择自己独特的发展方向。学科建设，首先是学科方向的建设。学校要求每个学科根据本校的学科传统、优势，兄弟院校学科发展以及自身的发展状况，在学科交叉点选择独特的学科方向，实现重点突破。例如：新闻学院以新闻传播学与信息学科大跨度交叉，开辟“网络新闻传播”方向；经济学院突出数量经济学、发展经济学；公共管理学院突出数字化城市管理、电子政务；法学院突出科技法学；中文系将语言学与计算机技术交叉融合，开辟了新的发展方向；教科院重点抓院校研究，通过院校研究将中国高等教育研究推向了一个新阶段，高等教育学成为国家重点学科。② 着力引进高水平学科带头人。学科建设的关键是要有高水平的学科带头人。文科的发展阶段，学校采用多种方式，千方百计引进高水平学科带头人，他们发挥了重要作用。例如，公共管理学院聘请中山大学夏书章教授为名誉院长，法学院聘北京大学法学院博士生导师罗玉中教授为院长，哲学研究所聘武汉大学欧阳康教授、河南大学张曙光教授为主任，新闻学院聘中国社科院新闻所原所长孙旭培教授为学科带头人，等等。③ 开展文化素质教育工作。由文学院发起组织人文讲座，到在全校乃至全国推动开展文化素质教育工作，对文科的发展也起到了推动作用。

提高阶段（从 2009 年开始）。学校文科已经历起步、发展阶段，2009 年开始步入提高阶段。经过起步、发展，文科已建立起了发展平台（学科布局完成，大多数学科有了硕士点、博士点和本科专业），形成了发展规模（教师数量、学生数量达到了较大规模），学科的优势、特色（特色学科方向）开始显现，为学科水平提高打下了基础。但是必须清醒地看到，学校文科发展走到了一个新的“节点”，一个“十字路口”。尽管具备了发展基础，但缺少大师级学者，高水平学者不多；学科、专业水平不高，有的学科、专业在国内排名甚至排到了 50 名以后；重大成果、有影响力的论文不多，有的学科甚至还很难在本学科国内最高水平的刊物上发表论文，更谈不上到国外高水平刊物发表论文；政府决策咨询很少有本校学者的声音；社会知名度不高，高考高分学生很少报考本校文科；社会影响力小，文科学生就业还不理想；近几年文科发展，有的处于一种徘徊，甚至停滞状态，等等。文科发展进入提高阶段，不能沿袭发展阶段的做法，要从战略上考虑，要有突破，有新的思路和重大举措，如采取各种措施，加强高水平师资队伍建设；加强文史哲基础学科建设；在交叉综合中产生重大成果，等等。否则，文科发展将会停滞不前。

在学科建设、学校发展中，每一代人（每一届班子）只能做他所能够做的事，因此，在学科建设中，首先要明确自己的历史方位、把握学科建设所处的阶段，适时调整发展思路，采取重大措施并狠抓落实。

（二）高校学科建设的内容问题

一所高校的学科建设，从建设主体来看，有学校、学科群、学科点（一个一个学科）三个层面，三者应明确各自的任务、内容和重点。学科层面应关注目标、结构、重点、资源、评估五个方面；学科点层面（院系）应抓住学科方向、队伍、项目、基地四个方面；学科群层面则介于两者之间。以往很多高校的学科建设，过多地关注学科点建设的内容，而忽视了学校层面应重视的主要内容。关于学科群、学科点建设的任务与内容，笔者在《论高校学科建设》[①] 一文中有论述，这里侧重论述学校层面学科建设的内容。

为什么学校层面的学科建设应关注目标、结构、重点、资源、评估等方面的内容呢？首先，学科是人类认识世界、发展学术的一种工具、手段，但一个一个的学科在其建设中，往往过多关注自身的建设，容易把手段变成目的，而且现有学科发展中无法归类的知识将失去其合法性，得不到应有的重视，因此，需要从学校层面统一考虑。其次，从历史发展看，学科从高度综合、高度分化，走到了在高度分化基础上的高度综合，新的学术成果往往产生在多学科的交叉点。学科之间交叉融合，单靠某一个学科难以实现，需要学校层面调整组织结构，制定新的制度、机制。再次，学科建设还需要科学规划，以建立合理的结构，确立发展重点，筹措和配置资金等。

学校层面如何抓学科建设呢？笔者从2008年起组织部分教师、博士生与HS大学有关人员组成课题组，做该校学科建设规划，以此为例对学校学科建设的内容加以说明。

分析学校发展的优势、机遇、困难与挑战。通过环境扫描和SWOT分析，对HS大学的发展形成了比较客观的认识，这是制定学科发展规划和开展学科建设的基础。① 发展优势主要表现在：学科布局的结构优势，特色鲜明的行业优势，潜力强劲的发展优势，得天独厚的地缘优势。② 发展机遇表现在：国家政策优势，区域经济建设优势，从学校自身发展来看，经过合校十余年的建设，通过实施“人才强校、特色立校、开放办学”三大战略，HS大学形成了门类比较齐全、特色比较鲜明的学科体系，创建了结构比较合理、富有创新能力和创新精神的教师队伍，构建了符合河北现状的产学研体系，其拥有的发展优势为学校进一步加强学科建设，创建“地方一流的教学研究型大学”提供了巨大的发展机遇。③ 面临的困难与挑战表现在：学科发展不平衡，学科资源整合不够，缺乏高水平学科平台，高水平的学科带头人少，学科建设的投入不足。

明确学科建设的指导思想与基本原则。指导思想是一个战略规划的灵魂，能够起到凝聚人心、指导行动、推进发展的作用。课题组在对HS大学的教育思想、观念、办学方针、发展思路等进行综合概括和反复凝练后，形成了该校学科建设的指导思想：坚持以科学发展观为指导，以培养高素质人才、服务国家经济社会发展为使命，强化学科建设与地方经济社会发展的结合，进

① 刘献君. 论高校学科建设［J］. 高等教育研究，2005（5）：16.

一步融入环渤海经济圈的京津冀一体化建设，按照“统筹规划，整体提高，扶优扶强，重点突破”的学科建设总体原则，优化学科专业布局，整合学科资源要素，构建以工科为主体的，多学科互相支撑、协调发展的学科体系，为把 HS 大学建设成地方一流的教学研究型大学奠定坚实的学科基础。在此基础上，制定出学科建设五项基本原则：合理布局，协调发展；扶优扶强，重点突破；突出特色，错位发展；校企合作，共生共赢；以人为本，人才强校。

确立学科建设的总体目标。总体目标要根据学校的发展定位和内外环境的变化来确定，并且要有具体的时间和确定的内涵。根据 HS 大学将“建设成为地方一流的教学研究型大学”作为自己的发展定位，以及学校与地方经济建设、社会发展紧密结合的办学思路，我们将该校的学科建设总体目标确定为：围绕制药、装备制造、钢铁和纺织等行业，逐步形成化工制药、装备制造、纺织工程“三足鼎立”的学科群格局；优化学科结构，全面提升学校学科发展的整体水平，形成“面向社会、重点突出、特色鲜明、结构合理”的学科体系。重点建设的优势学科要实现突破性发展，达到国家重点学科水平；加强建设的传统学科要实现错位式发展，力争成为省级重点学科；扶持建设的新兴学科要实现跨越式发展，争取成为省级重点学科。到 2020 年，学校有 1 至 2 个学科居全国领先，3 至 5 个学科进入全国前 30 名，所有学科的水平都有较大提高。

落实学科建设的具体任务。在确定学科建设的总体目标后，又将其分解成能逐步实现的具体任务，使规划具有较强的层次性和可操作性。① 实施“学科攀登计划”。要继续加强化工制药学科群建设，鼓励和促进化工、环境、生物工程领域等的交叉融合；继续加强冶金机电学科群建设，鼓励和促进材料、机械、电气、信息技术领域的交叉融合。优势学科的建设思路是：紧紧围绕行业需求，加大资源整合力度，建设大学科平台，加强跨学科研究和创新团队建设，提升参与行业内重大科技攻关的能力，实现博士点零的突破。② 实施“学科振兴计划”。纺织学科是学校的传统学科，但由于种种原因，学科基础比较薄弱，发展始终没有突破瓶颈。信息技术学科也是学校的传统学科，其中电子信息工程、计算机科学与技术、通信工程专业、管理工程学科是河北省起步较早的专业，但是和国内同类专业水平相比，学术梯队、科研实力相对薄弱。振兴传统学科的基本思路是：按照经济和社会发展要求对传统学科进行改造，凝练学科方向，突出特点，实现错位式发展。③ 实施“学科培育计划”。新兴学科是学校发展的后发力量，在某种程度上反映着学校的潜力，是学校学科建设新的增长点。抓住全社会高度重视食品安全的重要机遇，积极培育食品科学与工程学科；抓住“石家庄国家动漫发展基地科技开发园”落户HS大学，以及河北与京津地区文化产业对接的历史机遇，加大投入培育动漫等艺术学科；结合大学生素质教育和河北省经济社会发展实际需要，建设以学生全面发展需求和社会需求为导向的应用型特色文科体系。培育新兴学科的思路是：入主流，重交叉，创特色，大力加强师资队伍建设，瞄准市场需求，异军突起，实现跨越式发展。

实施学科建设的主要措施。目标的实现要靠具体措施来保证。一个战略规划的成功实施与实现，战略措施是关键。为使措施具有较强的现实指导性，我们围绕总体目标和具体任务，制定出一个5年（2010—2015年）的行动方案。① 实施重点学科建设工程：形成“三足鼎立”学科群格局；设立学科特区；实施“进阶式”学科发展战略。② 实施质量立校工程：优化本科专业结构；提高人才培养质量；完善学位与研究生教育体系；提高科技创新水平。③ 实施人才强校工程：推进教师博士化；引进和培养高水平学科带头人；培育高水平创新团队；优化用人机制。④ 实施社会服务工程：积极培育应用型科研项目；打造科技成果转化平台；培养高素质应用型人才。⑤ 实施管理创新工程，营造有利于学科建设的制度环境和文化环境。

（三）高校学科建设的重点突破问题

学科建设要实现重点突破，这是世界一流大学发展的成功经验，也是我国发展比较好的大学的一条成功经验。重点突破，越来越成为高校开展学科建设的共识。

学科建设为什么要实现重点突破呢？首先，这是办学资源的有限性和学科发展的无限性的矛盾所决定的。一个学科的建设，需要大量的投入，建设基地要投入，引进和培养高水平师资要投入，开展国际和国内学术交流要投入，等等。但任何学校的办学资源都是有限的，不可能同时重点建设所有的学科，即使是世界一流大学，也只有个别学科处于世界领先水平。例如，哈佛大学的经济学与商学、数学、工程学，剑桥大学的化学、生物科学、临床医学，牛津大学的神学、哲学、法律，东京大学的物理、化学、生物学及生物化学，等等。其次，一流学科的示范作用。一所学校，重点建设一两个学科，使之成为一流。这些学科就成为学校学科建设的“标杆”，从而影响和带动其他学科的建设。例如，徐州医学院地处不是很发达的非省会城市，在比较困难的情况下，学科建设发展比较好。这是因为其在国内办了第一个麻醉本科，选择麻醉学科作为重点，加以建设，使麻醉学科达到了国内一流水平。麻醉学科的发展，带动了其他学科的发展。再次，重点学科建设是我国政府推动高校学科建设所采取的一项基本策略。20 世纪中后期，教育部组织重点学科评审，1993 年开始“211 工程”建设，1998 年开始“985 工程”建设。这些建设，都落脚在重点学科的发展。通过重点建设，得到支持的学科不仅办学条件发生了根本性好转，而且增强了其人才培养、科学研究和社会服务的功能，学科竞争力、影响力明显提高。与此同时，重点学科建设还带动了学校整体学科布局的调整、学科规划的制定，以及学科基地、学科队伍的建设。

重点突破，应该成为学校领导、教师和管理人员的共识，否则难以推进。突出重点，学校资源势必会往这些学科倾斜，其他学科的教师容易与其攀比，产生心理不平衡。学校建设与学科建设是一个整体，相互支撑，相互影响。以华中科技大学为例，处在国内前列，在国际上有一定影响的学科是机械、电气、普外（医学），学校对这些学科投入的力度大，但正由于这几个学科发展好，使得整个学校在国内排名一般处于前十名。其他学科有的发展比较慢，在国内排名靠后，但在招生、毕业生就业、争取科研项目等方面，享受了由于这些学科发展所带来的学校声誉。

重点突破首先要善于选择重点。学校层面，应从全校学科出发，从中选择一两个作为重点加以建设。学科点层面，则应从若干学科方向中选择一个方向重点突破。在选择的过程中，一是要了解社会发展需要和同类学校学科发展状况，把握比较优势；二是要从本校历史发展出发，发挥自身优势；三是要重视学科的交叉、融合，把握学科发展前沿，选择有发展潜力的学科和学科方向。例如，河南科技大学（原洛阳工学院）根据洛阳工业结构及优势、本校发展历史，选择“轴承”作为重点，创办“轴承设计与制造”本科专业(后改为专业方向)，将“轴承设计与制造”办成全国高校中的一流，以至于谁需要这方面的人才就找该校，谁需要解决这方面的技术难题也找该校。“轴承设计与制造”水平上去了，带动了其他相关学科的发展。

重点突破要突出重点。突出重点，就是要在学科资源的配置和学科制度的安排上，保证重点的突出位置。学科建设的重点一旦确定，就要敢于打破所有学科一视同仁、同步发展的旧格局，尤其是在学科资源的配置上，要坚决摒弃平均分配的陈旧观念，坚持“有所为、有所不为，有所多为、有所少为，有所先为、有所后为”的指导思想，集中有限的资源，重点投资，重点建设，改善其实验条件，提高其装备平台，充实其学科队伍，务必使重点得到充分的人力、物力、财力和政策的保障。20世纪80年代初，华中工学院（现华中科技大学）瞄准了“激光”，决定重点发展。为此，撤销了“电器设计与制造”等专业，将全校相关专业的优秀教师集中，划出场地，拨给专款，加以建设，因而使激光专业在全国很有影响，产出了重大成果，培养了一批优秀人才。

（四）学科建设的内动力与外动力问题

学科建设的动力是多元的，既有内动力，又有外动力。内动力指学科逻辑自主发展的规律。外动力指学科发展的社会需求。学科建设是内、外动力综合作用的结果。

学科建设的内动力表现在学科发展的内部矛盾运动。首先，学科发展的突破是通过科学实验、科学理论，以及两者之间的内部矛盾运动来实现的。在实验层次上，新的实验工具和方法导致新的实验结果和发现；在理论层次上，则表现为假说的大胆提出和不断更替，逻辑的内在演绎与展开，以及理论自身内在逻辑统一性的探索和追求。这两个层次都各自有着相对独立的矛盾运动。一个时期科学进化往往要在实验上发展，处在观察和实验直接得出经验规律上；另一个时期科学又常常集中在理论层次上发展，从具体的经验规律上升到普遍的理论原理，从普遍性较窄的原理扩张为普遍性更广的原理。这两个层次又是相互作用、相互促进的。实验层次的新发现，暴露出理论层次内在的新矛盾；理论层次的新发展，又规定着实验层次研究的新方向。这种实验和理论、实验和实验、理论和理论的矛盾运动就是学科建设的强大内动力之一。

其次，学科之间由不平衡—平衡—不平衡的循环运动引导着学科发展。科学发展的历史表明，各门学科的发展并不是齐头并进的，而是处于一个由不平衡—平衡—不平衡的循环运动过程中。在这个过程中，不平衡是绝对的，平衡是相对的。学科之间发展的不平衡主要有四种表现形式：一是同一学科在不同时期发展状况不平衡。比如，在1730—1790年期间，物理学的发展速度几乎处于停滞状态，没有任何起色，可以说是物理学的“冬眠期”。但到了

19世纪原子层次的电磁运动发现后，物理学又重新腾飞。其他学科也都如此。二是不同学科在同一时期发展状况也不平衡。新中国刚成立之后，由于面临着紧迫的经济恢复和发展任务，使得国家对与经济发展关系比较密切的理工科关注和投入较多，理工科获得了突飞猛进的发展。人文社会学科由于不能带来直接的经济效益，没能引起国家足够的重视，在同一时期，没能得到相应的发展。三是同一学科在不同国家发展不平衡。如德国与法国人擅长哲学思辨，他们的数学学科一直处于主导地位；英国自近代以来以“航海帝国”著称，故英国的天文学科世界领先。学科发展的这种不平衡性，促进着学科不断地由不平衡向平衡发展，当学科的发展达到平衡状态以后，又会因有的学科率先取得突破而造成新的不平衡。学科就是在这种由不平衡—平衡—不平衡的循环往复运动过程中不断向前发展的。

再次，学科的交叉、综合性特点促进着学科建设。从学科发展的历史来看，在经历了原始的混沌统一到专业的精细分化之后，各门学科的发展出现了明显的学科协同效应。这种效应表现为不同学科之间日益交叉、渗透、融合，即通过知识对流、模式组合、方法碰撞等，形成学科的协同共生效应。这种效应可分为三种类型：① 综合效应。在学科群中，通过采各学科之长，集各学科理论之精华，走综合创新之路，在条件成熟的情况下，建构出自成体系的新学科，如环境科学的产生就得益于学科的综合协同效应。② 交叉效应。在学科群中，多门学科研究共同的问题时，最容易产生交叉学科，也就是说一旦跨学科的研究课题确定下来，相应地交叉学科的产生也就初见端倪了。在跨学科活动中，最初要建立起一系列立足于某一交叉地带的概念、关系、方法以及评价标准等。③ 横向效应。学科群中多门学科以多方面特定的共同点为研究对象，撇开事物现象、过程的具体特征，用抽象的方法研究事物共同方面的运动规律，反映多学科领域共同的事实，使许多不同学科领域拥有共同的概念、原理和方法，产生许多新知识颗粒，改变了整体的学科格局，形成新的交叉学科。

学科建设的外动力表现为社会需求的推动力。高校作为社会系统的一个重要组成部分，一方面受社会系统的发展制约；另一方面也在社会发展中发挥着重要的作用。“社会依靠高等学府作为获得新知识的主要机构，并作为了解世界和利用它的资源改进人类生活条件的手段。”[①] 社会对高校的这种需要

① 布鲁贝克．高等教育哲学［M］．杭州：浙江教育出版社，1994：99.

既是高校存在和发展的前提，也是高校发展的强大动力。社会对高校的这种动力作用是通过高校的学科建设来实现的，因为学科建设是高校培养人才、科学研究和服务社会的结合点。尤其是当科学和技术对一个国家的经济、政治、军事、安全等方面的影响日益巨大并成为综合国力的核心组成部分时，社会需求对高校学科建设的推动作用就更为显著。恩格斯早在一百多年前就指出：社会一旦有技术上的需要，则这种需要就比十所大学更能把科学推向前进。

社会需要的推动首先来自国家需要。例如：1957 年，苏联成功地发射了第一颗人造地球卫星，引起了全美朝野上下极大的震惊，许多政界要人、商业巨头和科技精英纷纷发表论著，抱怨美国的科学技术已经落在苏联的后面，同时指责美国学校教育水平的落后，特别是忽视科学和技术训练的状况。在美国上下要求改革的一片呼声中，美国国会于 1958 年 9 月通过了《国防教育法》。这是美国二战后颁布的第一个教育大法。该法明确宣告："国家的安全需要最充分地开发全国男女青年的脑力资源和技术技能。"该法要求应让更多的青年学习自然科学、数学和现代外语（即"新三艺"）。该法规定，从 1959 年到 1962 年，由联邦政府拨款 8 亿多美元作为对各级各类学校的财政援助，以便加强普通学校的"新三艺"教学；资助高校提高教学和科研水平；发放大学生学习贷款，建立"国防奖学金"，以鼓励清寒子弟努力学习和优秀学生从事研究①。《国防教育法》的颁布和实施，极大地促进了美国的自然科学、数学和外语学科的发展。美国高校的基础学科研究水平较高，在很大程度上与政府的这种"作为"有关。甚至可以说，正是美国政府的这种政治推动，才促进了大学相关学科的快速发展。

社会需要的推动作用还表现在经济发展、文化发展、军事竞争对学科建设所产生的作用。例如：美国的麻省理工学院（MIT）就是在军事竞争中迅速崛起的。第二次世界大战时期，MIT 还是一所以工科为主的技术学院。为了适应战争的需要，MIT 积极投身于战时的科研，不仅建立了理学院，还建立了辐射实验室，承接了 75 项、总金额达 11700 万美元的科研合同项目，研制了 150 个系统的各式各样的雷达，从侦察机到投射瞄准，海陆空俱全，应有尽有，完成了从科学概念→技术原理→产品设计→样机试制→大量生产的艰巨任务，为赢得战争胜利提供了有力的技术保障。战后，MIT 利用战争期

① 滕大春. 外国教育通史（第六册）[M]. 济南：山东教育出版社，1994：88-91.

间遗留下来的科研设备和研究条件，以及聚集的大量科研人才，顺势发展，积极开展导航仪器、计算机和微波领域的科学研究，并努力使其转化为产品，兴办了许多高科技产业，不仅创造了可与“硅谷”相媲美的“128号公路”奇迹，而且还促进了学科建设可持续发展。

高校学科建设是一个系统工程，涉及面广，十分复杂，在建设的过程中，我们只有不断地去发现问题，从理论与实践结合中解决这些问题，学科建设才能取得好的成效。

十八、HS大学学科建设规划的制定

学科建设是高校发展的关键，学科建设规划是学科建设的重要依据。遵循院校研究的科学路径，以下通过对HS大学学科建设与发展规划制定过程的描述与分析，展现一所高校学科建设规划诞生的全过程，并分析总结出几点启示。

（一）过程描述

HS大学是河北省重点建设的多科性骨干大学。学校按照“致力于人的全面发展，服务于区域经济建设和社会进步”的办学宗旨，大力实施“人才强校、特色立校、开放办学”三大战略，狠抓“学校建设、本科教学评建和新校区建设”三项重点工作，各项事业取得了较快发展。在科学发展观学习、实践活动中（该校为河北省第一批学习实践科学发展观活动的试点单位），学校领导认识到，未来的十年，是HS大学创建“地方一流的教学研究型大学”的重要战略机遇期。学校要进一步发展，必须“提升学科专业水平，强化管理和思想文化建设”。学科是大学的基本元素，学校的水平取决于学科的水平，学科建设的状况从根本上反映和体现了一所大学的办学水平、办学特色和学术地位。因此，学校党委和行政决定，聘请华中科技大学教育科学研究院的专家帮助制定学校未来十年（2010—2020年）的学科建设和发展规划。受到邀请后，我们组成了由4名教师、3名博士生组成的课题组，着手进行规划制定工作。

在规划制定中，课题组将学校学科建设与学科点的学科建设区别开来，立足学校层面，把握学科建设中的目标、结构、重点、资源、评估五个基本要素，抓住问题解决、环境影响、目标导向三个基本方面，遵循规划制定的基本程式，从环境扫描和 SWOT 分析入手，通过以下环节，制定出规划。

1. 基本信息采集

广泛而系统地收集学校内外部运行的基本数据和信息是制定规划的基础工作。学科建设是一个庞大而复杂的系统工程，准确地掌握学校内外的有关情况和信息十分重要。课题组第一步做法就是列出清单，请对方提供有关的文件、材料，并在查阅材料的基础上进一步收集有关信息。该校前后提供的材料主要有：

大学外部信息。即：河北经济与社会发展年鉴（近 5 年）；河北经济与社会“十一五”发展规划；河北教育事业发展年鉴（近 5 年）；河北教育事业“十一五”发展规划；河北前十所大学发展状况。

大学宏观信息。即：大学历史沿革；大学近期编制的中长期发展战略规划；大学发展年鉴（近 5 年）；校长年度工作报告（近 5 年）；党代会、教代会、教育思想研讨会以及各种重要会议报告或总结材料（近 5 年）；本科教学工作水平评估系列材料；与地方合作共建等有关协议文件。

大学制度信息。即：教学、人事、科研、财务等方面的主要管理制度；学科、专业、精品课程、实验室和实训实习基地建设的实施办法；研究生教育、本科教育各专业培养计划；科研奖励、职称评聘、人事分配、人才引进、干部选拔、年度考核、资源配置等事关员工利益的有关文件。

学科专业信息。即：学校原有的对学科建设目标、结构、重点方面的有关材料；学校各主要专业的基本状况及在本省同专业中的位置；本科教育专业基本信息一览表；研究生教育专业基本信息一览表。

教师与学生信息。即：学科带头人和教学名师情况一览表；外聘教师（含技师）情况一览表；近 5 年来学生在校期间获得国际国内和省内重要奖项情况一览表。

科研信息。即：近 5 年来省部级以上科研立项与完成情况一览表；近 5 年来发表学术成果情况一览表；近 5 年来获得科研奖励情况一览表。

2. 深度访谈和实地考察

在了解和掌握HS大学基本发展情况的基础上，课题组进一步深入现场，通过深度访谈、集体座谈、实地考察等多种途径，尽力收集可供决策的各种信息。

首先，分别与学校党委书记、校长进行深入交流，听取他们的基本设想；同时，与校领导班子成员座谈，听取意见。其次，召开校职能部门负责人、院系负责人座谈会，进行广泛交流。再次，走访所有的院系，听取学术带头人和部分教师的意见，考察基地和实验室等，深入了解一手信息。以对校职能部门的调研为例，调研内容包括：①“十五”期间学校在学科建设方面的主要举措、问题和经验有哪些？对新的学科发展规划有什么期待？② 学校的办学优势和办学特色有哪些？学科优势和学科特色有哪些？③ 学校学科建设应坚持什么指导思想？如何确立学校学科建设的目标？④ 目前学校学科的布局与结构是否科学合理？学科布局与结构调整中的主要瓶颈问题是什么？作为学校职能部门负责人有哪些针对性的建议？⑤ 学校确立重点发展学科的应遵循什么原则？如何确立？⑥ 学校在重点学科建设中组织结构和资源配置是否合理？还有哪些需要改进的地方？⑦ 学校职能部门如何在学科建设中提高管理和服务水平？

我们的调查走访使学校各院系部处都注意到学校即将制定一个新的战略发展规划，因此他们大都积极配合，谏言献策。

3. 科学分析研究

院校研究的第二个特征是科学分析数据。课题组在全面采集信息和深入访谈考察的基础上，召开多次研讨会，对HS大学学科建设与发展的优势、劣势、机遇、挑战，指导思想与基本原则，总体目标与具体任务，主要措施等问题，逐项进行分析，提出初步意见，在此基础上，形成规划初稿。

4. 广泛交流探讨

学科建设与发展规划初稿形成之后，课题组又与HS大学校领导、有关职能部门负责人、部分学术带头人共同讨论，在听取各种意见与建议的基础上对规划进行修改，七易其稿，形成学校学科建设与发展规划的讨论稿。

5. 提交全校讨论

本着科学民主的精神，HS 大学将规划讨论稿提交全校教师讨论，并举行“学科建设规划高峰论坛”，集中进行研讨。讨论中，大家对规划讨论稿给予了高度评价，认为该规划具有较强的前瞻性，对学校发展的优势和差距判断、分析准确，学科建设目标明确，措施有力，同时提出了一些修改建议，比如妥善处理少数学科优先发展与学科均衡发展的关系，目标与现实之间的关系，等等。

6. 定稿提供决策

根据 HS 大学学科建设规划高峰论坛提出的意见，课题组与学校有关职能部门共同对规划进行修改，最终形成规划送审稿，提供学校党委、行政决策。

（二）研究结论

在大量占有资料的基础上，课题组多次召开研讨会，将整个规划分为背景分析、指导思想与基本原则、总体目标与具体任务以及主要措施等四个部分，并对每个部分关涉的基本问题展开深入研讨，形成以下方面的结论。

1. 学校发展的优势、机遇、困难与挑战

通过环境扫描和 SWOT 分析，对 HS 大学学科发展的优势、机遇、困难与挑战形成比较客观的认识。

（1）HS 大学的发展优势

学科布局的结构优势。经过合校以来的大发展，HS 大学学科结构布局和实力发生了很大的转变，逐步完成从单科性向多科性的结构转变。通过改造传统学科，大力发展新兴学科，积极培育特色学科，初步形成了以工科为主，工、理、文、经、管、法、医、教育等多学科共同发展的结构布局，具有学科多样化优势，为促进学科交叉融合、培育新的学科增长点以及学科进一步向综合化方向发展奠定了基础。

特色鲜明的行业优势。HS 大学形成了紧密结合地方经济建设与社会发展的办学思路，人才培养、科学研究和社会服务都体现出较强的行业针对性。

该校现有学科结构与河北省“十一五”规划中确定重点发展的钢铁、装备制造、石油化工、食品、医药、建材建筑、纺织服装、电子信息、现代物流、旅游等十大主导产业具有较高的契合度，基本具备了为河北经济结构调整、产业结构升级提供人才和智力支持的学科基础与学科实力。在多年的办学实践中，学校和地方政府、大型企事业单位建立起了良好的合作关系，以项目为纽带进行的广泛合作正向纵深方向发展。

潜力强劲的发展优势。HS 大学被列为河北省重点建设的十所骨干大学，已具备较好的学科发展基础，显现了较快的发展速度，树立了良好的校风与学风，培养出一支以“进取、协作、奉献”精神要求自己的教职工队伍，还形成了一个方向明确、组织得力、团结向上、能凝聚人心的领导集体，加上新校区的建设和投入使用，突破了长期制约学校发展的空间瓶颈，这些构成了其强劲的发展动力。

得天独厚的地缘优势。HS 大学位居河北省会石家庄市，毗邻北京、天津，这一地理位置不仅有助于密切学校与中央政府、省政府、市政府的联系，有利于学校获得更多的政府支持和优越的文化交流环境，而且为学校与各企事业单位的互动合作提供了便利。相对于省内其他几所老牌高校而言，HS 大学地处省会中心城市的地缘优势，提高了其在省、市未来社会经济发展中的战略地位以及对优质师资和生源的吸引力，有利于促进学科的快速发展。

（2）学科建设面临的机遇

从国家政策导向来看，党的十七大报告提出：“优先发展教育，建设人力资源强国。”进一步明确了教育在国家经济社会发展中的基础性和先导性作用，把加快发展教育视为从人口大国转化为人力资源强国的根本途径，把科技进步和自主创新作为经济社会发展的重要推动力，这为 HS 大学实现学科发展与科技跨越提供了契机。

从区域经济建设来看，调整优化产业结构、建设现代产业体系是河北省经济发展的重要任务。钢铁、石油化工、食品、医药、装备制造业、纺织、服装等河北省支柱传统产业的优化升级为学校优势学科拓展了新空间；沧州渤海新区和黄骅综合大港建设为学校的仓储物流等新兴学科提供了新舞台；河北与京津地区的产业对接为学校特色学科带来了新资源；“科教兴冀”“人才强省”战略的实施对学校的人才培养、科学研究工作提出了新要求。

从学校自身发展来看，经过合校十余年的建设，通过实施“人才强校、特色立校、开放办学”三大战略，HS大学形成了门类比较齐全、特色比较鲜明的学科体系，创建了结构比较合理、富有创新能力和创新精神的教师队伍，构建了符合河北现状的产学研体系，其拥有的发展优势为学校进一步加强学科建设、创建“地方一流的教学研究型大学”提供了巨大的发展机遇。

（3）学科建设面临的困难与挑战

学科发展不平衡。工科等应用学科保持较快的发展势头，理科等新办学科起步晚，基础薄弱，办学条件有待改善，人文社科学科处于散点发展状态，缺乏相关学科的支撑，学科间差异较大。

学科资源整合不够。一些学科专业的院系布局不太合理，一些资源共享度高的相近学科专业分布于不同的院系，从有利于促进学校交叉整合和提高资源利用效率出发，需要调整院系结构，进一步整合校内学科资源。

缺乏高水平学科平台。学校目前没有博士点的现状不利于吸引更高水平的学科带头人和学术团队，成为制约学科未来发展的一个瓶颈。

高水平的学科带头人少。在全国和全省处于领先地位的学科不多，高水平的学科带头人和有重大影响的科研课题与成果较少。

学科建设的投入不足。目前学校经费投入满足不了学科快速发展的需要，在一定程度上制约了学科发展的速度和建设力度。

2. 学科建设的指导思想与基本原则

指导思想是一个战略规划的灵魂，能够起到凝聚人心、指导行动、推进发展的作用。课题组在对HS大学的教育思想、观念、办学方针、发展思路等进行综合概括和反复凝练后，形成了该校学科建设的指导思想：坚持以科学发展观为指导，以培养高素质人才、服务国家经济社会发展为使命，强化学科建设与地方经济社会发展的结合，进一步融入环渤海经济圈和京津冀一体化建设，按照“统筹规划，整体提高，扶优扶强，重点突破”的学科建设总体原则，优化学科专业布局，整合学科资源要素，构建以工科为主体的，多学科互相支撑、协调发展的学科体系，为把HS大学建设成地方一流的教学研究型大学奠定坚实的学科基础。在此基础上，制定出学科建设的5条基本原则。

（1）合理布局、协调发展

学科建设要以优化学科结构、促进学科交叉与学科群形成为目标，对相近和相关的学科进行优化重组，促进一级学科内部结构的完善。学科布局还要考虑学科发展的外部要求，充分考虑人才培养和科学研究的社会适应性。

（2）扶优扶强，重点突破

学科建设要从学校发展的实际出发，结合学校发展的历史和现状，遴选一批有发展潜质的学科，注重学科内涵建设，提升学科竞争力，实现优势学科更强，特色学科更优，潜力学科凸显特色；要促进各种资源要素向优势学科集中，在重点突破的基础上实现整体提高的目标。

（3）突出特色，错位发展

学科特色是学科在长期的发展过程中形成并被社会所公认的、独特的、优良的特征。错位发展就是要选择特色学科，在考虑学科的区域适应性和异质不可替代性的基础上，通过建设逐渐形成特色鲜明的区域优势和行业优势。判断一个学科是否具有特色，既要看其显示度，还要关注其影响力；在选择错位发展的学科方向时，既要关注其他学校相关学科的发展状况，又要考虑到本校学科发展的实力和潜力、学术带头人的影响力以及学术梯队的团队合作能力。

（4）校企合作，共生共赢

从资源依赖的角度看，企业发展需要从学校获得智力和技术支持，而学校也需要企业在人才培养和科研等方面提供支持。以科研项目为纽带、知识转移为目的的校企合作，有利于企业提高管理水平和技术创新能力，有利于学校科研能力的提升和科技成果的转化。应积极地通过共同申报研究课题，共同建立实验室、建立产学研联盟等多种方式，实现学校和企业的共生共赢。

（5）以人为本，人才强校

校以人兴，业以人立。要按照科学发展观的要求，坚持以人为本，合理配置教师资源，正确处理学校建设与师资队伍建设的关系，优化人才成长环境，引进、选拔、培养优秀拔尖人才，加强学术梯队和创新团队建设，为创建地方一流教学研究型大学提供人才保证。

3. 学科建设的总体目标

总体目标要根据学校的发展定位和内外环境的变化来确定，并且要有具体的时间和确定的内涵。根据HS大学将“建设成为地方一流的教学研究型大学”作为自己的发展定位，以及学校与地方经济建设、社会发展紧密结合的办学思路，我们将该校的学科建设总体目标确定为：

围绕制药、装备制造、钢铁和纺织等行业，逐步形成化工制药、装备制造、纺织工程“三足鼎立”的学科群格局；优化学科结构，全面提升学校学科发展的整体水平，形成“面向社会、重点突出、特色鲜明、结构合理”的学科体系。

重点建设的优势学科要实现突破性发展，达到国家重点学科水平；加强建设的传统学科要实现错位式发展，力争成为省级重点学科；扶持建设的新兴学科要实现跨越式发展，争取成为省级重点学科。

从2010年到2020年，学校有1至2个学科居全国领先地位，3至5个学科进入全国前30名，所有学科的水平都有较大提高。

4. 学科建设的具体任务

在确定学科建设的总体目标后，我们又将其分解成能逐步实现的具体任务，使规划具有较强的层次性和可操作性。

（1）实施“学科攀登计划”

要继续加强化工制药学科群建设，鼓励和促进化工、环境、生物工程领域等的交叉融合；继续加强冶金机电学科群建设，鼓励和促进材料、机械、电气、信息技术领域的交叉融合。

优势学科的建设思路是：紧紧围绕行业需求，加大资源整合力度，建设大学科平台，加强跨学科研究和创新团队建设，提升参与行业内重大科技攻关的能力，实现博士点零的突破。

（2）实施“学科振兴计划”

纺织学科是学校的传统学科，但由于种种原因，学科基础比较薄弱，发展始终没有突破瓶颈。信息技术学科也是学校的传统学科，其中电子信息工程、计算机科学与技术、通信工程、管理工程是河北省起步较早的专业，但是和国内同类专业水平相比，学术梯队、科研实力相对薄弱。

振兴传统学科的基本思路是：按照经济和社会发展要求对传统学科进行

改造，凝练学科方向，突出特点，实现错位式发展。

（3）实施“学科培育计划”

新兴学科是学校发展的后发力量，在某种程度上反映着学校的潜力，是学校学科建设新的增长点。抓住全社会高度重视食品安全的重要机遇，积极培育食品科学与工程学科；抓住“石家庄国家动漫发展基地科技开发园”落户 HS 大学，以及河北与京津地区文化产业对接的历史机遇，加大投入培育动漫等艺术学科；结合大学生素质教育和河北省经济社会发展实际需要，建设以学生全面发展和社会需求为导向的应用型特色文科体系。

培育新兴学科的思路是：入主流，重交叉，创特色，大力加强师资队伍建设，瞄准市场需求，异军突起，实现跨越式发展。

5. 学科建设主要措施

目标的实现要靠具体措施来保证。一个战略规划的成功实施与实现，战略措施是关键。为使措施具有较强的现实指导性，我们围绕总体目标和具体任务，制定出一个 5 年（2010—2015 年）的行动方案。

（1）实施重点学科建设工程

形成“三足鼎立”学科群格局。即围绕河北支柱产业形成的化工制药、装备制造、纺织工程学科群以现有的重点学科基地和重点实验室为基础，整合学科资源，加大投入力度，凸显出代表学校特色和优势的“三足鼎立”学科群格局。

设立学科特区。按照“扶优扶强、重点突破”的原则，围绕“1～2 个学科全国领先”的战略目标，设立 1～2 个学科特区。学科特区在竞争中形成，前两年申报、自我建设，两年后评审、确定。

实施“进阶式”学科发展战略。要通过引入竞争机制，培育和发展一批有潜质的重点学科。重点学科建设要实施“进阶式”发展战略，对学校四个层级结构的学科进行分级建设。第一层级为培育国家级重点学科；第二层级为培育省级重点学科；第三层级为校级重点建设学科；第四层级为一般建设的普通硕士点学科。学校根据学科层级不同，设定不同的学科建设经费标准并实行项目目标管理。根据评估结果，对建设效益显著的学科可以晋升上一层级，对建设效益不好的学科降入下一层级，形成“有升有降”的动态管理格局。

（2）实施质量立校工程

优化本科专业结构。要瞄准河北省支柱产业急需领域，促进人才培养与社会经济发展的高度融合，构建以社会需求为导向的本科专业体系。要在充分保证办学条件建设到位的基础上，进一步加强专业内涵建设和专业特色建设。到2015年，力争建成3～6个国家级特色专业，建成20～30个“河北省高等学校品牌特色专业”。

提高人才培养质量。构建和完善学科大类基础平台，实施大平台教学；加强学生实践操作技能和科研能力的培养，提升学生在国内外的学科竞赛中的成绩；加强专业课程体系和精品课程体系建设，到2015年，争取建成5～8门国家精品课程、60门省级精品课程、100门校级精品课程。

完善学位与研究生教育体系。要以加强创新能力培养为核心，不断提高研究生培养质量。提高研究生对学校科研工作的贡献率；健全研究生导师遴选与聘任制度，高度重视研究生导师自身创新能力的培养；扩大研究生教育规模，到2015年，硕士学位授权一级学科达到20个，二级学科达到80个，博士学位授权点3～6个，进一步增加专业学位授权学科。

提高科技创新水平。按照“构筑大平台、凝聚大团队、承担大项目、培育大成果、实现大转化”的要求，整合学科资源，加大投入力度，建设集成式科技平台，实现学科建设体系由小型分散的研究模式向集综合性、交叉性和创新性于一体的大学科集成模式转变；到2015年，力争实现国家级奖励零的突破，承担国家级课题达到50项，到校科研经费突破1亿元。

（3）实施人才强校工程

推进教师博士化。以培养和引进相结合、引进为主为原则，进一步提高教师队伍的学历层次。探索激励和约束机制，鼓励和支持现有中青年教师不脱产攻读博士、硕士学位。从2010年到2015年，争博学科和重点建设的学科拥有博士学位教师比例要达到60%以上，拥有硕士学位的教师比例要达到95%以上。

引进和培养高水平学科带头人。当前，人才工作要从以引进具有博士学位中青年教师为重点转移到以引进和培养高水平学科带头人、高水平创新团队为重点上来。要进一步加大引进高层次人才工作力度，充分发挥学校地处省会城市的区位优势，优化人才引进环境。到2015年，学校在国内知名的学科带头人要达到20名，在省内有较大影响的学科带头人达到50名。

培育高水平创新团队。要进一步选准学科方向，汇聚学科队伍，组建一批由高水平的学科带头人和优秀骨干中青年教师组成的多学科集成的创新团队和创新群体。争取到2015年，有1～2个创新团队进入国家自然科学基金委的“创新群体”、教育部“创新团队”，以及教育部、国家外国专家局的“111引智计划”。

优化用人机制。探索新型、灵活的用人方式，建立有利于吸引人才、有利于人才发展、有利于人才科学评价、有利于人才合理流动的有效制度与机制，以教师队伍为主体，协调发展专职科研队伍、管理队伍和辅助队伍。

（4）实施社会服务工程

积极培育应用型科研项目。按照“面向企业、立足创新、重在应用、加速转化”的思路，发挥科研项目的牵引作用，进一步加强校企合作，积极培育应用型科研项目，提高科研为区域经济和地方社会发展服务的能力。

打造科技成果转化平台。以横向课题为纽带，争取与企业合建一批高水平的联合实验室和科技开发基地，使其成为高级工程技术人才培养的重要教育培训基地和科技成果转化基地。围绕环京津经济带、沧州渤海新区、黄骅综合大港等区域经济建设，在河北各地市建立HS大学合作服务中心，进一步强化学校的传统优势学科与河北省支柱产业的对接；要完善与地方政府的合作机制，共建联合研究院、产学研联盟等成果转化平台。

培养高素质应用型人才。要围绕HS大学的发展目标，制定相关计划，面向国家、河北省发展的重点领域、支柱产业、重点企业输送高素质人才，利用学校非学历教育资源，为社会培训急需的高素质应用型人才。

（5）实施管理创新工程

营造有利于学科建设的制度环境。确立学科建设在学校各项工作中的龙头地位，成立学科建设委员会，建立学科建设办公会议制度，加强学科建设的统一领导和管理；设立学科建设规划办公室，协调解决学科建设中的有关重大问题，保证跨学科、跨院系科研合作的顺利开展；进一步完善学术委员会制度，充分发挥校、院两级学术委员会在学科建设中的指导作用；建立重点学科群和重点学科建设项目负责人制度，实施分层管理和目标管理，建立基于合理评价体系的竞争激励和约束机制；探索联合企业共建实验室、校友捐赠、银行贷款、争取地方政府支持等多种渠道筹措经费的机制；建立更加规范、灵活的科研经费管理办法，充分调动广大科研人员的积极性与创造性；设立交叉学科基金，重点资助跨学科研究；设立学校科技成果推广与转化基金，加大科研成果转化与推广力度。

营造有利于学科建设的文化环境。学科成长要求特别注重学术生态建设，要积极营造促进创新的文化氛围。建立校内学术交流和学术报告制度，采取多种形式，促进校内不同学科和院系之间的学术交流与合作，推动学科间的交叉融合和学术水平的共同提高；鼓励教师积极参加国内外各类高层次的学术团体及学术活动，不断提高学校学科水平和社会影响力；加强和国内外著名院校的深度合作，聘请世界知名学者和国内一流学术大师来学校，传播国内外前沿学术思想，促使学者在对外交流中走向学科前沿，增强参与国内外高水平学术竞争的能力。

（三）案例分析

在本次学科建设规划的制定过程中，课题组遵循学科建设的基本规律，依照规划制定的基本程式，运用院校研究的科学方法，拿出的规划方案比较符合实际并且切实可行，因而得到该校领导和广大教师的认可。总结整个规划制定过程，主要注意和把握了以下几点。

1. 抓住高校学科建设规划的主要内容

一所高校的学科建设，从建设主体来看，有学校、学科群、学科点（一个一个学科）三个层面，三者应明确各自的任务和重点。学校层面应关注目标、结构、重点、资源、评估五个方面；学科点层面（院系）应抓住学科方向、队伍、项目、基地四个方面；学科群层面则介于两者之间。以往很多高校的学科建设规划，过多地关注学科点建设的内容，而忽视了学校层面应重视的主要内容。本次规划中，课题组紧紧抓住目标、结构、重点、资源和评估等方面，规划该校的学科建设与发展，而将学科点的建设规划工作留给院系。

2. 在环境分析中整体把握学校发展

现代社会，特别是高等教育大众化之后，学校与社会的联系越来越密切，学校的发展离不开社会的发展。在规划制定中，课题组着眼国内外发展趋势，特别是河北省社会、政治、经济发展以及河北省高校的整体发展状况，将 HS 大学放在社会大系统中考察，发现了其独特的优势，如：学科布局的结构优势、特色鲜明的行业优势、潜力强劲的发展优势、得天独厚的地缘优势。独特优势的发现，一方面为规划制定打下了基础，另一方面也给学校师生以极大的鼓舞，增强了学校领导和广大教师实现规划的信心。

3. 在各种关系中取得平衡

学科是大学的基本元素，学科建设是学校建设和发展的龙头，涉及诸多利益主体，牵一发而动全身。在学科建设规划的制定过程中，经常面对多种难以处理的关系，比如总体目标与具体任务的关系，重点建设学科与一般学科的关系，理、工、文、管等各学科门类之间的关系，教学与科研的关系，人才引进与培养的关系，建设、发展与管理之间的关系，学校领导、院系领导、各学科教师对学科建设认识不同的问题，等等。因此，在规划中如何处理好这些关系，使规划既体现学校跨越式发展，形成重点和特色，又能使各利益群体各得其所，从而接受规划的基本思想，是规划制定中要把握的重要方面。例如，在处理重点建设学科与一般学科之间的关系时，课程组提出实施三个计划，即“学科攀登计划”“学科振兴计划”“学科培育计划”，较好地处理了这一关系，使各学科都有自己相应的发展目标和发展空间，各得其所。

4. 通过信息收集和访谈考察，掌握大量第一手资料

学科建设规划属院校研究的重要内容。院校研究的基本特征是：系统收集资料，科学分析资料，提供决策支持。有多少资料做多少东西，要通过数据（资料）去发现问题、分析问题、解决问题。课题组在到 HS 大学调研之前，收集和阅读了大量有关资料，并作了初步分析；进入该校后，通过集体座谈、深度访谈、实地考察等方式，掌握了大量第一手资料；在拿出初步的规划方案后，又反复听取和征求各方意见和建议，多方讨论并几易其稿。由于占有了大量资料和多方信息，因而得出了一些创新性、与学校发展相适应的结论，从而避免了规划的一般化。

（文辅相、江洪洋、张俊超、任初明、张庆辉等参与本研究）

十九、总结和创建学校办学特色

在普通高等学校本科教学工作水平评估方案中，设定了“特色项目”，并明确规定，评估结论为优秀的学校必须“特色鲜明”，良好的学校必须有特色项目，从而推动了各个学校认识、总结自己的办学特色。这是一项十分有价值的工作，对我国高等教育改革和发展具有重大而深远的意义。

在总结办学特色的过程中，部分学校由于领导重视，对办学特色的内涵把握比较准确，因而能够顺利地总结、归纳出自己的办学特色。但在教学评估中总结办学特色时，仍然存在以下问题：一是学校领导对办学特色的意义认识不足，为特色而特色；二是由于对办学特色的内涵把握不够准确，总结办学特色出现了一些偏差，例如把办学成绩当办学特色，把学校共性当成办学特色，把学校定位当成办学特色，把学校传统当成办学特色，把特质、特点当成特色；三是重视办学特色的总结，忽视办学特色的创建，本科教学评估的过程，不仅是总结办学特色的过程，而且是进一步创建办学特色的过程。针对以上问题，谈谈笔者的一些认识。

（一）从战略的高度认识办学特色

在认识办学特色时，有人仅仅将办学特色当作工具理性来看待；有人认为“特色是落后的代名词”，二三流的大学才会去考虑特色。这些认识都没有将办学特色当作价值理性和发展战略来对待。我们首先要站在战略的高度来认识特色。

几乎所有最好的大学和学院都是因为有了有力的战略领导，才成为杰出的学校，这是因为：大学的发展是一个过程，是有明确指向的目标性运动，目标的选择要有战略眼光；大学的发展是一个极其复杂的过程，而战略可以帮助我们理顺各方面力量的关系，促使发展由可能变成现实，一个平台一个平台跃进；在发展过程中，战略可以起导向作用，解决发展沿什么方向进行、重视什么和舍弃什么、如何进行价值选择等问题。制定战略就是把自己的智慧、远见和意志掌握在自己手中，而不是由外力所掌握，或陷于无序的状态。

从某种意义上看，战略就是创造差异性。世界上没有两片相同的绿叶，也没有两个相同的人。人的基本结构、样式都是相同的，人们之所以能将一个人与其他人区别开来，就在于人与人之间的差异。学校与学校之间的区分，也在于差异。所有战略都有差异性，但大学战略管理具有更大的差异性。只有找出自己与别的学校的差异，形成自己的优势与特色，才能在高校之林中立足。

首先，每一所大学的历史传统不同，学科结构和人员结构不同，所处地域不同，面临的环境不同，每所学校的改革、发展都是一个创造过程，不可能照搬别人的模式、经验。创造就会产生差异，有了差异，才可能形成特色。

其次，高校又是高度趋同的社会组织。任何学校都离不开教师、学生，学科、专业，校园、大楼，校长、职员，组织结构高度趋同，因而容易相互模仿。我国大学发展中最大的问题就是相互模仿、缺乏个性，学校的发展目标、办学思想、组织结构以至于校训都差不多。越是趋同，越要同中求异，在分析自己优势、劣势的基础上，确立自己的定位和发展目标，努力形成自己的办学特色。

再次，对于任何学校来说，资源都是有限的。实力雄厚的大学（如北大、清华）不论其如何强大，所占有的资源都是有限的，不可能在一切时空都占优势；任何规模小、层次低的大学（如地处中等城市的地方大学），不论实力如何小，但在一定的时空条件下也可能占有某种相对优势。地处江苏徐州的徐州医学院，规模比较小，没有地域优势，但该校在发展中大胆创新，走一条前人没有走过的路，创办了中国第一个麻醉学专业，集中力量发展，使之走在全国前列，“有中国特色的多层次麻醉学专业教育的研究与实践”获国家级教学成果一等奖。麻醉学科的发展，又带动了医学影像学等学科专业的发展。河南科技大学地处洛阳，根据洛阳的工业结构，该校学科以机械为主。但一般地发展机械学科，短时期内不可能赶上清华、华中科大、西安交大等实力雄厚的大学。该校选择轴承作为重点、优势，在这方面成为全国第一，独树一帜，不仅机械学科发展了，而且带动了学校的发展，毕业生在全国各地很受欢迎。

（二）以科学的方法总结办学特色

由于多年来我们对办学特色重视不够，虽然也做了很多工作，但大多属于无意识的、不自觉的。本科教学评估，推动各校总结特色，从而逐步使我们对特色的认识从不自觉到自觉，由无意识到有意识。在这一过程中，要解决认识和方法两个方面的问题。在认识方面，要充分认识办学特色对一个学校发展的意义（上文已经论述），办学特色的内涵（见《论本科教学评估中的办学特色》，载《高等教育研究》，2005 年第 6 期）。要认识到总结办学特色的过程是学校领导和全校师生员工共同重新认识学校、总结学校、谋划学校发展的过程。在方法方面，要将师生员工广泛参与、院校研究人员（高教所、规划办、评估中心等机构人员）精心研究、学校领导（常委会、校长办公会）科学决策三者有机结合起来。这里着重从方法方面谈一些体会。

1. 师生员工广泛参与

师生员工是学校的主人，他们最了解自己的学校，热爱自己的学校，要让他们共同参与学校办学特色的总结。这种参与大体可分为三步。第一步，采用“发散”的方式，不一定从办学特色开始，而是发动师生员工从自己的体会出发，提出自己的一些想法，如学校发展在哪些方面着力最多、成效最大，哪些方面工作为大家所认可，哪些工作在社会上影响最大，哪些工作最有特点，等等。第二步，院校研究人员将大家提出的各种“想法”收集起来，进行整理，将比较集中的一些“想法”印发给大家。师生员工根据办学特色具有独特性（本校特有的）、优质性（优于其他学校的）、稳定性（长期起作用并得到社会公认的）等显著特点，进行讨论，归纳出若干条学校办学特色。第三步，学校领导集中大家的智慧，明确提出几条办学特色，印发全校，发动大家再一次进行讨论。

2. 院校研究人员精心研究

在总结办学特色过程中，院校研究人员的作用体现在提供信息、提供咨询两个方面。首先，要为师生员工广泛讨论和领导决策提供信息，主要包括，学校发展的历史、学校发展的各种数据、同类院校发展的数据、学校历史上的典型事例、校友状况、社会反响等等。使大家能通过各种数据的比较去发现学校的优势、特点，发现问题，解决问题。其次，要综合师生员工提出的各种“想法”，根据办学特色的基本内涵——独到的教育理念、学校成员认同的规章制度、独特的优良传统和校风、良好的社会影响和声誉等，提出并论证几条学校的办学特色，供师生员工进一步讨论和学校领导决策时参考。

3. 学校领导科学决策

学校的办学特色，不能仅仅依靠少数几位领导，凭借自己的经验，拍脑袋拍出来。而是要在广大师生员工充分参与，以大量真实可靠的信息为基础，参考院校研究人员提出的咨询方案，进行科学决策。一定要以科学的态度，从自己的实际出发。历史悠久的大学，可从办学方略、办学理念、办学思路等方面考虑，历史比较短的大学，最好多从比较具体的特色项目考虑。通过反复讨论、研究，学校确实还没有形成特色的，则应考虑今后创建办学特色的方向、项目。

（三）以务实的精神创建办学特色

本科教学评估中提出“特色项目”，不仅仅是让大家去总结办学特色，更重要的是推动各个学校去创建办学特色，使每所学校都成为有鲜明特色的学校。一方面，长期以来，由于我国长期处于计划经济时期，政府办大学，学校没有办学自主权，因而也很难创建自己的办学特色，多数学校并未完全形成自己的特色；另一方面，即使已经形成了办学特色的学校，因为社会环境在变化，学科在发展，学生在变化，也还有一个不断发展的过程。形成办学特色是一个长期积淀的过程，但我们必须从一点一滴做起，每一代人都应该以务实的精神为形成办学特色做出自己的贡献。

1. 要确定创建办学特色的方向、项目

首先，创建办学特色的方向、项目要明确。一部分学校，在多年办学过程中，通过总结办学特色，已经确立了自己创建办学特色的方向、项目，这样的学校，必须很好地坚持下去，不能教学评估一结束，就将其束之高阁。还有不少学校（包括已经从文字中总结出了办学特色的部分学校），并没有完全确立自己创建学校办学特色的方向、项目，这些学校则应根据学校的定位、学科结构、办学传统、同类学校发展的状况、社会需求等，在反复讨论的基础上，确立自己的方向、项目，这是创建办学特色的前提。

2. 要提出与办学特色相适应的核心教育理念

现在很多大学提出的教育理念比较多，涉及面广，但没有形成自己的核心理念。提出核心教育理念，一是要与办学特色一致，独到的教育理念是办学特色的灵魂；二是要用精练的语言加以概括，以深入人心。例如，牛津大学“求实、辩证和以人为本”的教育理念，奠定了牛津大学办学特色的基础。麻省理工学院“理工与人文相通，博学与专精兼顾，教学与实践并重”的教育理念，是其办学特色形成的依据。在国内，张伯苓校长在南开大学倡导“土货化”，提出“文以治国，理以强国，商以富国”；华中科技大学历任校长提出“科研走在教学前面”“科技教育和人文教育相融合”“教学科研产业三足鼎立、协调发展”，都为自己创建办学特色奠定了基础。

3. 建立推进办学特色形成的制度、措施

办学特色的形成要以相应的制度和措施来保证，否则，办学特色仅仅成为一句口号。制度具有规范性，它告诉人们能够干什么，不能干什么，给人们的行为规定了边界，正因为如此，制度可以使人们的行为达到预期的结果。例如，19 世纪初的柏林大学，为实现教学与科研的结合，形成了科研和教学相结合的实验室制度，以研究高深课题为中心的研讨班制度。华中科技大学为形成文化素质教育的办学特色，制定了包括开设人文讲座、举行中国语文水平达标考试、文化素质教育课程进入课程体系、结合专业教学进行人文教育等在内的制度和措施。浙江理工大学为形成“求知求实、创新创业、服务地方经济社会发展”的办学特色，制定了开设创新创业课程、建立大学生创

业中心、设立学生科研基金、设立创新学分、建立校外创业基地等多项制度和措施。

4. 建立一支与办学特色相适应的教师队伍

办学特色的实现，在很大程度上说，需要具有一支与办学特色相适应的教师队伍，这一点很多学校往往重视不够。在教师的引进、培养上，都要充分体现这一点。例如，如果一所教学型大学，以培养应用型人才为主，那么，在教师的选择上，要考虑其价值认同、热爱教学、尊重学生和关心学生、具有实践能力等方面的要求。一所以形成文化素质教育办学特色为目标的学校，则要建立制度、采取措施，提高教师的文化素养。

5. 培育体现办学特色的学校文化

华中科技大学校长李培根院士认为，“不能形成自己文化的学校不是好学校”。学校文化对于一所学校的发展至关重要，以至于有识之士认为“办大学就是要办一个氛围”。学校文化和学校办学特色的形成是一个相辅相成、相互促进的过程。在学校办学特色形成的过程中，通过校风、传统，逐渐积淀，形成学校特有的文化；学校文化一旦形成，又将有力地推进办学特色的深化。在这一过程中，学校要从多方面努力，发挥党委书记、校长的“舵手效应”，知名学者的“磁场效应”，多学科的“生态效应”，学生精英的“示范效应”，教育管理的“制度效应”，政党文化的“浸润效应”，校园环境的“熏陶效应”。培养学校文化，是一个艰难、复杂、长期的过程，需要我们付出艰辛的努力。

二十、学校特色文化建设的路径

党的十八大报告指出："文化是民族的血脉，是人民的精神家园。"对于教育而言，文化是教育之根，教育即文化，教育的本质是人与文化之间的双向建构。文化如此重要，但在我们的教育教学和办学过程中，对文化并没有高度重视。原因何在？重要原因之一是，文化自身的特点影响了我们对文化的认识和把握。首先，文化具有弥散性，"有而无在，无在无不在"。文化是一种"有"，随时随地都存在于我们的周围。但同时文化又是一种弥散性的"有"，无形的"有"，如同水中盐、空气，看不见，摸不着，但实实在在存在着。其次，文化又是一种"整体性"存在、"差异性"存在、"渗透性"存在，渗透在人类的一切活动及其成果之中。因而，笔者在《论文化育人》一文中提出："我们要站在文化的高度，遵循文化的规律，运用文化的方式，努力探索文化育人的途径和方法，提高文化育人的有效性。"①

近十多年来，笔者到青岛科技大学、哈尔滨工程大学、石河子大学、塔里木大学、兰州理工大学、昆明理工大学、黑龙江科技大学、延安大学、大连艺术学院等学校进行文化考察，在文华学院开展文化育人实践，并通过部分学校的校园网收集有关资料，开展学校特色文化研究。研究认为，根据学校的不同特点，找到合适的载体，形成学校自己的特色文化，是学校文化建设的一种重要方式。学校文

① 刘献君．论文化育人［J］．高等教育研究，2013，34（2）：1-8.

化是由一定的历史阶段上包含着由学校团体所理解和认同的标准、价值、信仰、象征、典礼、仪式、礼节、传统和传说等组成的意义传播系统。[①] 学校特色文化则是学校文化的同中之异，独特的、师生形成共识的、对学校发展和文化育人产生重要作用的文化。正如教育部原副部长赵沁平教授指出，“有个性的大学文化才是有活力的大学文化”[②]。不同大学凭借自己的独特的文化熏陶，培养出带有本校文化印记的学生，以适应社会的不同需要。[③] 一部分高校在实践中已经成功地创造了自己的特色文化，例如：兰州大学的“骆驼文化”、塔里木大学的“胡扬精神”、文华学院的“红枫精神”、青岛科技大学的“橡胶品格”、中国传媒大学的“白杨精神”、黑龙江科技大学的“江畔朝阳”、西安交通大学的“西迁精神”、石河子大学的“兵团精神”、兰州理工大学的“红柳精神”、南京大学的“诚朴文化”、中国海洋大学的“海洋文化”、延安大学的“延安精神”、嘉兴学院的“红船文化”、吉林大学的“敖庆精神”、东华理工大学的“核军工文化”、哈尔滨工程大学的“三海一核”特色学术文化、华东师范大学的“尚义文化”、昆明理工大学的“红土精神”等等。

如何建设学校特色文化，以下从建设路经的角度作初步探究。

（一）选择学校特色文化的载体

多样性是文化的重要特征，文化有自己的个性。同时，文化的整体性、渗透性特点，使之不可能孤立存在，要有载体。载体是承载其他事物的事物，如汉字是中华文化的载体。学校特色文化的形成，要选择和培育合适的载体。不同的高校，由于历史传统不同、学科结构和人员结构不同、所处地域不同、办学特色不同，文化的载体也不相同。要选取与师生生命，尤其是精神生命发生深切联系，能唤醒潜藏生命之中的生命意识和教育意识的载体，以形成学校特色文化。[④] 面对大学发展的日益趋同性，如楔入式的办学理念、模块式

① Stephen Stolp. Leadership for school culture ERIC Digest，Number 91 ［M］. East Lansing，MI：National Center for Reseach on Teacher learning，1994.

② 赵沁平．大学呼唤个性文化［N］．人民日报，2007-09-12.

③ 郭传杰．用特色发展撑起大学文化构建［J］．中国高等教育，2006（11）：6-8.

④ 冯铁山．校园文化：在传承与创新中寻找诗意［J］．思想理论教育，2013（11）：24-28.

的校园建筑、应景式的文化标识等倾向，从不同角度、方式，精心选择特色文化的载体显得尤为重要。

1. 从学校发展历史中选择载体

历史、现在和未来是一个连续体，相互影响。学校的发展历史，特别是创建的历史，深刻影响学校现在和未来的发展，是选择学校特色文化载体的重要方式之一。

西安交通大学抓住“西迁”这一建校历史，形成“西迁精神”。1956 年，为适应国家调整高等教育和工业建设布局的重大战略，交通大学一群胸怀大局的知识分子毅然响应国家号召，放弃优越舒适的工作和生活条件，从上海义无反顾地奔向条件艰苦的古城西安，成为西部大开发的先行者。迁校以来，西安交大累计培养 25 万名大学生，1/3 以上在西部工作；培养出 33 位院士，有近一半在西部工作。这为西部工业发展奠定了高等教育基础。西安交大以此为载体，形成了学校特色文化——“西迁精神”，受到习近平总书记的肯定和赞扬。

延安大学是中国共产党创办的第一所综合性大学。80 多年来，延安大学与中国共产党和中华人民共和国的发展休戚与共，走过了一段不平凡的发展历史。延安大学的办学探索与实践，对我国高等教育发展产生了深刻影响。延安大学选择以延安大学发展历史为载体，形成自己的特色文化——延安精神。

2. 从学科及其特性中选择载体

学科是大学的基本元素，学科特色是高校特色的重要组成部分。从学科中选择载体，是确立学校特色文化的重要方式之一。

青岛科技大学从橡胶专业起家，到 2003 年建立了国内唯一的橡胶材料与工程教育部重点实验室，与世界 500 强跨国集团德国朗盛共建研发中心，2011 年起开始打造中国“橡胶谷”，学校被誉为“中国橡胶工业的黄埔”，橡胶品牌及特色贯穿学校发展的始终。橡胶具有耐压、耐磨、耐碱、耐油、耐水、耐强、压缩及高弹性等特性。青岛科技大学以“橡胶”为载体，凝练出橡胶品格，形成学校的特色文化。

东华理工大学是核工业开路先锋的人才培养基地。学校三迁其址，七易校名，但国家利益至上的情怀和民族大局为重的信念始终不变，为我国“两弹一艇”的诞生和核威慑能力建设作出了重要贡献，被誉为“中国核地学人才的摇篮”。学校以“核军工”为载体，形成了独具特色的核军工文化。

3. 从学校所处地域中选择载体

人们常说，“人杰地灵”，“一方水土养一方人”，学校与所处地域在政治、经济、生活、文化等方面，发生着千丝万缕的联系，地域对学校文化产生着深刻影响。从学校地域中选择载体，是建设学校特色文化的重要方式之一。

嘉兴学院地处浙江嘉兴。1921 年 7 月，中共“一大”在上海秘密举行，因突遭法国巡捕搜查，会议被迫休会。随后，一大代表毛泽东、董必武、陈潭秋等人从上海转移到嘉兴，在南湖的一艘丝网船上完成了大会议程，宣告中国共产党的诞生。为了纪念中共“一大”在南湖游船上召开，1959 年浙江省仿制了一条当年“一大”开会的游船，被誉为“红船”。嘉兴是中国革命红船起航地，嘉兴学院以“红船”为载体，凝练“红船精神”，创造自己的特色文化。

黑龙江科技大学坐落在松花江畔，是比邻松花江最近的高校。学校以“松花江”为载体，创建了以“江畔朝阳”为特色的学校文化。

4. 从典型风物中选择载体

风物泛指风景和物品。“风物长宜放眼量”，不同境界和心态的人，能从同一风物中解读出不同的意蕴。从学校典型的风物中选择载体，是形成学校特色文化的重要方式之一。

塔里木大学地处新疆南部的沙漠之中，校内典型的树种是胡杨。胡杨是比较古老的树种，生长在沙漠之中，耐寒、耐旱、耐盐碱、抗风沙，对于稳定荒漠地带的生态平衡，防风固沙，调节绿洲气候和形成肥沃的森林土壤，具有十分重要的作用，被誉为“沙漠的守护神”。塔里木大学以“胡杨”为载体，凝练“胡杨精神”，形成学校特色文化。

兰州理工大学地处西部，校内种植了大量红柳。红柳是我国西北地区一种普遍而常见的植物。在风沙肆虐、干旱少雨的西北高原，红柳以其干旱渴不死、盐碱苦不死、严寒冻不死、风沙埋不死的超强生命力，成为西部精神的象征。兰州理工大学以“红柳”为载体，凝练“红柳精神”，建设学校特色文化。

此外，还有从杰出人物中选择代表人物为载体，如吉林大学的“敖庆精神”；综合考虑，选择载体，如兰州大学的“骆驼文化”，等等。我们要解放思想，开阔视野，培育、选择合适的文化载体，为形成学校特色文化创造良好的条件。

（二）在共同创造中形成学校特色文化

顾明远教授指出：“大学是文化的产物，是研究文化、创造知识、创造文化的场所。如果一所大学没有文化的底蕴，是创造不出新的文化的。”[①] 学校特色文化需要师生员工创造，在共同创造中形成。

1. 将载体融入学校文化

选择了载体，并不等于形成了特色文化，学校特色文化需要创造。首先，要将载体融入学校文化。

文华学院 2008 年从加拿大购回了 300 多株红枫，经过三年培育，2011 年，“红枫大道”初步形成。深秋似火的红枫引起了师生及武汉市民的强烈关注。美景具有独特的育人功能，学校初步打算以红枫为载体，凝聚红枫精神，形成特色文化。因此，一方面，加大种植、培育红枫的力度，至 2020 年，校园内红枫已达一万多株，占地 290 多亩；另一方面，开始将红枫融入学校文化。融入学校文化的方式之一是举办红枫文化节。2014 年开始创办“红枫文化节”，开展了一系列丰富多彩的活动，使红枫逐渐融入校园文化。例如，与学校的非遗文化融为一体，与山歌、舞蹈、书法相结合，开展丰富多彩的红枫文化活动；评选积极向上、热爱生活、美丽大方、阳光帅气、个性鲜明的红枫魅力人物，等等。至 2020 年，红枫文化节已举办七届，在校内外产生了深刻影响。

兰州理工大学选择“红柳”为载体，开始将红柳与学校文化相结合，例如，以红柳的品性来回顾学校发展的历史，学校三易校名，七迁校址，又经历下马停办、“文革”停课的曲折，但仍然在贫瘠落后的西部发展壮大，其发展历程如同红柳一样具有顽强的生命力。以红柳的特质来总结师生积极进取

---

① 顾明远．铸造大学的灵魂——一流大学建设的关键所在［J］．清华大学教育研究，2003（3）：48-49.

的精神，表达学校数代师生员工体现出来的战风沙、斗严寒、耐酷暑的豪情壮志，兰州理工大学正是在“红柳精神”鼓舞下，为西北地区高等教育事业发展做出了重要贡献。

2. 探讨学校特色文化的内涵

文化的整体性、弥散性、隐在性决定了大学特色文化寓于物质文化、精神文化、制度文化和环境文化之中。特色文化的形成，需要在载体特性和学校办学特色之中找到共同点，探讨其内容。这种探讨需要师生共同创造。

黑龙江科技大学选取“松花江”为特色文化的载体，以历史传统为基础，从现实出发，发动全校师生员工开展特色文化建设的大讨论，凝聚“江畔朝阳”学校特色文化。在大讨论中，师生员工认为，学校坐落松花江畔，立足地理，撷取水之灵气，形成“奔涌不息、兼容并包”之气度；应天时，撷取日出之势，形成“喷薄而出、蒸蒸日上”之气魄。“日出江花红胜火”，因宜水而居，学校每天沐浴着旭日东升的万丈霞光，感动着太阳从江面喷薄而出。因此，取“朝阳”之气势，喻学校在新的历史起点，以蓬勃发展之势，创造美好未来。

文华学院选择红枫为载体，经过七次红枫文化节之后，在全校开展凝练红枫精神的大讨论。在大讨论中，4000多师生、家长在网上关注，参与讨论，发表自己的看法。一位学生家长三易其稿，提出了自己的设想，一些师生还介绍了自己的切身体会。讨论中一致认为“傲立寒霜，红烁如火”，既是红枫的特有姿态，又是文华人迎难而上、挑战自我、勇于担当精神的体现。在广泛讨论的基础上，学校召开专家研讨会。研讨中，一位老教授讲述了自己一年四季对红枫的细微观察，介绍了红枫的艰难生长过程。春天长出似小花的苞苞、绿叶，到秋天，绿叶素被胡萝卜素取代，呈现黄色；等到胡萝卜素逐渐降低，花青素逐渐增加，枫叶才开始变红。老教授还观察发现，红枫树干上有很多的疤痕，代表与别的树种在生长中更多的付出。因而大家强烈感到，“厚积薄发”十分贴切，与校训“本立道生”相得益彰。此后，学校宣传部提出了一个初步设想，在校内外广泛征求意见。一位名校的专家提出，学校宣传部提出的“赤诚坚贞”与红枫的生长不太适切，与其他语句的风格不太一致，建议改为“独树一帜”，彰显学校的个性化教育，得到认同。至此，“傲立寒霜，红烁如火，厚积薄发，独树一帜”的红枫精神得以形成，并得到高度认同。红枫精神彰显了文华人锐意进取、追求卓越的勇气，气势恢宏、温暖美丽的柔情，经历磨砺、厚积薄发的气势，尊重生命个体自由、践行个性化教育的特色。

3. 凝练学校特色文化的表述

学校的特色文化要用简短的文字表述出来。这种表述中，载体的外在特征与学校的内质要契合，有美感、逻辑性强、朗朗上口，文字要简短、精美，便于记忆和传播。以下列举部分学校关于本校特色的表述。

西安交通大学的西迁精神："胸怀大局、无私奉献，张扬传统、艰苦创业"。

青岛科技大学的橡胶品格："吃苦耐劳、坚韧不拔，朴实无华、甘于奉献，同心协力、勇承重载"。

兰州大学的骆驼文化："坚韧不拔，勇往直前"。

中国传媒大学的白杨精神："不雕饰，不张扬，潜移默化，润物无声。不管到哪里落户，都能扎根、发芽"。

塔里木大学的胡杨精神："艰苦奋斗、扎根边疆，自强不息、甘于奉献"。

文华学院的红枫精神："傲立寒霜，红烁如火，厚积薄发，独树一帜"。

石河子大学的兵团精神："热爱祖国，无私奉献，艰苦创业，开拓进取"。

兰州理工大学的红柳精神："艰苦奋斗，自强不息，求真务实，开拓创新"。

北京大学的北大精神："爱国，进步，民主，科学"。

南京大学的诚朴文化："诚朴雄伟，励学敦行"。

延安大学的延安精神："坚定正确的政治方向，解放思想、实事求是的思想路线，全心全意为人民服务的根本宗旨，自力更生、艰苦奋斗的创业精神"。

昆明理工大学的红土精神："根植红土，情系有色，坚韧不拔，赤诚报国"。

东华理工大学核军工精神："国家利益至上，民族利益至上"。

文化是一种构架，有清晰的内在结构，丰富的内涵，是一系列共有的概念、价值观和行为准则，需要用文字表述出来。文化是普遍存在的，无时无刻不在对人产生影响，但这种影响是弥散性的、无意识的。学校教育是根据国家要求的教育目标，有意识地对学生施加影响，文化育人。因此，形成自己生动、鲜明、有影响力的特色文化十分重要。文化既是自己的生存活动，也是前人活动的结果，文化与载体相融，是变化的、发展的，需要创造。上述高校的特色文化的表述是共同创造的结果，将对学校发展、学生成长产生深刻影响。

（三）在传播、践行中丰富和发展学校特色文化

亨廷顿认为，文化是人类生产或创造的，而后传给其他人，特别是传给下一代的每一件物品、习惯、观念、制度、思维模式和行为模式。[①] 文化是发展的、变化的，文化育人是一个动态的过程。学校特色文化需要阐释、传播、践行，并在阐释、传播、践行中传递、完善、发展，这是学校特色文化发展的过程，这也是文化育人的过程，其方式主要有以下几种。

1. 创设标识

首先，要让师生员工了解、认识学校的特色文化，这是文化育人的前提。认识特色文化的重要方式之一是创设标识。标识具有识别性、准确性、持久性、艺术性、显著性等特征，可以帮助师生和社会认识、了解、感受、体验学校的特色文化。创设标识的方式有很多，例如：

校训，南京大学以“诚朴文化”为学校特色文化，其校训为“诚朴雄伟，励学敦行”，一目了然。

校歌，中国传媒大学的特色文化为“白杨精神”，其校歌为《校园里有一排排年轻的白杨》，十分醒目。

纪念碑，北京师范大学的“木铎金声一百年”纪念碑，以及多个校区的“木铎”雕塑，标示“木铎金声”文化；吉林大学的“唐敖庆雕塑”，标示其“敖庆精神”。

广场，兰州理工大学为标示“红柳精神”，建设了“红柳主题文化广场”。此外，还可以用路名、讲堂等各种方式标示特色文化。

① ［美］塞缪尔·亨廷顿，劳伦斯·哈里森．文化的重要作用——价值观如何影响人类进步［M］．程克雄，译．北京：新华出版社，2010：8-9.

2. 创建项目

在学校特色文化的践行、交流中，创建项目，通过项目推进特色文化的丰富、发展，十分重要。项目是指为达到某种目标，将各种相关资料组织起来，在特定的约束规范内，完成一项独立的、一次性的工作任务。和日常运作相比，项目具有一次性、独特性、目标的明确性、后果的不可逆性等特征。在学校特色文化建设中，通过创设项目，探讨、深化学校特色文化内涵，推进学校工作，深化文化育人，交流文化建设成果。项目的创建，可以采用多种方式，例如：

创设研究项目，围绕学校特色文化，列出若干专题，以招标、竞赛等方式组织全校师生员工参与研讨。

创设交流、展示项目，如以特色文化载体命名的文化节、科技节、艺术节等；为展示和研究特色文化而出版的书籍、纪录片等。

创设育人项目，设置以载体冠名的培养优秀学者的项目、培育优秀学生的项目，等等。

3. 综合设计

文化对人的影响是整体的、潜移默化的，渗透在学校的方方面面。传播、践行特色文化，需要系统考虑、综合设计。黑龙江科技大学在特色文化育人的过程中，设计、践行"校歌传诵、专题教育、基地建设、文化活动、实践育人平台、沿江景观带"六位一体的文化育人模式，取得了理想的效果。

综合设计，要围绕学校的主题活动、影响师生成长的重要方面来展开。兰州理工大学以"艰苦奋斗，自强不息，求真务实，开拓创新"的"红柳精神"为学校特色文化，大力弘扬"红柳精神"，综合设计，推进学校文化建设，提高学校办学水平，其主要做法是：

其一，设置"红柳学科计划"。学科是大学的基本元素，学科的水平决定大学的水平，不同的学科对学生产生不同的影响。通过"红柳学科计划"，支持重点学科，扶植新兴学科，重视交叉学科，使学科建设取得了重大突破。

其二，设置"红柳人才计划""红柳特聘教授岗位"。教师的思想道德和业务水平，直接影响学生的健康成长，通过设置"红柳人才计划""红柳特聘教授岗位"，鼓励教师发扬红柳精神，自强不息，开拓创新，为学校发展和学生成长做出自己的贡献。

其三，将“红柳精神”渗透到学校的方方面面，例如，将“红柳精神”纳入教师入职教育、新生入学教育的教育内容，通过参观校史馆、老教师现身说法，邀请西部地区知名校友做报告等方式，对青年教师进行扎根西部、建功立业办学传统教育；以“红柳精神”统领学校物质文化建设，建成了“红柳主题文化广场”“红柳人文书吧”“红柳学生党员之家”，使“红柳精神”成为师生员工看得见、摸得着的特色符号，起到了凝聚人心、鼓舞干部、推动发展的作用；以“红柳精神”统领学校活动文化建设，集体创作《红柳颂》《红柳赋》，组织开展“红柳颂万人红歌会”“红柳骄子辩论赛”“红柳面对面”访谈节目，以及“红柳杯”师生书画摄影作品大赛等文化活动，已成为有广泛影响的校园文化活动品牌；以“红柳精神”统领学校网络文化建设，学校开通“红柳网”，创办微博“红柳直播间”“红柳微信平台”，手机刊物《红柳青年手机报》《红柳短信学堂》《红柳堂外堂》，在校园内形成了一种全新的网络信息文化现象。

在兰州理工大学，“红柳精神”已经深入人心，在校内外已产生广泛影响，成为学校的集体意识，也成为凝聚力量、推动发展的强大动力。

文化具有继承性、创新性。文化继承是文化创新的基础，没有继承，文化发展只能是无源之水；文化创新是文化继承基础上对文化的超越，没有创新，文化就不能丰富和发展。文化的发展有一个不断积累的过程。十多年前，笔者指导的一位博士生从北京大学、清华大学调研回来后说：“北大、清华的石头是文化，我们学校的石头就是一块石头。”因为我们学校历史比较短，没有多少文化积淀。学校在持久的文化建设过程中，通过创设标识、创建项目、综合设计等，阐释、传播、践行学校特色文化，在阐述、传播、践行中传递、完善、发展学校特色文化，具有深远的意义。

根据学校不同的特点，选取合适的载体，使之成为文化传播的重要媒介，形成学校特色文化，是学校特色文化建设的一种方式，我们还可以从多方面进行探讨。

（陈玲参加调研与撰写）

二十一、高校人才培养模式：内涵、制约与出路

随着教育体制改革的深入以及社会教育需求的多样化发展，自20世纪80年代以来，人才培养模式问题逐渐成为中国高等教育的重要议题。但时至今日，人才培养模式的改革与创新依然是高等教育发展的薄弱环节。我们有必要认真研究人才培养模式的内涵及其改革创新的制约因素和出路，为高等教育的发展及人才培养提供应有的服务。

（一）人才培养模式的提出及其内涵

人才培养模式是高等教育领域的基本问题，有人才培养，就有人才培养的模式。但我国高校、学界及教育行政部门提出并讨论人才培养模式，则是近20多年以来的事。从已有的资料看，这一问题最初是由高校提出的。在我国，“人才培养模式”这一概念最早见于文育林发表在《高等教育研究》1983年第2期的文章《改革人才培养模式，按学科设置专业》中，其内容是关于如何改革高等工程教育的人才培养模式。之后，一些高校实践工作者也撰文分别探讨了高等理科、医学及经济学等各类人才的培养模式及其改革。但是，都未明晰何为“人才培养模式”，对其内涵的把握较为模糊。由于高等教育实践的需要，理论工作者也逐步关注这一问题，并试图界定其内涵。刘明浚于1993年在《大学教育环境论要》中首次对这一概念作出明确界定。我国政府1985年发布的《中共中央关于教育体制改革的决

定》，虽然已指出“要针对现存的弊端，积极进行教学改革的各种试验，例如改变专业过于狭窄的状况，精简和更新教学内容，增加实践环节……。”但直到1994年国家教委启动并实施的《高等教育面向21世纪教学内容和课程体系改革计划》中，才明确提出了“培养模式”的概念。而“人才培养模式”第一次出现在国家重要的规范性文件中，则是在1996年的《中华人民共和国国民经济和社会发展“九五”计划和2010年远景目标纲要》中。《纲要》指出，要“积极推进教学改革。改革人才培养模式”。1998年教育部下发文件《关于深化教学改革，培养适应21世纪需要的高质量人才的意见》，指出“人才培养模式是学校为学生构建的知识、能力、素质结构，以及实现这种结构的方式，它从根本上规定了人才特征并集中地体现了教育思想和教育观念。”这是教育行政部门首次对“人才培养模式”的内涵做出直接表述。

20世纪90年代以来，随着人们对人才培养模式关注度的增强，相关的研究迅速增多。但直到目前为止，教育行政部门（行政官员）及学界对于其内涵还没有形成统一的看法。较为典型的界定有以下几种：① 所谓人才培养模式，实际上就是人才的培养目标、培养规格和基本培养方式。（周远清）② 人才培养模式是学校为学生构建的知识、能力和素质结构，以及实现这种结构的方式，它从根本上规定了人才特征，并集中体现了教育思想观念。（钟秉林）③ 培养模式的内涵，是指在一定的教育思想和教育理论指导下，为实现培养目标（含培养规格）而采取的培养过程的某种标准构造样式和运行方式。培养模式是一种对于培养过程的设计，一种对于培养过程的建构，一种对于培养过程的管理。（龚怡祖）④ 培养模式指在一定的教育思想、教育理论和教育方针的指导下，各级各类教育根据不同的教育任务，为实现培养目标而采取的组织形式及运行机制。（阴天榜）⑤人才培养模式可以认为是为实现一定的人才培养目标的整个管理活动的组织建构方式。（陈世瑛，张达明）⑥ 培养模式是教育思想、教育观念、课程体系、教学方式、教学手段、教学资源、教学管理体制、教学环境等方面按一定规律有机结合的一种整体教学活动，是根据一定的教育理论、教育思想形成的教育本质的反映。（刘红梅，张晓松）

这些观点有一些相同的含义，即基本上都是指在教育思想、教育理论指导下的一种关于人才培养的方式。但也存在着分歧：① 在培养模式的指向上，存在强调培养目标还是强调素质结构的差异；② 在培养模式的属性上，有些学者认为应该是一种静态的“方式”，而有的则认为是一种动态的“过程”，更多的学者认为是静态与动态的结合；③ 在人才培养模式的外延上，少数学者认为包括整个教育管理活动，一些学者则把人才培养模式限定在“教学活动”中，此外，更多的则持中间立场。

笔者认为，人才培养模式既不能限定在教学过程中，又不能泛化到高校的整个管理层面；人才培养模式是一种结构与过程的统一，是静态的样式与动态机制的统一体。这是因为，人才培养模式不仅仅关涉“教学”过程，更关涉“教育”过程，它涉及教育的全过程，远远超出教学的范畴。但人才培养的过程又不是毫无边际的，在现代大学中，有许多与人才培养无直接关系的管理活动，如后勤管理、大学科技园管理等。人才培养模式是教育各要素如课程、教学、评价等的结合，但这个结合又不是一个呆板的组织样式，而是一个动态的、强调运行过程的结构。因此，我们认为，人才培养模式是指在一定的教育思想指导下，为实现理想的培养目标而形成的标准样式及运行方式。它是理论与实践的接壤处。人才培养模式要反映一定的教育思想、教育理念，是理想人才的培养之道，是理论的具体化。人才培养模式要具有可操作性，是人才培养的标准样式，但它又不是具体的技术技巧或实践经验的简单总结。人才培养模式是一个诸多要素组成的复合体，又是一个诸多环节相互交织的动态组织。其中涉及培养目标、专业设置、课程体系、教育评价等多个要素及制定目标、培养过程实施、评价、改进培养等多个环节。人才培养模式是有层次的。最高层次是主导整个高等教育系统的模式，如通才教育模式和专才教育模式；第二层次的人才培养模式是各高校所倡导、践行的培养模式；第三层次则是某专业独特的培养模式。我们主要探讨第二层次即高校层面的人才培养模式。

（二）人才培养模式创新的主要制约因素

目前，我国高校的人才培养模式已不能适应社会的发展，难以培养创新创业型人才，亟待改革。但是，改革的进程却又面临着诸多束缚、制约。

1. 理念的束缚

人才培养模式是教育思想的具体化。只有在一定的教育思想指导下，人才培养模式才有意义，甚至可以说才有人才培养模式可言。否则，就只能是一些教育要素毫无章法的拼凑。

在高等学校中，教育思想表现为“大学的理念”。大学理念对人才培养模式的制约、束缚主要表现在三个方面。第一，计划经济时代所形成的办学理念的惯性束缚。改革开放前相当长的一段时期内，我国逐渐形成了一个与计划经济相适应的政府直接管理、封闭与集中统一的高等教育体制。在这样的体制中，高校没有自主性可言，按照政府的规定办学，难以形成自身的理念。《中共中央关于教育体制改革的决定》发布之后，高校的办学自主权开始增大。当前，我国高校已经有了相当大的自主权，有学者甚至认为“当前中国高等学校所具有的权利超出了我们所了解的其他国家同类大学所具有的权利”。[①] 但是，虽然制度已有变化，但思想却依然表现出极大的惯性和惰性，一些高校只是重视硬件建设而忽视软件建设，重视规模扩大而忽略理念提升，没有探索和形成自己的办学理念，以至于跟风似的人云亦云。

第二，适应社会发展的新兴办学理念缺位。现代社会，被许多学者冠以不同的名称，如“后现代社会”“风险社会”“知识社会”“学习社会”等等。学者们使用这些“社会”，要表达的是社会变化的迅速与巨大。进入 21 世纪，科技革命更加迅猛，全球化更加明显，信息流动更加迅速……身处这样的社会中，高校需进行相应的变革，需要调整人才培养模式，以突出人才的国际视野、信息素养、学习能力及全面素质，但是，不少高校却没有及时变革自我，特别是在理念层面。目前高等教育领域还没有形成学术自由、国际化、通识教育等理念。而多样化、以人为本、终身学习等理念，则基本上停留在学界，还没有被高校很好地付诸实施。

第三，缺乏对高校教学整体改革的理性思考。长期以来，高校缺乏战略思考，缺乏对人才培养模式的顶层设计。大学到底应培养什么样的人才，怎样去培养这样的人才，高校对此没有很好地、系统地进行思考。高校似乎在忙忙碌碌办学，但如何办学，如何育人，育人的体系如何建立健全，如何真正引导教师的长远发展并以教师的创新带动学生的创新，如何真正满足师生的旨趣，高校对这些问题都没有进行认真的规划设计。现在形成了一个怪圈，受评价、资源因素的影响太大，高校围着政府转、教师围着领导转等怪现象愈演愈烈，反倒把真正的育人根本任务置于不起眼的位置。

① 劳凯声．教育体制改革中的高等学校法律地位变迁［J］．北京师范大学学报（社会科学版），2007（2）．

由于理念的制约，各高校的人才培养模式或者呈现出趋同化，没有与自身的条件、定位相结合；或者纷纷把各种“好的”词汇都拉进来，进而组合成所谓的人才培养模式，显得毫无主导思想，甚至各思想之间还是相互冲突的。这样的人才培养模式只能是一些被悬置的装饰，而不可能被很好地付诸实施。

2. 制度的羁绊

人才培养模式创新的一个重要制约是制度，这主要表现在两个方面。第一，学校内部权力的失衡与错位。随着办学自主权的扩大，高校已经有了较大的权力。可是，高校内部却存在行政权力与学术权力的不平衡。目前多数高校依然按照行政管理的思维和模式管理大学，按照行政组织的结构设计大学的内部构造。学校多数事务也都由“行政部门”进行管理，各教学单位基本上都是在遵循行政部门的安排和要求运行。行政权力还通过隐蔽的方式，带着面纱以虚化学术权力。如我国大学，像西方大学一样，也成立了校级学术委员会，以决定学校的学术事务。可是，其组成人员多数是学校、院系以及职能部门的负责人，很少有“布衣教授”参与，他们更多的是从行政的角度考虑问题，而忽视了学术考量，虚置了学术权力。人才培养模式的改革是一项重要的学术事务，需要教师的积极参与。但是，学术权力的缺失，阻碍了教师主动性、积极性的发挥，没有教师的积极参与，人才培养模式改革创新只能流于形式。

第二，高校评估制度不完善。对教学和科研的评价失衡，对科研的评价具体、实在，而对教学的评价则空洞、不具体。目前，我国对于高校的评估以政府主导的行政性评估为主。行政性评估中影响最大的莫过于学科评估及本科教学水平评估。学科评估主要是衡量高校学科建设、科研水准的高低，评估的指标较为具体，可操作性强，但这基本上与教学模式的改进无多大关系。自 2003 年开始的本科教学水平评估，其目的是促进高校重视教学工作，注重教学改革，提升教学质量。实践证明，在高等教育大众化初期，这样的评价起到了应有作用。但是，第一轮评估更多地强调了教学的资源与条件，对于“真正的教学”的评价指标则不具体，对改善大学内部教学的影响有限。另外，教学评价还存在单一化、数量化的倾向。本科教学水平评估是把所有的高校在一个标准的、普遍的、共同的尺度之上进行衡量，忽视了不同地区、不同类型、不同层次高校的差异，存在指标单一的缺陷，而且，这种单一的指标还存在数量化的倾向，重视数量化指标的收集，而忽视了教学特色、个性化教育教学模式的评估。

学术权力的不足弱化了教师改革人才培养模式的动力和能力；高校评估制度的单一化，使得高校容易采取趋同的人才培养模式，评估的数量化则导致各校普遍重视科研，而忽视难以测量的教学，更容易忽视创新人才培养模式的改革与创新。

3. 资源的约束

虽然近年来国家一直在大力推动人才培养模式的改革，也有不少的高校提出了诸多新的培养模式。可是，新的培养模式往往陷入表面化、口号化，或者仅仅是培养模式要素的局部改变，而不是整体变革。这与人们对于培养模式理解的偏差有关，与制度的束缚有关，同时也与教育资源的匮乏相关。资源的匮乏具体表现在以下几个方面。

首先，教育经费不足。教学改革需要相应的经费保障，但高等教育大众化以后，教育经费严重不足。自 1998 年始，我国高等教育大规模扩招，高校规模迅速膨胀。1998 年我国普通高等学校共招本专科生 108.36 万人，在校生 340.87 万。[①] 而 2007 年，普通高等学校本专科共招生 565.92 万人，在校生 1884.90 万人。[②] 十年间，我国高校在校生规模扩大了 5 倍多，而高校所能获取的资源却没有得到相应的改善，以至于高校普遍负债运行。有研究显示：1998 年部属高校银行贷款总额仅为 5 亿元，而 2002 年底部属的 76 所高校贷款总额达到 88 亿元，2005 年底贷款总额则高达 336 亿元。[③] 且这些贷款主要是用来购置校园用地、修建“大楼”、增添设备，而用于人才培养模式改革的经费则很少。

其次，师资建设有待加强。目前，我国高校师资队伍存在的一大问题是，受思想观念和评价体系的影响与制约，教师真正投入教学、潜心教学改革，

① 教育部 1998 年教育统计数据［EB/OL］.（2005-05-27）. http：//www. moe. edu. cn/edoas/website18/48/info948. htm.

② 教育部 2007 年教育统计公告［EB/OL］.（2008-05-05）. http：/www. moe. edu. cn/edoas/website18/54/info1209972965475254. htm.

③ 调查显示教育部直属 76 高校贷款总额达 336 亿［N］. 21 世纪经济报道，2007-08-14.

真正研究教育教学这门“大学问”的不多。教师没有从事人才培养模式改革的外动力和内驱力。从外部来讲，学校对教师的考核重显性成果。科研硬指标，教学软指标。科研成果容易测量，产出也立竿见影，而教学的好坏则难以评价，况且育人的周期很长，人才要真正到社会上发挥作用也不是短期内能见效的，而且还会受到很多动态因素的影响。这导致教师觉得教学改革的推动应该是高校领导的事，是教务处、人事处的事，自己没有能力推动教学改革，投入与回报也不成比例，得不偿失。从内驱力来讲，教师似乎对教学没有足够的热情，教学成为例行公事，而不是自己神圣的职责。做不做改革，是不是真正为了学生的全面发展，好像激励与约束的机制都失效、失灵了。所以，好像教师能上课堂、能讲课就了不起了，至于认真研究学生，研究教学问题，从学生内心深处的需求出发，注重他们的兴趣、爱好、特长、个性发展则似乎是一种奢望。

最后，课程资源不足。课程是人才培养的核心要素，是人才成长的载体。人才培养模式的改革要以优质、丰富的课程资源为基本条件。可是我国高校的课程却存在严重的不足。中国大学在课程广泛性方面做得最好的是北大和清华，但也仅在3000门左右。而美国多数高等学校几乎达到人均一门（次）课程。即5000人规模的本科院校要开设5000门（次）左右的课程。[①]

优质的培养模式离不开强大的资源支持，缺乏资源的支持，就如同无米之炊，不足以支持培养模式的创新。资源不足对于我国当前人才培养模式的创新，是一个极大的限制。

（三）人才培养模式改革的出路

人才培养模式的创新，虽然与政府的评价及社会其他因素有很大关系，需要政府与社会做出相应的改变。但是，最根本的出路还在于高校自身的努力。

1. 树立以学生为本的核心理念，做好顶层设计

人才培养模式的创新，要树立以学生为本的核心理念，从学生的需要出

① 谢仁业．上海高校学科专业结构调整研究报告［M］//丁钢．中国教育：研究与评论．北京：教育科学出版社，2002：102.

发，一切为了学生，并以此为最高追求，做好顶层设计，整体建构人才培养模式。

首先，以学生为本，就要以学生发展为着眼点，遵循人才成长的规律。而这要求做到以下两点。第一，研究人才成长的条件，改善教育条件与教育环境。人才成长需要一定的条件。有学者认为人才成长有两条规律：有效的创造实践成才规律；内外因综合效应规律。[①] 除此之外，一些学者还提出累积规律、马太效应、竞争与合作、共生效应等等。这涉及一系列复杂的因素，如活动与环境、竞争与合作、期望与激励等。高校要重视对这些复杂因素的研究，在此基础上，改善教育条件，创设理想的教育环境。第二，研究人才成长的过程，采用科学的教育方法。人的成长是分阶段的，各阶段的主要任务不同，其培养方法也不同。人的发展除了具有阶段性之外，各类型人才、各层次人才的最佳发展年龄是不一样的；人的各项素质的发展都有自己的关键期，等等。在教育过程中，高校要深入探索人才成长的这些规律，使人才培养有科学的依据。

其次，以学生为本，就要真正追寻学生的兴趣、特长，将他们的优点发挥到极致。面对生源的多样性和差异性日益明显的特征，如何推动所有的学生走向成功，是高校面临的一个重大问题。通过对课堂教学的大量观察，我们发现，在课堂上，学生的眼睛“不亮”，学生与教师之间缺乏交流。这是由于教育教学不符合他们的兴趣，没有满足他们的需要，学生学习是被动的。心理学研究表明，只有符合了学生的知识结构、学习风格、学习兴趣，教学才能对学生起到积极的作用，学生才能够在已有的知识结构上继续建构自己的心理图式。不研究学生、不针对学生的教学是单向的、无意义的教学。教师要改变传统的教学方式，做一个专家型教师，去探究、追寻学生的兴趣和基础，去激发学生的热情，推进个性化教育，师生共同建构学习的愿景，最终使学生成为自主的学习者，高校教学要从以教为主转向以学为主。此外，以学生为本，还要实现几个重大转变：以知识传授为主转向以能力培养为主；以单一课堂教学转向校内校外全方位育人；从传统的教学方式转向现代信息技术教育；等等。

最后，人才培养模式是一个整体，需要做好顶层设计。第一，需在以学生为本的理念指导下，弄清楚理想的培养目标是什么。不同层次、不同类型

① 叶忠海．人才成长规律和科学用人方略［J］．中国人才，2007（3）．

的高校，人才培养的目标、规格是不一样的。第二，要制定科学可行的人才培养方案，包括与之配套的专业、课程、教材、教学方法、评价体系等，使之成为一个和谐统一的整体，而不是这些要素的简单组合。第三，所设计的人才培养模式，要能实现高校与社会之间的良性互动，以使得人才培养模式的更新有不竭的动力。新培养模式及培养方案制定后，还要与原有的培养模式进行比较，找出改革的重点、难点，并积极实施新的培养模式。

2. 建立多方协商的机制，形成理想的人才培养模式

目前，我国高校人才培养模式的形成并不是多方协商的结果，政府以及学校行政权力影响过大，而教师、学生及社会组织没有机会参与。形成理想的人才培养模式，要建立社会、教师及学生和高校多方协商的机制。

确立以社会需求为导向的方向性。现代大学，已经走出象牙塔而融入了社会，已经从社会的边缘走向社会中心。身处社会中心的高校，必然要采取一种"社会需求导向"的发展模式，改变社会在人才培养模式形成过程中缺位的现象。这就需要完善我国社会用人需求的信息系统，因为"我国人才市场反映高校毕业生供给与社会用人需求的管理信息系统十分薄弱，统计指标与数据长期处于粗放状态"。① 高校则要主动地联系行业组织、地方政府、社会中介等，获取相关的社会需求信息，并及时把社会需求的预测反映到人才培养模式中。

确立教师在人才培养模式创新中的主导地位。教师是人才培养的主体，理应是人才培养模式决策与设计的重要参与者。可是，目前高校的人才培养模式基本上是由学校教学指导委员会领导、教务处统筹规划、各院系教学领导具体设计的。教师在人才培养模式的制定中，往往没有机会参与，而只是人才培养模式的执行者。要改变这种自上而下的路径，确立教师的重要地位。在人才培养模式形成的过程中，学校可以在考察社会需求的基础上，征求教师的意见，也可以由教师在实践的基础上提出人才培养模式改革的设想，学校加以汇总并对照社会需求，形成较为合适的模式。

赋予学生改革的话语权。传统的观点认为，学生是高等学校智力不成熟的过客，不能参与学校事务的管理。可是，学生是人才培养的对象，是学校

---

① 鼓励高校面向社会需求优化人才培养模式［N］. 科学时报，2008-03-25.

的“产品”，而这种“产品”是自己生产自己。学生应该对人才培养模式有自己的评价权、选择权。高校在制定人才培养模式的过程中，要通过问卷调查等方式，让学生发表自己的看法，赋予他们在人才培养模式形成上的话语权。在对学生充分了解的基础上，注重个性化培养模式的制定。在人才培养模式实施一段时间之后，更要调查一下毕业生对它的评价，使得人才培养模式的改革有坚实的基础。

通过建立多方协商的机制，各方的利益都能得以表达，所培养的人才也就更接近于人们的期望，人才培养模式也就较为理想了。

3. 整合与优化教育资源，奠定人才培养模式创新的物质基础

高校是典型的资源依赖型组织，资源不足对于高校人才培养模式的创新是一个极大的限制。在资源缺口不能迅速解决的情况下，整合与优化资源是一条理想的路径。

首先，实现校内外课程资源的共享。目前我国高校内部，跨院系、跨层次的课程共享率低。学生的选修基本上限定在本院系。本科生与研究生之间资源共享的比例就更加微乎其微了。我国已经建立起一些大学区，但高校之间除了图书资料及部分选修课可共享之外，包括课程在内的其他方面的共享没有什么进展。人才培养模式的创新，需要整合校内的课程资源，打破门户之别，学校统筹安排，营造共享文化，加强共享管理，改进共享技术，解决共享过程中可能存在的知识产权、收益等利益之争。高校间则要形成更加合理的机制，充分利用网络、地域的优势，加强合作。以麻省理工学院为主牵头而成立的开放教育资源联盟便使很多高校在网络上共享了教育资源，我国政府通过网络也在推动精品课程的建设。除了网络资源外，利用地域优势，实现校际资源共享空间很大，充分利用别校的优势专业、优势课程，本校学生既可受益，也可节省出盲目求全发展所花费的资源，以加强优势学科、专业的建设。

其次，加强教师资源的共享。当前高校师资存在两种情况：第一，随着扩招的推进，高校纷纷出现了师资数量整体不足的状况，且存在学科和地域的结构性差异。第二，师资素质不能适应人才培养的需求。这就需要加强师资资源的共享，取长补短。在解决师资结构性矛盾的问题上，杭州的做法有一定的启发意义。2005 年开始，依照《下沙高教园区师资互聘管理办法》，杭

州下沙高教园区 14 所高校开始实施师资互聘。[①] 即使是一所高校内部，也可以整合资源，形成教学团队，促进教学研讨和教学经验交流，开发教学资源，发挥教师队伍的集体力量。高校内部，还可以实现科研团队和教学团队共同发展。理论上说，教学团队研究的是如何提升学生的能力，科研团队研究的是如何发展知识；教学团队讲求如何与学生沟通，而科研团队要求善于观察，客观中立；教学团队关注如何促进学生发现及解决问题，而科研团队更关注自己发现及解决了什么问题。表面上看，教学团队与科研团队似乎无合作的可能。而实际上，科研与教学是协同发展的，通过科研内容积极向教学内容转化、科研成果向教学成果及时转化、科研方法与教学方法的渗透、教学问题与科研问题的双向延伸等，都能促进人才培养的灵活性、柔性、多元发展。对于师资总体数量及师资素质而言，则可以积极引进政府、企业人员作为兼职教师，补充教师数量，同时解决教师实践经验不足的问题。

再次，还要加强教学设施的共享。目前，高校内部各院系的教学设施基本上不对外，其他各教学单位一般不能使用，这导致了很多教学资源的闲置与浪费。除了院系间资源的共享外，还要加强对产业界设施的利用。到目前为止，虽然高校已普遍实施了学生到企业、工厂的实习、见习制度，但多流于形式，真正富于成效的、深度的合作不多。

人才培养是高校的首要职能，人才培养模式的探索至为关键。在人才培养模式的探索上，要深入研究其制约因素，并消除这些阻力。在当前，最为重要的是消除理念、制度及资源方面的束缚和限制。

（吴洪富参加调研与撰写）

① 杭州 14 所高校实现优质教师资源共享 [N]. 光明日报，2007-08-24.

二十二、应用型人才培养的观念与路径

李克强总理在2014年国务院常务会议上提出："引导部分普通高校向应用技术型转型。"2015年《政府工作报告》中进一步提出："引导部分本科高校向应用型转变。"这里，涉及三个核心概念：转型，部分本科高校，应用型，这三个概念又是相互联系的。转型是事物存在的范式的转变，从一个范式转向另一个范式。转型是确定目标方向的一个动态发展的优化的过程。大学之所以千年不衰，正是通过转型，转变发展方式，实现了适应社会需要与尊重自身逻辑之间的平衡。高等教育发展的过程，正是一个发展方式不断转型的过程，大体经历了四个阶段：制度认同——萌芽期高等教育发展方式；职能拓展——成型期高等教育的发展方式；外延扩张——成熟期高等教育的发展方式；内涵发展——变革期高等教育的发展方式。[①] 高等学校随着整个高等教育的转型而转型。但每一所大学的发展历史不同、学科结构不同、运行状态不同，转型的内容亦不相同。目前，我国高校转型，大体体现在以下四个方面。由外延式发展向内涵式发展转变；由单科向多科、综合转变；由教学向学研产相结合转变；由学术型向应用型转变。其中，"部分本科高校"需要由学术型转向应用型。这是国家战略需求和科技创新的需要，需要大批具有创新精神和创业能力的高素质应用型人才。但是，高校发展背离了国

---

① 刘国瑞，高树仁．高等教育发展方式转变的历史逻辑与现实选择［J］．高等教育研究，2015（10）．

家战略需求，所有大学都沿着“教学型—教学研究型—研究型”的路子走，不重视应用型人才培养。国家强调“部分本科高校”向应用型转变，就是需要这些大学重视大学的社会服务职能，以服务经济社会发展需求为导向，注重学术专业知识、专业技能的培养和训练，以培养应用型人才为目标。向应用型转型，关键是培养应用型人才。培养应用型人才，需要实践、探索、创造，特别是要在实践中探索应用型人才培养的教育观念和路径。下面谈谈近几年来笔者的探索和认识。

（一）培养应用型人才要转变教育观念

观念是人们对世界的意识反映和对事物认识的结果。观念先于行动，并指导行动。任何观念都体现观念持有者的情感，并反映其追求。培养应用型人才，要确立与之相适应的观念，以指导、规范应用型人才的培养。从笔者在文华学院的实践来看，以下观念十分重要。

1. 产教融合，校企合作

针对我国人才的教育供给和产业需求在结构、质量、水平上不适应的状况，党的十九大报告提出“产教融合，校企合作”。这是培养应用型人才的核心理念，也是国家教育改革和人才资源开发的基本制度安排。

人才培养质量和学术水平是衡量一所大学的最重要的两个标志，二者又是相互联系、相互促进的。高水平的人才能促进学校学术水平的提升，学校学术水平的提升，又能有力地提高人才培养质量。应用型人才培养离不开科学研究。科学研究能促进学术水平的提升和育人氛围的优化，促进教师学术水平和教学能力的提升，促进学生创新精神和实践能力的培养。科教融合十分重要，科教融合要满足社会和企业对科学研究及其成果转化的诉求，满足大学人才培养对于科学研究及其人才培养的诉求。[①] 在科教融合中，培养社会需要的应用型人才，产出高水平的应用型成果，为实现国家战略目标做出贡献。

---

① 钟秉林．推进大学科教融合，努力培养创新型人才［J］．中国大学教学，2012（5）：5-6.

企业是技术创新的主体，培养应用型人才离不开企业。特别是市场经济、科学技术发展到今天，高等学校培养人才更离不开企业。在计划经济时代，企业的任务就是生产，科研、设计由科研单位和高校来承担。现在，国家有关法律规定，企业要将生产总值的3%用于科学研究。笔者2019年上半年到青岛考察，青岛某高校以“橡胶”为学科专业特色，全校2018年一年的科研经费为3.7亿元，其中大部分经费还要用于别的学科研究。而青岛某生产橡胶的公司，年科研经费达10亿元。可见，先进企业的研发技术、力量、平台超过大学，而且科学技术迅猛发展，创新型的新业态不断涌现，工科知识变化和替代很快。离开校企合作，不可能培养高水平应用型人才。学校要将一流企业的先进教材直接引入学校，请企业的部分技术人员进入学校，和教师共同授课，建立合作研发平台。

2. 服务学习

应用型人才培养要重视社会服务，加强实践性教学环节，这是必需的。但还不能停留在此，还要树立服务—学习的观念，将课程学习与社会服务、社区服务紧密结合，贴近生活，贴近职场，贴近社会，形成以学生为中心的、服务学习一体的课程结构。

在这方面，我们可以借鉴美国高校的经验。大学的三大职能，从我国的情况看，教学、科研已经形成体系，但社会服务仍未形成体系，研究、探索不够。美国高校，不仅教学、科研形成了体系，社会服务亦形成了自己完整的体系。美国社会服务体系中，特别值得我们借鉴的是服务学习。关于服务学习的内容参见笔者在《中国高教研究》2017年第10期上发表的《创新驱动发展战略背景下高校应用型人才培养》一文，在此不再赘述。

3. 个性化培养

个性化教育是时代的要求，现在已经进入互联网时代，互联网最大的特点是开放性、互动性、个性化、全球性。个性化教育是教育规律的体现，教育的根本在于个体自身，每一个人成长中的问题，最终只能由自己解决。个性化教育是培养应用型人才的要求，这是因为：

首先，从个体差异性看，一方面社会上产出的丰富性、职业的多样性、技术的复杂性，需要更具个性化的应用型人才。另一方面，相对而言，应用型大学学生具有更大的个体差异性。2010 年，中共中央、国务院颁布《国家中长期教育改革和发展规划纲要（2010—2020 年）》（简称《教育规划纲要》）提出：“关心每个学生，促进每个学生主动地、生动活泼地发展，尊重教育规律和学生身心发展规律，为每个学生提供合适的教育。”“关注学生不同特点和个性差异，发展每一个学生的优势潜能。”《教育规划纲要》明确提出要关注学生的“个性差异”，发展每一个学生的“优势潜能”。[①]

其次，应用型人才更需要培养创新精神、创业能力，而以“独创”为特色的创新思维是一种个性化思维，创新精神本质上是一种独立探究的精神，关键在于突破常规，独立思考、独立判断、独立探究、独立发现，而不是迷信、盲从、墨守成规。思维是个体的思维，思想是个体的思想。只有经过个体大脑的蛋白质、电化学作用，才能形成思维、产生思想。我们强调团体智慧，重视沙龙式头脑风暴，这些十分重要。但这些只能起到刺激个体大脑、激发创造性思维的作用，最终的思想仍然从个体大脑中产生。可见，以“独创”为特色的创新思维是一种个性化思维。只有通过个性化教育，才能激发创新精神的形成。

再次，交往实践是个性化教育的重要方式。教育教学是师生共同交流的过程，在交往中，使师生产生生命意义的共情，完成生命意义的转化。交往要植根于现实生活。实践是知识转化为素质的中介。人总是在与现实世界的交往中生存的。从学习来看，社会和文化是学习的资源，人在社会中通过社会互动进行学习，学习是在社会场景中进行的，学习具有情景性。人类实践作为人的本质力量外化、对象化的过程，不仅是主体自觉改造物质客体、形成周围感性世界的感性活动，而且是调整和改造主体间的物质交往关系的活动。马克思认为，实践本质上是交往的，实践本身“是以个人之间的交往为前提的”[②]。应用型人才培养更为重视交往实践，为个性化培养创造了有利条件。

4. 去土留根

创建时间较长的大学，已经留下了学术型大学的传统，形成了思维惯性

① 国家中长期教育改革和发展规划纲要（2010—2020 年）[M]. 北京：人民出版社，2010.

② 马克思恩格斯选集（第 1 卷）[M]. 北京：人民出版社，1995：25.

和行为习惯。新创办的大学，创办者、教师大多来自学术型大学，办学初期也基本上照搬学术型大学的做法，即“带土栽培”。我们不是在一张白纸上创建应用型大学。这里，要考虑两个方面的问题，即“去土留根”。一方面，大学的精神，如以学生为中心、尊重师生、立德树人、学术自由等，要坚守。无论学术型大学还是应用型大学，大学精神是一致的，要“留根”。另一方面，在办学观念、学科专业结构优化和建设、人才培养目标和模式、学校管理制度等方面，应用型大学和学术型大学有极大的区别，要“去土”。

在这几年参与应用型大学建设的过程中，笔者深深感到，要克服学术型大学的思维定势、习惯，十分艰难。路径依赖深深制约、影响大学的管理者和教师。应用型人才培养的过程，需要重新设计，用应用型人才培养的观念、要求，重新审视人才培养的每一个环节、每一项制度，以形成全新的人才培养方案、课程体系、管理制度。

（二）培养应用型人才要优化学科专业结构

应用型大学需不需要学科建设？对此看法不一。有的认为应用型大学同样需要学科建设；有的则认为应用型大学只需要专业建设，不必考虑学科建设。回答这一问题，要从学科与专业的关系谈起。学科是知识的划分，是一门一门的知识。专业面向社会职业，由课程所组成。两者的关系是，学科是专业的基础，专业是学科的运用；一门学科可以产生多种专业，一个专业也可以由多门学科所支撑；专业建设的重点是教学，学科建设的重点是科研；专业建设的动力是一元的，即社会需要，唯有社会需要才建设专业，学科建设的动力是多元的，既可以是社会需要，也可以来自学者的兴趣。由此看来，应用型大学同样需要学科建设，需要提高学术水平，否则，专业建设、人才培养的质量难以提高。但学科分为基础学科和应用学科，应用型大学主要建设应用学科，而且应该将学科建设和专业建设联系起来，可以称之为学科专业建设。学科是大学的基本元素，学科专业的水平决定了大学发展的水平。应用型大学要加强学科专业建设。

加强学科专业建设，首先要优化学科专业结构。应用型大学优化学科专业结构，要考虑以下因素。

1. 新兴战略产业发展的要求

国家重点发展五大战略领域，即信息技术产业、生物产业、高端装备与新材料产业、数字创新产业、绿色低碳产业。这是学科专业结构调整、优化时首先要考虑的因素。

2. 以大数据、互联网、人工智能为代表的新信息技术发展的要求

人工智能导致人机协同：机器以全新的人机交互方式感知人类；图像识别技术开始进入产业化阶段；各类语言控制类应用在生活中随处可见；大量简单、烦琐、重复的工作由智能助手完成；覆盖从决策到运营、从生产到服务的经济活动全链条。有人据此对职业、行业的变化进行预测，提出各种职业的替代率为：教师0.4%，心理医生0.7%，艺术家3%，保姆8%，记者8.4%，演员37.4%，摄影师53.4%，工厂工程师58.3%，房产经纪人86%，前台95.6%，银行职员96.8%，会计97.6%，打字员98.5%。这些是应用型大学优化学科专业中要考虑的重要因素。

3. 现代服务业发展的要求

对时代有多种划分，其中之一是农业经济时代、工业经济时代、服务经济时代。现代服务业更主要的是生产服务。以农业为例，我国现在的农业生产大多仍然是分散的手工作业，生产效率极低。随着现代科技发展趋势，以及农村劳动力外流的现状，农业生产必然走向集团化、现代化，因而需要大量多种类型的生产服务。应用型大学要为这一需要调整学科专业结构，培养相应的服务人才。

4. 地方经济社会发展的需要

应用型大学依靠地方，面向地方，主要为地方经济社会发展服务。因此，要设置相应的学科专业，培养地方需要的应用型人才。

文华学院在培养应用型人才的过程中，在广泛深入的社会调研基础上，反复讨论，不断优化学科专业结构，所采取的办法，一是将学科专业结构与区域产业发展、社会建设紧密对接，形成了与实体经济、战略新兴产业和现

代服务业相关的工程、技术、管理类等25个紧缺本科专业。二是根据信息技术发展、社会急需人才等，创建特色专业方向，并重点建设数字化3D设计及制造、结构检测与加固、新媒体与品牌传播、移动互联终端技术及应用、大数据与数据挖掘应用技术、“互联网+”金融等6个特色学科专业方向。通过三年的重点投入建设，6个特色学科专业方向建设已通过验收。三是通过停招、隔年招生等方式，减少发展前景有限的专业。四是建设特色重点应用学科，经过申报、论证，现在确定信息与通信工程、机械工程、新闻传播学、应用经济学等4个学科为学校重点建设的学科。

（三）培养应用型人才要进一步改革人才培养方案

近几年来，应用型大学都在不断调整自己的人才培养方案，已有所进步，但离应用型人才培养的需求还有很大的差距。在应用型人才培养方案改革中，应关注以下问题。

1. 关注应用型人才的社会需求

专业建设的动力是社会需求，唯有社会需要，我们才创办相应的专业，培养社会需要的人才。社会既需要学术型人才、职业技术型人才，又需要应用型人才。那么，我们要弄清，社会上什么样的岗位需要应用型人才，这个找准了，人才培养方案才有落脚点。以企业为例，企业所需人才中，研发人员约2%，开发人员约13%，技术支撑人员约35%，安装、调试、维护人员约50%。在这些人才中，研发、开发人员属学术型人才，主要由学术型大学培养；安装、调试、维护人员属职业技术人才，主要由高职院校培养；技术支撑人员属应用型人才，主要由应用型大学培养。随之，我们还要对技术支撑的多种岗位进行分析，明辨其对人才培养的具体要求。

大学培养人才是面向未来的。现在，社会正在发生急剧变化，这种变化，对大学生提出了新的要求，人才培养方案改革中要关注这些新的要求。有一个研究，提出未来社会需要十种技能：① 意义建构；② 社交智慧；③ 新颖和适应性思维；④ 跨文化能力；⑤ 计算思维；⑥ 新媒体素养；⑦ 跨专业能力；⑧ 设计思维；⑨ 认知负荷管理；⑩ 虚拟协作。这值得参考。更为重要的是，我们自己要关注、研究未来社会对本专业人才的要求。

2. 确立培养目标时，要在学术和技能之间找到恰当的平衡点

目标是方向、动力。在人才培养方案中确立培养目标十分重要。一般而言，学术型、职业技术型人才的培养目标比较明确，相对易于把握。应用型人才和学术型、职业技术型都有关系，关系意味着在两者“之间”“之间”表征着关系。本科应用型人才处于学术型、技术型之间，培养目标要关注与其的“交叉”。例如，如何处理理论与技能、基础性和职业性的关系，是本科应用型人才培养目标中不可回避的问题。每一所应用型大学，由于定位不同，对两者的关系处理不同，有的可能更偏向于理论，有的可能更偏向于技能，有的相互兼顾。文华学院人文学部在处理这一关系中提出：基础性为发展属性，职业性为根本属性。在中文专业培养中，创造性地提出“中文 +”，即中文 + 文化品牌，中文 + “非遗”管理，中文 + 新媒体写作，中文 + 中文教育。

3. 优化课程结构

课程是教育教学活动的基本依据，是实现教育目标的基本保证。专业由课程组成，课程在人才培养方案中占有十分重要的地位。加强课程建设，首先要优化课程结构。

在应用人才培养中，优化课程结构，要处理好五个关系。① 共性和特性。共性生存，特性发展。课程结构要充分体现共性和特性的要求。② 通识和专业。在应用型人才培养中，要逐步实现通识教育专业化，把通识教育的要求融入专业课程；专业教育通识化，在专业教育中培养创新思维、批判思维、设计思维，以及团队合作能力、社交能力、领导能力等。③ 必修和选修。每个专业要开设 8 门左右的专业核心课程，作为必修，让学生掌握本专业的基本理论，同时，大量开设选修课，以满足不同学生在理论、技能培养方面的需要。④ 理论和实践。根据培养目标的定位，合理安排课程。同时，要将理论、实践有机联系、统一，并关注学生自主实践。⑤ 课内和课外。既要重视课内，又要重视课外。课程结构中，课程教学应将课外学习指导纳入其中，形成一个有关联的整体。在课程结构改革中，要加强文化素质教育课程，开设批判性思维课程，创设个性化教育课程，重视实践性课程。

4. 改进课程教学

人才培养方案，依靠课程教学来落实。在人才培养方案改革中，要关注课程教学。改进课程教学，提高教学质量应关注以下方面。

研究新时期大学生学习的特点。美国学者布朗研究认为，新型学者学习特征如下：小组活动倾向，目标与成就导向，多任务导向，实验高度依赖网络，重体验，爱交互。学生是流动的，届别之间有很大差异，我们要研究每一届学生的特点，从而增强教学的针对性、有效性。

把握教学的本质。教学的过程是教师和学生共同交流的过程，使师生产生意义的共情，完成生命意义的转化。这是教学的本质。我们要通过交流、交往，走入学生的心灵。

既要改进供给，又要引导需求。这是笔者思考比较多的一个问题。现在很多学生没有学习的需求，不知道为什么学习，学习积极性不高。我们的老师，既要改进教学，又要引导学生学习的需求。这既是教师职业的特点，也是难点。

以项目为主导，以学生为主体，采用基于学习兴趣的探究式教学方式。美国学者提出“学习金字塔”（learning pyramid）（见图 1）。这个金字塔显

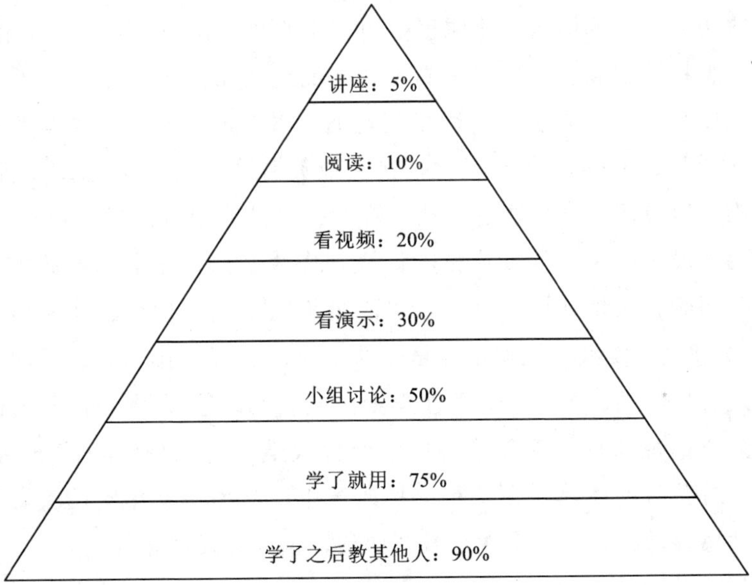

图 1　学习金字塔

示，使用不同的方式学习，或用不同的方式教学，其效果不同。例如，听讲座只能记得5%；小组讨论学习可以达到50%。学了就用效果可以提高到75%；而学了之后教其他人，效果可以达到90%。还有文献进一步指出，“看演示”以上为被动学习，以下为主动学习，因此被动学习和主动学习对学习效果有巨大影响。[①] 因此，我们要改进教学方式，以项目为主导，以学生为主体，让学生发挥自己的兴趣，进行探究式自主学习。

5. 提升教师的教学能力和水平

教师在教学中的重要性不用多说。应用型大学的教师，要学习教育理论，深入教学实践，努力成为双师型教师。

（四）应用型人才培养要改革大学组织制度

制度是高校组织赖以存在和发展的基础。制度影响甚至决定人的全面发展。制度是社会变革和高等学校变革之间协调的中介。应用型大学发展，要建立与之相适应的组织制度。

1. 建设校内校外结合、共容共生的制度体系

“产教融合，校企合作”，要有相应的制度保障。应用型大学的组织制度，不仅要考虑校内，而且要考虑校外，建设校内校外结合、共容共生的制度体系，如：大学理事会，政府、企业、学校圆桌会议，大学—社区合作委员会，校企、院企合作委员会等。这还需要根据我国的国情、学校的校情，进行深入探讨。

2. 探索资源转化的路径和制度

高校是一种需要消耗稀缺性资源的机构。资源既是教育发生发展的基本条件，也是高校与社会互动与交换的载体。与学术型大学相比，地方应用型大学资源和资源结构方面存在更多的问题，问题主要有：资源总量稀缺；缺少稳定多元的资源筹措渠道；现有资源利用率不高；内部资源结构同质性过

---

① 赵炬明．聚集设计：实践与方法（下）[J]．高等工程教育，2018（3）：32.

强；外部资源区域差异较大。

资源转化是高校获取资源的重要方式。市场经济条件下，资源配置发生了根本性变化：资源的获取不可能仅仅依靠国家，需要向社会广泛获取资源，在“以服务求支持，以贡献求发展”的过程中获取所需资源。无论政府资源，还是社会资源，都要通过资源转化的方式。

资源转化在三维九要素中进行。三维九要素指：第一维基础性资源，包括人力、财力、物力资源三个要素；第二维发展性资源，包括学术、市场、政府资源三个要素；第三维衍生性资源，包括观念、文化、制度资源三个要素。资源转化在这些要素中进行。资源转化的路径主要有：① 结合型转化——资源联合嫁接路径；② 结构性转化——资源结构优化路径；③ 认知型转化——资源内生路径。

3. 改革教学管理制度

教学管理制度要和应用型大学发展相一致。原有教学管理制度是根据培养学术型人才制定的，现在情况变了，管理制度也要相应改变。2013 年 10 月开始，文华学院组织五个小组，分别到教师、学生中征求意见，清理以往的制度文本，从教师聘任、人才培养、教学评价、学生管理等方面修订原有制度。在调查的基础上，对 16 项制度进行了修订，使之与应用型大学发展相适应。

培养应用型人才是一个新事物，不能停留在口头上、口号上，而要深入扎实地进行实践。在实践中创造，在创造中提升，形成应用型人才培养的观念和路径。这是一个长期、艰难的过程。

二十三、大学教师对于教学与科研关系认识和处理的调查研究

（一）问题的提出

教学与科研是高校两种最为基本的职能，也是大学教师学术身份的两个重要方面。这两者之间的关系如何，是一个争论已久并令人沮丧的话题。在北美及英国、澳大利亚等国家和地区，大致在20世纪五六十年代就已开始集中研究这一问题。现在，已有数不清的著述探讨这一问题。但是，依然没有什么定论。伯顿·克拉克说："现代大学教育中，没有任何问题比教学与科研之间的关系更为根本，也没有任何问题在学术界内外有如此肤浅的想法和倒退性的批评"。[①] 但是，这一问题又是如此重要，使得我们必须加以研究。因为，教学与科研关系的协调与否不仅决定了大学能否更好地发挥其价值，甚至关乎大学存在的合法性以及大学教师的身份认同。毕竟，如果不能协调好教学与科研的关系，大学作为纯科研建制就不如科研机构有效，或若纯粹是教学功用，就应了洪堡所说：这样的大学与中小学无异。

我国学者近年来也越来越多地关注这一问题。但与国外相比，我国学者的研究还多处于历史梳理、现象的感性描述以及工作性的政策建议等层面，实证研究非常少。据

---

① Clark B. The modern integration of research activities with teaching and learning [J]. Journal of Higher Education，1997，68 (3)：241-255.

我们的初步统计，已有的几项实证研究的主要内容是：① 对青年教师教学、科研投入状态的调查。如唐智松对原西南师范大学 40 岁以下从事教学科研的 466 名青年教师的教学投入、科研投入状况进行了调查。② 通过个案学校研究教师科研成果与教学效果之间的关系。如魏红等人在北京师范大学的研究，陆根书等人对西安交通大学 69 名教师的研究，杨金娥以湖南科技大学为个案的研究及韩淑伟等人对某校本科教学效果与科研水平相关性案例研究。③ 利用评价机构的数据进行的研究。如陆根书等人利用近年来中国高校评价中排名前 100 位高校教学、科研方面的数据，从学校层面对我国高校教学与科研的关系进行了实证分析。

这些研究无疑对于我们理解教学与科研的关系具有很重要的价值。但是，这些研究还存在一些不足之处：① 样本的代表性不强。有的研究基于一所学校的个案分析，有的研究的样本数量较小，从而影响了研究的可信度。② 研究主题的范围过窄。已有研究的主题直接集中于教学效果与科研产出之间的相关性，这种研究过于窄化。实际上，教学与科研之间的关系涉及很多因素，教学与科研之间的关系不等同于教学效果与科研产出之间的关系。③ 已有研究多限于直接的定量统计教学效果与科研产出之间的相关性，这种相关性研究的假设是二者之间是一种线性关系，并且可以用数据表示。而这种相关性研究，在 20 世纪七八十年代的北美也曾十分盛行，但后来遭到了很多批评。原因是这些研究忽视了教学与科研概念的多样性和模糊性，把二者假设成一种简单的线性关系。在文献梳理和现实调查中，我们发现，教学效果和科研产出都很难准确测量，教学与科研之间存在着非线性的复杂的内在关系。于是，结合院校研究的需要，我们设计并开展了此研究。

（二）研究方法

我们认为，对于大学教学与科研关系的研究，不在于采用各种指标去获取教师教学效果与科研产出的得分，并进行相关性分析。其实，教学与科研关系，涉及很多无法用数据表达的方面。并且，教师对自身教学与科研关系的处理、认识更具可靠性、深刻性，因此我们的研究分为四个步骤进行。

1. 文献研究与访谈

课题组成员于 2008 年底到 2009 年 3 月，集中查阅并分析了相关文献，尤其是外文文献。经过细致地梳理以及讨论后，在此基础上设计了一个访谈提纲，并于2009年5月采用分层随机抽样的方式，以“985”院校、“211”院校和一般普通本科院校为样本，对包括华中科技大学、武汉理工大学、江汉大学和深圳大学在内的4所大学共41名教师进行了深度访谈。这些教师的分布很广，在职称、年龄、学科、学位等方面都具有很强的代表性。对每位教师的访谈记录都整理成了文字报告，共计8万余字。

2. 问卷试测

在对访谈材料进行分析和归纳的基础上，从教师的感知入手，从教学与科研的概念、教学与科研的区别、在学校及自身行为中的地位、对教学科研关系认识与实际处理以及影响教学与科研关系的因素等方面设计了问题，于2009年6月底设计了《大学教学与科研关系调查问卷》，并进行了多次讨论和修订。问卷设计出来后，在华中科技大学、江汉大学、河南农业大学进行了试测，三所院校共发放问卷120份，回收93份。通过试测，发现问卷具有一定的信度与效度，能达到本研究的目的。针对问卷中的一些技术问题，进行了修订，形成最终问卷。

3. 抽样施测

2009年10月，在国内五所高校进行了抽样测试。我们采取分层抽样的方式，以“985”院校、“211”院校和一般普通本科院校为标准，在华中科技大学、武汉理工大学、湖北大学、广西大学、深圳大学进行抽样，每个学校都按照人文学科、社会科学、理科、工科四类学科进行抽样，每所院校的每个学科发放问卷50份。另外，考虑到医科的重要性，且由于这五所院校中，只有华中科技大学有医科，因此还在华中科技大学多发放了50份问卷。五所学校共发放问卷1050份，回收问卷739份，回收率70.38%，其中有效问卷691份。被试的基本分布见表1、表2。

表1　被试的院校分布

	人数	百分数/（%）
华中科技大学	150	21.7
武汉理工大学	160	23.2

续表

	人数	百分数/（%）
湖北大学	142	20.5
广西大学	124	17.9
深圳大学	115	16.6
合计	691	100.0

表 2　被试的人类学特征

	被试特征	人数	百分数/（%）
性别	男	385	55.7
	女	306	44.3
年龄	35 岁及以下	249	36.1
	36—45 岁	304	44.1
	46—55 岁	112	16.3
	55 岁以上	24	3.5
教龄	5 年及以下	188	27.2
	6—10 年	187	27.1
	11—15 年	120	17.4
	20 年以上	100	14.5
最高学位	学士	79	11.5
	硕士	241	35.1
	博士	366	53.0
职称	助教	43	6.3
	讲师	280	41.2
	副教授	268	39.5
	教授	88	13.0
学科	人文学科	119	17.2
	社会科学	236	34.2
	工科	180	26.1

续表

	被试特征	人数	百分数/（%）
学科	理科	124	18.0
	医科	31	4.5

（因填表时有的人某一项未填，故造成人数的不一致）。

4. 数据处理

剔除无效问卷后，我们采用了 Spss15.0 对数据进行了处理分析。

（三）结果与分析

1. 教师对于教学、科研及其区别的认识

吉肯斯（Alan Jenkins）等人说："学者如何认识教学、科研可能是理解二者关系及其如何运作的关键，但这个研究才刚刚开始。"[①] 显然，他这样说的一个假设就是，人们对于教学、科研的理解是多样的。斯科特（Peter Scott）就认为"教学""科研"都是富于多样化内涵的概念。他指出："教学是一个多样化的领域，在规模、层次、方式、地点、技术以及学科方面都存在差异。为什么这么一个异质化的活动被使用了一个词语'教学'，这是一个有趣的问题。"此外，他也认为："科研同样是个多样化的概念。"[②] 所以，我们的研究首先调查了教师对于教学、科研内涵及其区别的理解与认识。

（1）教师对于教学、科研的理解

要了解教师对于教学、科研内涵的理解，就必然涉及认识论的问题。从认识的本质及认识与主体的关系来说，我们可以把认识论分为两种，即客观主义的认识论和建构主义的认识论。客观主义认识论主张知识是客观、普遍

① Jenkins A. A Guide to the Research Evidence on Teaching-Research Relationships ［M］. New York：Higher Education Academy，2004.

② Scott P. Divergence or Convergence? The Links Between Teaching and Research in Mass Higher Education ［M］//Barnett R. Reshaping the University：New Relationships Between Research，Scholarship and Teaching. England：Open University Press，2005.

与中立的，要求人们在获取知识与认识的过程中摒弃经验、情感、意见等。建构主义的认识论强调知识与认识的生成性、情景性、社会性，主张并不存在固定、客观的知识，所有的知识、认识都是协商的结果。

结合道·艾尔巴（Dall' Alba）、马丁（Martin）和巴拉（Balla）等人的研究[①]，并按照从客观主义到建构主义的顺序，我们把人们对教学的理解分为三个层次：第一层次强调“传授固定和客观的知识”；第二层次强调“展示理论如何用于实践、开启学生对概念及其之间相互关系的感知”；第三层次强调“从不同的视角探索理解方式、改变学生的思想认识等”。我们按照这三个层次设计问题，并对教师进行了问卷调查，发现27.5%的教师持有第一层次的教学观，29.9%的教师持有第二层次的教学观，42.6%的教师具有第三层次教学观（见表3）。另外，我们还调查了教师是否认为“教学是一门需要认真研究的专门学问”，发现35.7%的教师持“非常同意”的态度，57.5%的教师持“比较同意”的态度，只有不足10%的教师持“比较不同意”或“非常不同意”的态度（见表4）。

表3　教师对于教学内涵的理解

选项	频数	百分数/（%）
教学是教师向学生呈现信息的活动	29	4.3
教学是教师向学生传递知识的活动	158	23.2
教学是开启学生对学科概念及概念间关系的理解的活动	203	29.9
教学是通过师生交流而改变学生的观念或对世界的感知的活动	290	42.6

注：前两个选项属于第一层次的教学观，第三选项属于第二层次的教学观，第四选项属于第三层次的教学观。

表4　是否同意“教学是一门需要认真研究的专门学问”

选项	频数	百分数/（%）
非常同意	246	35.7
比较同意	397	57.5
比较不同意	46	6.7
非常不同意	1	0.1

① （澳）迈克尔·普洛瑟，（澳）基思·特里格维尔. 理解教与学：高校教学策略［M］. 潘红，陈锵明，译. 北京：北京大学出版社，2007：170-171.

同样按照从客观主义到建构主义的顺序，我们把科研观也分为三个层次，第一个层次认为“科研是运用科学的方法探究世界客观规律的活动”，第二层次认为“科研是研究者赋予现象以意义的过程”，第三层次则认为“科研是研究者之间观点的相互评价与碰撞的过程”。通过调查分析，我们发现67.5%的教师对于科研的理解处于第一层次，处于第二层次和第三层次的教师分别占17.3%和15.2%（见表5）。

表5　教师对于科研内涵的理解

选项	频数	百分数/（%）
科研是运用科学的方法探究世界客观规律的活动	457	67.5
科研是研究者赋予现象以意义的过程	117	17.3
科研是研究者之间观点的相互评价与碰撞的过程	103	15.2

可见，对于教学，教师倾向于持有建构主义的观念，认为教学具有很强的社会性与情境性，强调师生互动与交流。并且，教师还普遍认为教学是一门专门学问。而对于科研，教师则倾向于持有客观主义的观念，认为科研是运用科学的方法去发现那些独立于主体的知识。

（2）教师对于教学、科研区别的认识

教师对于教学、科研内涵的理解是问题的关键，二者之间的区别也同样重要，因为，教师对于二者关系的处理必然涉及二者的差异。通过资料分析以及初步的访谈，我们拟出了教学、科研在十个方面的可能性差异，并以此调查了教师，试图发现教师所认可的教学与科研的差异。通过统计处理可知，教师对于这十个观点都分别具有倾向性的选择。进一步比较每个观点上两个较高的频数可得出，教师对于观点九和观点十的态度差异性不显著。因此，我们可以说，整体而言，教师比较同意观点一、二、三、四、五和六，对于观点七、八则持比较不同意的态度（见表6）。也就是说，教学与科研的不同之处有以下几个方面：① 从性质上讲，科研是自己发现知识，教学是帮助学生发现知识。② 从条件上讲，教学需要广博的知识，而科研需要专门、集中的知识；教学需要良好的沟通能力，科研需要坐冷板凳；科研凭的是兴趣，教学需要的是责任感。③ 从评价上讲，科研容易量化，教学不容易量化。④ 从效果上讲，科研效果立竿见影，教学效果有内隐性和滞后性。当然，除此之外，教学与科研之间还可能存在别的不同。

表6　教学、科研之间的区别

同意与否 / 观点	非常同意	比较同意	比较不同意	非常不同意
1. 科研是自己发现知识，教学是帮助学生发现知识	101	394	139	48
2. 科研容易量化，教学不容易量化	100	295	214	70
3. 科研凭的是兴趣，教学需要的是责任感	151	346	147	36
4. 教学需要广博的知识，而科研需要专门、集中的知识	103	335	200	45
5. 科研效果立竿见影，教学效果有内隐性和滞后性	119	328	187	41
6. 教学需要良好的沟通能力，科研需要坐冷板凳	116	332	194	37
7. 科研的社会价值大，教学的社会价值小	34	97	302	252
8. 科研是创造性活动，教学是重复性活动	56	201	335	91
9. 科研受团体及社会因素制约，教学水平提升主要靠个人	68	305	267	44
10. 科研是自己的事情，教学是公共事务	77	249	251	104

注：表格中的数字代表的是选择此项的教师人数。

2. 教师对于教学与科研本质关系的认识

我们的调查发现，55.2%的教师认为教学与科研之间是一种正相关关系（见表7）。这与我们于2009年5月采用分层随机抽样的方式，对国内某著名大学的23位教师进行的访谈结果是一致的。①

表7　教师对于教学科研关系的理解

选项	频数	百分数/（%）
负相关	85	12.3

① 张俊超，吴洪富．变革大学组织制度，改善教学与科研关系［J］．中国地质大学学报（社会科学版），2009（5）．

续表

选项	频数	百分数/（%）
正相关	380	55.2
说不清楚	201	29.2
没有内在联系	23	3.3

当然，虽然教师普遍认为二者之间呈现一种正相关的关系，但是，教师们认为二者间的相互促进作用的大小却不尽相同。47.1%的教师认为，科研对于教学的促进要大于教学对于科研的促进作用。只有27.3%的教师认为，教学对于科研的促进作用更大一些（见表8）。

表8　教学、科研间相互促进作用的比较

选项	频数	百分数/（%）	Chi-Square（a）	p
科研对于教学的促进大于教学对于科研的促进	321	47.1	218.258	0.000
教学对于科研的促进大于科研对于教学的促进	186	27.3		
教学、科研彼此间没有什么影响	104	15.2		
教学、科研彼此干扰	71	10.4		

也许正因为科研对于教学的积极作用，17.7%的教师非常同意、54.0%的教师比较同意“要成为一名优秀的大学教师，就必须进行科研”，通过卡方检验，进一步可知教师确实更倾向于认为科研是大学教师必须参与的活动之一（见表9）。这在观念上进一步印证了二者之间正相关的关系。

表9　是否赞成“要成为一名优秀的大学教师，就必须进行科研”

选项	频数	百分数/（%）
非常同意	121	17.7
比较同意	370	54.0
比较不同意	160	23.4
非常不同意	34	5.0

3. 教师对于教学与科研关系的处理

在教师的观念和认识上，教师有着教学科研之间存在正相关的信念。他们实际上又是如何对待教学与科研的呢？从时间安排来看，66.7%的教师至少用了50%以上的工作时间进行教学活动（见表10），只有33.3%的教师认为自己工作时间的50%以上用于了科研（见表11）。通过进一步的检验，发现教师显著性地倾向于把50%～70%的工作时间用于教学，把30%～50%的工作时间用于科研。

表10　教师的教学时间

选项	频数	百分数/（%）
70%以上	164	23.9
50%～70%	294	42.8
30%～50%	176	25.6
30%以下	53	7.7

表11　教师的科研时间

选项	频数	百分数/（%）
70%以上	49	7.1
50%～70%	182	26.3
30%～50%	271	39.2
30%以下	189	27.4

不仅时间安排上如此，教师也普遍认为自己的工作重点有较为重视教学的倾向。通过分析发现，40.2%的教师把教学放在优先的地位，41.2%的教师把教学科研同等对待，只有18.6%的教师认为自己更重视科研的地位（见表12）。

表12　教师对于教学科研优先性的安排

选项	频数	百分数/（%）
教学优先	277	40.2
科研优先	128	18.6
教学科研同等对待	284	41.2

但是，与此同时，教师的工作重点整体呈现出从教学到科研的走势。其中，55.9%的教师认为倾向了科研，24.7%的教师认为工作重点倾向了教学，19.4%的教师认为工作重点没有变化（见表13）。另外，33.7%的教师在近三年中从未参与过教学研究课题，对教学没有进行过任何专门研究（见表14），47.6%的教师认为从教学实践中获取的科研问题很少，16.9%的教师的科研问题根本就与教学实践无关（见表15）。此外，15.9%的教师和50.1%的教师分别非常同意和比较同意目前“发表成果的压力削弱了本校教学的质量”（见表16）。

表13　教师工作重点的变化

选项	频数	百分数/（%）	Chi-Square（a）	*p*
倾向了教学	170	24.7	18	0.000
倾向了科研	384	55.9		
没有变化	133	19.4		

表14　从事教学研究课题情况

选项	频数	百分数/（%）
支持过	173	25.1
参与过	284	41.2
没有	233	33.7

表15　科研问题来自教学实践的情况

选项	频数	百分数/（%）
很多	43	6.3
较多	201	29.2
很少	328	47.6
没有	116	16.9

表16　是否同意“发表成果的压力削弱了本校教学的质量”

选项	频数	百分数/（%）
非常同意	109	15.9
比较同意	343	50.1

续表

选项	频数	百分数/（%）
比较不同意	190	27.7
非常不同意	43	6.3

可见，在教学与科研关系这一问题上，教师普遍认为二者存在正相关的关系。但在实践中，教师又感觉到科研已经造成了教学效果的下降。教师实际的教学与科研之间并不总是呈现出正相关，甚至没有太多联系。教师已经处于一种信念与实践的背离之中，甚至不得不违背自己教学科研之间正相关的信念，宁愿进行教师间的分化，允许一部分人只从事教学，而另外一部分教师只从事科研。从表 17 可知，11.1%的教师非常同意教师间的分化，51.7%的教师比较同意教师间的分化。教师处于一种很矛盾的困境中。

表 17　是否同意进行教师间的分化

选项	频数	百分数/（%）
非常同意	76	11.1
比较同意	355	51.7
比较不同意	207	30.2
非常不同意	48	7.0

4. 影响教学科研关系的因素

影响教师对于教学与科研关系认识与处理的因素有哪些呢？我们通过研究发现，学科性质与学校和院系政策是较为突出的影响因素。其中，有32.0%的教师认为学科性质对于教学与科研关系的影响最大，43.8%的教师则认为学校和院系的政策是影响教学与科研关系的最大因素（见表 18）。通过进一步分析，可知教师在这两项影响因素的选择上存在显著性差异（见表 19）。由此，我们可以说学校与院系政策是最突出的因素。

表 18　教学科研关系的影响因素（一）

选项	频数	百分数/（%）	Chi-Square（a）	p
个人偏好	79	12.0	384.305	0.000
学科性质	210	32.0		

续表

选项	频数	百分数/（%）	Chi-Square（a）	p
学校、院系政策	287	43.8		
国家政策	57	8.7		
学生经验与需求	23	3.5		

表 19　教学科研关系的影响因素表（二）

选项	频数	百分数/（%）	Chi-Square（a）	p
学科性质	210	42.3	11.930	0.001
学校、院系政策	287	57.7		

此外，目前高校呈现出过于重视科研的倾向，48.9%的教师认为本校存在“重科研轻教学”的情况（见表 20）。这表现在各个方面，如 52.8%的教师认为在教师选聘上倾向于科研，9.9%的教师认为教师选聘上主要是科研导向，52.6%的教师认为在职务晋升上倾向于科研，33.3%的教师认为职务晋升主要是科研导向，44.9%的教师认为在薪酬分配上倾向于科研，14.4%的教师认为主要是科研导向（见表 21）。继续分别选取教师选聘中的“倾向于教学能力”与“倾向于科研能力”、职务晋升中的“倾向于科研能力”与“科研能力”、薪酬分配中的“倾向于教学能力”与“倾向于科研能力”，做进一步的统计分析，发现这三项的卡方值分别为 32.305、29.734、3.966，p 值分别为 0.000、0.000、0.046，也就意味着在教师选聘、职务晋升和薪酬分配的标准上，教师显著认为是“倾向于科研能力”。

表 20　教师对于本校教学科研关系现状的认识

选项	频数	百分数/（%）	Chi-Square（a）	p
重教学轻科研	92	13.4	282.756	0.000
重科研轻教学	337	48.9		
教研同等重要	206	29.9		
教研都不重视	54	7.8		

注：“重科研轻教学”与“教研同等重要”之间也呈显著性差异，卡方值为 31.604，p 值为 0.000。

表 21　教师选聘、薪酬分配和教师晋升上的标准/（%）

	教师选聘	职务晋升	薪酬分配
教学能力	4.7	1.8	2.8
倾向于教学能力	32.6	12.3	37.9
倾向于科研能力	52.8	52.6	44.9
科研能力	9.9	33.3	14.4

另外，在不同的院校中，还存在显著性的差异（见表 22）。进一步分析可知，华中科技大学 62%的教师认为本校“重科研轻教学”，而武汉理工大学、湖北大学、广西大学、深圳大学相应的比例分别为 54.4%、50.7%、42.7%、28.7%，基本上呈现办学层次越高，越多教师认为本校存有科研导向。

表 22　不同院校教师对于本校教学科研关系现状认识的分布（人数）

选项	学校				
	华中科技大学	武汉理工大学	湖北大学	广西大学	深圳大学
重教学轻科研	5	14	19	24	30
重科研轻教学	93	86	72	53	33
教研同等重要	38	51	42	39	36
教研都不重视	14	7	9	8	16

注：卡方值为 58.303，$p = 0.000$。

（四）结论与讨论

经过研究，我们得出了一些结论，如教学与科研之间存在许多不同，教师相信教学与科研之间呈现正相关的关系，教学与科研关系的主要影响因素是组织制度，等等。除此之外，本研究还加深了我们对以下几个问题的认识。

1. 关于“教学”与“科研”的内涵问题

教学与科研关系的问题，受到“教学”“科研”内涵的直接影响。正如斯科特所言，“教学”与“科研”都是多样化的概念。人们对它们的理解千差万别。在相关性的量化研究中，“教学”“科研”被看作是孤立的、可以准确测量的事物。而这是不可行的。因此，魏莫（Weimer M.）认为：“我们需要改变对于教学、科研的界定，唯有如此，教学与科研统一、重叠才有可能发生，令人厌烦的教学科研争论也才有可能是一场值得观看的游戏。”[①] 布儒（Brew A.）和邦德（Bound D.）甚至认为，在已有的研究中，明显缺乏对于什么是教学、什么是科研的讨论。[②] 布儒还试图寻找一种标准来区分出不同类型的教学与科研，她认为知识观是一种理想的媒介。她认为存在两种知识观，一种是实证主义的、经验主义的知识观，一种是多元主义的知识观。这类似我们所区分的客观主义和建构主义。相应地，她把教学、科研都分为两种，即经验主义的教学观、科研观和多元主义的教学观、科研观。她明显倾向于后者，认为在这种认识下，教学与科研更易于结合。[③]

通过研究，我们总结出了教学与科研在性质、条件、评价以及效果等几个方面的不同，并从认识论的角度，发现教师倾向于持有建构主义的教学观和客观主义的科研观。比较布儒的研究，我们就遇到一个问题，即布儒认为教师个体的知识观是确定的，无论在教学还是在科研上，都表现出这种知识观。而我们的研究发现，教师的教学观和科研观是不一致的。我们认为，一种可能的解释是，个体的知识观具有一定的不确定性，也就是说，在教学方面，教师由于受到建构主义教育与心理理论的影响，已经形成了类似的观念。而在科研方面，教师并没有获得相应的学习经验。

另外，我们虽然发现了教学与科研的确存在一些不同之处，但是，教学与科研之间还有很大的相容性，即教学具有研究的性质，而科研也具有教学的价值。二者的相容性其实也是一种关系的表达，对这一问题，还需要做更深入的研究。

2. 关于“教学与科研相统一”

自洪堡提出“教学与科研相统一”的理念之后，在教学与科研是否存在以及是否应该存在联系这一问题上，一直存有争议。对于教学与科研关系的研究也因此不断涌现。为了找出二者之间真实的关系，一些学者便试图通过

① Weimer M. Integration of Teaching and research: Myth, Reality, and Possibility [J]. New Directions for teaching and learning, 1997, 72: 53-62.

② Brew A, Bound D. Teaching and research: Establishing the vital link with learning [J]. Higher Education, 1995, 29: 261-273.

③ Brew A. Research and teaching: changing relationships in a changing context [J]. Studies in Higher Education, 1999, 24 (3): 291-301.

量化的手段测量其关系。其中，教学效果基本上以学生对教师教学的评价为指标，科研产出以教师成果发表的数量为指标。但结果却令人更加困惑。如弗尔德曼（Feldman K. A.）在对美国一些研究做了综述之后，发现各种测量教师科研产出（或学术成就）与学生对教师的教学评价之间都是正相关，并多呈微弱相关。[①] 但在另外一项研究的综述中，韦伯斯特（Webster D. S.）回顾了 9 项研究，发现所有这些研究都极小或者没有正相关存在于科研产出和教学效果之间。[②] 而拉姆斯登（Ramsden P.）和莫斯（Moses I.）则走得更远，他们的研究发现，在澳大利亚学术人员中，从个体和院系层面分析，科研和本科生教学之间存在负相关或者零相关。[③]

困惑之余，研究者开始反思这种相关性研究，指出这种研究忽视了教学、科研的复杂性与不易测量性，强调要寻找新的思路探究教学与科研之间的关系。于是，通过定性或定性与定量结合的方法，来研究教师的感受与经验成为近来研究的新理路。我们的研究也是这类研究。通过研究，我们发现，虽然已经历经一百多年，虽然高等教育的内外部环境已经发生了巨大变化，但是洪堡的理念依然是大学教师的信念，即教学与科研之间是一种密切的正相关关系。但正如布儒和邦德所说，我们还需要“更精致的研究”。[④] 因为，仅仅发现是正相关和相互促进的关系还远远不够。我们还要找出这种“相互促进”的具体所指，也就是揭示教学如何从教师研究中或者科研如何从教学中受益的不同类型与不同机制。这也为我们今后的研究指明了方向。

3. 关于教学与科研关系的影响因素

本研究发现，大学组织制度是影响教学与科研关系最大的因素。目前大学教学与科研关系存在的一些问题，如教学与科研的分离问题，甚至教学与

---

① Feldman K A. Research productivity and scholarly accomplishment of college teachers as related to their instructional effectiveness: a review and exploration [J]. Research in Higher Education, 1987, 26 (3): 227-298.

② Webster D S. Does research productivity enhance teaching? [J]. Educational Record, 1985, 66: 60-63.

③ Ramsden P, Moses I. Associations between research and teaching in Australian higher education [J]. Higher Education, 1992, 23 (3): 273-295.

④ Brew A, Bound D. Teaching and research: Establishing the vital link with learning [J]. Higher Education, 1995, 29: 261-273.

科研相对立的问题等，都与组织制度有着直接的关系。我们认为，盲目追求“一流”的目标驱动、评价与考核机制的偏颇以及教学管理方式的不科学，是目前大学存在的制约教学与科研良性关系建构的重要因素。①

此外，教学与科研关系还受到社会因素及教师个体因素的制约。社会因素对于教学科研关系的影响是很大的。伯顿·克拉克（Burton R. Clark）指出，自20世纪60年代以来的“科研漂移”与“教学漂移”，更多是由于政府和工业界的利益驱动使然。② 我们在研究中发现，评价体制、社会价值观被认为对教学与科研关系的性质及其处理有非常大的影响。多数教师认为，目前国家对于大学的评价体制，使得大学和教师必须极力重视科研产出；一些教师还注意到，目前国家所处的发展时期，决定了功利性的科研受到重视，而忽视了长久的人才培养。

教学与科研的关系，与教师个体因素也密切相关。第一，教学与科研关系受个人经验的影响。访谈中一位教师说：“以前在公司时我接触到一些新员工，他们很多是从一流高校毕业的，但到社会上却还一事无成，这涉及培养质量的问题。所以我希望自己成为一名真正的好老师。”另一位教师则谈道：“我个人的教学效果很好，我能从教学中获取成就感，所以，我喜欢教学。同时，我在国外的经历使我认识到，我们的教学与国外相差很远，我更愿意培养学生。”个人的经验还制约着科研与教学的转换。一位教师认为，教师如果缺乏经验，就容易把简单的问题复杂化，如果有经验的话，情况就完全不一样。第二，教学与科研关系受个人兴趣的影响。一些教师更喜欢教学，认为教学“能够使自己与年轻的心灵相交流”，而另外一些教师则认为“自己的兴趣在于发现新的知识，在于探索未知世界，科研的投入多些”。第三，教学与科研关系受个人年龄、职称的影响。我们在研究中发现，教师多数认为，刚参加工作的教师要站稳讲台，必须抽出大量时间教学；而30～40岁之间的教师则处于发展期，可能偏重科研；40～50岁的老师能较好地处理二者的关系，教学与科研是平衡的；50岁以上的教师，更容易倾向于教学。当然，也有教师认为，随着职称的升高，教师呈现逐步“科研化”的倾向：年轻教师几乎

① 张俊超，吴洪富．变革大学组织制度，改善教学与科研关系［J］．中国地质大学学报（社会科学版），2009（5）．

② （美）伯顿·克拉克．探究的场所［M］．王承续，译．杭州：浙江教育出版社，2001：232-240.

没有能力和机会承担科研任务，“被迫”重视教学，而教授则有更多的资源，可以获得更多的科研机会，也被赋予了更重的科研责任。对于这些，还需要在更细致的实证研究基础上予以进一步探讨。

（2009—2010年进行本课题研究，张俊超、吴洪富等参加调研与撰写）

二十四、
高校教师成长与发展规律探究
——基于华中科技大学 50 名优秀高校教师成长历程的质性调查

高校教师的成长与发展在很大程度上决定着一所高校乃至整个高等教育发展的水平与质量，研究和总结高校教师的发展规律是一个非常有价值的议题。优秀教师的成长历程可以为我们深入探究教师发展的规律提供鲜活的案例和独特的视角，从而为高校有效实施教师发展项目和改进相关政策提供依据和支持。笔者在 2006—2014 年对华中科技大学 50 名优秀高校教师进行长期观察与深入访谈的基础上，结合大学教师发展理论和自身的经验与体会，总结归纳出的一些高校教师成长与发展的共同特征和规律。由于案例的样本不多，结论具有一定局限性，目的在于引起对相关问题的讨论、探究。

（一）高校教师的职业特征与高校教师发展的内涵

作为一种学术职业（academic profession），高校教师发展有着自己的特殊性。一方面，学术是学者赖以生存的一种谋生手段，具有职业的普遍实用性；另一方面，学者又超越了狭隘的功利性，把追求学术当作一种“天职”。美国教育学教授马丁·芬克斯坦认为，学术职业是“拥有专业知识背景的、易受新知识生产影响的、随着劳动力市场波动的、遵循共同学术规则和学术伦理的自主性职业”[①]。高校教师从事学术职业，其职业特征体现在以下三个方面。

首先，学术职业具有专业性，其专业性主要体现在两个方面，一方面，作为教书育人的大学教师，教育教学水平的专业化是其职业的必备素质；另一方面，大学作为传播和探究高深知识的场所，教师所在的学科专业有着严格的学术规训，学科专业知识是其进行教学、科研和社会服务的基础。

其次，学术职业具有自主性，它是一个相对自由的职业，这种自由体现在教师对学术的自由探究上，教师对自己的专业发展有着较强的自主性。

再次，学术职业具有超越性，它是一种“听取内心召唤”的职业，学术追求永无止境，教师的发展并不局限于满足职业的基本需要，而是一个开放的系统，充满着无限的复杂性和挑战性。所以专业性、自主性、超越性等职业特点决定了高校教师发展也遵循着特殊的运行逻辑和规律。

对高校教师发展的内涵，不同的研究者有不同的理解。第一种理解是将高校教师发展视为一种提高教师教学水平，改善教学质量的活动。如博伊斯（Boice）认为，高校教师发展就是提高教师教学、促进教学改进的同义语。[②]第二种理解是将高校教师发展看作一种综合的、全面的活动，包括多个内容维度，由教学发展、组织发展和个人发展三部分相关的活动组成，三种活动涉及态度、过程、结构等要素，缺一不可。[③] 第三种理解认为高校教师发展不仅指帮助教师完成多种角色的活动，而且包括教师作为一个完整的人的全面的发展，如克劳（Crow）等认为，高校教师发展是教师成员的全面发展——作为人，作为专业人员和作为学术界成员的发展。[④] 1991 年美国教育联合会（NEA）对高校教师发展提出了一个较全面、系统的界定，认为教师发展基本围绕四个目标：个人发展、专业发展、组织发展和教学发展。本研究综合上述理解，主要从这四个维度，将高校教师发展置于一个整体性的框架下，从

---

① Martin Finkelstein J，Robert Seal，Jack Schuster H. The New Academic Generation：A Profession in Transformation ［M］. Baltimore：Johns Hopkins University Press，1998.

② Boice R. Reexamination of traditional emphases in faculty development ［J］. Research in Higher Education，1984，21（2）：195-209.

③ William Bergquist H，Steven Phillips R. Components of an Effective Faculty Development Program ［J］. The Journal of Higher Education，1975，46（2）：181-184.

④ Crow M L，Milton O，Moomaw W E，et al. Faculty development centers in southern universities ［M］. Atlanta：Southern Regional Education Board. 1976：7.

结构、过程和态度等方面探讨其成长与发展的规律。

本研究选取的50名研究对象，主要来自武汉地区的三所高校。其中有来自研究型大学的教师32名，教学研究型大学教师6名，教学型大学教师12名；学术经历从入职2年到30年不等，其中讲师10名，副教授8名，教授32名；学科背景包括人文社会学科、自然学科、管理与经济学科等。他们在教学与科研方面均取得了不错的成绩（教学效果较好、科研论文发表与课题承担表现突出），个人也表现出良好的心理品质，同时来自学校管理者和同行的社会认可度较高。研究者围绕其成长与发展经历分别进行了半结构性的深入访谈，并辅之以工作场合的观察和其他方式的长期关注，收集了大量一手资料。通过对这些资料（每个案例用A1—A50表示）的分析与归纳，总结出带有一定普遍性的规律。

（二）高校教师成长与发展的几个基本规律

1. 初职的三五年是最佳成长期

许多学者把成人发展理论运用于高校教师的发展研究，如霍奇金森（Hodgkinson）依据年龄把高校教师职业分为7个阶段；弗里德曼（Freedman）根据高校教师关注重点的变化把高校教师职业分为5个阶段；鲍德温（Baldwin R. G.）和布莱克本（Blackburn R. T.）将高校教师职业根据职业阶梯划分为五个时期，即适应生存期、初获认可期、相对稳定期、高峰转折期、隐退淡出期。[①]

尽管划分的依据不同，但很多研究都表明：在大学教师发展生涯中，最初的几年是一个非常关键的时期。本研究中部分教师表达了如下看法：

> "在初职期，我们本身有一个认识自己的过程，学校对我们也有一个认识的过程。在这个过程中，如能尽快熟悉环境，明确学校、院系的要求和自己的发展重点，然后对接上，就可以顺利'入场'了。"（A32）

① Baldwin R G，Blackburn R T. The Academic Career as a Development Process：Implications for Higher Education [J]. Journal of Higher Education. 1981：607.

“初职期发展好，会对职业产生一种胜任感，从而增强自己的信心，有了自信，对工作的兴趣也会增强。”（A1）

“起步时做出了成绩，大家自然会关注你。容易得到领导和同事的信任、重视，优先获得发展平台，这样很快就会走在别人的前面。”（A13）

“领导信任你，就会给一定的职位，有职位可以参与管理，获得一定资源，由被动发展变为主动发展，推动自己成长。”（A6）

教师们从认识自我、增强自信、获得认可等方面，阐述了初职三五年的重要性。

首先，这段时期是一个“候场”期[①]，相当于美国大学的试用期，是对高校教师进行“甄选”和“优化”的一个时期。对于教师本人来说，在这个阶段可以认清自己是否具有学术潜能，能否胜任大学教职；对学校而言，则可运用这段时间和机会考察、挑选优秀的大学教师。

其次，这一时期是高校教师职业生涯最困难、面临压力最大的时期。新教师如能在这段时间顺利完成从学生到教师的角色转换，获得较好的教学与科研体验，并且初步融入所在高校的学科与组织文化，得到学生和同事的认可，则会增强自己的职业认同与信心，为今后的发展奠定一个良好的基础。

再次，大学教师发展不仅需要教师个体知识的累积、更新，而且需要学校或其他组织提供的各种学术发展机会。对那些能在适应期崭露头角的老师，会优先赢取资源，获得好的发展平台，从而进一步激发和满足他们的成长需要。

初职期表现优秀的教师有什么特征呢？罗伯特·博伊斯（Robert Boice）通过对大学青年教师长达20多年的研究和对数千名新教师的近距离观察，将那些在大学教师生涯的头几年中表现突出的青年教师称为“敏捷的起跑者”，发现这一人群只占到入职青年教师总数的3%～5%。[②] 本研究中教师们就此发表了如下看法。

“尽早通过与有一定经验的教师进行交谈，了解大学和院系的要求，特别是与系主任等搞好关系并争取得到他们的帮助”。（A43）

① 张俊超，大学场域的游离部落——大学青年教师发展现状及应对策略［M］. 北京：中国社会科学出版社，2009：216.

② 罗伯特·博伊斯．给大学新教员的建议［M］. 徐弢，李思凡，译．北京：北京大学出版社，2007.

> “互帮互助、共同促进和提高的氛围，可以让每一个人的潜能都充分调动起来用在科研项目攻关上，这可能是我在短短几年内取得成果的重要原因。”（A27）
>
> “工科见长的院校，产学研结合有着很好的基础，要发掘这些优势条件，充分利用科研的有利平台。”（A28）。

本研究借用“敏捷的起跑者”这一称谓，从访谈教师的经验中归纳出这些教师在入职的3～5年内呈现出的共同特点。

第一，对教学的快速适应。在我国，绝大多数初任教师是在没有任何教育学理论基础和实践经验的情况下开始职业生涯的，因此入职初期得投入相当的时间与精力学会“站稳讲台”。而“敏捷的起跑者”们大多在研究生教育阶段就开始思考学术职业，观察和积累有关教学的经验，从而在较短时间内适应从学生到教师角色的转变。

第二，抓住学术创造力的高峰期。当大多数新教师陷入让人忙碌疲惫的教学事务并由此产生消极体验的时候，“敏捷的起跑者”们已经开始将部分关注力转移到与学科发展与论文发表相关的事情。由于刚经历过博士学位论文阶段的训练，教师在某个领域有着较为系统而深入的研究，抓住这个时机，在此基础上做出学术成果是水到渠成的事情。

第三，了解校园文化并建立良好的人际关系。与同事交往并在交往过程中了解所在组织的文化与规则，善于发现那些可供已所用的资源，并加入某个团队，表现出积极的合作态度。

因此，入职三到五年是一个最佳发展期，这个时期的发展奠定了职业发展的基调，早期形成的研究习惯将影响着随后的职业生涯，往后成功或失败的模式便以极快的速度形成。

2. 在发展中成长

成长与发展既有联系，又有区别。联系表现在二者都有“提升”之意，这种“提升”都需要通过自身的改变来实现。区别主要表现在：成长有自然而然地“生长”之意，其本质力量源于个体内在的自我更新需求，它主要基于人的身心发展规律，具有内在连续性；而发展则带有通过有意识的努力去推动、促进、提升之意，更多的是基于外在的社会环境与要求的变化而做出的主动或被动的改变，由于外界环境与国家政策变化等不确定因素，发展具有非连续性。而高校教师发展作为一种综合活动，包括多个维度，是教师成员的全面发展——作为人、作为专业人员和作为学术界成员的发展。[①] 为什么说高校教师在发展中成长呢？

首先，高校教师发展是在自我成长与外部环境不断协调中发展的过程。作为学术职业，高校教师有着强烈的自我成长动机，对自我发展有一个比较清晰的目标和规划，因此相对于所就职的学校而言，更忠诚于自己的学科与专业。但与此同时，每位教师的发展又是与其所在的高校、院系以及学科发展目标紧密相连的，即其赖以生存和发展的组织环境，也有自身的发展目标和任务。这就决定了高校青年教师发展不是一个单向的过程，而是一个所在组织和教师双向建构的过程。在学校文化和制度的影响下，教师内在的个体成长动机不断地与环境发生作用，最终达致和谐统一。

> “内外因对自己成才都很有影响，但我认为还是那句话：外因很重要，但内因是动力，是最根本的。”（A13）

其次，高校教师发展是一个持续而漫长的过程。任何职业都需要发展，但高校教师更需要发展。这是因为：一方面，教师传授的学科知识与技术是不断发展的，教师必须及时更新自己的知识，站在学科发展的最前沿，去研究和探索新的领域，并把最新的议题与思考呈现给学生；另一方面，教师面对的学生是随着时代、环境的变化而不断发展、变化的，教师要不断地去了解学生的现状和特点，研究学生学习与发展的规律，从而做到因材施教，有效教学。大学教师不仅是知识的创造者和传递者，而且要成为学生终身发展的引领者。教师正是在自我更新与教学相长的发展过程中得到了相应的成长。

> “学生对我的支持和友好评价是我搞好教学、上好课的强烈动力之一。我喜欢教学，喜欢和学生在一起，我觉得和他们一起我也获得了成长。”（A10）

再次，高校教师发展大体遵循一个从外到内、由量变到质变的阶段性规律。从个体发展阶段来看，处在适应生存期的大学教师，为“站稳讲台”和“争夺学术圈的入场券”（A45）的有限资源，其行为选择除受到个体认知观念的影响外，更多地受学校对教师的各项规定所制约；处在快速发展期的大学

① Crow M L, Milton O, Moomaw W E, et al. Faculty development centers in southern universities [M]. Atlanta: Southern Regional Education Board. 1976: 7.

教师，由于关注职称晋升，也主要服从于学校的要求与决定；而越过这个阶段后，大学教师的发展开始转向内在的成长需求，相对较少受各种外部力量的牵制，而较多地根据自己的判断与兴趣做出决策。所以，处在高原反思期和隐退超越期的大学教授们，往往能够特立独行，表达自己的观点，做出符合个体本性的行为。[①] 在这个阶段，大学教师追求一种自我实现的满足感，而学术职业带给他们的也是一种超越个人利益和个人发展的内在享受性及深远意义。

> "我现在想，如果我能拿到一项持续的课题，我就会慢慢地、有意识地减少教学量。"（A46）
>
> "评上教授后，我实现了被动向主动的转变，对我来说，这个转轨非常好，也非常的重要。"（A23）
>
> "虽然对我来说，已经不存在考核的压力了，但还是想做点什么。学术对我来说是一种乐趣，而且能对社会产生一些影响和作用。"（A41）

高校教师如何在发展中成长呢？澳大利亚学者格里斯也曾通过对 28 名大学教师的访谈，提出了大学教师发展的六种变化：① 变得更多产与高效；② 获得了学术信任和认可；③ 持续提高工作质量和效果；④ 持续增长个人知识和技能；⑤ 对学术领域的理解日渐深刻与全面；⑥ 贡献于学科发展或社会变革。[②] 本研究中部分教师表达了类似的认识。

> "一年写几篇文章，上几门课，这只是保底的。这个阶段主要就是修身吧！就是得把自己的专业做得更好一点，苦练内功，把自己打造成牛人！"（A42）
>
> "当看到一些与我研究领域有关的内容就有一种兴奋的感觉，翻看专业资料并不觉得辛苦和枯燥，反而觉得很有乐趣，一种别人所体会不到的乐趣。"（A23）
>
> "精神上的满足很重要。我现在可以带动一批人，带动很多的年轻教师、学生，和我的同事一起做事，有一种强烈的被需要感。"（A16）

---

① 付八军. 论大学教师成长的阶段性特征［J］. 教育与考试，2011（1）.

② Gerlese Kerlind S. Academia growth and development—How do university academics experience it?［J］. Higher Education，2005（Spinger）50：1-32.

“当你把学术作为事业来追求的时候，这些也就变成你生活的一部分了，也就不觉其苦了。”（A19）

同格里斯指出的相似，这些变化与变化之间虽没有泾渭分明的界限，体现为模糊的过渡，但是却体现出教师在外部发展中不断获得内部成长的态势。当然，从外到内，发展和成长也并非一种线性过程，而呈现出非线性特征。

正如赖特·米尔斯所说，为了挖掘潜力，优秀的研究者抓住任何邂逅的机会，在学术工作中融入个人的生活体验，并持续不断地审视它。① 体现大学教师的魅力之处就在于学无止境。

3. 在确立发展方向中进行规划

规划是教育的题中应有之义，它是让一个人从现实世界迈向可能世界的桥梁。大学教师要真正担当起引领学生终身发展的使命，自己先要成为自觉规划职业发展的生命主体。但发展是一个过程，是有明确指向的目标性运动，大学教师的规划应在明确发展方向的前提下进行。教师们认为：

“方向比努力更重要。”（A34）

“学术职业是一个寂寞的生涯，但在寂寞中自己的心里一定要有一盏明灯。”（A13）

“做学问是要慢慢积累的，选准了一个方向，坚持下来，就会有收获。如果没有方向感，自己会变得焦虑和浮躁。”（A15）

“要做好知识‘储备’工作，对专业知识及时进行更新和充电，不要太计较眼前的得失，要找准自己的专业发展方向，并为之而努力。”（A14）

“一个人要想在一个领域里占有一席之地，就必须给自己确立明确的奋斗目标。”（A23）

为什么高校教师要在确立方向中规划呢？首先，作为教师，高校教学主要是一种研究性教学，在组织学生参与研究的过程中学习，而这种研究，只有在自己的专业领域选择一个方向，才能触类旁通，在教学与科研中做到游刃有余；其次，作为学者，大学教师从属于某个学科，学科的边界可以交叉

① ［美］赖特·米尔斯. 社会学的想象力［M］. 陈强，张永强，译. 北京：生活·读书·新知三联书店，2005：212.

跨越，学科领域在不断发展变化，只有选取某个方向，才能有的放矢，逐渐成为某方面的专家。

发展得好的高校教师，都有着比较明确的发展方向。但与其他职业不同，教师的发展方向不是给定的，而是需要自己根据社会、学校、学生的需要，结合个人的专业和兴趣逐步确立。同样，高校教师职业发展规划具有终身性、阶段性、专业性的特点，在确立方向进行规划的过程中，应该考虑并遵循三个结合。

第一，规划与方向应与所在组织发展的目标相结合。如前所述，高校教师发展包含四个维度，教师应对所在组织环境进行深入了解，使自己的职业发展规划与学校以及院系、学科的改革发展方向一致，从而实现与组织的共同发展。

“自己所在的学科起点高，只要肯钻研，是比较容易出成果的。高起点使得我们的眼界起码放在了国内一流标准，也促进我们向更高的目标努力。”（A15）

“选择这个方向不仅因为是硕士学习阶段就立下的志向，更多的是基于一种理性思考。这个选择显示了天时、地利、人和的优势，即我所在的环境与团队的优势。”（A21）

“从小儿痴呆症转移到对老年人痴呆症的研究，是一个明智的选择，现在社会正日趋老龄化，这个课题具有更大的实际应用价值。我今天能够取得这样的成绩，与这样一个研究方向的选择是不无关系的。”（A16）

第二，应结合职业的不同阶段进行规划。在适应期和快速发展期，大多数教师都是结合其博士学位论文方向，关注点限定在较窄的专业领域；进入相对稳定期和高原反思期后，因为涉猎的领域逐渐扩大，教师开始用一种整体性眼光审视自己的研究，注意学科的交叉渗透并从新的角度把握方向，寻求新的研究突破口；而进入隐退超越期的教师，又开始回到自己的兴趣点，寻求一种超越功利和个人利益的社会影响与贡献。所以，教师在确定方向、制定职业规划的具体方案时，要认识自身所处的阶段和具备的条件，发掘自己的优势，分析自身的差距，找到适合自己发展的路径，寻求重点突破。

“博士论文奠定了我一生发展的方向，沿着其方向发展，路越走越宽广。”（A35、A36）

"如果要说我的成绩，一定得看到我从读博士到现在是个连续性的过程。比如首先要有个定位，准备干什么，然后问自己三五年之内要达到个什么目标，拿出什么成绩，然后朝这个目标努力，投入起来就是非常自然的事情了。"（A15）

第三，应结合学术发展的规律进行方向的选择与规划。"学术生涯乃是一场发狂的、无把握的冒险。"① 韦伯的这句话虽然重在告诫青年学者们学术生涯的前程往往决定于机遇与灵感，但这灵感并非空穴来风，而是要遵循学术本身的发展逻辑。特别是在科学技术发展日新月异的今天，如何才能对未知领域进行卓有成效的探究呢？

"首先在专业上要很扎实，苦练内功，同时需要有一个综合知识体系，不能说我是搞这个专业的，就只能在这个专业里面徘徊。"（A13）

"无论多么困难，都应该保持与专业领域中的前沿思想接轨，了解学术发展的状况，拓宽学术视野，不能故步自封落于人后。"（A24）

"要打破专业之间的界限。因为现在许多问题的解决非单一的专业所能为，而是一个系统工程。要扩展专业的内涵，将之与广阔的生存空间相连，形成开放性思维方式。"（A27）

因此，结合所处环境、阶段和科学发展的逻辑，在调整和确立方向中进行规划，将教师过去的发展过程、目前的发展状态和以后可能达到的发展水平结合起来，使教师能够"理智地复现自己、筹划未来的自我、控制今日的行为"，使"已有的发展水平影响今后的发展方向和程度"，使"未来发展目标支配今日的行为"。②

4. 在模仿中进行创造

优秀的大学教师，一定首先是个优秀的模仿者，因为他们身上有着更强的善于学习、研究和总结的基因，善于探寻最简单的解决问题的路径。

① ［德］马科斯·韦伯. 韦伯论大学［M］. 孙钊传，译. 南京：江苏人民出版社，2006：94.

② 叶澜. 教育概论［M］. 北京：人民教育出版社，1991：218.

首先，高校教师发展遵循着“行—知—行”的路径。教师发展与学生发展路径有着显著的区别。在学生阶段，主要是先从理论知识学习开始，然后再在实践中体会、内化，最后纳入自己的知识体系，体现为“知—行—知”的过程；而教师发展面临的第一步，就是如何将自己学了十几年的知识付诸教学实践和科学探索，然后在实践过程中进行总结反思，再去改进教学和科研实践，体现的是“行—知—行”的发展过程。对于“行为”的学习，最佳途径有二，一是采取手工艺人手口相传的方式，二是反复观摩成功运用某种方法的范例，从中体悟。

> “教学从模仿开始，经过学习、内化，创造自己的教学方式、方法。”(A2)
>
> “讲课，看看讲得好的教师怎么讲；写文章，看看好文章是怎么写的；做课题，跟着有经验的教师一同做。在此基础上再进行创造。”(A4)

其次，“模仿”比“试错法”更省力、更有效。由于学术职业是一种个体性、专业性和自主性较强的职业，很多高校教师在入职后相当长的时间内茫然不知所措，只能在一种不断“犯错”并“尝试改正错误”的过程中缓慢前行。在很多时候，这种自发、不自觉的成长过程，可能需要几年、十几年甚至更长时间才能完成。[①] 显然，效仿有经验的优秀教师可以“为新教师的‘良好开始’提供一个有力的预言”，专家经验在一种公开活动的视野中得到了汇集和提炼之后，就会提供经得起社会检验的知识，从而避免我们在其他情况下不得不经历的试错法的学习。[②]

> “在入职的前两年，我觉得很苦闷，感觉没有人关心我、尊重我，幸好我鼓起勇气去请教那些有经验的教授，并经常找有经验的老师聊天、谈心，向他们学习，越过了这道槛。”(A45)
>
> “Z教授是我们院里的资深教授，我刚来时她请我去听她的课，收获很大。她还邀请我参与她的教材编写。能够得到教授的有益指导和帮助，肯定比自己去摸索要强啦！”(A50)

---

① 林沛生．关于促进青年教师职业成熟的思考［J］．天津师范大学学报（社会科学版），1993（1）：7-10.

② 罗伯特·博伊斯．给大学新教员的建议［M］．北京：北京大学出版社，2007：2.

再次，创新缘于模仿。学术职业的生命就在于创新，在借鉴和模仿的基础上进行创新也是一个从量变到质变的过程。善于模仿者，都善于在观察中进行学习并不断地反思，从而找到创新的突破口。

> "作为大学教师，理想人生就是在自己研究的领域做出点独特的东西。我的大脑处于'时刻准备着'的状态。有次一位印度建筑师说的一句话'form follows climate'（形式跟随气候），让我眼前一亮，我想，我所在的城市就是很典型的需要'form follows climate'的地方啊！后来与具有前瞻性的'生态建筑研究'相结合，我找到了学术发展的生长点。"（A21）

几乎所有的被研究对象都说，他们是受到至少一个想要模仿的好教师或是科学家的鼓舞而开始大学教师生涯的。这些模仿的对象里面有人类历史上著名的科学家如爱因斯坦、爱迪生、居里夫人等，也有自己的导师或同事。

> "我读博期间，有一批老教授对很多问题都能分析得很透彻，而且能'顶天立地'，在这些老师的熏陶下，我也养成了关注学术前沿和实际问题的习惯。其中浙江大学的岑可法院士，成为我学习的榜样。"（A27）
>
> "对那些自己钦佩的老师和学者进行模仿和学习后，我才体会到什么叫站在巨人的肩膀上。之后，对很多学术问题的看法从平视变为鸟瞰了。"（A21）

美国学者博伊斯（Boice）发现，最成功的新教师是那些寻求反馈和建议的人。[①] 怎样才能成为一个"敏捷的起跑者"？最佳路径，就是在模仿中进行实践，在实践中寻求反馈并进行反思，然后在反思基础上进行改进和创造。

5. 在教学与科研的良性互动中递进发展

伯顿·克拉克（Burton R. Clark）说："现代大学教育中，没有任何问题比教学与科研之间的关系更为根本。"教学与科研的关系被反复地研究和讨论，许多教师既是优秀的研究人员，同时又是优秀的教学人员；有些优秀的

① Boice R. The new faculty Member: Supporting and fostering professional development［M］. San Francisco: Jossey Bass, 1992.

研究者是蹩脚的教师，有些教学优秀的教师较少有研究成果发表。但大多数优秀的教师在教学与科研的良性互动中呈现递进发展的态势。

一方面，大学教学是一种包含大量学术性成分的活动。博耶特别提出将教学的学术纳入“学术研究”的范畴，并与经典的“发现”研究相提并论。大学的教学与研究是密切联系的，一个大学教师只有真正从事过探索性、创造性的科学研究，才能明晰如何发现问题、提出问题、分析问题和解决问题的脉络，才能懂得如何去讲解一个理论，阐述一种观点。

> “教师要做到‘清如许’，就须坚持不懈地学。教师只有孜孜不倦汲取知识，勤于思考，在教学中才能像流水一样灌溉学生的心灵。”（A25）
>
> “科研与教学是一体的、相融的，准备教学的过程是一种很好的研究过程，如果对一个问题研究得不够深入，是不可能拿来教学生的，因此教学不仅不会浪费时间，而且能促进科研。”（A28）

另一方面，科研能使教师对教学产生更大的热情，达到教学相长的目的。作为一种学术职业，教师都有把自己的科研成果和研究体验讲述与传播开来的冲动。把科研成果充实到教学内容中，与学生共同探讨相关问题，这样不仅有利于学生对知识的理解和接受，同时也是教师深化自己研究工作的过程，师生在共同探讨中可能会使教师的科研更深入，引起学生探究的兴趣，使双方产生更深入的见解，从而也进一步激发教师的教学激情。

> “无论你怎么抉择，教学肯定是大学教师工作中的一部分。你如果将‘教学’与‘科研’看作是‘源’与‘流’的关系，那么你可以从与学生的互动与碰撞中，从对教学的总结与反思中，源源不断地发现激起的‘浪花’。”（A47）
>
> “教学和科研二者是相辅相成的，教学过程中，教师可以在特定的情境中激发灵感，使思维更活跃、思考更深刻，从而促进科研水平的提高，教师还可以把科研中的新成果应用于教学，使讲授的内容更新颖、更充实。”（A24）

所以，教师发展是一种递归活动（recursive activity）。[①] 某些有用的方法

① 威尔伯特·J麦肯齐，等．麦肯齐大学教学精要——高等院校教师的策略、研究和理论［M］．徐辉，译．杭州：浙江大学出版社，2005．

和策略会产生积极效果；这种积极效果反过来能够增强对教学的信心和对科研的喜爱；这种信心和喜爱又会促进对教学的反省和思考以及探索新的领域的兴趣，这种反思和兴趣继续推进积极循环。

此外，访谈中也发现，教师教学与科研的结合也有一个与职业生涯发展阶段相应的变化过程。随着职业生涯的发展，教学与科研的联系会逐渐增强，同时呈现出从以显性联系为主转向以隐性联系与显性联系相结合的趋势。

(三) 对高校教师发展的几点建议

由于对高校教师发展过程缺乏深入了解，教师的成长与发展规律往往被人们忽略，导致当前我国高校教师教学发展中心的工作带有盲目性，教师发展项目缺乏针对性，很多教师只能在"试错"的过程中缓慢而茫然地前行。想要制定出真正有效的计划和政策，就必须在准确理解和把握受助对象的视角及其经验基础上，遵循优秀教师的成长与发展规律，给其以科学有效的指导。

1. 重视新教师入职教育，促就更多"敏捷的起跑者"

高校应建立一整套新教师入职教育项目，全方位地帮助他们了解学校的历史、文化、资源、目标和期望等，缩短新教师在心理、社会、工作、生活等方面融入组织的过程。新教师入职教育之所以重要，不仅因为已有大量研究表明新教师融入情况对其后来发挥作用有着重大影响，而且可以减少新教师组织融入成本，增加新教师对学校的忠诚度和凝聚力，这是大学组织文化建设的重要环节，也是让教师的个人发展与组织发展目标达成一致的重要步骤。此外，新教师在顺利融入组织的过程中，能降低其职业初期的焦虑感，增强其对学术职业的胜任感，从而以良好的状态抓住关键的"快速发展期"，成为"敏捷的起跑者"。而选择富有经验的教师做指导，让不同年龄层次的教师在一起讨论交流、分享经验，为新教师树立榜样，进行仿效，让教师在平等民主的关系中实现职业经验的传承，减少盲目的"试错"过程，并在富有正面激励的实践过程中进行创造，不失为一种有效途径。

孟杰斯（Menges）在对美国新教师的研究中发现，新教师在任职初期一般希望获得三种类型的反馈：第一种是大家都认可接受的肯定性反馈，第二种是帮助他们改进提高的纠偏性反馈，第三种是期望的澄清反馈（clarifying feedback），即明确提出对他们的期望。[①] 面对陌生的工作环境，新教师承受着巨大的工作压力和挑战，急需得到资深教师和院系、学校的指导和帮助。因此，这段时期适时为新教师提供有用的建议和必要的服务，将促进新教师的成长，达到新教师和院校的双向互赢。

2. 根据阶段性发展规律引导不同群体找准"关键突破口"

不同的年龄阶段、不同的教师个体、同一教师在不同的职业生涯发展阶段的需求存在着差异。从前文分析可以看出，高校教师发展的不同阶段中，从最开始的追求效率、满足外部基本要求逐渐过渡到对质量的追求，关注点则从追求有效工作的感觉到强调自我的拓展与挑战，最后逐渐超越自我关注和自我享受的阶段，并转向对学科发展和对社会的影响和贡献。因此，要根据其阶段性发展目标，帮助其进行"重点"和"关键点"的突破。

如前所述，对于处在适应生存期的教师，主要是组织融入和教学培训；进入快速发展期后，其发展重点主要以提高工作效率为目标，开始追求科研生产力的增长，这一阶段学校应为其创造良好的学术环境，减少事务性工作，让他们有更多的精力投入到学术创造过程中；随着时间的推移，大学教师开始从相对稳定期逐步过渡到高原反思期，这段时期的发展关键点就是帮助其找到专业发展方向新的突破口，帮助其尽快走出职业发展的高原状态。而在这几个阶段，完善教师职务聘任制，给教师提供公平的竞争环境，使他们能在向更高的职级晋升中获得平等的机会，同时建立有助于教师成长的激励机制，在满足一定的物质需求的基础上，更关注教师从工作中获得的成就感，是制度环境对高校教师职业稳定、安全、持续发展以及平等给予的基本保障。对于隐退超越期的教师群体，则要重点发挥他们的示范作用和社会影响。因为"贡献于学科发展或社会变革"是他们这一阶段的主要目标。所以，给予这一群体必要的尊重和信任，让其作为学科带头人带领团队，可满足其个人自我实现感和组织的超越性发展。

3. 让教师和学生在教学与科研的良性互动中共同发展

虽然本文中的研究对象普遍持有"教学与科研相统一"的信念，但不可

① Menges R J. Faculty in New Jobs [M]. San Francisco: Jossey Bass, 1999.

否认，依然有很多高校教师在两者的冲突中苦苦挣扎。因此，作为大学，应该重新审视自身的使命，重新界定大学教学与科研的内涵，将两者统一到为培养高质量人才的目标上来。将教学与科研紧密联系的中介是“学习”，要将大学作为一种“产生学习”的机构和探究的场所，让教师和学生作为学术共同体，一起学习和探究。

一方面，大学的教学整体上应该以研究性教学为取向，强调教师按照培养目标的要求，随时将自己的研究进程和结果作为辅助的教学资源，作为教学内容的延伸和补充，并吸引学生参与到教师的科研过程中，成为教师的科研活动的学习者和合作者。而教学效果的评价，应以是否促进了学生的学习，是否使得学生通过学习达到了预先设定的目标为标准。另一方面，高校的科研应强调其教育性功能，即与企业和研究机构的研究区别开来，注重与教学进行结合，促进学生的能力与精神发展。从本质上讲，科研是一种“探究活动”，而“综合”“应用”“教学”的研究与经典的“发现”研究一样，都属于高校“学术研究”的范畴。所以高校科研的表达方式也应该是多样的，即向学生讲授、与同事交流、应用于实践都是科研成果的表达方式。与之相应，科研评价也应做相应改变。总之，学校总体的改革目标，就是在教学与科研的和谐关系中，让教师获得教学发展与专业发展的同时，促进学生的发展和学校目标的实现。

4. 用整体性发展观促进教师的全面发展与和谐成长

伯格威斯特的大学教师发展理论认为，大学教师发展是在态度、过程和结构三个层次上展开的。如果仅仅注重一个层次的变化，教师发展项目便难获成功。教师的发展不仅强调作为一个专业人员的发展，同时也强调作为一个普通人的情感需要和自我实现。

大学教师发展都是在一定的制度环境下完成的。高校应着眼于创设宽松、自由、和谐的学术氛围，提供一种自主创新的制度环境。学术人才不是靠行政力量“培养”出来的，而是在适合人才生长的环境中成长起来的。正如克拉克·科尔所说的，教员的“创造力”的基础就是“对周围机构的保护和巩固，大学需要创造这样一种环境，能给其教员一种稳定感——他们不应该害怕使他们的工作分心的不断变化；一种安全感——他们不应该担忧来自大门外的对他们的攻击；一种持续感——他们不应该担忧他们的工作和生活的结构会有重大的混乱；一种平等感——他们不应该怀疑别的人会受到更好的对待。"[①] 大学管理者应认识到，知识的探索和创新与人的精神需求是融为一体的，大学在结构设计以及具体的管理和决策活动当中，要给予教师以充分的精神自由、知识获取的自由空间，多一些对思想的宽容和对学术独立人格的尊重，少一些对个体过多的无关学术的限制约束和功利化的侵扰，营造一种大学所独具的组织文化氛围。

所以，有效的高校教师发展政策，应持整体发展观，将教师作为人的发展和作为教师职业的发展统一起来，将高校的办学理念、制度、文化与教师发展内容统一起来，将学校的组织目标和教师学术发展规划统一起来，将促进教师的发展与学生的发展统一起来，尊重教师多样性和阶段性的个体需要，为教师发展创设广阔的空间和多样化的平台，营造积极、向上、公平、宽容的制度环境，让教师心情舒畅地学习、工作，获得全面成长与和谐发展。

（张俊超参加调研与撰写）

① 克拉克·科尔．大学的功用［M］．陈学飞，等，译．南昌：江西教育出版社，1993：39.

二十五、
华中科技大学首次教师聘任的制度设计

2002 年至 2005 年，华中科技大学首次试行教师聘任制。笔者作为学校分管人事工作的负责人，将实施教师聘任制作为一个院校研究的项目，研究与实践紧密结合，取得了好的效果。

华中科技大学是一所比较年轻、发展速度比较快的教育部直属重点大学，有改革的传统，希望通过制度改革，推进学校发展。2002 年上半年，学校在讨论实施教师聘任制时存在两种意见：一种意见主张尽快在学校实施教师聘任制，理由是，随着市场经济体制的建立和加入世界贸易组织，迫切需求转换学校用人机制；从学校现实情况看，不实行教师聘任制，现在学科建设、教师职称评定、人才引进与培养等中存在的一些问题难以解决。另一种意见认为，聘任制虽好，但外部条件（包括教师社会保险、流出机制等）不成熟，多数学校并未实行聘任制，弄得不好，花了力气，人得罪了，效果不大，可能“劳民伤财”。要不要实施聘任制，怎样实施聘任制，成为学校需要研究的重要课题。因此，学校决定由院校发展研究中心和人事处共同组成研究小组，对学校教师聘任制进行研究。

针对教师聘任制中需要解决的问题，研究组组织了教师队伍现状、青年教师专业发展、教师工作量等三个专题调研；召开专题研讨会 13 次；组织座谈会 41 次，与会教师 700 余人；全校教师参与讨论，对学校教师聘任制实施方案（讨论稿）提出修改意见 1000 多条。研究组在对教师、决策者进行广泛调研的基础上，运用政策分析法、质的研究方法等逐一对需要探讨的问题进行了研究，提出了研究结论，为决策者提供咨询服务。研究咨询和学校决策紧密结合。研究结论被学校党委常委会采纳，形成了《华中科技大学实施教师聘任制暂行办法》。2004 年 3 月中旬，教代会审议《华中科技大学实施教师聘任制暂行办法》，暂行办法得到教代会的认可，同时代表们提出了一些好的意见和建议。此后，研究组进一步广泛征求意见，对暂行办法提出修改意见，并拟定实施细则。党委常委会决定将这些文件交全校教师讨论，根据讨论意见，最后修改成文，印发实施。在实施的过程中，研究组成员分别到各院、系了解情况，发现问题及时研究并向学校领导反馈。由于研究组的研究咨询和决策者的决策紧密结合，研究建议大多为决策者采纳，致使学校教师聘任开展比较顺利，并产生了良好效果。

这里，不全面介绍华中科技大学首次试行教师聘任的研究和实践过程，主要阐述其制度设计。高校教师职业是学术职业，高校教师聘任制的制度设计要遵循学术职业的特点。我们在进行制度设计时，应根据学术职业的要求，针对我国实施教师聘任制中所面临的主要问题，提出思路和对策。

（一）学术发展与岗位设置制度

高校教师聘任制就是教师职务岗位的聘任。职务就是岗位，能否聘任，首先取决于岗位。没有岗位，即使具备任职条件，也不可能取得相应的职务。我国高校教师聘任过程中，在岗位设置制度中存在的主要问题是岗位“虚”设，岗位与聘任脱节，岗位设置没有起应有的作用。为此，在岗位设置中应把握以下三点。

1. 根据学术发展需要设置岗位

学术发展包括学科、教学、科研等方面水平的提高。岗位设置实质上是对学校人力资源进行合理配置，通过多种形式的岗位聘任，加强教师队伍建设，推进学术发展。岗位设置，一方面保证教学、科研工作任务的需要，另一方面要有利于学科建设，特别是对重点学科、有发展潜力的学科和新兴学科给予保障。因此，学校给院系教授、副教授的岗位设置中，可以采用基本岗位、调节岗位相结合的办法，基本岗位考虑教学、科研工作任务的需要，调节岗位则根据学科建设的需要确定。院系则应根据社会经济、技术、文化发展和自身学科、专业发展的状况，凝练学科方向，分解教学、科研任务，确定相应的岗位及岗位的职责要求。

2. 分类设岗、分类管理

学校学术发展的任务是多样的，十分繁杂，不同的岗位有不同的侧重点和要求。教师的专业发展也是多样的，不同的教师发展的方向不一样，能力水平也不一样。因此，岗位设置可以分类设置，如教学科研岗位、专任教学岗位和专任科研岗位，实行分类管理。教学科研岗位的教师承担教学和科研双重任务；专任教学岗位、专任科研岗位的教师的任务分别以教学、科研为主，所有教师原则上都应承担社会服务工作。

3. 设置流动编制、流动岗位

由于高校岗位的多样性，有些岗位并不一定需要全职人员，因此，可以设置流动岗位，如讲授某门课程、指导本科生和研究生、参与某项科学研究等。设置流动岗位至少有以下好处：吸引校外高水平的学者、管理人员来校任教、任职，以提高学术水平，推进学术发展；促进学校的开放，加强与社会的广泛交流，以保持学术发展的活力；节约成本、开支，提高学校办学效率。

（二）学术职业与“准入”制度

如前所述，学术职业需要学术研究和教育研究。学术研究是人类对未知领域的探索，是超越自身的当下而在精神层面提升境界的方式。学术的意义，在于对人类知识和思想有所传承，有所发现，需要有思想的创新；学术需要对前人知识和理论有所继承、有所发展，需要有理论的创造。教育是“一棵树摇动另一棵树，一片云推动另一片云，一个灵魂撞击另一个灵魂”，教育研究要探索教育和教学规律，要深入学生的心灵，尊重学生，爱护学生，关心学生，对学生的全面发展负责。因此，高校教师要有对人类智慧活动的不懈追求和执着信念，要有全心全意献身科学的精神，要有高尚的品德，要有爱心，要有智慧，要用自己的整个生命去对待学生。因此，不是每个人都能从事高校教师这一学术职业。我国高校教师聘任制在制度设计中存在的主要问题之一是缺乏“准入制度”，不管什么人，只要进了高校，就可以成为高校的“永久”教师，除非犯严重错误或自己不愿意干了，就可以不离开高校。要解决这一问题，就必须参照美国等国家高校的办法，建立“准入”制度。“准入期”（即有固定期限聘任期）大约有5～7年时间，在这期间，一方面教师提高自己，认识自己，看看自己是否适合高校的工作；另一方面学校可以考察、了解教师，看看这位教师是否适合长期在高校教师岗位工作，从而双方达成某种共识。因此，实行“准入”制度，应从以下方面着手。

1. 将“有固定期限”聘任和“无固定期限”聘任作为一种制度设计

高校根据学术职业的特点，教师聘任制应体现“建立学术生涯早期的竞争淘汰与晚期的职业保护相结合的用人机制”的思想，进行制度设计。将聘任期限分为“有固定期限”与“无固定期限”是一种制度选择。明确将“有固定期限”作为“准入期”，准入期内，经过竞争，适合学术生涯者转入“无固定聘期限”聘任，可以工作到退休为止，不适应者则淘汰之。由于学术职业自身的特性以及从事学术职业者职业转换的可能性小，因此，对于适合而又愿意从事学术职业者，则应转入“无固定期限”聘任，使之全身心地投入教学、科研工作，并在专业上不断发展、成熟。

2. 有固定期限内聘任实行有限聘期

将有固定期限聘任作为“准入期”，应建立相应的制度。制度之一是有固定期限内聘任实行有限聘期。如有固定期限的教师在助教岗位只设一个聘期，如一个聘期后（或聘期中）能晋升讲师，则进入新的有固定期限聘任，不能晋升讲师者，则结束“准入期”，在校内外去聘任其他职业岗位；在讲师岗位上至多有两个聘期，期间能晋升副教授者，则进入新的聘任期，不能晋升副教授者，则结束“准入期”，另谋职业；在副教授岗位的聘期，则应根据不同层次学校、不同学科而设计不同的聘任方式，有的可以作为无固定期限聘任，有的则仍按有固定期限聘任，根据具体情况而定。

3. 对于“准入期”（有固定期限）内聘任应有相应的规定

为保证教师的合法权益，对“准入期”内聘任应建立相应的制度，如：有固定期限聘任一个聘期一般为三年；聘期内与无固定期限聘任教师在教学、科研、社会服务等方面享有同等的权利，应尽同样的义务；对于“准入期”聘任结束而不能进入无固定期限聘任者，应给予一定的经济补偿（如发给一年的工资），为寻找新的工作岗位做准备。

（三）学术自由与评价考核制度

对教师的评价考核是教师聘任制的重要环节，只有在对教师进行科学、合理的评价考核基础上，才能进行客观、公正的聘任。教师评价考核的作用主要表现在：为聘任、续聘、晋升、调薪和奖惩提供依据；帮助教师改进工作方式和思路，促进专业发展；为教师的合理培养和使用提供依据。教师工作主要是学术工作，学术自由是其内在逻辑，教师评价考核制度的建立一定要考虑学术职业特点，遵循学术自由原则。我国高校教师评价考核制度中存在的主要问题是，没有考虑学术性特征，表现在重数量不重质量，重投入不重产出，重近期不重长远；评价考核过程中，以行政权力代替学术权力，或行政权力与学术权力混合使用，削弱了学术权力；评价指标刚性有余，柔性不足，往往扼杀了“大器晚成”的拔尖创新人才。根据学术自由的原则，教师评价考核制度设计应把握以下几点。

1. 采用发展性评价

评价的方式多种多样，其中发展性评价比较适合学术性评价。不管采用何种评价方式，目的在于推进学校和教师发展。学校发展有效率目标和学术目标，其中学术目标是大学必须坚守的生命线。注重学术目标，则要求在教师评价中，充分尊重学术活动的复杂性和创造性；关心教师个人的发展，通过促进教师的专业发展，提高每个教师的学术产出能力以增强大学的学术创造力，将“为大学”和“为教师”这两个方面统一起来。[①] 学术评价必须遵循学术自由的原则，“发展性评价方法有一个一贯的原则，那就是管理者必须乐意放松对教师评价过程的控制”[②]。发展性评价方法注重教师的潜力和今后可能的进步；在评价中，学校管理者是咨询者和帮助者；教师是积极的学习者。发展性评价中，还要考虑评价的原则性和灵活性，如制定对奇才、怪才不同的评价标准，免去优秀教师的年度考核等，使优秀人才能得到自由而充分的发展。

2. 多种评价主体共同进行评价

在对教师的评价中，评价主体主要有教师、学生、同行、学校行政部门。各种不同主体，可以从不同的视角对教师进行评价，将其综合起来，会比较全面。教师本人最了解自己的情况，可以充分展现自己的学术业绩，但往往容易对自己的业绩看得比较重；学生是教师服务的对象，最能切身感受教师的学术水平和学术能力，但有的学生可能存在一些片面性；同行评价是国际通行的评价教师学术水平的通则，最能在本学科内通过比较评价教师的学术水平和学术贡献，但可能存在“关系”影响；学校行政部门（包括校、院、系）可以从教师对学校、学科发展的贡献以及教师的现实表现来进行评价，容易从宏观上加以把握，但可能出现行政性评价影响学术性评价的现象。因此，在对教师的评价中，要将四种评价综合起来，并逐步改进每种评价方式，如同行评价中，引入外部同行评议机制、实行匿名评审等。

3. 保证学术评议的独立性

在教师的晋升、聘任中，对教师的评价虽然要考虑多种评价主体的评价，但最终是由学术评议机构综合多方评价决定的。因此，学术评议机构十分重要，学术评价的独立性取决于学术评议机构的独立性。我国高校目前的学术

---

① 郭卉．聘任制中的教师工作评价：对价值冲突的思考与回应［J］．高等教育研究，2003（5）：51.

② Nolte W Legate. Schaus R. Faculty Evaluation，Protfolio Development，and Accreditation：Walking the tightrope ［C］ //Walking the Tightrope：The Balance between Innovation and Leadership，Proceedings of the Annual International Conference of the Chair Academy. Reno N V，February 12-15. ERIC Document Reproduction Service No. ED407011，1997.

评议机构多为校、院（系）两级学术委员会和学科群的学术评议小组。这些机构的成员绝大多数为“双肩挑”（即既是教授，又担负行政工作），具有教授和行政人员双重身份。教授身份要求委员从维护学术利益、发扬学术自由精神出发观察和处理问题，在评价时要做到学术优先，如实评议教师的学术水平是否达到应有的标准；行政人员身份则可能使委员不只考虑学术的需要和水平，而更多地考虑自己所管辖范围内教师的利益、为院系争取利益等行政管理的需要，或用行政而非学术的要求来评价教师。这种学术评价机构严重影响了学术评价的公正性、科学性。因此，应对学术评价机构进行改进。院、系学术评价可由院、系教授会负责，教授会组成人员可以包括全体教师，但有权评议教授申请人的只能是教授级别的教师。校学术委员和学科群评议小组则应扩大没有担任行政职务教授的参与面，使之占50%以上。

(四) 学术平等与聘任合同制

订立聘任合同是教师聘任的核心环节。教师聘任合同制的本质内容，就是将原有的计划调节教师劳动力资源的体制，改为运用市场机制调节和配置师资，从而调整教师与政府之间、教师与学校之间、教师与教师之间的利益关系。教师聘任合同制实行的核心，就是要把教师推入师资市场，通过参加应聘、和校长签订聘任合同的平等的双向选择过程，参与师资市场的竞争。① 因此，教师聘任合同作为规范聘任双方权利、义务关系的法律文本，是教师聘任制的基石和载体。由于教师聘任合同规定了聘任主体之间的权利和义务，因此当双方发生争议时，可以根据聘任合同的条款，合理解决双方之间的纠纷，这对于保护学校和教师双方合法权益、促进人才的合理流动、实现教师的优化组合、激发学校内部活力都有重要意义。高校教师聘任合同所规定的主要内容是：关于合同双方的权利和义务；关于教师的岗位职责；工作任务任期目标；关于合同变更与合同解除；关于合同争议的解决；合同期限、合同的终止、合同的续订、经济补偿、违约责任等。我国高校教师聘任制聘任合同方面存在的主要问题有：学校和教师的权利义务规定不对等，体现学校的权利多、教师的义务多，不能完全体现教师与高等学校之间平等的法律关

---

① 刘志毅．关于实行教师聘任合同制的思考［J］．中国党政干部论坛，2005（9）：55.

系；聘任合同对学校和教师双方的权利、义务和职责的规定不明确、不具体，无法产生强硬的法律效力，制约机制松散、软弱；高校教师聘任合同文本不规范、不统一，学校和教师双方“合同”意识不强。高校教师聘任制中的聘任合同设计应把握以下几点。

1. 集体合同与契约合同相结合

在教师聘任中，学校和教师之间在法律上是一种平等的关系，学术上也是平等的关系。但在实施过程中，学校方往往处于强势地位，教师方往往处于弱势地位。靠单个的教师很难改变这种状况。解决这个问题的办法之一是签订集体合同和契约合同两份合同。集体合同是由教师工会或由教师代表组成的其他机构，与学校决策机构签订，内容主要是构架教师聘任的一般条件。在签订的过程中，教师和校方可以通过“集体谈判”的方式，就聘任过程中校方和教师的权利、义务等问题，进行充分协商，取得共识。这样，避免由校方单方面决定一些重大问题，也可以更加明确校方的义务、教师的权利。契约合同则由教师与校长签订，合同中明确双方的职责和权利，明确对教师的工作要求、生活待遇、工作年限等，明确校方应提供的条件、应尽的具体义务。

2. 依法规范教师聘用合同

聘用合同是一种法律文本，在聘任制下，学校和教师是一种法律关系（在学界有的认为是行政法律关系，有的认为是民事法律关系）。因此，要依法规范教师聘用合同。首先，要依法规约双方的权利和义务。权利是指双方按照法律、合同的有关规定，可做或不做某种行为，也可以要求另一方做或不做某种行为。义务是指法律、合同规定的另一方必须履行的某种责任。义务是一种责任，也是一种约束，表现为负有义务的人必须做出一定行为或被禁止做出一定行为，以维护他方合法权益。在合同制定的过程中，要根据法律要求，认真分析学校和教师发展的目标，本着学术平等的原则，提出相应的条款。其次，对合同期限、合同的变更、合同的解除、经济补偿、违约责任、合同争议的解决等，都应依法做出明确规定，内容界定清晰，一旦发生争议，依据合同即可解决问题。

3. 制定统一的教师聘任合同范本，规范教师聘任制

为了体现教师聘任合同的严肃性，便于各个高等学校依法建立与教师平等的法律关系，就需要制定统一的教师聘任合同范本，规范教师聘任制。教师聘任合同至少应该包括以下几方面的内容：学校和教师等当事人双方的基本情况；聘任合同的期限；被聘用教师工作内容或岗位职责；学校为教师提供的工作条件；教师的劳动报酬及其他福利待遇；合同变更、中止、终止、解除与延续等情况；有关争议处理；违约责任等事项。这个统一的合同范本，可以考虑由省级教育行政部门统一制定。

（五）学术公正与争议处理

在教师聘任过程和聘后管理中，都可能出现教师之间、教师与学校（包括院系）之间的一些争议，如学术评议结果的公正性、学术成果的认定、聘任岗位是否合适、解聘原因的认识分歧、合同规定不明确引发的争议等等，这些争议，集中体现在学术公正上。有的争议由于没有及时调解、处理，以至于一些教师采取上告等方式，严重影响了教师聘任的实施和学校工作的开展。我国教师聘任中在争议处理方面存在的主要问题是，没有一个“中立”的、组织健全的争议处理机构；缺少敢于负责任、法律意识强、政策水平高的争议处理工作人员；争议处理程序不规范，工作不及时。

为解决教师聘任实施的争议处理问题，首先要建立和健全相应的机构，该机构要相对独立，参与人员要相对“中立”，是校方和教师都可以信赖的有一定权威的机构。其次，要制定相应的制度，使争议处理有章可循，使争议问题能及时处理。再次，选拔和培养争议处理人员。争议的问题往往涉及教师的切身利益，或学校发展的利益；问题的解决比较困难，“公说公有理，婆说婆有理”；弄清问题、提出解决问题的办法到双方接受处理意见，是一个艰难的过程，要花费大量的时间和精力。因此，需要选拔和培养懂法律、懂政策，办事公道、公正，敢于负责，热心公益事业的同志担任这一工作。

二十六、高等学校制度建设的意义、内涵与创新

高等学校管理涉及五个基本要素：理念、制度、队伍、资源、文化，其中制度是一个十分重要的要素。一般认为，现代大学制度包括两个层面的制度：政府如何管理大学，即大学的他治（外部制度）；大学如何自我管理，即大学的自治（内部制度）。外部制度和内部制度既有联系又有区别，内部制度对外部制度的影响具有放大和消减的双重作用。以下主要从我国高校制度建设的现状及存在的突出问题出发，论述大学内部制度建设即高等学校制度建设。

（一）高等学校制度建设的意义

“制度是要求成员共同遵守的，按一定程序办事的规程。”（《辞海》）高等学校制度是指导高等学校按照一定程度依法制定的、要求其成员共同遵守的规程。高等学校制度建设十分重要，其意义主要体现在以下三个方面。

1. 制度是高校组织赖以存在和发展的基础

无论社会发展，还是为了达到某种目的的社会活动，都必须形成组织。组织是由单个人组成的，人的价值取向具有多元性，利益诉求具有多样性，而社会资源具有稀缺性，因而组织内部的共同活动和人际交往中常常会产生冲突。如何使冲突得以限制，组织协调运转？对此，邓小平

同志深思熟虑，明确提出："少数人靠觉悟，多数人靠政策。"一方面，要加强思想教育，提高人们的思想觉悟，激励组织成员为组织利益而不懈奋斗，同时，更重要的是要形成制度。"现代组织要生存和运作，就必须有制度化安排，是制度化的安排使各种行为变得规范和稳定。"①

首先，制度界定了人的活动范围。人的活动必须有一定的范围、一定的边界，否则会导致社会和组织的混乱。制度作为规则，告诉人们应该做什么、必须做什么，也就告诉了人们不能做什么、禁止做什么。人在所规定的界限内活动，得到社会、组织和他人的许可、赞赏和鼓励；超越界限活动，则受到社会、组织的排斥、谴责和制裁。制度作为一种激励机制，通过提倡什么、反对什么、鼓励什么，实际地引导着人们的行为方向，改变人们的偏好，影响人们的选择，激发或约制人的能力的发挥。②

其次，制度规范着人们的社会关系。马克思指出，为了实现人与自然之间的物质变换，人和人之间必须以一定的方式共同活动和互相变换其活动，并必然结成一定的社会关系："只有在这些社会联系和社会关系的范围内，才会有他们对自然界的影响，才会有生产。"③ 在社会现实生活中，人是通过制度与社会发生关系。制度的规范系统用一整套行为规则规定着人们之间的关系，如地位和角色、权利和义务。人在制度环境中进行活动，占有一定的地位，扮演一定的社会角色。制度确定的关系不仅使人具有社会性机制，而且是使这些关系成为人的现实关系的机制。④ 正是制度，使人们的社会关系有序而稳定。

再次，制度建构着人们的社会交往。马克思指出："制度只不过是个人之间迄今所存在的交往的产物。"⑤ 而且是必然产物："在生产、交换和消费发展的一定阶段上，就会有相应的社会制度、相应的家庭、等级或阶级组织。"⑥ 而制度一经形成，又构建着人们的交往，为人们的交往提供一套框架和秩序，使人们的交往具有可预见性和可信赖性。因而，制度抑制着人际交往中可能

① ［美］W. 理查德·斯格特. 组织理论：理性、自然和开放系统［M］. 北京：华夏出版社，2002：128.

② 吴向东. 制度与人的全面发展［J］. 哲学研究，2004（8）：78-83.

③ 马克思恩格斯选集（第一卷）［M］. 北京：人民出版社，1995：344.

④ 吴向东. 制度与人的全面发展［J］. 哲学研究，2004（8）：78-83.

⑤ 马克思恩格斯选集（第三卷）［M］. 北京：人民出版社，1960：79.

⑥ 马克思恩格斯选集（第四卷）［M］. 北京：人民出版社，1995：532.

出现的任意行为，使人的行为变得可以预见，为人们的交往提供一种确定的结构，同时还通过限制任意行为和降低冲突可能性的规则以及有关冲突的裁决规则，防止和化解个人之间、个人与群体社会之间的冲突，从而也使复杂的人际交往过程变得更易于理解和预见。①

现代高等学校是一个复杂的组织，人员众多，规模宏大，结构复杂，目标多样，任务繁重，责任重大。学校组织成员包括学生、教师、职员、教辅人员、后勤人员等，其中不乏在国内外有重大影响的学者、在社会上举足轻重的人物。组织成员，特别是教师的活动多样、广泛，既要从事教学、科研，又要面向社会从事各类服务活动。学校是一个开放的生态系统，与政府、企业以及社会方方面面发生着广泛、深入的联系和交往，学校之间面临着激烈的竞争。因此，高等学校制度建设对于学校组织的生存和发展，意义更加重大。著名教育家夸美纽斯指出："……这类学校的长处全在于制度，它包括了学校发生的一切事。因为制度才是一切的灵魂。通过它，一切产生、生长和发展，并达到完美的程度。哪里制度稳定，那里便一切稳定；哪里制度动摇，那里便一切动摇；哪里制度松垮，那里便一切松垮和混乱；而制度恢复之时，一切也就恢复。"②

2. 制度影响甚至决定人的全面发展

高等学校的根本任务是培养人，培养德智体美全面发展的人才。对学校而言，以人为本就是要以学生为本，以学生的成长、发展为本。人的发展包括个人的类特性的发展、个人的社会特性的发展、个人的自由个性的发展。马克思认为个人的自由个性的发展，包括个人自身中的潜力得到充分发挥，使自身自然沉睡着的潜力发挥出来；个人需要的全面丰富发展，个性的自由发挥。人发展什么、怎样发展、人的发展程度如何，根本上是由生产力决定的，而直接的则是由社会关系即社会制度决定的。关于制度对人的发展的影响，马克思认为：专制制度唯一原则就是轻视人类，使人不成其为人，而这个原则比其他很多原则好的地方，就在于它不单是一个原则，而且还是事实。

---

① 吴向东．制度与人的全面发展［J］．哲学研究，2004（8）：78-83.

② ［捷］夸美纽斯．夸美纽斯教育论著选［M］．任宝祥，等，译．北京：人民教育出版社，1990：242.

专制君主总把人看得很下贱。[①] 社会的制度形式影响社会成员的发展。

首先，制度决定和限制了人的发展的方向和程度。一方面，人的发展方向受具体的社会关系、社会制度的制约和塑造。社会是人的活动本身，也是人的活动展开的根据，社会制度是保证社会良性运行的规则，也是限制人们活动界域的框架。正如邓小平同志所说："制度好可以使坏人无法任意横行，制度不好可以使好人无法充分做好事，甚至会走向反面。"[②] 20 世纪 90 年代曾经有一个报道，标题是"工人懂得了油比水贵"。意思是由于有了制度，将用油的数量和其业绩、报酬挂钩，因而工人尽力注意节约用油的数量。另一方面，社会制度的发展水平也在一定程度上规定了人的发展程度，有什么样的社会，就有什么样的社会制度，也就有什么样的人性的表现。这是制度对人的发展的作用的量的表现。[③]

其次，制度激励和推动着人的全面发展。可想而知，如果没有制度，就没有规则，在这种情况下，人的行动是随机的、偶然的。决定行为的唯一尺度只能是个人的好恶或利益，这必然导致社会的混乱和对人性的践踏，根本不可能有人的健康发展。正因为有了制度，才有可能激励和推动人的全面发展。一方面，制度具有信息功能。制度使复杂的人际交往过程变得更易于理解、更可预见，从而也更容易协调个人之间的关系。制度使人们能清楚地测度未来的收益和风险，增强了活动的信心和自觉性，也使人们能在制度框架内最大限度地扩大交往的边界和交往的丰富性。另一方面，制度具有激励功能。制度是人创造的、制定的，是人们为自身利益而设定的规则，必然应有利于人的发展。在人们的实践中，制度通过压抑某种行为而激励另一种行为、通过反对某种行为而褒扬另一种行为，从而传递某种信息，影响人们的选择，激发人的能力的发挥，促进人的全面发展。[④]

3. 制度是社会变革和高等学校变革之间协调的中介

高等学校随着社会的需要而产生，并随着社会的发展而不断变革、发展，

① 马克思恩格斯全集（第一卷）[M]. 北京：人民出版社，1956：411.

② 邓小平文卷（第二卷）[M]. 北京：人民出版社，1994：333.

③ 徐斌．制度变革与人的全面发展 [J]．毛泽东邓小平理论研究，2006（1）：66-71.

④ 徐斌．制度变革与人的全面发展 [J]. 毛泽东邓小平理论研究，2006（1）：66-71.

同时，高等学校的发展，又推动着社会的变革、进步和发展。社会变革和高等学校变革之间的协调，人们首先想到理念、理念的创新，因为理念是先导。但是如果只停留在理念，没有制度的相应创新，那么这种理念仅仅是一种口号，一种“软弱无力的呼声”。要将理念转化为实际行动，推进学校的改革和发展，必须通过某种具体的制度才有可能。例如，以人为本的理念是非常好的理念，获得学校师生员工的高度认同。但是，学校的人才培养制度、教学制度、学生管理制度等基本上没有改变，以人为本的理念，大多还停留在口头上。任何高等学校制度都是针对具体社会环境和大学条件的，学校制度随社会的变革而相应改变。社会变革对高等学校制度的影响主要体现在市场化、全球化、大众化、信息化等方面。

市场化对高等学校的影响，首先表现在资源配置上，政府对学校经费的资助方式发生了根本性的变化，表现为政府拨款方式从直接拨款为主转到竞争拨款为主（如招收学生的多少，争取项目的多少等），高校之间的资源竞争激烈。外部资源的市场化又促进校内资源配置方式的变化，竞争也引入到了高校的内部。其次，表现在人才市场的形成。人流是物流的基础，人才的市场流动，改变了“人才单位所有”的状况，教师选择学校，往往要看个人才能发挥的程度，物质利益的高低，对学校的满意度。再次表现在学生交费上学，自主择业。学生身份发生了变化，既是教育的对象，又是学校办学的投资者、消费者。这些变化对高校人事制度、学生管理制度提出了挑战，只有通过制度创新，学校发展才能适应经济市场化的外部环境。

全球化对高等学校的影响，首先表现在人才的全球性竞争，全球几乎所有大学，特别是研究型大学都受到了这个竞争的冲击。所谓顶尖人才的“全球化价格”和“全球化管理”就是一个例证。由于人才全球流动，只有那些能够支付得起在全球有竞争力的价格，并提供最好工作与生活条件的学校，才有可能招聘并留住顶尖人才。现在，中国世界一流大学建设面临的最大瓶颈之一就是这个“全球化价格”和“全球化管理”。全球化人才竞争的结果之一是，人才流动性增强，组织忠诚度下降，人事管理难度加大。其次，经济全球化带来高等教育国际化，各国、各高等学校之间交往密切，包括学生流动、学者互动、合作研究、联合办学、学位互认、学术交流等。这就要求我们创新学校管理制度，特别是人事制度，以适应全球化、国际化的需要。

高等教育大众化对高等学校的影响，首先表现在学校规模扩大对学校管理所带来的影响。2008 年，我国普通本科高校校均学生规模已达 14404 人，相应的，教师、管理人员、后勤人员也大大增加。量的增长必然引起质的变化。变化之一是学校成员之间离散化倾向增大，管理的科层化程度增强。变化之二是学校经费来源的多元化，大量学生实习、实践、就业，与社会的联系面更广，因而高等学校与外部环境之间的协调问题更加突出。变化之三是教师管理、教学管理、学生管理中出现了新情况、新问题。例如，大众化条件下，如何培养精英人才；面对差异更大的学生群体，如何加强个性化教育，等等。如何从精英型管理模式迈向大众化管理模式，进行相应的制度创新，任重道远。其次，高等教育大众化影响还在于：利益相关者群体的扩大，大学成为社会中心，相应地产生问责制；大学的发展越来越依赖外部社会。相应的制度建设，应重点放在协调利益相关者的关系、大学与外部社会组织的关系方面。

信息化对高等学校管理的影响，主要是通过电子校务、信息技术进入学校管理体系，从而改变了学校的管理方式，需要管理思想、管理制度的变革。首先，在电子校务中，由于信息技术的引入，在管理中数据的重要性更加突出，要通过数据去发现问题、分析问题和解决问题。因而数据汇报、在线分析处理、基准分析、数据挖掘等对于我国高校管理者来说是一些全新的概念。其次，电子校务的实行，对学校管理提出了新的要求。电子校务是指运用现代化的电子信息技术和管理理论，对传统校务进行持续不断的革新和改善，为高效率的高校管理服务。高校电子校务不仅仅是变化管理运作手段，更重要的是需要我们去设计和重组内部组织结构，再造运作流程，从而实现高校行政管理模式的系统变革，建立适应现代社会发展要求的高等学校管理制度。

（二）高等学校制度建设的内涵和原则

高等学校制度建设包括学校制度的制定、制度的执行和制度的评估。制度的制定是指学校依照法律法规和上级有关规定，结合本校实际，在充分酝酿的基础上，依照一定的程序，起草、讨论、通过、发布制度的过程。制度的执行是指学校对制度的贯彻落实过程。再好的制度，如果不在实际中执行，只能是一纸空文。制度评估是学校在某项制度执行的过程中，对该项制度的科学性、协调性、实效性以及制度之间的相互协调性进行评价，如发现问题及时做出相应调整的过程。

高等学校制度是一个庞大的体系，各种制度数以百计，内容涉及面广，制度种类繁多，不同的学者和管理者依据不同的标准，对其作出了不同的划分，形成了不同的制度体系。笔者认为，高等学校制度可以划分为基本制度、一般制度和具体制度。

基本制度指大学章程，即关于大学性质、任务以及组织构成和主要行为活动等最基本的内容的原则规定或框架。大学章程是大学的宪法，大学办学的依据。大学的一般制度和具体制度都是围绕这一基础性制度设计的。目前，我国绝大多数高校没有大学章程，处于“无章办学”的状态，这种现象亟待改变。

一般制度主要涉及机构设置制度、管理制度和工作制度等方面，这些制度下面又包括若干具体制度。机构设置制度是指一定的组织按照其组织目标设计机构结构的规则。高校机构包括行政机构和学术机构。高校行政机构设置不能套用政府机构设置；学术机构要健全，并保障其发挥作用。机构设置制度十分重要，但我国多数大学没有形成机构设置制度，往往或者按照上级行政意图、规定设置机构，或者凭经验、拍脑袋，致使机构设置不科学，这一现象也须改变。

管理制度包括决策制度、执行制度、评估制度；人事管理制度、教学管理制度、科研管理制度、资金管理制度、设备管理制度、学生管理制度等。这些制度下面又包括若干具体制度，如人事管理制度包括教师聘任制度、职员聘任制度、分配制度、考核制度、奖惩制度等。

工作制度包括人才培养制度、科学研究制度、社会服务制度等。这些制度下面也包括若干具体制度，如人才培养制度包括专业设置制度、学分制、选修制、拔尖创新人才培养制度、学位制等。在管理制度和工作制度中，有的制度在部分高校至今缺失，如决策制度、执行制度、社会服务制度等；有的则需要改革、创新，以适应社会发展的需要。

任何一个组织都是围绕某个中心活动而组织起来的，制度则是规范组织活动运行、对人们的行为起制衡作用的规则体系。组织的性质不同主要表现为活动内容的差异，体现出其自身核心活动的规律和内在逻辑要求。组织的性质不同，其游戏规则有别。从社会系统来看，大体有三个大的领域，即政治、经济、文化，三个领域的任务不同、活动内容不同，游戏规则不同。政治领域主要讲力（权力），经济领域主要讲利（利益），文化领域则主要讲理（真理）。高等学校属文化领域，是专门从事高深学问传播、储存、鉴别和探索的组织和场所，主要活动是学术活动。学术活动是对未知世界的探索，具有很强的不确定性；学者们学习、研究的动力，首先来自对学术活动的价值认同与兴趣。因此，高等学校的“规则和逻辑是大学自治和学术自由，高等学校制度就是建构在这种逻辑和基础之上。大学自治和学术自由内在地体现为大学组织得以持续存在及其制度建构的根基。”① 因此，学术性是高等学校制度建设的基本原则。制度建设是为了促进学术发展：即人才培养、科学研究和以学术服务于社会。根据大学组织结构的特点，高等学校制度建设还应把握以下特点和原则。

1. 人本性

高等学校是智力资源密集性组织。发展人的智力，通过人的智力创造知识，是高校的特质。而这一切又是以人为核心。高等学校的主要任务是培养人，其产品（学生）的主要特点是“自己生产自己”。每个人都是独特的生命，生命的独特性就表明每个人都具有优势潜能，教育最主要的目的是在每个学生身上发现最强的一面，找出其作为人发展源泉的“制高点”，在对丰富的教育资源进行自主选择的基础上，通过有目的、有针对性的、特色化的教育，努力挖掘每个学生的优势潜能，使其得到最大化、最优化的发展。而人又是一种精神性的存在、自由性的存在、创造性的存在，学生的成长发展，学校仅仅是创造、提供一种环境，一种文化，一种氛围，学生在其中自我教育、自我塑造、自我成长。相对其他产品而言，学生这种产品是“自己生产自己”。因此，在高等学校制度建设中，要十分重视以人为本的思想，制度要体现学生需要的满足和利益的追求；制度要引导学生以精神提升自我，培养自己的创造意识和创造能力。学校要在以人为本的基础上，重新审视各项制度，进行制度创新，使以人为本的思想体现在各项制度之中，通过制度引导学生的健康成长。

2. 复杂性

大学组织的基本特征是矩阵式的网络结构。学科是大学的基本元素，大学基层组织是围绕学科、专业建立的。早期的近代大学，内部职权运行模式

① 马廷奇．大学组织的变革与制度创新［D］．武汉：华中科技大学教育科学研究院，2004：29.

是以“讲座制”为载体的行会制。随着大学规模的扩大以及社会各个系统的逐渐开放，逐步将预算、财务、人事、设备、招生、就业、对外联系等日常事务从“讲座制”中分离出来，由拥有专门知识的行政职能部门的人员来承担。高校内部职权运行模式从行会制走向科层制。现在高校中存在科层组织和专业组织两类不同性质的组织，高校组织形成一种矩阵结构。这两类组织的性质和游戏规则不同，科层组织比较严密，讲究下级服从上级，重视效益和效率；专业组织则比较松散，讲究学术自由，不太重视效益和效率。一个教师既处于以学科为中心的专业组织，又处于科层组织，因此制度建设十分复杂。对此，我们应该有充分的认识。

3. 民主性

大学是典型的利益相关者组织，这些利益相关者主要包括教师、学生、学校职员、学校领导，学生家长、校友、用人单位、捐赠者和合作者，各级政府等。谁也不占有大学，也不能对大学的发展负全部责任，决策要在利益相关者之间协调。任何制度都是利益博弈和利益协调的结果，高等学校面对众多的利益相关者，在制度建设中，利益冲突、利益博弈更为尖锐，利益协调的任务更繁重。因此，高等学校在制度制定、制度执行、制度评估中，应特别重视充分发扬民主，广泛听取利益相关者的意见，在有利于学校的存在和发展的大前提下，协调各方意见，努力达成共识，同时，引导利益相关者认识组织利益和组织成员利益之间的联系和区别，理解制度创新的意义。从现实情况看，高校制度建设中，发扬民主远远不够。一位从美国回来，应聘到国内某著名大学担任学院院长的学者，深有感触地说：学校某项制度的制定，完全不听取院系、教师、学生的意见，职能部门拍拍脑袋制度就出台了。制度下发以后，由于与实际情况不符，院系无法执行，不执行，上面也就不管了。这种现象，带有一定的普遍性。高等学校制度建设一定要充分发扬民主，特别是努力克服学术决策中的行政化倾向，发挥教授们的作用，让制度给学术自由发展留下广阔的空间。

4. 开放性

高等学校是一个高度开放的系统。这主要表现在：首先，高等学校的主要任务是培养人，促进学生的成长和发展。而人的发展的内容和水平是开放的、发展的，人的不确定性、不完善性、未完成性，决定了人在实践中、在现实生活中无限地向世界开放和生成。其次，学科是大学的基本元素，学科是开放的、世界的，无论教学还是科研都必须把握学科发展前沿，教师通过学科与全国、全世界的学者发生联系。再次，大学与政府关系密切，在法治社会，没有政府的认可，大学不可能生存，更谈不上发展。此外，教师、学生通过实习、项目研究、服务社会，走向社会；全国、世界各地学者相互交流；学生来自全国（甚至世界）各地，毕业后又走向全国（甚至世界）各地；大学是网络十分普及、发达的地方，网络使世界的空间缩小，更密切了大学与社会的联系。因此，高等学校制度建设具有开放性，一方面在制度建设中，要善于吸取别的大学以及社会其他组织的制度精神和经验；另一方面，制度要有利于促进学校面向社会、面向世界、面向未来，始终保持生机和活力。

（三）高等学校制度的创新

高等学校制度建设的任务，主要是维持高等学校组织的存在和发展；促进学生的健康成长；通过制度创新，协调社会变革和学校变革之间的关系等。现在，各高校都有自己的一整套制度，因而高等学校制度建设的主要任务是制度创新，通过制度创新，推进学校的改革和发展。世界上不乏通过制度创新推进高等教育发展的先例。例如：近代德国大学形成了以科研和教学结合的实验室制度与以研究高深课题为中心的研讨班制度，这两种制度顺应了17世纪以来科学革命造成的知识分化的发展趋势以及工业发展对人才培养提出的要求，有力地推动了高等学校的发展，使世界高等教育走向了一个新的历史阶段。哈佛大学选修制度的确立，也是高等教育制度创新的典范。19世纪60年代，美国都市化、工业化进程加快，新兴产业不断涌现。然而，当时的美国高等教育囿于古典课程，远离社会变化，没有回应社会的需求，导致广泛的批评。时任哈佛大学校长的艾略特（Charles W. Eliot）大刀阔斧地推行课程的选修制度，用选修制度冲击古典人文课程，引进新兴的实用科学知识。选修制度的确立，改变了高等教育的培养目标，促进了高等教育规模的扩大，重建了高等学校的教学组织形式。我国近年来推行的学生缴费上学、就业的自主双向选择制度，对于增加高校资源、扩大高校规模、促进教学内容和方法的转变，起到了十分重要的促进作用。

高等学校制度创新的主要原则是：以科学的大学理念为指导；针对制度

建设中存在的突出问题；有利于推进学校的持续发展。制度创新要总体设计，分步实施，从阻碍学校发展的关键问题入手，逐项进行。笔者认为，当前以下制度的创新尤为重要。

1. 人才培养制度

温家宝同志在谈到《国家中长期教育改革和发展规划纲要》（2010—2020年）的制定时说："要把提高高等教育质量摆在更加突出的位置。教育的根本任务应该是培育人才，人才培养观念更新和人才培养模式创新要成为规划的亮点。"人才培养制度是高等学校制度的核心，十分重要。和西方发达国家相比，我国由于人才培养制度方面的缺陷，难以培养出拔尖创新人才。创新人才培养制度正成为国人关注的焦点。

从总的人才培养过程看，我国人才培养走的是一条与西方发达国家不同的路。西方发达国家从小学生到博士生培养中，中小学阶段比较轻松，让人的天性自由成长、发展，但从本科生到博士生阶段，则是越来越紧，越来越严。我国则相反，中小学紧，本科以后则越来越松。由于中小学学习过于紧张，一方面学生天性发挥不够，影响创造力的培养；另一方面产生了对学习的厌烦情绪，影响学习兴趣的培养。这一问题的形成涉及文化传统、制度机制、师资水平等多方面因素，问题的根本解决，需要政府和各级各类学校共同努力。

对于高等学校而言，在人才培养制度方面存在的主要问题是：由于惯性约束，导致教育观念落后，新兴理念缺位，对人才培养的整体改革缺乏理性思考；人才培养目标模糊，不清晰；人才培养模式单一。创新人才培养制度，首先要探索先进的人才培养理念。在人才培养制度中体现素质教育理念、以人为本的理念、面向社会理念、个性化教育理念和国际化理念。其次，建构个性化人才培养体系。提高人才培养质量，要十分重视个性化教育。个性化教育是面对独特的生命个体，通过适合每个独特生命个体的手段，挖掘个体生命的潜能，促进每个生命自由发展的教育。构建个性化教育体系，要从教学目标、人才培养方案、课程体系、教学模式、教学评价等方面系统考虑。教学目标要注重促进学生个性的和谐发展；人才培养方案要注重开放式，体现课程弹性、时间弹性；教学计划和课程设置要注重个性化和公开化，建立各具特色的课程体系；教学模式要注重主体性、创造性、生活性和情趣性；

教学评价要注重全方位评定教学，多方面、多角度对学生学习状况进行考察；教学手段要注重实践和网络。再次，要完善学分制、改革考试评价制度，等等。

2. 教师聘任制度

教师聘任制改革是高校人事制度改革的核心。由于观念和制度环境的双重约束，我国教师聘任制度改革仍然是一个争论不休、未能很好解决的问题。教师聘任制度创新中存在的主要问题是：没有设计职业“准入期”；岗位虚设，与聘任脱节；考核流于形式；学校和教师的权利、义务规定不对等；人才流动不畅；聘任制度单一；等等。

高校教师职业是学术职业。学术职业是一种专业化程度很高的职业，具有专业性、探索性、自主性和学科性等特点。学术职业以学术活动作为自己物质和精神生活的双重追求，具有学术性和社会性。学术的一个非常重要的特点是难以量化，外行难以评价。教师聘任制改革要充分考虑学术职业的特点。① 按学术发展设计岗位设置制度。要根据学术发展需要设置岗位；实行分类设置、分类管理；设置流动编制、流动岗位。② 按学术职业需要建立“准入”制度。对于新聘教师设定 5～7 年的“准入期”，实行“准入”制度。可将“有固定期限”聘任和“无固定期限”聘任作为一种制度设计；有固定期限聘任内实行有限聘任；对于“准入期”内聘任应有相应的规定，保证教师的合法权益。③ 按学术自由原则设计考核制度。考核中采用发展性评价方法；多种评价主体共同进行评价；保证学术评价的独立性。④ 从学术平等出发设计聘任合同。实行集体合同与契约合同相结合；依法规范教师聘用合同；制定统一的教师聘任合同范本，规范教师聘任。⑤ 从学术公正的角度出发设计争议处理制度。要建立和健全相对独立的、参与人员相对“中立”的争议处理机构；制定有关“规定”，使争议处理有章可循。

3. 教学评价制度

教学评价是教育教学过程中一个不可缺少的重要环节，其作用主要体现在激励与导向、检测与诊断、区分与优选、决策与调整。教学是一个多样化的领域，人们对教学内涵的理解也是多样的，如，“教学是教师向学生呈现信息的活动”，“教学是教师向学生传递知识的活动”，“教学是开启学生对学科概念及概念间关系的理解的活动”，“教学是通过师生交流而改变学生的观念或对世界的感知的活动”，等等。教学的多样化、复杂性导致了教学评价的困难。

以往在教学评价制度中存在的主要问题是，重数量轻质量，重知识轻素质，重投入轻产出，重结果轻过程，重近期轻长远，重显性轻隐性，重共性轻个性。创新教学评价制度，首先，教学评价要全面体现教学要求。任何评价都应以评价的指标体系为依据。指标体系是指挥棒，教学评价指标规范教师教学过程和学生评教的过程，起着质量引导的作用。以往的评价往往限于了解教师态度是否认真，备课是否充分，讲解是否清楚等方面。面对培养创新人才的要求，教学评价的内容要体现时代要求。评价内容要体现教师是否能诱发学生的兴趣，是否能调动学生主动性，是否有助于发展学生的潜能，是否重视学生能力、素质的培育等。美国、欧洲一些学校的评价标准可供我们参考。例如：美国加州大学欧文分校的标准化教学评估，对教师的教学评估列出 10 个指标，这些指标是：教师对课程内容满怀热情和兴趣；教师激发了学生对课程内容的兴趣；教师达到了本课程的规定目标；教师有问必答；教师创造了一个开放、公平的学习环境；在本课程中教师鼓励学生进行思考；教师对概念的表述和解说清楚；作业和考试覆盖了课程的重要方面；学生对教师的总评分；学生对本课程的总评分①。每个指标的评价按 A、A^-、B^+、B、B^-、C^+、C、C^-、D、F 十个等级进行，A 表示卓越，F 表示完全不适当。

其次，重视教学评价反馈，提高教师“教”的能力。现在，高校的教学评估结果，往往仅用于对教师的奖惩，与评奖、晋升、聘任挂钩，未能使其成为提高教师“教”的能力的过程。在教学评价过程中，一方面要重视学校存在的一些带普遍性的问题，提出解决办法，并及时反馈给教师、学生。另一方面，对教师教学过程中存在的问题，要与教师一道共同讨论研究，帮助其解决问题，提高“教”的能力。在这一方面，美国、欧洲一些国家以及我国香港地区的大学，大体有两种做法。一是系主任根据学生的评价，然后对每个教师亲自听课，逐一与教师交流。二是组织一个委员会或小组，对学生评价中反映意见比较多的教师，集体听课，并对教师授课进行录像，与有关

① 同济大学教学质量保证体系研究项目组．大学本科教学质量保证体系研究［M］．北京：高等教育出版社，2004：124.

教师共同讨论，对照录像，分析其问题，探讨解决问题的办法。经过多次听课、分析，直到教师提高了“教”的能力为止。我国各高校由老教师组成的督导组，要改进工作方式，不能仅仅停留在“督”上，还要“导”，要直接对教师给予帮助。

再次，开展“课程鉴定”，提高教师的责任感和成就感。现在，高校普遍比较重视科研，原因很多，其中原因之一是科研有立项、有鉴定，一环扣一环，使教师有一种责任感和成就感。笔者认为，在教学评价中，可以开展“课程鉴定”。这种鉴定，以自我鉴定为主。教师在一门课程的教学结束之后，先进行自我鉴定，自我评估。在此基础上，院系对教师课程教学提出鉴定意见。这种做法可以充分体现教师的个性，调动教师教学的积极性。[①] 教师自我鉴定、自我评估的方式，可以借鉴美、英、加拿大等国高等学校在教师教学工作评估中采用的“教学文件选辑”方法。教学文件选辑是由教师按照学校和院系的导向自己创作的，反映教师本人教学思想、目标、计划、工作、活动和成熟的资料选编。内容主要包括：教师对本人的教学思想和教学理论、目标和风格的论述；教师本人的优良教学产出；来自教师本人的教学材料；来自他人的评估材料等。

4. 科学决策制度

高等学校科学发展的关键是科学决策，决策不科学必然造成发展中的种种问题。我国过去的大学管理，由于学校规模小，封闭，政府直接管理大学，学校的决策比较简单，依靠个人经验可以决策。现代大学是一种规模宏大、组织复杂、功能多样，对社会负有多种责任的特殊组织，而且政府已赋予大学办学自主权，很多重大问题需要自己作出决策，因此，现代大学需要科学决策。

目前，很多学校根本没有形成科学决策制度，仍然是凭“长官意志”，停留在经验决策。在决策过程中，存在两个突出问题，一是在治理结构方面，未能体现利益相关者的参与，广大教师、学生在决策中没有多少发言权；没有建立起相对超脱的决策机构，决策、执行、监督往往集于一身。二是没有建立起科学的决策程序，不遵照一定的程序，决策谈不上科学化。

① 刘献君. 改革教学评价制度，促进创新人才培养 [J]. 中国高等教育，2008 (9): 18-20.

建立科学决策制度，首先要解决治理结构问题。探讨董事会制度，建立由学校利益相关者代表参加的董事会，对学校重大问题进行决策。做到执行者不左右决策过程，决策者不干预执行过程。其次，建立科学的决策程序。决策的基本程序应包括澄清问题，把要解决的问题弄清楚；明确界定目标；收集各种备选方案；对每种方案的结果作出评估；选择最佳方案。再次，充分发扬民主，注意决策在多种利益相关者中充分协调；重视信息的作用，信息是决策的依据，管理的基础；提高决策的效率、有效性、环境适应性。

高等学校制度建设十分重要而又非常复杂，制度之间联系密切，牵一发而动全身。因此，学校领导分工中应有人分管制度建设，如常务副校长或行政副校长，统筹制度建设，避免各自为政。职能部门分工中，应有部门负责制度建设，如学校办公室，协调制度建设。此外，院校研究部门在制度建设中负有重要责任，在制度制定中进行调查研究，提出咨询意见；在制度执行中广泛收集信息，了解执行情况；在制度评估中，定期对制度制定、执行进行评价，提出反馈意见。

二十七、大学共同治理的意义及其实现方式

党的十八届三中全会明确提出，要“完善学校内部治理结构”。完善学校内部治理结构，实现共同治理，对于提高学校水平，提高教育教学质量，具有深远的意义。

（一）共同治理是大学管理创新的关键

高等教育的发展涉及两个重要方面：人才培养，高深知识。人才培养、高深知识探索的无限性，决定了大学发展的无限性，大学水平的提高永无止境。这是因为，首先，教育在本质上是一种培养人的活动，高等教育无疑也是一种培养人的活动。但高等教育所培养的人直接面向社会，既要有高的素质，又要有适应、超越社会的创新、创业的专业能力。社会在不断发展，科学技术在不断发展，人也在不断发展，因而大学的人才培养是不断发展、变化的，大学发展是无限的。其次，“高深性”也是高等教育的本质特征之一，正如蔡元培所说，“大学者，研究高深学问者也”，大学所教授的知识是高深知识，所培养的是掌握高深知识的人才，所研究的更是高深知识。离开高深知识，高等教育便无法进行。[①] 高深知识正是“处于已知与未知之间的交界处”的知识，需要不断进行探索。从高深知识的角度看，大学发展是无限的，大学水平的提高是无止境的。

---

① 陈洪捷．论高深知识与高等教育［J］．北京大学教育评论，2006（4）：2-8.

纵观世界高等教育，高水平大学发展大体有两种模式、路径。一种是“学术积累”，如牛津大学、剑桥大学、哈佛大学、巴黎大学，等等，经过几百年在人才培养、高深知识探索中发展学术，逐步成为高水平大学。另一种是“管理创新”，如英国的沃里克大学、香港科技大学，等等，通过管理创新，推进学术发展，短短几十年进入了世界一流大学行列。现代大学发展，更应该重视管理创新。这是因为，现代大学已从社会的边缘进入社会的中心，规模大大扩展。大学已由小规模的、选拔性的、关系松散的团体发展成为具有重大社会经济意义的巨型系统。面对现代社会的发展，大学管理面临很多新情况、新问题：① 社会变化节奏越来越快，未来将不再是过去的重演。在农业经济社会，经济发展、社会发展的速度十分缓慢，日复一日，年复一年，未来往往是过去的重复。进入工业经济社会，特别是知识经济社会，科技、经济、社会发展的速度大大提高。经济发展速度加快，必然使人们生活方式、思想观念变化速度的加快。② 组织规模越来越大。从社会生产来看，从个体单个行业，到手工作坊的工场，到企业，到大型企业，再到跨国公司，规模越来越大，这是社会化大生产发展的需要。随着高等教育大众化，大学的规模也同样在发展，从在校学生人数看，从几十人、几百人、几千人，发展到几万人，个别大学达几十万人。管理几百上千人的大学和管理几万人的大学是完全不一样的。③ 社会活动越来越复杂。随着社会的发展，大学的功能不断扩展，从教学，到教学、科研，再到教学、科研、社会服务，学校与社会的联系越来越多。④ 竞争越来越激烈。随着高等教育大众化、市场化、国际化的加强，高等教育、高等学校在生源、声誉、经费、师资等方面的竞争也越来越激烈。学校的声誉高、师资水平高、学生就业好，生源就好，学校就能生存并且发展。⑤ 管理决策所带来的社会影响越来越大。在现代社会，学校的管理决策，不仅影响校内，而且影响整个社会。由于高等教育大众化，上大学的人数越来越多，今后，从国家领导人、各层次负责人、学术骨干、技术骨干至社会上的各种管理人员、公务人员等，绝大多数都将是大学毕业生。现在学生的质量，将关系国家民族的未来，关系社会的发展和稳定。因而，现代大学，特别是研究型大学已经发展成为一个多目标、多任务的大型组织，其应对多目标和多重任务的方式是不断深入的专业化分工。结果大学变成了一个专业领域广泛、组织结构复杂的大型组织，突出的特点是大学在单纯学术机构的基础上形成庞大的行政系统，大学行政管理具有了必要性和合法性。[①] 由此可见，现代大学的管理创新十分重要。

管理创新从哪里开始？管理创新的关键在什么地方？党的十八届三中全会审议通过的《中共中央关于全面深化改革若干重大问题的决定》提出："全面深化改革的总目标是完善和发展中国特色社会主义制度，推进国家治理体系和治理能力现代化。"突出强调了国家治理。《决定》还特别提出，要"完善学校内部治理结构"。2014 年五四青年节习近平总书记在北京大学与师生座谈时指出："全国高等院校要走在教育改革前列，紧紧围绕立德树人的根本任务，加快构建充满活力、富有效率、更加开放、有利于学校科学发展的体制机制，当好教育改革排头兵。"[②] 笔者认为，加强大学的治理，特别是实现共同治理，是其管理创新的关键。

（二）大学共同治理的内涵和意义

治理是在批判以统治为特征的传统管理模式的基础上形成的，它顺应了社会公共管理及组织管理日益复杂、利益相关者参与管理的诉求日益高涨的社会需要，"治理观如今已经成为主要政治领导人非常重视的一个理论参考依据"[③]。治理这一概念提出比较早，但学术界一般认为，获得广泛应用是 1989 年世界银行在其报告中首次提出"治理危机"并在 1992 年发表题为《治理与发展》年度报告后，先被诸如经合组织、联合国开发署、联合国教科文组织等国际组织高度认同，继而在包括政治、经济、社会等管理领域和社会科学研究领域获得广泛运用。治理具有如下特征："治理不只是居高临下、自上而下的权力运行过程，其基础不是控制而是协调和共享管理；治理具有整体性和框架性，是组织之间及其成员相互依存的关系结构；治理是在公共目标支配下的强调效率的管理活。"[④] 治理，一般从企业开始，到政府，再到学校。

---

① 刘献君．正确认识和处理学术权力和行政权力的关系［J］．中国高等教育，2012（12）：25.

② 习近平．青年要自觉践行社会主义核心价值观——在北京大学师生座谈会上的讲话［EB/OL］．［2014-05-05］．http：//news. sciencenet. cn/html-news/201415/293535. shtm.

③ ［法］让-皮埃尔·戈丹．何谓治理［M］．钟震宇，译．北京：社会科学文献出版社，2010：4.

④ 眭依凡．论大学的善治［J］．江苏高教，2014（6）：16.

大学治理一般定义为，大学内外利益相关者参与学校决策的结构和过程。由此可见，大学治理有内部治理与外部治理之分，治理结构和治理过程之别；大学治理的关键是决策。

怎么理解共同治理？笔者认为，治理包含了共同治理之意，之所以提出共同治理，意义在于特别强调治理的“共同性”“民主性”。在大学，共同治理有其悠久的历史渊源，但是最早明确提出并实施大学共同治理的是美国。

1966年AAUP（美国大学教授联合会）、ACE（美国教育理事会）和AGB（大学董事会协会）联合颁布了《学校和大学治理的联合声明》（以下简称《联合声明》），将“共同治理”定义为，“基于教师和行政部门双方特长的权力和决策的责任分工，以代表教师和行政人员共同工作的承诺，并用两条原则来规定“共同治理”，即“大学组织重大事情的决策既需要首创能力，也需要全体人员的参与；大学各组成群体在决策中的地位有所不同，谁对具体事务负有首要责任，谁就最有发言权”①。从上述定义和规定可以看出，共同治理是大学董事会、行政管理部门、教师、学生等大学各类利益相关者共同参与大学治理。同时，强调两个“优先”，首创优先，即共同治理需要全体人员参与，但要有分工合作，行政人员、学术人员、学生各自发挥自己的优势；首责优先，即大学各个群体在决策中都负有责任，但谁对某项事务负有首要责任，则其具有优先发言权，对事务具有更大的决定权。《联合声明》还明确了大学各利益相关者在决策过程中的权力分配及共同治理实现途径。《联合声明》的价值主要体现为两个方面。首先，提出了管理民主化的思想，它是在教师以及教师联盟组织的努力下形成的，它把学者放在一个很高的位置，大学教师不仅拥有参与决定教育和研究事务的权利，而且更普遍地涉足教育政策，如制度目标、规划、预算、选举管理者。其次，共同治理虽然造成了传统治理结构的松动，但实际上却维系了大学科层管理垂直体系上的整体特性。②

《联合声明》颁布和实施以后，在美国高等教育界引起了不少争论，在各种争论中，引发了对共同治理制度的重新审视，导致了对共同治理模式的改革。1998年AGB又颁布了《治理宣言》，对1966年AAUP、ACE和AGB等

---

① AAUP. Statement on Government of Colleges and Universities 1966 [OL]. [2007-10-10]. http://www. AAUP. org/AAUP/pubsres/policydocs/governancestatement. htm.

② 甘永涛．美国大学共同治理制度的演进［J］．清华大学教育研究，2009（3）：27.

协会联合颁布的《联合声明》进行了部分调整，提出了七项原则，针对美国大学治理模式中出现的问题，对共同治理中的权力进行了重新分配，设置了新的标准（见表1）。

从表1可以看出，1998年的《治理宣言》与1966年的《联合声明》相比较，《宣言》对决策责任的分配更加细化；教师的学术自由权有所下降；主张全职教师在教学和研究相关领域参与决策，以更好地创造和传播知识；主张非学术员工、学生、非终身教师、兼职教师和助教都参与决策；利益相关者范围扩大，扩大到社区领导、顾客、资金提供者等。

表1 《学校和大学治理的联合声明》与《治理宣言》中的权力责任分配比较①

决策类型	1966年《联合声明》中的责任分配传统	1998年AGB《治理宣言》中的责任分配
1. 决策	董事会和行政机构对此种决策负有首要责任，但决策应与教师协商	董事会对大学使命的决策负有首要责任，并与最高行政管理人员商议
2. 战略导向和宏观规划	同上	董事会负责战略决策，宏观规划则应获得部分其他利益相关者的同意或理解（全职教师排在首位，应该包括兼职教师和学生）
3. 物资和财政资源 4. 预算和资金分配	同上	董事会应该设置财政资源分配预算方针，通常由行政管理人员执行，应与利益相关者沟通并做好应对挑战的充足准备
5. 关于建立学部、系、学院、学院（学校层次）、公司或大学的项目	同上	董事会应该保留大多数学术项目批准的权力

① 甘永涛．美国大学共同治理制度的演进［J］．清华大学教育研究，2009（3）：29.

续表

决策类型	1966年《联合声明》中的责任分配传统	1998年AGB《治理宣言》中的责任分配
6. 宣布财政赤字的决策	同上	董事会首先应与利益相关者协商并分析情况，进而作出重要决策
7. 选举和评价校长和院长	同上	仅董事会拥有选举和评价校长和院长的责任；经董事会同意，与其他利益相关者组织协商
8. 课程 9. 学生教学程序 10. 教师能力标准和伦理	教师应该对该事务具有首要权力——董事会和行政机构“同意教师判断，除非极少数例子和强制性原因，并且应陈述细节”	课程和教师个人聘任、晋升和相关的事务中，教师权威下降
11. 招生政策 12. 学生能力标准 13. 学习适应环境	同上	与前相同，但教师权力有所下降
14. 财政原因终止学术项目的决策 15. 无紧急原因宣布的终止项目或学部指令的决策	同上	董事会应要求行政部门提供参与决策的渠道，包括与其他利益相关者组织充分的协商和沟通
16. 研究 17. 教师（和其他）教学行为	教授个人对该事务具有首要权力，服从同行的能力评议	董事会和行政高级管理人员应尊重教师在课堂和实验中学术自由活动，董事会应避免干涉行政微观事务

资料来源：Hamilton N W. Academic Ethics：Problems and Materials on Professional Conduct and Shared Governance［M］. Westport：Praeger Publisher，2002：58.

进入21世纪，随着经济全球化、大数据时代的到来、公民社会的崛起，大学治理逐渐走向多中心治理时代。比较明显的发展趋势是，集体谈判逐步被纳入共同治理运行过程中；更加密切与当地政府、社会的关系，密切合作，共享资料，共同研究，参与政策制定，从而缓和大学与外界的矛盾，努力发展自己，提升水平。美国大学的共同治理，不仅促进了美国大学的发展，也对世界各国产生了深远影响。

在我国，对大学共同治理研究比较早的是洪源渤教授，他以此为题，撰写教育学博士论文（笔者为其指导老师），在博士论文的基础上进行修改，撰写了《共同治理——论大学法人治理结构》一书，2010 年在科学出版社出版。该书以大学法人治理结构为研究对象，以大学的本质属性为切入点，对大学法人治理结构进行理论和历史经验的论证，探索大学法人治理结构的内在规律和发展趋势，提出基于共同治理理念的科学化的大学治理结构理论体系。2015 年来，国内部分学者也开始对大学共同治理展开了研究。

共同治理在大学的管理和发展中，具有十分重要的作用和意义。这主要表现在：① 共同治理有利于调动教师、学生、职工等多方的积极性。大学有众多的利益相关者，学校学科建设、人才培养、科学研究、社会服务等的质量和水平的提升，取决于师生员工水平和积极性的高低。如果在学校共同治理中，学校的决策广泛听取大家的意见，使大家成为学校的主人，学校大家庭中的一员，大家以一种主人的姿态对待自己的工作，其积极性必然会提高。② 共同治理有利于集思广益，吸取群体智慧，形成正确的决策。前面已经论述，大学涉及人才培养，高深知识的创造、保存、传播，十分复杂。大学是一个理念组织，大学决策要有正确理念的指导。大学是经久不衰、影响长远的学术组织，大学决策要站在战略高度，有大视野、大智慧。大学组织是一个矩阵式、网状结构，十分复杂，大学决策要兼顾方方面面的利益。面对如此复杂的决策，仅仅靠领导人的智慧是不够的，需要大智慧、群体智慧。大学的主体是学者、高级知识分子，有的学者本身就从事决策、管理、教育研究，是取之不尽的资源。③ 共同治理有利于发挥学者在决策中的优势作用，形成良好的学术文化；可以制约不断膨胀的行政权力，保障权力的制度化运行。学术、行政，各有其优势、作用，在学校的决策中，充分发挥各自的优势，相互尊重，相互支持，既能形成良好的学术文化，又能保障权力的制度化运行。④ 共同治理有利于明确责任，分工合作，推动学校发展。共同治理既强调决策的全员参与，又强调“首要责任”。在学校决策、执行的过程中，不是每个人具有同等的权力、责任，而是其中一部分人负有首要责任，强调首责优先。

（三）大学共同治理中的治理结构

治理包括治理结构和治理过程。分析共同治理，首先要分析治理结构。系统论中一个基本原理是，“结构决定功能”。有什么样的结构便产生什么样的功能，功能不变，结构不变，结构又是根据功能的需要而设计的。共同治理系统的目的、功能，是要保障大学利益相关者参与决策的民主权利，调动大学利益相关者参与决策的积极性，同时实现首创优先，首责优先。治理结构的设计，要由此出发。这里讨论的结构，主要是大学内部治理结构。笔者认为，大学内部治理结构，由以下几个部分组成。

1. 决策类型结构

根据大学的权力特征、决策的性质等因素，大学决策可以划分为学术决策、行政决策和综合决策。[①] 三种决策形成一个等腰三角形结构。

高校的权力特征之一是学术、行政二元权力结构。学术、行政两种权力具有明显的不同特征：① 两种权力的性质不同。行政权力是以“科层化”为特征的法定权力，以上级管理主体对组织活动的控制与协调为特征，在权力结构中处于强势地位。学术权力是以“自主性和个人的知识”为基础的专业权威，在权力结构中处于弱势地位。② 两种权力的运行规则不同。行政权力处于科层制组织中，强调下级服从上级，讲究效益和效率。学术权力处于松散的学术组织之中，强调学术自由，很难论及效益和效率。③ 两种权力的作用不同。学术权力主要是进行真伪判断，而行政权力主要是进行利益、利害判断。④ 两种权力的权力主体多元、交叉。行政权力的主体主要是校长、行政人员，但教师、学生对行政决策有建议权、监督权，对一些重大行政决策有投票权、制约权。学术权力的主体是学术人员，但很多学术问题的决定，不仅涉及学术真伪判断，还涉及利益、利害判断，需要行政部门共同参与。根据高校的上述权力特征，可以将其决策划分为学术决策、行政决策和综合决策。

学术决策。对纯学术问题，只需要进行真伪判断的问题，通过学术组织

① 刘献君．高等学校决策的特点、问题与改革［J］．高等教育研究，2014（6）：19.

进行学术决策，如学校教学、科研成果和奖励，对外推荐教学、科研成果奖，教师职务晋升的学术评议，学生的学位授予，高层次人才引进岗位人选等。

行政决策。纯行政问题，不需要进行学术真伪判断的问题，由行政系统进行决策，当然决策中要征求师生意见，如教职工住房、行政用房建设、校园建设、医疗、校友工作等等。

综合决策。高校的大量问题的决定，既需要进行学术真伪的判断，又要放在全校范围内进行利益、利害的判断，这就需要学术、行政组织共同决策，如学科建设、教师聘任、学术组织机构设置、学校战略规划等。

2. 人员结构

在大学治理结构中，人员结构中的人员，主要指大学的利益相关者。大学是典型的利益相关者组织。“大学制度是高等教育利益相关者之间的‘契约网’”，应该运用利益相关者理论重构大学办学主体，建立大学利益相关者的“主导—合作”治理模式。[①]

学界对大学利益相关者进行了多方面的探究，提出过多种划分方法。笔者根据学校、利益、需要三个要素，对大学利益相关者进行了较为系统的探讨，提出了自己的看法。[②]

从学校的外部结构来看，大学的主要利益相关者有：执政党，各级政府，用人单位，学生家长，校友群体，捐赠者，合作伙伴，所在社区，社会公众，新闻媒体等。

大学内部的利益相关者主要有：① 高级管理者。高级管理者指处于学校顶层的管理群体，主要包括由党委书记、副书记，校长、副校长，以及总会计师、校长助理、教务长、总务长等组成的校级领导群体。学校高级管理者尽管不是学校的“所有者”，但他们受上级党委、政府委托管理大学，既要对国家、社会负责，又要对师生员工负责。因而在大学治理中，是具有十分重要地位的利益相关者。学校高级管理者通过制定政策、调整结构、配置资源、推行决策等活动，维护学校的稳定，推进学校的发展。② 中层管理者。中层

---

① Gayle D J，Tewarie B. Governance in the Twenty First-Century University：Approaches to Effective Leadership and Strategic Management［DB/OL］. ERIC Digest：ED482560.

② 刘献君．论大学内部权力的制约机制［J］．高等教育研究，2013（11）：1-10.

管理者指一所学校职能部门的负责人，学院（系、所）的正、副院长（系主任、所长），正、副分党委（党总支）书记等。学校中层管理者由学校党委任命，是贯彻执行高级领导者意图的管理层级。他们是各类规划、计划制定的参与者，具体工作的组织者和领导者。③ 教师。教师是指在大学中从事教学、科研、社会服务及相关工作的专业人员。大学在本质上是一个学术共同体，教师是学校办学的主体。学校的主要职能有教学、科研和社会服务，毫无疑问，教学、科研的实现靠教师；社会服务主要通过教学、科研的成果为社会提供服务，主要也是靠教师。教师在学校从事的是“目的性”活动，十分重要。教师职业是学术职业，教师既以学术为业，又以学术为生。教师的需求和利益主要表现为物质利益和学术利益。[①] ④ 学生。学生是指接受高等教育的群体，包括专科生、本科生、硕士生和博士生。关于学生在学校的地位，哈军工第一任院长陈赓大将有一个生动的比喻，他说，办大学就像办一个食堂，教师是炒菜的，干部是端盘子的，端盘子和炒菜的都是为了让学生“吃”好，学校的宗旨是育人，一切都是为了学生的学习成长。[②] 因为有了学生才有学校，学生是学校的主体，从这个意义上说，“学生就是大学”。学生缴费上学，为高等教育分担一定的成本，他们既是高等教育的投资主体之一，也是高等教育的主要消费者。学校的教育教学改革成效，最终要体现在学生身上，他们既有亲身感受，又直接掌握大量第一手材料，对教育教学改革、教育教学效果最有发言权。⑤ 其他员工。学校其他员工指除中高层管理群体、教师群体之处的工作人员，包括机关职员，医师，图书、档案等业务人员，技术人员，安全保卫人员，后勤服务人员等。这支队伍庞大而且相对稳定，他们的存在保证了学校正常的教学、科研工作秩序，维护着学校环境和安全，是一支不可或缺的力量。

在大学内部人员结构中，学生是学校的主体，教师是学校办学的主体，高级管理者是学校办学的主导，中层管理者和其他员工是学校办学的支撑。

3. 组织结构

大学的组织结构比较复杂，有其特殊性，笔者认为，主要存在四个系统，即党组织系统、行政系统、学术系统、社群系统。① 党组织系统。《高等教育

---

① 郭卉．权利诉求与大学治理［M］．青岛：中国海洋大学出版社，2009：32.

② 哈尔滨工程大学本科教学工作水平评估自评报告［R］．2006：5.

法》第三十九条规定："中国共产党高等学校基层委员会按照共产党章程和有关规定，统一领导学校工作，支持校长独立负责地行使职权"。学校党组织系统包括学校党员代表大会、全委会、常委会，下设党委职能部门和院（系、所）基层组织。党委是大学的领导核心、政治核心，党委的领导主要是政治领导、思想领导和组织领导，他们坚持政治原则，把握政治方向，对学校重大问题行使"讨论决定权"。② 行政系统。《高等教育法》第三十条规定："高等学校自批准之日起取得法人资格。高等学校的校长为高等学校的法定代表人。"校长是学校教学、科研和其他行政管理的最高负责人。校长依靠的行政系统包括由校长、副校长、总会计师、校长助理、教务长、总务长等组成的校长办公会，下属行政职能部门和由院长（系主任）等组成的院（系）委员会，以及其他直属机构。大学行政系统的存在，主要是贯彻党委的决议，保证教育方针和办学思想的落实，保障学校组织目标的实现。③ 学术系统。学术系统是由教授、副教授等组成的学术组织系统，包括学校一级的学术委员会、学位委员会以及院（系）一级的学术委员会、学位分委员会、教授会等。学术系统参与决定学校的学术事务，具有学术权力。④ 社群系统。学校的利益相关者，除上述系统的人员外，还有众多的教职工、学生。他们如何实现权利诉求，参与学校决策，是一个十分重要的问题。个人的权利诉求表达虽然必要，但具有局限性。集体式的权利诉求表达受重视的程度高，容易达到预期效果。因此，教职工代表大会、学生代表大会应运而生。学校社群系统主要包括教职工代表大会和学生代表大会。社群系统具有的权力为民主权力，包括知情权、参与权、表达权、监督权，以及与其切身利益密切相关事项的决定权。

如果将大学组织系统比做一个人，那么党组织系统是大脑，学术系统是血脉，行政系统是骨架，社群系统是呼吸体系。

(四) 大学共同治理中的治理过程

在大学共同治理的过程中，要实现治理的共同性、民主性，提高决策效率，充分调动各方积极性。因此，在大学决策中，要围绕共同目标，通过共同创造，实现共同发展。

1. 共同目标

管理是经由他人达到组织的目标。管理、治理都是为了实现某种目标。关于目标，大学决策中，存在两个突出问题。一是目标难以把握。立德树人，培养人才是大学的根本目的、根本任务。但人才培养目的、目标具有模糊性。这是因为，大学所培养的人才既要满足学生自身成长发展的需要，又要满足社会发展的需要。而学生成长具有发展性和极大的个体差异性，社会对人才的需求千差万别，也是发展变化的。人才培养效果又具有滞后性。企业生产的产品如果产销不对路，产品卖不出去，企业领导必须立即进行调查研究，调整产品生产。否则，企业将面临倒闭。大学生产的产品是学生，学生质量的高低不能仅仅凭考试成绩、学校的表现来决定，而是要到社会工作岗位去检验。这种人才培养效果的滞后性，也导致目标的难以把握。二是学校决策容易远离目标。学校组织结构松散，有人称之为“有组织无政府”。组织之间缺乏一种紧密联系，容易形成各自为政的状态。特别是行政、科研、财务、后勤、产业等这些不与学生发生直接关系的部门，决策、工作中容易短视，只看到自身工作的需要和利益，脱离人才培养这一根本目标。

针对大学决策中目标难以把握和决策容易远离目标等问题，大学主要领导要始终关注目标，组织大家凝练共同目标，明确努力方向。文华学院 2003 年建校时笔者担任副董事长，后兼任院长，建校之初，提出学校在第一个生命周期之内的共同目标：十年建校、十年发展、十年提高。十年建校中紧紧围绕人才培养，明确了大学使命、理念，创造了个性化教育特色，形成了基本制度，初步完成了校园建设。2013 年开始进入第二个十年，笔者组织大家反复研讨，明确发展十年的目标、思路是“优化结构，重点突破”。2014 年以来，正围绕这一共同目标，逐项落实，发展学校，提升学校水平。

2. 共同创造

大学是学术组织，学术发展是一项创造性的事业。与其他社会组织不同，大学的学科、专业结构不同，师生来源不同，历史、文化、传统不同，大学的每一项决策、工作都不可能照搬别人的，需要创造。任何个人的智慧、水平都是有限的，需要每个成员参与创造，形成群体智慧。创新是后来居上的唯一选择。因此，大学需要共同创造。

实现共同创造，首先，大学领导要在共同目标之下，不断提出具体目标，引导共同创造。其次，要在教育实践中，遵循“偶然—必然—自由”的路径，实现共同创造。创造离不开实践，否则只能是纸上谈兵。在实践中要善于抓住偶然因素，提出创造主题，按照事物发展的规律，引导共同创造，走向自由境界。再次，为共同创造创设自由的环境。自由加求知等于创造。学术自由是创造的前提，没有自由，就没有创造。

这里，举一个文华学院开展共同创造的事例。2005 年暑期，文华学院举行以提高教育教学质量为主题的研讨会。会上，教务部门的同志提出了一个问题，全校有 160 多位学生，不重视学习，10 多门功课不及格，怎么办？研讨中，大家提出了不少办法。笔者最后提出了一个办法，即组织一个研究小组，对这 160 多位学生进行研究。笔者和学院的其他领导、老师一道，找这些学生逐个谈心，分析原因，探究对策，根据不同情况，对每个人采取不同的方式进行帮助。结果，这些学生的学习积极性都调动起来了，不仅顺利毕业，还有 3 人考上了研究生。这一偶然事例，促进了我们对开展个性化教育的设想。笔者围绕个性化教育组织全校师生进行共同创造。首先，个性化教育从哪里入手？经过探索，决定从发掘学生优势潜能开始。通过设置潜能导师、开展学习生涯规划、建立周日晚点评制度等，帮助每个学生发掘自己的优势潜能。其次，个性化教育如何深化？我们提出了“立志”。个体自我成长的关键在于个体的心灵，在于心灵对美好事物的欲求，正是这种欲求，激发个体自我成长的力量，引领个体自我成长的方向。学习从立志开始。我们通过多种方式开展立志教育。再次，个性化教育如何实现？在共同创造中提出“空间”，为学生发展创设广阔的空间。空间的创造，也是逐步推进的，从创建特色学科专业、自主选择专业、改革课程教学、创立学生创新工作室，到“一人一张课表”。“潜能、立志、空间”成为文华学院个性化教育的三个关键点。文华学院个性化教育已经取得初步成效，但这种创造还在继续，离达到“自由”的境界，还有很长的距离。

3. 共同发展

管理是经由他人达到组织的目标。这里“经由他人”十分重要。“他人”为什么会跟着你干，怎么调动“他人”的积极性，这是领导者、管理者必须考虑的问题。其中重要的方面是，要关心“他人”的利益、“他人”的发展。

孔子在《论语》中说，“惠则足以使人”。[①] 如何“使人”，也就是如何做领导者，孔子指出，要“惠”，也就是要关心“他人”的利益和发展。在共同治理中，要关注“他人”的共同发展。

发展，首先是学生的发展，这是我们关注的重点。教师是高校办学的主体，其水平的高低直接影响学生的发展。有关教师管理的决策，要有利于教师自由发展，有利于提高教师的思想、业务水平。学校对学生发展的影响是整体的、潜移默化的、偶然的，职员、工勤人员的工作态度、作风也随时会影响学生。有关职员、工勤人员的决策要有利于其发展、提高。教师、学生、职员发展了，学校才能发展；学校发展了，又可以促进师生发展。大学决策中要确立共同发展的观念，并不断推进共同发展，努力提升学校的水平，提高教育教学的质量。

① 杨伯峻．论语译注［M］．北京：中华书局，2006：206．

二十八、高等学校决策的特点、问题与改进

党的十八届三中全会《中共中央关于全面深化改革若干重大问题决定》（以下简称《决定》）中提出，“全面深化改革的总目标是完善和发展中国特色社会主义制度，推进国家治理体系和治理能力现代化。”突出强调国家治理问题。《决定》又进一步指出，要“完善学校内部治理结构”。学校治理指学校内外利益相关者参与学校重大决策的结构和过程。无论治理结构，还是治理过程，都是围绕学校决策来展开的。可见，学校决策十分重要。

学校决策十分重要，但在实践和研究中，又往往忽视决策。笔者对《高等教育研究》《现代大学教育》《中国高教研究》《江苏高教》等四种刊物 2013 年发表的文章进行统计分析，这四种刊物 2013 年共发表文章 1015 篇，其中与决策研究相关的仅仅 5 篇，占论文总数的 0.5%。为什么会造成这种状况呢？笔者在与部分研究者、领导者探讨中，大家提出了种种原因，集中体现在三个方面：“惯性说”，长期以来，领导凭自己的意志、经验进行决策，没有形成科学决策，感到无须研究；“后效说”，学校的目标是培养人，不像企业生产，人才质量的检验滞后，领导者缺乏改进决策的紧迫感；“黑箱说”，学校决策只有领导者知道，像一个“黑箱”，黑箱内的人不研究，黑箱外的人无从研究。

2012 年以来，笔者和所指导的博士生，通过查阅文献、走访国内外高校、共同研究等方式，对高校决策的几个基本问题进行了初步探讨。

（一）对决策的认识和理解

决策是人们对未来目标以及达成目标的方法、途径所做的决定。决，即确定干还是不干；策，即明确用什么方法和工具干。在决策的过程中，目标是决策的核心，信息是决策的依据，民主是决策的基础，科学是决策的依据。

决策失误是最大的失误。人类行为是为了实现目标，目标的确定靠决策，没有正确的决策，就没有合理的行为。决策的本质是对未来发生事情的预测（猜测），猜测则有正确与否、准确与否之分。如果决策失误，差之毫厘，失之千里，会造成不可估量的损失。

决策是人类社会生活中时刻需要面临的行为。早在公元前两百多年，《孟子》中就有权变、乘势、决策之道。“运筹于帷幄之中，决胜于千里之外”，也是对决策的描述。18世纪卡莱美和伯努里开始对决策进行研究，此后，引发了一系列研究成果。众多研究，形成了种种决策理论，如完全理性决策论，连续有限比较决策论，理性、组织决策论，现实渐进决策论，非理性决策论，等等。

与此同时，人们在理论指导和实践研究中，对决策的基本要素、类型、模型、程序等进行了深入探讨。

决策的基本要素包括，决策者（个体和群体），决策对象（战略性问题，重大问题，一般问题，特殊问题），决策信息，决策理论和方法，决策结果。

决策的主要类型，根据决策主体、决策条件、决策影响范围和重要性等的不同，划分为个体与群体决策，战略性决策与战术性决策，程序性决策与非程序性决策，初始决策与追踪决策。

决策的主要模型包括，英雄顶层决策模型，群众创新决策模型，以数据为基础的决策模型，综合决策模型。

科学决策的基本程序是，提出问题，明确目标；收集信息，制订方案；咨询论证，方案决断；贯彻执行，督促检查；反馈修正，决策评估。

（二）高校决策的主要特点

高校决策除了具有一般决策的特点外，还有其自身的特点。

1. 高校决策是为自由创造条件的决策

人是自由意志的存在，这是人的本体论规定——自由是人的本质规定。① 人虽然具有动物的种种自然属性，但与动物不同，人是自由的规定，人要通过自己的自由意志把这些自然性纳入自身，成为人的一部分——否定自己的兽性而成为“人”。人是自由意志的存在，对无限多样的“意志”的自由选择和决定让人获得了主体性。意志的选择和决定就是人的能动性、创造性的表征，是人的自由规定。② 社会主义核心价值观将“自由”作为其重要内容。

高等学校的职能是教学、科研和社会服务，主要任务是传播知识、创造知识、培养人才。因而高校是学术组织，学术组织更需要自由。学术自由是学术组织的生命力所在。

学术自由是创造的前提。学术活动的过程是一个创造过程。什么是创造呢？自由加求知等于创造。自由是创造的前提，没有自由就没有创造。知识创造过程在某种程度上说，就是一个否定性过程、批判性过程。创造要求学者不唯书、不唯上，不迷信权威，具有怀疑、批判的精神和勇气。这既需要学者自身具有学术自由的精神，又需要学者具有学术自由的权利，即免于被迫害、强制、干扰的权利。

创造的过程也需要学术自由。教学、研究具有错综复杂性和不可预测性，需要教师、学生自由把握。在学术组织中，创造基本上是个体的，教学、研究是一种微妙的过程，有着巨大的个体差异性。学术活动需要在学术自由中开展。

美国著名高等教育学家阿特巴赫指出：“没有学术自由，所有重要的教学和研究工作不可能是真正有效的。”③ 目标是决策的核心，高校决策中，为了实现学术目标，必须为教学、科研创造自由的条件，让教师、学生心情舒畅，全身心地投入学习、研究，勇于创造，在创新中实现自我的提升、完善，并推动学校健康发展。华中科技大学 2002 年至 2003 年在实施教师聘任制的决策中，遵循学术职业的特点和学术自由的要求，充分发扬民主，形成了自己

① 高兆明. 黑格尔《法哲学原理》导读［M］. 北京：商务印书馆，2010：40.

② 左志德. 对大学学者自由本质的哲学解读［J］. 大学教育科学，2014（2）：70.

③ ［美］菲利普·G 阿特巴赫. 变革中的学术职业——比较的视角［M］. 青岛：中国海洋大学出版社，2006：206.

的基本原则，即根据学术发展需要设置岗位，根据学术职业的特点建立“准入制度”，根据学术自由原则建立评价考核制度，根据学术平等原则创设聘任合同，根据学术公正原则建立争议处理制度。教师聘任制的实施，取得了良好效果。

2. 高校具有学术、行政、综合三种决策

高校的权力特征之一是学术、行政二元权力结构。学术、行政两种权力具有明显的不同特征：其一，两种权力的性质不同。行政权力是以“科层化”为特征的法定权力，以上级管理主体对组织活动的控制与协调为特征，处于强势地位。学术权力是以“自主性和个人的知识”为基础的专业权威，在权力结构中处于弱势地位。其二，两种权力的运行规则不同。行政权力处于科层制，强调下级服从上级，讲究效益和效率。学术权力处于松散的学术组织之中，强调学术自由，很难重视效益与效率。其三，两种权力的作用不同。学术权力主要是进行真伪判断，而行政权力主要是进行利益、利害判断。其四，两种权力的权力主体多元、交叉。行政权力的主体主要是校长、行政人员，但教师、学生对行政决策有建议权、监督权，对一些重大行政决策有投票权、制约权。学术权力的主体是学术人员，但很多学术问题的决定，不仅涉及学术真伪判断，还涉及利益、利害判断，需要行政共同参与。

根据高校决策对象、决策主体及权力结构的不同，可以将其决策划分为学术决策、行政决策和综合决策。

学术决策。对纯学术问题，只需要进行真伪判断的问题，通过学术组织，进行学术决策，如学校教学、科研成果和奖励，对外推荐教学、科研成果奖，教师职务晋升的学术评议，学生的学位授予，高层次人才引进岗位人选等。

行政决策。纯行政问题，不需要进行学术真伪判断的问题，由行政系统进行行政决策，当然决策中要征求师生意见，如教职工住房、行政用房建设、校园建设、五险一金、医疗、校友工作等等。

综合决策。高校的大量问题的决定，既需要进行学术真伪的判断，又要放在全校范围内进行利益、利害的判断，这就需要学术、行政组织共同决策，如学科建设、教师聘任、学术组织机构设置、学校战略规划等。

3. 高校决策容易脱离根本目的

立德树人，培养人才是高校的根本目的、根本任务。因此，高校的任何

决策都不能脱离根本目的，要有利于培养人才。但是，在高校现实的决策中，由于其特殊的环境、条件、组织结构，追求“成人的无限目的”，容易被“适应政治需要和经济生存”的有限目的所取代，高校决策往往容易远离根本目的。究其原因，主要是：

目的、目标的模糊性。高校的任务是培养人才，而所培养的人才，既要满足学生自身成长发展的需要，又要满足社会发展的需要。学界对大学生成长发展的特点、规律研究较少，而且学生具有极大的个体差异性。社会对人才的需求是多样的、分层次的，千差万别的，发展变化的，高校如何找准自己的定位，把握社会对人才的需求，也是一个难题。因而，现在高校的培养目标往往高、大、空，教师、学生难以把握。这是导致决策脱离人才培养目标的重要原因之一。

人才培养效果的滞后性。企业生产的产品如果产销不对路，产品卖不出去，企业领导立即要进行调查研究，作出调整产品的决策。否则，企业会面临倒闭。高校生产的产品是人才，人才质量的高低往往不能仅仅凭考试成绩、学校的表现来决定，而是要看其在社会上的表现。文华学院对近几年的毕业生进行了一次调查，发现在社会上干得好的学生，并不一定是在学校表现优秀的学生。这种人才培养效果的滞后性，使得高校领导没有企业领导那样的紧迫感。这也是导致高校决策远离目标的重要原因。

学校组织结构松散。学科是大学的基本元素，以学科为基础形成的组织结构是一种松散的矩阵式结构，有人称之为“有组织无政府”。组织之间缺乏一种紧密联系，形成各自为政的状态，也导致决策容易短视，远离人才培养的根本目标。

高校的学术决策、行政决策、综合决策都要紧紧围绕培养人才这一根本目标，做任何决策时都要问问：如何决策才有利于学校根本目的实现？这要用相应的决策制度来保证，并逐步使之转变为决策者的自觉行动。蔡元培做北大校长时，其决策始终以提高人才培养质量为目标。例如，教师聘任，现在很多高校的聘任，主要看本科是不是“211”“985”高校，有没有国外留学经历，发表了多少高水平论文等等。蔡元培聘任教师，首先分析北大现在在人才培养中主要存在什么问题，解决这些问题需要什么样的教师，然后有针对性地选聘。

4. 高校决策容易在两极中徘徊

任何类型的事物都是带有两极的连续统一体。[①] 抓住了这一连续统一体的两极，就抓住了该类型事物的基本特征。这一现象在高等教育领域表现得尤为突出，很多现象经常呈现出两极的状态，例如：理性与人性，个体本位与社会本位，学术型与应用型，学术自由与社会干预，政府管理与自己办学，适应社会与超越社会，通识教育与专业教育，全球化与本土化，继承传统与开拓创新，等等。

在高校决策中，以及在对高等教育问题的研究探讨中，首先，由于大学是遗传和环境的产物，是古典和现代的结合，既要坚守中世纪大学的理想，又要适应所处的社会，因而容易形成两极相互对立的状态。其次，决策者和学者价值取向的多元性，以及非此即彼的思维方式的影响，也容易抓住一极，或者在两极中徘徊，形成一种相互对立的状态。将理性和人性对立，个体本位和社会本位对立，学术与应用对立，学术自由与社会干预对立，适应社会与超越社会对立，等等，造成了极大的危害。例如，在民办教育中，董事长和校长往往容易在学术型与应用型、通识教育与专业教育等方面产生对立。校长作为学者，容易从一般大学发展的趋势考虑，强调基础、通识，基础文科、理科。董事长则从办学实际，特别是经费出发，强调应用型、专业教育，尽可能节约开支，提高效益和效率。理工科大学办文科、文理科大学办工科，往往都从各自的传统思维习惯出发，难以取得成功。

世界处于关系之中，万事万物都是有联系的。认识就是寻找联系的一种方式。对待事物中的两极，就如电池的电极，组合、连接起来，则形成正能量；分离，即电流停止。在高校决策中，要摈弃非此即彼的思维方式，从事物的本质出发，在两极的对立统一中探寻联系、规律，找到正确的决策方案。

5. 高校决策对国家的未来产生深远影响

高校的根本任务是培养人。现在大学生的数量和质量将影响、决定着国家的未来。大学生属于青年，仍处于不确定性、不完善性、未完成性之中。青年人在实践中，在现实生活中，在接受教育中，可以无限地向世界开放和

---

① 成中英. C理论、C原则与中国管理哲学［J］. 管理学报，2014（1）：24.

生成。大学生的发展内容和水平是开放的、发展的。大学生的发展，取决于学校教育。办学校不等于办教育，学校可以兴教育，也可以灭教育；可以培养人才，也可以摧残人才。学校对学生的影响是整体的，潜移默化的。学校对学生影响的好坏，取决于学校的决策，包括对培养目标、模式、课程、制度等的决策。

民主是现代政治的核心，现代政治的生命与灵魂。民主是社会主义核心价值观的基本内容。大学生的民主思想、品质、作风，直接影响着国家未来的政治民主、社会民主。大学生民主思想、品质的养成，不能仅仅靠上几堂民主课程，更不可能自发地形成。学校的民主、科学决策的过程，可以让学生从中感受民主。学生直接参与学校民主决策，可以让学生领悟民主、学习民主。大学生在感受、实践、领悟的过程中，才能形成正确的民主观、权力观。高校的科学、民主决策，对国家的未来产生着深远的影响。

（三）高校决策中存在的主要问题

党的十七大、十八大报告中都十分强调决策权、执行权、监督权要相互制约和协调，要求各级领导要民主决策、科学决策、依法决策。教育部通过强调学校章程建设，颁发高等学校学术委员会规程等多种方式，推进高校建立健全决策制度，实现决策的民主化、科学化。现在，高校开始重视决策制度的建设。2012 年笔者主持的课题组对全国 31 个省（市、自治区）的 64 所高校的权力运行相关制度进行调查，其中 90.5%的学校制定了教代会议事规则、信息公开制度，89%的学校制定了教代会议事规则，84.3%的高校制定了“三重一大”决策制度，57.8%的高校由党代会负责相关规定的决策。[①] 但是，高校决策中仍然存在不少问题，主要表现在以下方面。

1. 决策系统仍然比较混乱

决策是一个系统，相互影响、相互制约，必须理顺各个方面的相互关系，使之相互协调。现在，决策系统仍然没有理顺。

决策权、执行权、监督权集于一身，议行合一，权力高度集中。现在高

① 刘献君，等. 高校权力运行制约机制：模式、评价与建议 [J]. 中国高教研究，2013 (6).

校的主要决策机构是党委会（常委会）、校长办公会。一般而言，党委会确定干还是不干；校长办公会明确用什么方法和工具干。但是，绝大多数高校的党委常委会和校长办公会的主要成员基本相同，校长、副校长进入常委，纪委书记由党委副书记兼任，党委书记、副书记是校长办公会的当然成员。两个决策会议只是换一个主持人。调查中发现，有的学校开始进行改进的探索，如北京大学规定，党委书记、副书记不参加校长办公会，北京理工大学规定校学术委员会主任参加校长办公会。但情况没有根本性改变，仍然是决策权、执行权、监督权集于一身。

学校常委会、校长办公会、学术委员会、教职工代表和学生代表大会，分别主要行使政治权力、行政权力、学术权力和民主权力。由于这几种权力主体多元、交叉，而学校决策中除学术和行政决策外，主要是综合决策，因而几种权力主体责、权仍然不够清晰。

校、院、系责、权不明晰，权力基本上集中在校一级。在计划经济体制下，权力高度集中在校一级。近几年来，多次下放权力，但主要下放了责任，权力下放不多。其中重要原因之一，权力下放，必须调整学校的组织结构。如现在学校二级单位一般在 20 至 30 个之间，单位太多，难以管理。而二级单位的调整，涉及学科发展，涉及干部、教师的切身利益，十分艰难。

权力的非制度化运行。现在，部分权力仍然没有关进笼子里，权力运行没有相应的制度保障。

2. 行政权力和学术权力关系失衡

中世纪创办初期的大学，由教师和学生决定学校内部事务，没有行政系统。世界创建最早的大学是意大利的博洛尼亚大学（1150 年）和法国的巴黎大学（1200 年）。博洛尼亚大学最初是教师型大学，但一段时期后，学生在学校管理中取得了主导地位，学生依照规定对教师实施严格管理，学生选举教师，几乎每一项活动都须经过学生的允许，学校成为学生型大学。从 13 世纪晚期开始，博洛尼亚市镇当局建立了有薪金的教师职位，学校办学不再依赖于学费，学生权力开始衰退，到 1350 年，大学管理权力重新回到教师手中。[①]巴黎大学属教师型大学，大学管理由教师行会负责，学生相当于商业领域的

① 参见 Alan B Cobban. Universities in the Middle Ages［M］. Liverpool：Liverpool University Press，1990.

学徒。[①]

现代大学由于组织规模越来越大，社会活动越来越复杂，竞争越来越激烈，管理决策带来的社会影响越来越大，大学形成了宏大的行政系统，行政组织取得了合法地位。

尽管行政组织越来越强大，但大学是学术性组织的性质并没有改变。大学绝大多数事务是学术事务，学术事务的决策需要专业知识、专业视野、专业能力，是行政人员不可能替代的。然而，由于行政权力的性质、特点，其在学校处于强势地位，挤压甚至代替学术权力，将目的和手段颠倒了。教育部关于高等学校学术委员会章程中，虽然规定了学术委员会具有决策权，强调了学术委员会的作用，但是学术委员会决策权的范围、大小，是由学校行政给予的，加之，学术委员会没有执行权，没有决策支持系统，其作用的发挥仍然十分艰难。如何发挥学术委员会的作用，体现教师参与决策，是学校决策中需要解决的一个重大问题。

3. 缺乏程序意识和制约观念

程序性是科学的最本质的含义，没有程序，就没有科学，也不可能有科学决策。同时，程序也是民主决策的基础和保证。

以往高校决策制度中，重视内容，忽视程序。更重要的是，决策者缺乏程序意识，即便有程序规定，但在执行程序中，仅仅从管理者本位出发，以“我”是否需要来衡量、决定是否让师生参与决策；更有甚者，为了达到自己的目的，在决策过程中，随意变更已经定下的“游戏规则”，改变程序。

著名法学家孟德斯鸠指出：“一切有权力的人都容易滥用权力，这是万古不变的一条经验。”权力制约是权力运行的内在要求，制约比监督更重要、更根本。权力制约能保证利益相关者的权利，是现代组织社会治理的需要。权力制约也是大学健康发展的需要。大学是利益相关者组织，有众多的利益相关者；大学权力具有多中心性、复杂性，本应有利于形成权力制约。但长期以来，由于高校的行政权力处于强势地位，相对而言，学校远离上级主管部门，“山高皇帝远”，因而造成领导制约观念淡薄，往往强调“我说了算”。

① 贺国庆，等．外国高等教育史［M］．北京：人民教育出版社，2003：52.

4. 没有建立决策支持系统，不重视决策评价

决策体系包括决策系统、执行系统、监督系统、智囊系统（参谋系统）及信息系统（决策支持系统）。

决策过程是：智囊系统利用信息系统制订决策方案，提供给决策系统。决策系统利用信息系统提供的信息对智囊系统提供的方案进行决策，决策系统的决策指令，在监督系统的监督下，由执行系统贯彻执行。执行的情况和结果，又经过智囊系统和信息系统反馈到决策系统。智囊系统根据新情况，提供修补或修改方案给决策系统，决策系统对修改方案进行决策，做出修订指示，再由执行系统执行。（见图 1）

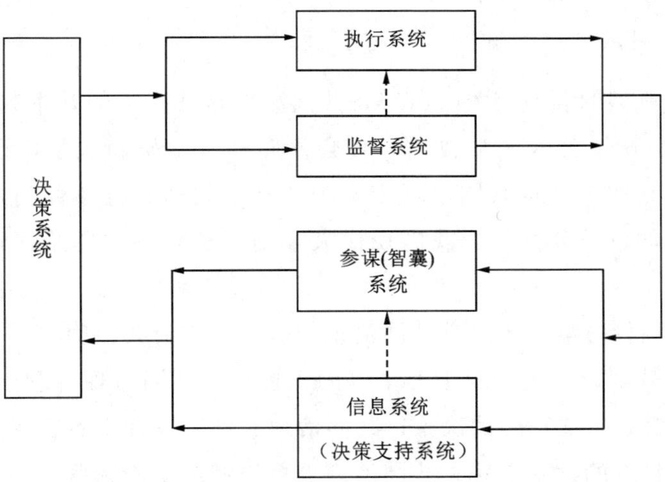

图 1　决策体系运行图

决策支持系统是决策体系中的重要组成部分。美国高校一般都建立了决策支持系统，如基于数据仓库的决策支持系统，由院校研究机构负责实施。

我国长期以来，有不重视数据的传统，人文社会科学大多停留在思辨研究。近年来，决策者、研究者已经意识到数据的重要性，但由于高校业务数据库分散、处于信息孤岛的状态；数据保密、不公开，难以获取数据；数据不规范，难以进行数据分析；基本没有建立分析数据库，因而没有建立决策支持系统的数据基础，致使我国高校基本上没有建立决策支持系统。与此同时，决策评价也没有引起足够的重视。

（四）如何加强和改进高校决策

加强和改进高校决策，要认识决策的重要性和意义，把握高校决策的特点，重视高校决策中存在的问题。这些，已在前面论述。与此同时，我们要转变决策观念，完善决策制度，提高决策能力。

1. 转变决策观念

加强和改进高校决策，首先要转变决策观念。笔者认为，高校领导者在决策中要树立共同治理、共同创造、共同发展、让数据说话等观念。

（1）共同治理

大学是典型的利益相关者组织，共同治理是其决策的基本趋势。“共同治理”是1966年美国大学教授联合会发布的《学校和大学治理的联合声明》中提出来的，并将共同治理定义为“基于教师和行政部门双方特长的权力和决策的责任分工”[①]。我国现代大学制度建设中，开始探索共同治理（共治）。

为什么高校决策中要确立共同治理的观念，实行共治呢？因为共同治理有利于调动教师、学生、职工等多方的积极性；共同治理有利于集思广益，吸取群体智慧，形成正确的决策；共同治理有利于发挥学者在决策中的优势作用，形成良好的学术文化；共同治理还可以制约不断膨胀的行政权力，保障权力的制度化运行。

实现共同治理的过程，是一个民主化过程。学校领导在对重大事务进行决策时，需要充分发挥民主，广泛听取各方面意见。实现共同治理也是一个科学化过程。高校领导要科学分析各种组织、各类人员的优势、特长，以及其在学校治理结构中所处的地位、所肩负的任务，从而明确各种组织、各类人员在治理过程中所应尽的职责、所应发挥的作用。因而各种组织、各类人员在共同治理中应各展所长、相互支持、相互补充、相得益彰。

① 刘爱生，顾建民．美国大学共同治理的思想内涵［N］．中国科学报，2012-06-27．

(2) 共同创造

与其他社会组织有别，由于高校的学科、专业结构不同，历史、传统不同，师生的来源不同，因而高校的每一项决策、每一项工作都不可能照搬，需要创造。大学有广阔的创新空间。

高校的科学决策十分复杂、影响长远，需要信息、思想、智慧。思想、智慧来源于创造。大学成员文化层次高，智力水平高，创造性强。一个人、少数人的智慧总是有限的，只有每个成员都参与创造，形成群体智慧，才能推动科学决策的形成。大学决策要建立在共同创造的基础之上。

笔者在文华学院推动“共同创造”，收到了良好的效果。首先，个性化教育办学特色的形成，是共同创造的结果。在个性化教育探索的过程中，学院设立“个性化教育创新奖”，鼓励师生参与创造。在共同创造下，确立了“潜能、立志、空间”三个关键点，即以学生个体优势潜能的发掘为起点，以学生自我立志为内生动力，以扩展学生发展空间为平台；明确了按“学术型、能力型、潜力型”分类培育的教学方案；形成了“一个中心，三个关键，五个注重”的个性化教育体系。此外，在共同创造中，确立了“十年起步，十年发展，十年提高”的阶段性发展目标，“从带土种植”到“去土留根”的学科专业建设思路；建立“周日晚点评”制度；明确“十年发展”的思路是“优化结构，重点突破”等等。

高校决策中实现共同创造，首先，学校主要领导人要勇于发现问题，善于提出目标，引导师生共同创造。在这一过程中，主要领导必须深入第一线，直接和师生开展思想交流，围绕问题、目标展开思想碰撞。在交流、碰撞的过程中形成新的思想、新的办法。其次，要建立师生共同参与创造的制度，形成共同创造的路径。再次，要建立制度，表彰在共同创造中为学校决策和学校发展做出贡献的人员，形成共同创造的良好氛围。

(3) 共同发展

高校的根本任务是培养人，促进人的发展。任何决策都要以有利于学生自由发展为根本目的。

教师是高校办学的主体，其水平的高低直接影响学生的发展。有关教师管理的决策，要有利于教师自由发展，有利于提高教师的思想、业务水平。

学校对学生发展的影响是整体的、潜移默化的、偶然的，职员、工勤人员的工作态度、作风也随时会影响学生。有关职员、工勤人员的决策要有利于其发展、提高。

教师、学生、职员发展了，学校才能发展；学校发展了，又可以促进师生发展。高校决策中要确立共同发展的观念。

(4) 让数据说话

数据（data）是记录信息的按一定规则排列组合的物理符号，包括数字、文字、图像、计算机代码等。事物的属性都是通过数据来表示的。信息等于数据加处理，而且信息必须通过数据才能传播。对决策者有用的信息成为知识，对知识的思考产生智慧。因而形成了一种新的“数据—信息—知识—智慧”决策模式，在这一决策模式中，数据是基础。

我们已经开始进入大数据时代。大数据时代，数据更多，表现为从样本到总体；更杂，表现为非结构数据的形成，如关系数据化，情感数据化；更好，表现为数据不仅说明因果关系，还能展示相关关系。现代决策，更应重视数据。

在高校决策中，重视数据，让数据说话，首先要重视数据的采集、分析，用数据去发现问题、分析问题、解决问题。同时，要增强从数据中提取价值的能力。数据非常多而且具有战略重要性，但是真正缺少的是从数据中提取价值的能力。在决策中要重视数据，并具有数据分析的视野、思维方式、洞察力和智慧。

2. 完善决策制度

党的十八大报告指出：“坚持用制度管权管事管人，保障人民知情权、参与权、表达权、监督权，是权力正确运行的重要保证。要确保决策权、执行权、监督权既相互制约又相互协调，确保国家机关按照法定权限和程序行使权力。坚持科学决策、民主决策、依法决策，健全决策机制和程序……”。关于决策制度的重要性及主要内容，党的十八大报告已经阐述得十分明确。关于高校决策制度，在过去的几年中，已经得到重视，并初步建立了若干制度，但仍然还不完善。

完善决策制度，首先要制定好大学章程。大学章程是关于大学性质、任务及组织构成的主要行为活动等最基本内容的原则性规定。大学章程涉及大学办学的方方面面的内容，发挥多方面的功用，但主要功能是规划大学权力运行，即规范大学与政府的权力关系，大学各组织之间的权力关系，大学与院系之间的权力关系。决策的基本制度，应体现在大学章程中。

根据大学章程的规定，还要完善决策的具体制度，这些决策制度包括：决策组织制度，集中决策与民主协商相结合的决策制度，决策支持制度（借用“外脑”辅助科学决策制度），科学决策程序制度，决策评估与责任制度（含决策失误追究制度），应急决策制度（自由裁量权）等等。在这些制度中，有的制度在高校还是空白，有的还不完善，要逐一加以分析研究，逐步完善。

3. 提高决策能力

决策能力是决策者把握决策的能力，一般认为，决策能力包括洞察力、统筹力、决策力、执行力、应变力。决策者还应有冷静平和、胸怀宽广、充满自信、敢于决策的良好心态。根据笔者的体会，决策者还应增强以下能力。

（1）调查研究、抓住问题的能力

决策的目的是解决问题，决策者要有强烈的问题意识。笔者在长期的实践中感到，“工作没有做好，肯定有问题；工作做好了，同样有问题。”决策者要勇于发现问题，敢于面对问题。

高校决策中所要解决的问题，是学校围绕培育人才的多种活动中存在的实践问题。因此，决策者一方面要通过决策支持系统，掌握大量数据，通过数据去发现问题；另一方面，决策者要深入教学、科研一线，调查研究，发现问题。

面对同一客体（客观事物），多种不同主体会产生不同甚至截然相反的结论。主体能否把握客体信息，发现问题，取决于主体调查研究、抓住问题的能力。决策者要有洞察力，透过现象抓住本质，在调查研究的基础上，敏锐地抓住问题。

（2）把握大局、确立目标的能力

目标是决策的核心，决策者要具有把握大局、确立目标的能力。发现问题是确立目标的基础，但问题不等于目标。高校决策者要在对问题分析的基础上，根据环境的变化，教育的本质和规律，学校发展的历史、走向，确立

自己的目标。例如，文华学院在2005年召开的以“提高教学质量”为主题的暑期研讨会上，教务部门提出了全校有160多位学生多门功课考试不及格的问题。解决这一问题，可以从多方面着手，严格管理，淘汰不合格学生；增强教师的责任感，有针对性地教育学生；在学生中开展互相帮助，努力提高学生成绩，等等。决策者在分析问题的基础上，适应高等教育大众化的趋势，遵循教育规律，提出了个性化教育的目标。

决策者要重视学校发展的长远目标。“不谋万里者，不足谋一时；不谋全局者，不足谋一域”。一年可能干不成任何事，十年可能干成任何事。文华学院建设之初，确立“育人为本，质量第一”的使命，抓住人才培养这一根本目的，提出了三十年的发展目标：十年建校，十年发展，十年提高。学校教师、学生、职员，对学校的长远发展有一个清晰的认识。

根据长远目标，制定近期目标。文华学院每年暑假召开一次高质量的研讨会，确定一学年发展的具体目标。全校一年集中抓一件事，牵一发而动全身，引领师生，凝聚人心，推进发展。

(3) 锐意创新、实现转变的能力

现代决策理论认为，决策不仅包括“决定”，从程序上看，决策就是在发现、分析问题的基础上，为实现目标而制订方案，对若干方案做出抉择，然后加以实施，并对实施情况给予监督反馈的过程。

决策不仅要关注目标，而且要关注目标实现。目标的实现过程，就是一个转变、转化的过程。转变体现在从低到高、从弱到强、从局部到全部、从重视某一方面到重视另一个方面，等等。转化体现在从劣势到优势、从短处到长处、从少到多、从外到内，等等。领导者要锐意创新，把握事物发展的规律和趋势，抓住转变过程中的关键点，提高实现转变的能力。

华中科技大学的发展，很大程度上得益于领导者审时度势，适时转变，善于转化，从而努力实现自己的目标。学校的历史上，提出过三次大发展，并实现若干转变。第一次大发展是20世纪80年代中至90年代中，发展目标是进入国内一流，提出实现三个转变，即从工学院到多科性大学，从教学到教学、科研两个中心，从本科生教育到本科生教育和研究生教育相融合。第二次大发展是20世纪90年代中到2010年左右，发展目标是成为国际知名高水平大学，提出实现四个转变，即从科学教育到科学教育和人文教育相融合，从教学、科研到学研产三足鼎立、协调发展，从多科性到综合性大学，从国内办学到国际化。第三次大发展是从2011年起，发展目标是世界一流，提出实现三个转变，即从工医优势到综合优势，从规模发展到质量提高，从以教师为中心的教学到以学生为中心的教学。

（4）规划与协调能力

决策，不仅要关注决断，还要关注执行，决策能力也包括执行力。管理是经由他人达到组织的目标。管理不是事事亲力亲为，而是“经由他人”，靠他人去执行。因而，管理者在执行中的主要任务是规划、协调。规划、协调，首先是要部署力量，根据目标，分解任务，明确职责，做到各部门、各单位的责、权、利统一。其次，要抓住主要目标不放。忙于紧急事而忽视重要事，是管理的大忌。学校事务工作很多，紧急的事也很多，往往会把精力用于对付紧急事，将立德树人、培养人才这一根本目的、根本任务丢了。因此，领导者要抓住主要目标不放。再次，化解矛盾，协调关系。由于利益关系，有的事情各个部门都不去管，在工作中也往往会产生多种矛盾。学校主要领导要观察、分析、协调各种关系，化解多种矛盾，促进各项工作有序开展，顺利达成决策目标。高校组织是松散的矩阵式组织，多元、多头，形成网状，决策中更需要领导者具有规划、协调的能力。

二十九、高校权力运行制约机制：模式、评价与建议

党的十八大报告提出："健全权力运行制约和监督体系。坚持用制度管权管事管人，保障人民知情权、参与权、表达权、监督权，是权力正确运行的重要保证。要确保决策权、执行权、监督权既相互制约又相互协调，确保国家机关按照法定权限和程序行使权力。坚持科学决策、民主决策、依法决策，健全决策机制和程序，发挥思想库作用，建立健全决策问责和纠错制度。……推进权力运行公开化、规范化……让人民监督权力，让权力在阳光下运行。"报告中关于权力运行的规定对于规范国家机关、事业单位的权力运行具有十分重要的指导意义。现有的高校内部权力运行制约模式也正是其中几个关键词——制约与协调、权限与程序、问责与纠错、公开与规范、保障人民权益——的体现。但近年来，一些高校出现的权力运行失范甚至权力腐败等现象已经引起社会的广泛关注，这也在相当程度上表明我国高校内部权力运行的制约机制存在薄弱环节乃至漏洞。本项目团队通过实地调研、现场访谈、网络问卷等多种方式获取一手资料，力图更为全面地把握我国高校权力运行制约的现状；根据对相关规章制度及其实践的梳理，归纳总结出现有权力制约模式；并尝试从继续完善权力运行制约相关规章与规范的角度提出对健全机制的对策建议。

（一）高校权力运行制约机制的模式

通过对《中国共产党章程》《中国共产党普通高等学校基层组织工作条例》《教育法》《高等教育法》《高等学校章程制定暂行办法》《学校教职工代表大会规定》等法律法规，以及各高等学校根据上述法律法规制定的基于本校实际的实施办法与细则等与高等学校权力运行制约相关的规章制度，可以归纳总结出我国高等学校目前的权力运行制约机制主要有分权制约模式、制度制约模式与权利制约模式。

1. 分权制约模式

权力制约权力，是指不同权力体系之间或同一权力体系内部的不同权力之间的制约。作为一种制约范式，它之所以能够有效地约束权力，在于：① 制约主体活动的独立性；② 制约对象活动的公开性；③ 制约关系的对等性；④ 制约手段的强制性。[①] 大学不是一个整齐划一的机构，而是一个拥有一定自治权的各种团体组成的社会[②]，高等学校作为一个典型的利益相关者组织，其利益相关者主要是分别享有政治权力、行政权力、学术权力、民主权力的党组织系统、行政系统、学术系统、社群系统，四种权力之间相互制约与协调，体现着不同权力之间的分权制约。我国高等学校实行“党委领导下的校长负责制”的领导体制，在党委统一领导下，各权力主体之间实行决策权、执行权、监督权的适当分离与相对独立，三种权力之间相互制约与协调，体现着同一权力体系内部的分权制约。

《中国共产党章程》第 10、16 条，《中国共产党党内监督条例（暂行）》第 12、13 条，《关于党内政治生活的若干准则》第 2 条等党的规章都明确指出：集体领导是党的领导的最高原则之一。在高校，党委内部实行“委员会制”，其组织原则是“集体领导，分工负责”，决策机制是“集体讨论，民主集中，个别酝酿，做出决定”，其目的是发挥集体智慧，降低决策风险。这种委员会制的内部权力制约是基于分工负责的分权制约，党委的各委员之间是

---

① 刘献君．论大学内部权力的制约机制［J］．高等教育研究，2012（3）：7．

② 菲利普·阿特巴赫．比较高等教育：知识，大学与发展［M］．人民教育出版社教育室，译．北京：人民教育出版社，2001：5．

一种平等的关系，党委书记与党委委员之间也不是上下级的关系，这是同一权力体系内部的分权制约机制，主要体现的是制约主体活动的独立性与制约关系的对等性。而从外部制约来讲，《中国共产党章程》第10条又明确指出：党的各级委员会向同级的代表大会负责并报告工作，党的下级组织要向上级组织请示和报告工作。高校党委是在高校党的代表大会选举的基础上由上级党委任命的，因此它要对高校的党员代表大会和上级党委负责，接受党员代表大会的监督与上级党委的领导。

《高等教育法》第30、41条等条款规定，校长是学校的法定代表人，是学校行政管理工作的最高负责人，全面负责本校的教学、科学研究和其他行政管理工作，并对上述工作享有决定权。"党委领导下的校长负责制"中的校长负责制是一种"首长制"，其实现方式是校长主持校长办公会议，在充分听取与会人员意见后做出最后决定，其组织原则是"校长领导，全面负责"，其决策机制是"集体讨论，校长决定"，其目的是在广开言路的同时提高行政效率。这种首长制内部，校长与其他行政负责人是上下级关系，后者接受校长的统一领导，对校长负责，因此对首长制的权力制约主要来自其外部的分权制约。在政治、行政、学术、民主的权力体系中，校长及校行政作为行政权力主体，对政治权力主体负责，接受学术权力与民主权力主体的监督；在决策、执行、监督的权力体系中，校长及校行政作为执行权力的主体，对决策权主体负责，并接受监督权主体的监督。在这样一个权力制约框架下，对政治权力或决策权主体负责主要体现的是制约手段的强制性，接受学术权力与民主监督或监督权主体的监督主要体现的是制约对象活动的公开性。

2. 制度制约模式

制度制约是指以事先设定的权力运行规则来规范和约束权力的运行。和权力制约相比，其关注的对象从制约主体转向制约手段，这种手段主要表现为基本的制度与制度执行的相关程序，我们将其称为规章与规范。规章与规范的存在既是为了保证权力运行的畅通，也是为了保证权力运行的规范，在提高权力运行效率的同时又对权力运行构成直接的、刚性的约束。

规章可以理解为被直接执行的规则，这里的规章更准确地说是组织规章，常常表现为组织章程，它一般从宏观上系统地规定了组织的性质、宗旨、任务、组织原则、成员及其权利与义务、机构及职权、活动及纪律等内容，如

《中国共产党章程》《高等学校章程》《学术委员会章程》《学校教职工代表大会规章》等。规范可以理解为对直接执行的规则的替代或补充，它在规则的遵守情况难以监督的地方能增强规则执行的力度，为规则的执行补足资源，或为强化规则的执行力度降低成本。规范生效的必要条件是“团体的产出能被有效地衡量”，它的一个重要特点是能够被内部化。① 规范一般从比较具体的层面规定组织的工作方式、工作程序、人员构成与任免等内容，如《中国共产党普通高等学校基层组织工作条例》《校长办公会议事规则》《学术委员会工作制度》《教职工代表大会实施细则》等。

2021 年修订的《教育法》第 28 条规定：学校及其他教育机构按照章程自主管理。《高等教育法》第 28 条详细规定了高等学校章程应包括的 10 项基本内容；《高等学校章程制定暂行办法》进一步明确了高等学校章程的起草、审议、修订及核准、备案等事项，指出“章程是高等学校依法自主办学、实施管理和履行公共职能的基本准则”。作为对高等学校章程制定的指导意见，暂行办法更加详细地规定了高等学校章程应予以明确的许多程序性规范，主要涉及：① 党委领导下的校长负责制的实施规则，党委集体领导的议事规则、决策程序；② 校长独立负责行使职权的制度规范，校长办公会的组成、职责、议事规则；③ 学校教学、研究、招生、人事等事项的基本准则、决策程序与监督机制；④ 学术委员会、教职工代表大会、学生代表大会、校友会、理事会或董事会等机构的地位与作用、宗旨、组成、议事规则与监督机制。

以某学校的《学术委员会章程》和《学术委员会工作条例》为例，后者除了将章程中的总则（性质、目的、原则）、组成与机构、职责、委员会资格与产生、委员的权利与义务做了进一步的细化之外，还增加了工作程序、议事规则、会议制度等作为规范学术委员会工作的补充性、解释性条款。例如：① 属评定性质的工作，学术委员会的决定即为最后决定；② 属审议性质的工作，有关部门在听取学术委员会的审议意见后，有关方面在决策前应向学术委员会通报；③ 属咨询性质的工作，有关方面应尽可能地听取学术委员会的建议。

① 戴维·韦默. 制度设计［M］. 费方域，朱宝钦，译. 上海：上海财经大学出版社，2004：145.

3. 权利制约模式

以权利制约权力是指公民依据宪法和相关法律所赋予其管理国家事务和社会事务的权利对权力主体行使权力的过程施加影响、实施监督，以形成对权力运行的约束。由于个体力量的单薄，单一的权利主体很难对强大的公权力形成直接、有效的约束与监督，因此他们常常采用一定的组织形式来保障和维护其合法权益。对于高等学校而言，普通教师、学生是最常见的权利主体，教职工代表大会和学生代表大会则是他们所采用的基本组织形式。

2021 年修订的《教育法》第 31 条规定："学校及其他教育机构应当按照国家有关规定，通过以教师为主体的教职工代表大会等组织形式，保障教职工参与民主管理和监督。"第 33 条规定："教师享有法律规定的权利……"第 34 条规定："国家保护教师的合法权益……"《教师法》第 7 条规定：教师通过教职工代表大会或者其他形式，参与学校的民主管理。《高等教育法》第 43 条规定："高等学校通过以教师为主体的教职工代表大会等组织形式，依法保障教职工参与民主管理和监督，维护教职工合法权益。"为保障教职工参与学校民主管理和监督的权利，完善现代学校制度，促进学校依法治校，教育部依据《教育法》《教师法》《工会法》等法律，制定颁布了《学校教职工代表大会规定》，规定了教职工代表大会主要享有的审议建议权、审议通过权、审议决定权、评议监督权。各省、市教育行政部门又制定了本行政区域内高等学校教职工代表大会的工作规程、工作程序、暂行规定、工作基本标准等相关规定；各级各类学校也根据教育部与所在地区的相关规章制定了本校的教职工代表大会实施办法。

以某学校的《教职工代表大会实施细则》为例，细则规定了教代会行使以下职权：① 听取和讨论校长的工作报告，对学校的办学指导思想、发展规划、财务工作、师资建设等与学校发展相关的重大问题提出意见和建议；② 讨论通过有关教师聘任、奖惩、分配等与教职工权益相关的规章制度；③ 评议、监督学校各级领导干部；④ 审议教职工代表提案；⑤ 监督学校规章的决策和落实，并提出整改意见和建议。

（二）高校权力制约模式运行的回顾与评价

以上主要是从政策和制度文本中总结归纳我国高等学校权力运行的制约

模式，但这些规章制度是否实现了所预期的结果，是否能够满足目标群体的需要，乃至规章制度本身是否适当等，都是值得我们探求的问题。对这些问题的回答，必须建立在对现实进行考察的基础之上。项目组对全国31个省（市、自治区）的64所高校或通过实地调研与访谈（接近半数），或通过问卷等方式，获取了较多的与权力运行制约相关的信息与材料。在此基础上，我们借用回顾性过程评价的手段，在一定程度上参考政策标准中常用的效率、效益、充分性、回应性、公平标准、适当性等标准[①]，来考察并评价这些模式的实践。回顾性过程评价是指在政策执行一段时间之后对其进行监测和评价，常常集中在政策和计划执行过程中的困难和瓶颈问题，从政策过程定位的角度，它属于形成性评价；从政策行为控制的角度，它属于间接控制类型，即不允许对输入变量和过程变量进行直接的控制，因此它更多地依赖于执行计划活动开始后进行回顾性的描述。[②]

1. 分权制约运行的回顾与评价

高等学校实行的党委领导下的校长负责制，作为党和国家确定的高等学校内部领导体制，“党委领导”与“校长负责”是相辅相成、辩证统一的有机整体。二者在指导思想上是一致的，都是以党的基本路线和教育方针来指导治校办学行为；在目标任务上是一致的，都是围绕培养社会主义合格建设者和可靠接班人这一终极目标开展工作；在决策部署上是一致的，在学校改革发展的重大事项上，党委抓决策，行政抓落实，各负其责、各司其职，共同做好工作。[③] 如前所述，党委领导不是党委书记领导，党委领导下的校长负责制也不是党委书记领导下的校长负责制，党委书记和校长都是在党委的统一领导下开展各自的工作，彼此之间是平等的同志关系。因此，从制度设计的角度而言，党委领导下的校长负责制作为一种权力运行机制，既能体现权力的相互制约，又能实现权力的相互协调，党委书记与校长之间是相互制约又相互协调的关系，理论上在高等学校内部并不存在“两个一把手”的问题。

---

① Theodore Poister H. Public Program Analysis：Applied Research Methods [M]. Baltimore：University Park Press，1978：9-15.

② 威廉·邓恩．公共政策分析导论 [M]．谢明，等，译．北京：中国人民大学出版社，2002：440.

③ 李胜利．对党委领导下的校长负责制的几点思考 [J]．中国高等教育，2011 (5)：16.

关于党委。通过调研与访谈发现，由于集体权力是由每一个成员的个体权力所组成，每个人享有同样的权力，这容易造成决策的集体困境。即使实行民主集中制的决策原则，也需要有一个能汇聚和总结全体成员意见的角色，即党委书记，书记的角色使得抽象的集体权力变得更容易操作。因而导致在实际中是党委决策还是党委书记决策往往很难区分。如某本科院校一位校领导说："校党委讨论表决时，大家对党委书记的意图心知肚明，基本都是按党委书记的意图做表决，集体讨论决策的结果往往体现的是党委书记的意图。"这种情况在被调研的多所学校都有不同程度的反映。作为党内监督机构的纪检部门，因为在党委的领导之下，无法对党委形成有效的监督，极个别学校的纪检部门甚至迷失了自己的使命，要么整日埋头于党内文件的制定与整理，要么整日与校内其他部门一起从事招生宣传、教师招聘等工作。因此，在一部分学校往往党委书记决策就取代党委决策，集体领导、讨论决定的决策机制没有起到防止个人专断的作用。

关于校长。对于属校长决策的行政事务是由校长决策、校长负责，对它的制约主要来自外部。无论是从决策、执行、监督的角度还是从政治、行政、学术、民主的角度来看，校长自身作为党委成员并参与决策，又作为行政首长组织执行，决策与执行难以分开，实际上成了"自己对自己负责"。调研发现，在多数学校，党委会、校长办公会的成员基本是一致的，仅仅是主持人不一样，如某地方高校8位校级领导就是8位党委常委。部分学校的校长兼任学术委员会主任，学术委员会大多数委员都是各院系的院长，而学术委员会和教代会的相当一部分成员往往同时兼任行政职务。如毕宪顺教授通过对山东省部分高校进行调研发现，学术人员担任行政职务的比例达到36%。[①]权力主体之间的"兼职现象"使得决策、执行、监督难以分开，高校内部的"决策—执行—监督"机制被置换成了"议行合一"的行政化与泛行政化的权力运行机制。

调研还发现，在很多学校党委（常委会）几乎囊括了学校所有人、财、物的配置与决策权，成了学校的实际管理者。校长作为学校的法人代表，可能需要对并非自己决策的行政事务负责，享有决策权的人不具有法人资格，具有法人资格的人未享有相应的决策权，因而出现权责不对等的局面。也有少数学校，党委（常委会）对校长不管不问，校长负责处理学校几乎所有事

① 毕宪顺．权力整合与体制创新［M］．北京：教育科学出版社，2006：82．

务，出现校长权力过大，甚至基本没有约束的局面。无论是上述两种情况的哪一种，与其相伴的往往是行政权力对学术权力的挤压，出现以政代学、学术行政化等问题。如某高校的校长通过控制科研项目经费、人才引进、院系调整等学术资源的配置与决策权，做了学术委员会的事，导致校长无法承担真正属于自己的治校责任，问责机制难以形成。很多学校的学术委员会仅仅作为审议机构，未能全面享有评定、审议、咨询的职权，没有应有的学术决策权力，因此难以形成对行政的有效制约与监督。权力主体角色及其行权过程的交叉与错位导致权力运行的交叉与错位，给分权制约设置了重重障碍。

2. 制度制约运行的回顾与评价

我们从政策评价的适当性标准肯定上述与高校权力运行制约相关的规章制度的出发点，即规范与约束权力的运行，但如果从政策的效益标准与回应性标准来看，这些规章制度的政策效益与回应性尚有不足。效益标准是指政策实现预期目标的程度，政策只有在被很好地执行与落实的前提下，才能很好地实现预期目标；回应性即政策满足特定群体的需要、偏好或价值观的程度，即政策能不能对可能从政策中获益的某个群体的实际需要做出回应，它是对效益标准的进一步细化。与权力运行制约机制制度化运行相对的是其非制度化运行。非制度化运行有两种表现：一是与制度化相对，即权力在实际运行中没有按照既定的规章制度与程序规范运行，从而造成权力运行偏移制度设计的目标；二是就制度缺位而言，即权力的运行没有既定的规章制度与程序规范作依据。效益与回应性不足，都是非制度化运行的表现，效益不足往往是政策落实与执行的问题，回应性不足除了落实与执行之外，也有可能是因为制度设计本身的非周延等问题。如有学者在分析了高校权力异化运行的现象之后，认为其主要原因在于“制度设计的非周延性”，是一元化政治领导决策体制中的两元化实现方式造成的。①

就目前而言，权力的非程序化运行是突出问题。如某些高校虽然对党委（常委会）的职责范围已经有了明确规定，但对党委（常委会）的召开程序却未明确，致使“会议召集权”成了党委书记最大的权力；有的学校，学术委员会审议后的学术事务上报到校行政后，校行政随意改变，改变后又不再通

① 孙天华. 决策系统的有效整合与降低摩擦成本的关系——对我国公立大学决策机制的分析 [J]. 经济经纬，2004 (4)：140.

报学术委员会，使得学术委员会的审议流于形式。另一方面，现有的权力运行制约相关的规章制度主要体现的是对行使决策权与执行权，或政治权力与行政权力的主体内部及其相互之间的制约，对于监督权或学术权力与民主权力主体如何对前两者形成有效的制约的体现却并不充分，从而导致后面两者缺乏行使学术决策权、民主监督权的有效渠道与途径。

政策设计的非周延性或回应性不足，以及政策落实与执行的效益不足，无疑是导致权力制约机制低效或失效运行的重要原因，制度不能被好好落实是程序与规范的问题，而制度本身的缺位则是更具前提性与基础性的问题。我们在2011—2012年对全国31个省（市、自治区）64所高校与权力运行制约相关的规章制度建设完备情况进行了抽样统计，统计结果如图1和图2所示。

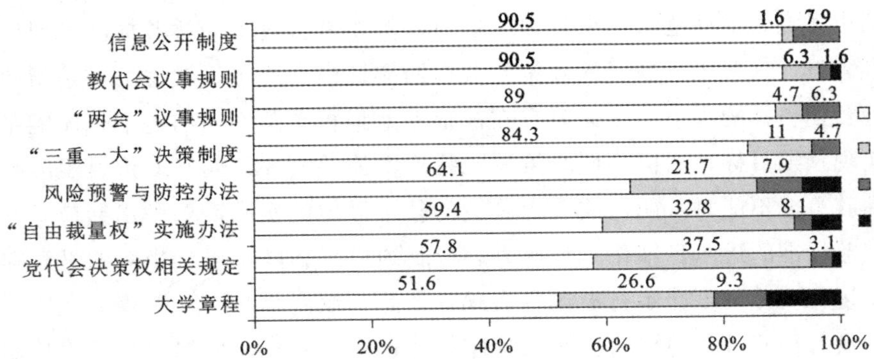

图1　64所高校与权力运行制约相关规章制度建制情况统计

对这一统计结果进行简单的分析，并结合实地的调研与考察，我们可以得出一些认识：① 建制完备程度较高的是信息公开制度、议事规则等，很大部分要归因于教育行政主管部门的政策推动与强力推行，因此它们往往呈现出较高的同构性；② 建制完备程度较低的是大学章程、自由裁量权实施办法等，而这两者分别在规章与规范中都处于相当重要的地位；③ 总体上看，八项规章制度的建制完备情况不容乐观，并在较大程度上直接导致了权力运行的非制度化。其中可能的原因有：相关规章制度的法律依据、审批程序、认定主体等不甚明确；各高校之间互相观望、互相借鉴，如大学章程的制定；大学章程作为上位规章的缺位使得各项内部规则缺乏充足的合法性依据与统一的制度框架等。以上两项简单的统计表明，继续完善与制定、修订大学章程等各项与权力运行制约相关的规章与规范，明确高校内部各项规则的法律

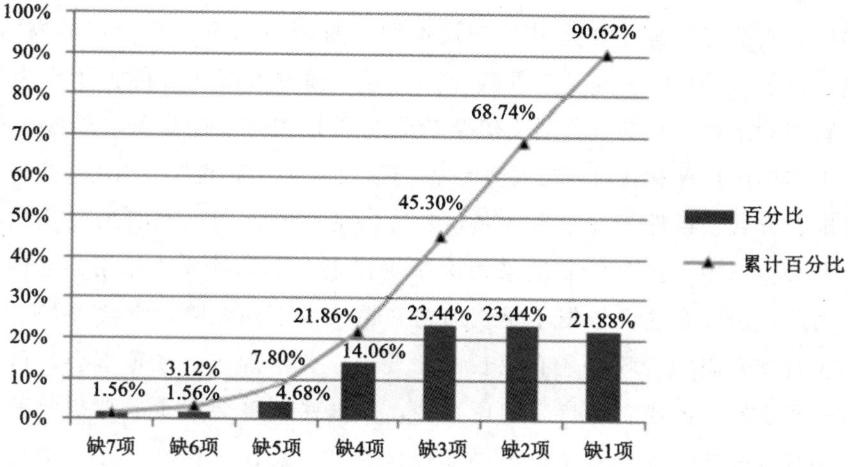

图 2　64 所高校与权力运行制约相关规章制度缺位情况统计

依据与执行、监督程序，明确高校内部各权力主体的权责范围、相互关系，从而约束和规范高校内部权力的运行仍然是当前和今后一段时间内需要重点关注和解决的问题，这也是制度制约权力模式的基础和核心。

3. 权利制约运行的回顾与评价

在探讨政策的回应性时已经提到现有的规章制度对监督权或民主权力主体的需求回应不足，换言之，即对教师的诉求回应不足，对其他诸如学生、校友、理事会或董事会的回应则更少。教师主要是通过教职工代表大会的组织形式来行使其民主管理与民主监督的权利，保障其合法权益与利益。然而，教职工代表大会的工作原则是在学校党委的领导下开展工作，教职工代表大会的执行机构（工会），也直接受党的领导；另一方面，高校校长与校行政不是由教代会产生，他们都不需要对教职工代表大会负责。前文已述，教职工代表大会行使审议决定权、审议通过权、审议建议权、评议监督权等四项主要的职权。在实际中，部分学校的教职工代表大会对学校发展规划等重大问题的讨论很少参与，对学校领导的监督与评议也缺乏透明、高效的渠道，使得教职工代表大会主要行使了四项职权中的讨论通过与教师利益直接相关的住房、福利等政策的审议通过权。部分学校教职工代表大会的提案工作也是在一年一度的会议上对经过筛选的提案做集中答复，并不是适时处理与应对，使提案工作流于形式。

学生作为高等学校重要的利益相关者、高等教育直接的服务对象，理应对学校的教学与管理工作尤其是涉及他们切身利益的事务有一定的发言权。然而，目前《教育法》与《高等教育法》等法律都没有明确的关于学生参与学校管理的条款，只有《普通高等学校学生管理规定》中提到“鼓励学生对学校工作提出批评和建议，支持学生参与学校的民主管理”。但对于参与管理的范围、方式、条件等都没有涉及，教育行政主管部门也没有出台“学校学生代表大会规定”之类的制度来明确学生代表大会的性质、作用、地位，等等。因此，鉴于合法性依据不足，加之知情权得不到保障，学生参与对高校的民主管理来制约行政权还有很长的路要走。关于理事会或董事会，目前虽然有一些学校已经建立了自己的董事会，但这些董事会实质上都是一种咨询性、荣誉性机构，仅仅对学校的办学提供咨询、建议或指导，并不参与实际的决策，对实际的决策与执行也没有硬性的约束。与学生代表大会一样，由于合法性依据不足，在实行党委领导下的校长负责制的高校很难再有董事会参与决策或管理的空间。但是董事会制度的引入是社会力量参与影响大学决策的开始，对学校内部的决策权力或行政权力将起到“社会权利制约权力”的作用。

（三）对完善高等学校权力运行制约机制的对策建议

以上对我国高等学校现有的权力运行制约机制进行了梳理与评价，发现权力主体之间的角色错位与交叉、大学章程等规章制度的缺位或低效、利益相关者参与民主管理与监督的合法性依据与途径不足等仍然是比较突出的问题。由于这些问题的存在，在高校内部也很难形成权力规范运行、阳光运行的权力运行文化。因此，我们认为可以从以下几个方面对完善高等学校内部权力运行制约机制做一些探讨。

1. 建立差异决策、优势互补的权力制约格局

合理分权是实现权力互相制约与约束的前提，也是形成良好运转的权力制约格局的基础，同时，分权治理或共同治理也是大学治理发展的普遍趋势。在坚持党的政治领导、思想领导、组织领导的前提下，党委应主要发挥大学治理权，并保留对学校重大决策的批准权。实现大学校长的“选任分离”，由

专门的校长遴选委员会或教授委员会或教职工代表大会等校长遴选机构根据一定的程序遴选校长，报由政府任命，并保障作为学校法人代表的校长应当享有的各项权力，同时遴选机构保有对大学校长的提请解聘权。另外，赋予学术委员会最高学术权力的决策权、重大事务参与决策权，以及对违反大学章程行为的违章否决权。由此，各权力主体对各自最熟悉和擅长的领域行使最高决策权，对重大决策共同参与，互相制约、互相协调，形成差异决策、优势互补的权力制约格局。

2. 健全以章治校、程序正当的制度制约体系

依法治校是从中世纪大学流传下来的最基本的大学内部权力制约机制之一，也是世界上大部分国家高等教育系统坚持的一种权力制约机制。作为大学的“宪法”，大学章程的主要内容是大学权力的分配及其制约，它通过对大学与政府关系的规定、决策机构的议事规则、大学具体的管理规则等构建一个大学的基本秩序结构。根据前面的分析，规章与规范的建制不完备及既有规章与规范的低效或无效执行导致我国高校内部权力运行的非制度化，因此应通过建立以大学章程为核心的制度体系来完善对权力运行的制度制约。完善权力运行的制度制约机制，必须在国家的法律框架内，保障党委核心领导地位的前提下，建立起以大学章程为核心的制度体系，包括章程、各权力主体的议事规则、质询与问责制度、信息公开制度、自由裁量权实施细则等内部规章与规范，进一步体现制度管权、制度管人、制度管事的规范性与严肃性，确保各项权力都在法定的范围内规范运行、阳光运行。

3. 探索利益相关者多元参与的权利制约途径

作为高校利益相关者的教师、学生、董事会等都十分关注高校的建设与发展，都希望为学校的发展贡献自己的一份力量。更多的权利主体，如学生、董事会等都参与到大学的建设与管理中，既发挥民主管理与监督的作用，也可以对行政权力形成约束。首先应以法律法规明确教代会、董事会等机构的地位、作用、组成，等等。赋予教职工代表大会对校级领导干部的民主选举权和提请解职权，以选举权保证监督权的落实，符合社会主义民主政治的精神；避免行政人员和“双肩挑”人员过多占有教职工代表大会代表名额，以保证教职工代表大会能真正代表广大教师的利益与心声。赋予董事会对学校

决策权力主体及其决策过程、结果的质询与问责权、评议权，校长推荐权或参与遴选权。此外，还应当进一步明确学生代表大会的地位与作用，以及参与学校民主管理与监督的具体方式。

4. 塑造规范有序、和谐共荣的权力制约文化

文化制约是通过营造良好的制度文化氛围，借助于社会舆论机制，使行使权力的主体自觉抵制其滥用权力的欲望和冲动，从而达成对权力的制约。与分权、制度、权利等制约机制相比，文化制约更强调权力制约的内在性，因而也具有更为深远的意义。在差异决策、优势互补的权力制约格局得以形成，以章治校、程序正当的制度制约体系得以健全，利益相关者多元参与的权利制约途径得以明晰，并内化为各权力主体的价值信念与利益诉求的基础之上，构建起党委治理、校长管理、教授治学、民主监督的大学精神，营造一个政治权力的领导与治理廉洁自律、行政权力的管理与服务勤勉高效、学术权力的治学自由创新、民主权利的监督阳光正义的良好氛围，从而塑造一个规范有序、和谐共荣的权力制约文化。

（张晓冬、刘皓参加调研与撰写）

三十、校史研究：华中科技大学历史发展中的若干节点

从1953年建立华中工学院起，1988年更名为华中理工大学，2000年华中理工大学、同济医科大学、武汉城市建设学院三校合并组建华中科技大学，至2018年，已有65年的历史。我们通过查阅历史文件、校报等资料，访谈华中工学院建校筹备委员会委员、老领导、老教授等多种方式，对华中科技大学历史发展进行了考察。考察发现，学校始终面向国家战略需求，遵循教育发展规律，围绕人才培养这一根本任务，抓住发展中的关键节点，不断创新，走在我国高等教育改革发展的前列，成为“新中国高等教育的缩影”。以下集中论述学校历史发展中的七个关键节点。

（一）校长力排众议选择校址，为学校发展创设了广阔空间

1953年，新中国开始执行第一个五年计划，为适应即将开始的大规模经济建设，特别是工业发展对建设人才的需要，我国学习苏联，相继成立了许多工科类型的新院校，华中工学院就是其中之一。华中工学院是中南区院系调整后，新成立的一所多科性高等工科学院，由武汉大学、湖南大学、南昌大学、广西大学等四校的机械系全部和电机系的电力部分，以及华南工学院机械系的热能动力部分和电机系的电力部分合并组成。建校时设有机械制造、内燃

机及汽车、动力、电力等四个学系，以及八个本科专业和四个专修科，这些都属于重工业“机械制造”和“动力”范围之内。决定建校后，首要的任务是勘察、确定学校校址。

1953 年 5 月 15 日，中南教育局决定成立华中工学院筹备委员会，著名物理学家查谦教授任主任，著名电气专家刘乾才教授等任副主任，委员几乎全是教授，哈佛大学博士张培刚教授任筹备委员会办公室主任（后任总务长）。这些教授们熟悉高等教育规律，了解世界一流大学的状况，深知大学选址对今后发展的战略意义。

关于校址，政府提供了多种选择，一是在城内，占地 100 多亩，二是位于远离城区的武昌关山喻家山下。筹委会委员周泰康教授回忆说：“关山校址离武昌城较远，交通极不方便，不通公汽。我们所见到是一大片一大片农田和一些丘陵地带，没有道路，没有树林，连农民的房舍也很少。有些人当时觉得选址离城太远，将来会有不少困难。”① 李柱教授回忆：“那时喻家山还是一片荒山，有个石头牌坊写着‘武昌公墓’，山上没有树，下大雨把水冲下来，棺材板都露出来。”② 但这里背靠喻家山，东邻东湖，可占地 5000 多亩，有广阔的发展空间，是读书学习的好地方。在汉口璇宫饭店的筹委会上，查谦院长力排众议，确定学校以关山为校址。查谦院长说：“我们要看得远一些，我们的远景是无限美好的。”③

校址确定后，中南教育局调集全区各大学建筑系师生数十人，积极进行平面设计和房屋设计等工作。刘献君教授曾询问过朱九思先生当时校园设计的情况。朱九思先生说，在苏联专家的指导下，首先平整土地，将丘陵变为平地，才有了现在平整的校园。校园按功能分区设计，首先是划分教学区、生活区，现在两者界限分明。教学区按学科专业、公用设施划分。在此基础上建设教学大楼、实验大楼、实习工厂等。国家投入人民币 1326 万元，施工队伍几千人，是当时中南地区最大的建设工程之一④。

在新建校舍尚未落成之前，学校分别在武昌、长沙、南昌、桂林，借用

---

① 周泰康．华工建校时的回忆［J］．武汉文史资料，2009（7）：19-20.

② 李柱．从建校记忆到人才培养［EB/OL］．［2016-04-06］．http：//xsyj. hust. edu. cn/Article/ksls/384. html.

③ 查谦．在华中工学院成立大会暨开学典礼上的讲话［EB/OL］．［2013-11-05］．http：//focus. hustonline. net/v1/focus/focus/ArticleView/80135.

④ 周泰康．华工建校时的回忆［J］．武汉文史资料，2009（7）：19-20.

兄弟院校部分校舍先行开课。一个本部和三个分部，再加上建设工地，分散五处，并且地隔四省，相距千里，但学校师生克服困难，努力开展教学工作。

1954 年 8 月，全部师生员工及其眷属以及物资设备搬迁到武汉新校址。至 2000 年与同济医科大学、武汉城市建设学院并校，华中理工大学与武汉城市建设学院连成一片，华中科技大学主校区占地 7000 亩。由于国家经济社会发展，城市建设迅速扩张，学校也进入了城区，现处中国光谷腹地。

纵观全国 1949 年以来所建的大学，建校初几乎都在城内，占地面积小。随着学校发展、学科发展，不得不另找地方，建设新校区。华中科技大学由于创建者有战略眼光，现有 7000 亩的校园，给学校发展带来了极大的益处。首先，校园文化不至于断裂，多年的文化积累可以得到传承；其次，一个校区，多学科交叉渗透，有利于形成良好的学术氛围和实现学科交叉；再次，当别的学校耗费极大精力、财力建设新校区时，华中科技大学可以集中精力练内功，发展学科，提升教学、科研水平。

（二）积极开展科学研究，提升师资和教学水平

1956 年，国家开始重视科学研究。1956 年 1 月 14 日周恩来总理在中共中央召开的关于知识分子问题会议上的报告中指出："科学是关系我们的国防、经济和文化各方面的有决定性的因素，而且因为世界科学在最近二三十年中，有了特别巨大和迅速的进步，这些进步把我们抛在科学发展的后面很远。我们必须赶上这个世界先进科学水平。"同年，在国务院副总理聂荣臻同志主持下，制定了国家十二年科学技术发展远景规划，提出科学研究的七个方面军，其中高等学校是科学研究的一个重要方面军。1949 年以后，我国高等教育全面学习苏联，苏联的高等学校主要进行教学，不搞科学研究。由于种种原因，1956 年开始，高校开始摆脱苏联模式，进行自己的探索。华中工学院领导顺势而为，制定了《一九五六——一九六〇年的综合规划》，提出今后十二年总的奋斗目标是："不断提高培养干部的质量，积极开展科学研究，争取在机械、动力、电机及电器材料制造三方面的某些领域内接近世界先进水平，并且结合各专业条件，使所培养出来的毕业生在第三个五年计划内分别

接近苏联高等学校同类毕业生的水平。”[①] 综合规划提出今后五年的工作方针是“提高教学质量，开展科学研究”，“补充培养提高师资”是实现这一方针的中心环节。因而提出“积极开展科学研究，提高教师科学水平”。综合规划还提出了实现奋斗目标的若干措施。为“积极开展科学研究”，学校从以下方面着手。

1. 通过学习讨论，认识科学研究的重要性

1957年5月23日，学校召开的第一次科学讨论会上，院长查谦提出：“教学工作与科学研究工作是每一个高等级学校的两种最重要任务，而这两种任务又是密切的联系着的。”[②] 针对教师队伍中存在的质疑科学研究会影响教学的现象，学校组织开展了“论教学与科研关系”的大讨论。1956—1960年，学校在院报上发表《应当把科学研究工作放到应有的地位》《积极行动起来开展科学研究》等文章。经过大讨论，全校师生科研意识得到强化，科学研究积极开展。当时的校报撰文提出：“不能设想，作为一个高等学校，如果没有蓬勃开展的学术活动和科学研究，能够有较高的学术水平和教学质量；作为一个高等学校的教师，如果不积极参加学术活动和科学研究，他就不可能不断提高科学水平，创造性地以丰富的知识教育学生，培养出能够独立思考的专门人才。这样他也就和一般中等学校的教师没有什么区别了。”[③]

2. 探索合适的科学研究路径

1957年5月1日，朱九思副院长在党员大会上作工作报告，谈科学研究时，指出：“我们主张开展科学研究，进行师资培养，因为这是国家的需要，也是学校工作的需要，但都必须在搞好教学工作的基础上，又按照教师的不同基础水平根据循序渐进的原则去进行。”[④] 从当时的文件、资料，以及访谈

---

① 华中工学院一九五六—一九六〇年的综合规划［G］. 华中理工大学建校以来文件选编（第一集），华中理工大学档案馆，1998：124.

② 佚名．提高教学质量，开展科学研究——我院召开第一次科学讨论会［N］. 华中工学院校报（第96期），1957-05-23（1）.

③ 佚名．为提高学术水平而努力［N］. 华中工学院校报，1961-12-05.

④ 朱九思．在党员大会上的工作报告［G］. 华中理工大学建校以来文件选编（第一集），华中理工大学档案馆，1998：152.

的情况看，学校科学研究的路径体现在：从国家的需要出发，通过科学研究，解决生产中的实际问题；紧密结合教学，探索教学中的重点、难点问题，提高教学水平；按照老教师、年轻教师、学生不同的基础水平，选择研究课题，开展科学研究；通过科学的研究，加速师资培养，提高教师的素养。

3. 采用多种方式，开展科学研究

高水平教师带头开展重大问题研究。建校初期，华中工学院拥有一批毕业于美国哈佛大学、密歇根大学、圣约翰大学、明尼苏达大学，德国柏林工业大学等名校，在国内本专业具有重大影响的教师，学校鼓励他们承担国家科学技术发展规划的研究任务，研究国家急需解决的重大问题，形成有国际影响的成果。教授们不负众望，做出了突出贡献，例如；刘颖教授成功研究我国第一台20匹马力风冷柴油机；1963年，朱木美教授提出的“电气—几何模型”，比国外同类方法提出的时间早，且物理意义更明确，应用广泛；程良骏教授1951年首倡设立“水力机械”专业，是我国水力机械第一位教授，1956年调入我校后，在科研上做出了突出贡献，例如，在世界首次提出“莱茵根式”，首次发表水轮机中水流的“双偏心涡带”和水力振幅公式，引起各国学者关注；赵学田教授著有《机械工人速成看图》等多部专著，从1950年代起，深入工人，进行科普工作，与华罗庚、钱学森等一道，被国家授予“对我国科普事业作出卓越贡献的科普作家”称号。

在老教师指导下，青年教师积极开展教学和科学研究。通过老教师的传、帮、带，一批青年教师积极开展教学、科研，后来成为院士、知名教授。杨叔子院士说，老师路亚衡教授长年在工厂，其严谨、一丝不苟的科学态度，老师陈日曜教授对教学高度的责任感，对自己影响深刻。朱木美教授指导青年教师姚宗干，姚宗干后来成为著名高压专家、副校长。这样的例子很多，例如：李子祥教授—张勇传（院士）、陈珽教授—李再光（著名激光专家）、高宇昭教授—李柱（著名机械专家）、刘颖教授—程天柱（著名船舶专家）等等。这一批青年教师，到后来都成为老教师，他们又带出了一批优秀青年教师，从而代代相传。

青年学生参与科学研究。对学生的科学研究，学校作出了明确规定：“一、二年级学生以学好基础课及基本劳动锻炼为主，因此，一、二年级的科学研究只应该结合学习内容在业余时间进行，直接为培养学生的学习能力服

务，一般不承担国家和工厂企业的科研任务。三、四年级学生结合专业生产劳动和试验、课程设计进行，可以适当承担国家任务，但题目不宜过大，分量不宜过多。五年级在全面安排和保证完成教学任务的原则下，大搞科学研究，与毕业实习和毕业设计紧密地结合起来，有计划地承担国家科研任务。”[①]学生参加科学研究，也取得了一定的成就，例如 1958 级无线电技术专业学生，自己建厂，自己寻找原材料，成功研制“铁氧体磁性器件”并投产，在广播网中起到了重要作用。

建立研究基地，开展综合性科学研究。1962 年，学校成立 702、电机电器、电力、材料及试验设备等四个研究室，充实机床研究所，年内组织 40 人左右的专职研究队伍，以这些研究室（所）为基础，积极开展综合性的科学研究。例如，交流计算台的试制就是一项综合性研究，组织多学科 200 多位师生参与。研制中，有的器件经过 100 多次试验才取得成功。在师生共同参与下，交流计算台研制成功。

开展教学研究。学校认为，教学研究也是重要的科学研究，为此，学校建立了严格的教学研究制度。通过对教学中重点、难点问题的研究，提高教师的业务水平，促进教学工作的改进，培养学校的学术风气。例如，1961 年，201 教研室在一次学术活动中，报告和讨论了三个题目：“同学很难接受的非线性电路问题”，“用能量观点讲授过渡过程的方法”，“在直流电路这章中如何贯彻辩证唯物主义”。通过讨论，研究了教学中存在的问题，交流了成功的教学经验，帮助青年教师掌握教学内容和教学方法，也可以启发中老年教师进一步改进教学，提高课程的思想性。

由于政治运动、“大跃进”、浮夸风等的影响，《一九五六—一九六〇年综合规划》没有得到全面实施，但由于学校领导和师生的共同努力，仍然取得了一定的成绩，这些成绩主要体现在：“广大师生破除了对科学研究的迷信，大大解放了思想，敢于大胆地攀登科学技术的高峰；三年中开展了 1230 多个课题的研究，取得了许多研究成果，一方面直接或间接地解决了国民经济中迫切需要解决的科学技术问题，一方面丰富了教材的内容，提高了师资的水平，促进了教学质量和教学水平的提高；摸索和积累了丰富的科学研究工作经验，锻炼了师生进行科学研究工作的能力，为今后进一步开展科学研究工

① 朱九思．给高等教育部的报告——我院修订教育计划的一些作法和意见［G］．华中理工大学建校以来文件选编，华中理工大学档案馆，1998：178.

作创造了条件。”① 概括起来说，1956年起学校开始重视科学研究的意义主要是：解决了部分国民经济中迫切需要解决的问题；增强了学校实力，学校1960年10月被批准成为全国重点高等学校；增强了科研意识，为1979年“科研走在教学的前面”理念的提出奠定了基础（1978年第一次全国科学大会上，华中工学院以“科研走在教学的前面”为题作大会书面发言）；锻炼了师资，特别是青年教师；提升了教学水平、教学质量。

（三）创办理科、文科，向综合性大学迈进

“文革”后，学校开始反思1952年的院系调整，全国没有一所真正意义上的综合性大学；华中工学院仅仅只有工科，制约了学科发展，开始提出理工结合的设想。1979年党委书记、院长朱九思先生受教育部委托，领队到美国、加拿大、日本三国考察高等教育两个半月，朱九思先生得到的一个突出印象是：这些国家的一流大学都是从单科、多科，发展到现在的综合性大学，“在培养高素质的精英人才上，综合性大学远远优于单科性大学”，“综合性是不以人们意志为转移的客观规律”②。回国后，时任副院长的刘颖、马毓义、陈珽三位著名教授，一致认同朱九思先生的观点，学校着手进行改革，创建综合性大学。这一阶段，主要做了以下工作。

1. 查阅、学习国外一流大学建设经验，统一思想认识

学校组织720名教师，查阅国外科学技术发展、高等学校办学的有关资料24000件，撰写报告60万字。翻译《麻省理工学院介绍》，印发全校干部、教师，人手一册，并组织讨论。经过学习、讨论，初步达成了共识：没有理科支撑的工科，很难成为高水平工科；没有文、理、工等学科渗透，难以培养高素质人才；没有多学科交叉，难以产生重大的科研成果。

2. 创建理科、文科，增设工科

1980年前后短短几年时间内，创建了数学、物理、化学，中文、新闻、

---

① 佚名．为提高学术水平而努力［N］．华中工学院校报，1961-12-05.

② 朱九思．“文革”后中国第一所实行改革的大学［J］．高等教育研究，2003（5）：1-7.

社会学、经济学、管理学等学科专业，工科在原有机械、电气、无线电、船舶等学科专业基础上，增设了激光、光电、生物技术、建筑、土木等学科专业。因为是工科大学率先办理科、文科，而专业设置要经过教育部批准，难度很大。为此，学校采取了多种措施。

一是争取教育部领导支持。例如，第一个申报的理科专业是应用数学，报给教育部后，迟迟未批复。朱九思同志利用到教育部开会，蒋南翔部长参加小组讨论的机会，阐述创办理科对于工科发展的重要性。会后，申请设置数学专业的报告很快批下来了。

二是先建研究所，集聚人才，探索方向，形成成果，先招收研究生，后招收本科生，完成由所到系的转变。例如，1980 年至 1981 年，先后成立哲学研究所、中国语言研究所、经济学研究所、社会学研究所等。

3. 引进和培养师资

学科专业建设的关键是师资。学校创设理科、文科，发展工科，面临教师数量缺乏、质量提升等问题。

为解决教师数量问题，主要采用两种办法。一是大量引进教师，1980 年前后，学校利用教育部还来不及管理教师调进的空隙，以及很多学校还没有重视教师引进的时机，三年时间，共引进了 625 名教师。这些教师来自 20 多个省市的 500 多个单位，包括企业、农场、中学，不少毕业于北大、清华、哈工大、西交大、武大等名校。二是聘请名家兼职做学科带头人，引领学科建设。例如，著名社会学家王康任社会学研究所所长，著名语言学家严学宭任中国语言研究所所长，著名数学家徐利治任数学系主任，清华大学教授周卜颐任建筑学系主任，等等。

为解决教师质量问题，主要采用三种办法。一是学习、培训。明确要求中青年教师补基础理论课，包括数学、理论物理、力学、计算机技术、自然辩证法等，共计 1000 学时，请国内及本校老教师上课，300 多位中青年教师参加了脱产进修班。二是选派到美国、法国、日本等国家学习、进修，为此，5000 多人次参加教师外语培训班，400 多人参加出国人员培训班。三是鼓励教师积极参加科学研究。1978 年，学校提出，“甩开膀子大干，把科研工作推向新阶段”。

4. 创办学术刊物，加强国际、国内学术交流

为借鉴国内外高校办学经验和推动学校各个学科的发展，学校新创办了

理科、文科方面的刊物，如《数学研究与评论》《理论物理（英文版）》《分子化学》《固体力学》《新建筑》《语言研究》《高等教育研究》《高等工程教育》等刊物，向国内外公开发行，以加强同国内外高校各学科的学术交流，推进学科综合化发展。

在工科基础上创建理科、文科、管理学科，是改革、是创造、是突破，不仅成为华中科技大学历史发展的重要转折点，而且“开风气之先”①，为单科性大学向综合性发展起到了引领、示范作用。此后的历届领导、广大师生，沿着综合性的方向不断努力，不断探索，现在综合性大学格局已经形成。

（四）率先开展文化素质教育，推进教育理念创新

大学是理念组织。大学理念随着社会发展、高等教育的发展而不断发展。社会化、国际化、信息化以及高等教育大众化呼唤教育理念创新。华中理工大学率先开展文化素质教育，以文化素质为切入点推进素质教育，提出“科学教育和人文教育相融合”的教育理念，是我国高等教育重要的理念创新。

文化素质教育起于“人文讲座”。1994 年 2 月，新成立的文学院为活跃学术气氛，培育人文精神，为校园文化建设提供精品，决定面向全校举办人文社会科学讲座（简称人文讲座）。3 月 3 日举办以“世界经济与政治”为题的第一场讲座，开始时讲座安排在一个中等教室，而讲座还没有开始，教室已人山人海，根本坐不下。举办者当机立断，将讲座转移到一个大阶梯教室，人文讲座正式开启。这一现象引起了时任校长杨叔子院士的重视，学校开始思考，人文讲座为什么这么受欢迎？进而萌发了开展文化素质教育的设想。1994 年春夏之交，杨叔子校长在广州开会时，向时任教委高教司司长的周远清同志做了汇报，周远清同志表示，教委已有开展人文教育的意向，双方一拍即合。1995 年 9 月，教委在华中理工大学举办了“全国高等学校加强大学生文化素质教育试点工作第一次会议”，会议听取了学校开展文化素质教育的汇报，与会人员旁听了人文讲座，会议推举华中理工大学为试点院校协作组组长单位，清华大学、北京大学为副组长单位，文化素质教育拉开了序幕。

在文化素质教育开展过程中，在教委（教育部）领导下，在周远清、杨

① 朱九思．“文革”后中国第一所实行改革的大学 [J]．高等教育研究，2003（5）：1-7.

叔子、张岂之、王义遒、胡显章、张楚廷等教授、专家的带领下，成千上万学者参与创造。作为试点单位之一，华中理工大学做了以下工作。

1. 开展调查研究，提高对文化素质教育的认识

早在20世纪80年代，华中理工大学曾组织过两次大型调研。一次是由姚启和、文辅相教授等承担的教育部关于高等教育目标系统研究的课题，这次调研针对实践中存在的问题，提出了加强大学生的文化素质教育和素质教育。一次是1987年由刘献君教授组织部分教师、研究生对毕业生进行了一次大规模调查，通过对调查材料的分析，得出结论，重视大学生素质教育势在必行。

文化素质教育开始后，又组织了多次调查研究。一是关于理工科大学生文化素质现状调查。通过对5000名大学生的调查，初步掌握了理工科大学生文化素质的基本状况，了解了他们的需求，加深了对文化素质教育重要性的认识。二是关于国外高等工程教育中人文教育状况的调查与分析。通过对美国、英国、日本、加拿大、韩国、新加坡等国的近100所代表性的大学的人文社会科学教育状况的调查、研究，从中得到了很多启示。

学校在调查中反思：为什么30多年来，毕业生中当工程师的多，从事一般管理工作的多，缺少大师级的学者和政府部门的领导；为什么用人单位反映，毕业生的业务基础好了，能力强了，但责任感、事业心差了……学生责任感、道德感差，创造性不强，原因很多，其中的重要原因之一是学生缺少文化素养。邓小平一语中的："现在这么多青年人犯罪，无法无天，没有顾忌，一个原因是文化素质太低。"[①]

2. 在实践中探索文化素质教育的途径、方法

（1）通过开设人文讲座、举行中国语文水平达标测试、出版《中国大学人文启思录》、创设文化素质教育基地等，搭建文化素质教育平台

从第一期人文讲座至2017年5月，已举办人文讲座2175期，人文讲座已成为一道亮丽的风景线。从1995年开始，每年6月第一个星期六上午，对本科生、研究生进行中国语文水平达标测试，不及格者可以补考，毕业前仍

① 邓小平．邓小平文选（第三卷）[M]．北京：人民出版社，1993：163.

不及格者不发给学位证书。将精彩讲座结集成《中国大学人文启思录》出版。1997 年，在全国率先建立文化素质教育基地，并推动了国家大学生文化素质教育基地的形成。有了平台、基地，文化素质教育才能持续、深入地开展。

(2) 将文化素质教育纳入课程体系

开设人文讲座，还属于课外活动，受益的是少数人。要使每个学生都接受文化素质教育，必须开设课程，使其进入课程体系。这是一项十分艰难的工作。通过努力，1997 年，学校要求本科生必选 6 个学分的文化素质教育课。至 2002 年，进一步规定理工科学生必选 12 个学分的人文社科课程，文科学生必选 6 个学分的自然科学课程。教育部参照学校的做法，对全国各校作出了相应规定。

(3) 开展社会实践，将知识转化为素质

文化素质教育不能停留在知识，要提升为素质，从知识到素质转化的中介是实践。为了深入开展社会实践，在校长周济主持下，从 1997 级本科生开始，创造性地开设了"社会调查方法"公共必修课。这门课程由课堂讲授、暑期社会调查、总结评比表彰三个部分组成。同时，辅之以大量生动活泼的实践活动。

(4) 结合专业教学进行人文教育

文化素质教育的深入开展，必须有每个教师的参与。科学、人文是相通的，任何科学都是人创造的，科学技术不仅改变着世界，更改变着人类自身和人们对世界的认识。教师与学生接触最多、影响最大，推动教师结合专业教学进行人文教育十分重要。为此，组织教科院研究生对全校 100 多位在这方面做得比较好的老师进行访谈，从中总结了"起于知识，启迪精神，渗透美育，行为互动，营造氛围，以悟导悟，以人为本，止于境界"八种方法，并把这些材料汇集成书，印发全校每一位老师。

3. 深入进行理论研究，形成文化素质教育理念

"研究实践，相互推进"，是学校开展文化素质教育的基本经验。在开展文化素质教育的过程中，不断进行理论研究，形成自己的理念、观点。

首先，提出“科学教育和人文教育相融合”的基本理念。从历史发展看，我国教育经历了以人文教育为主、以科学教育为主到科学教育和人文教育相融合三个阶段。从现实教育状况看，科学教育和人文教育的分离，是造成教育中诸多问题的重要根源。开始时，提出“科学教育和人文教育相结合”，在一次常委会上，周济校长提议将“结合”改为“融合”，得到了常委们的一致赞成。这一理念成为学校的重要办学理念。

其次，在研究的过程中，还提出了一些重要理念、观点，如：素质教育是一种教育思想、教育观念，文化素质教育是形成综合素质的基础，文化素质教育是实施全面素质教育的切入点、突破口，内化是大学生素质形成的关键，“泡菜理论”，办大学就是要办一个氛围，文化是教育之根，等等。

文化素质教育的开展，对于华中科技大学的发展具有十分重要的意义：确立了新的教育理念，有利于现代综合性大学的建设；学生的文化素质得到了提高；提升了学校的声誉，扩大了学校的影响；有力地推动了学校文科建设和发展。以文科发展为例，文化素质教育开展前的 1994 年，文科的大体状况是，没有博士点，有 7 个硕士点；教师中具有博士学位的只有 2 人；科研经费每年 20 多万元；文科基本上挤在一个楼。经过 10 多年的努力，文科的状况是：有 2 个国家重点学科，9 个湖北省重点学科；26 个博士点，6 个博士后流动站，64 个硕士点，28 个本科专业；2008 年科研经费 2000 多万元；教师中具有博士学位者 150 人以上；有 8 栋文科大楼。

从全国来看，华中科技大学文化素质教育的探索，对全国高校开展文化素质教育起到了示范作用；科学教育和人文教育相融合的理念，将推动我国现代大学的建设；文化素质教育比通识教育更符合我国国情，对教育的认识更为深刻。

（五）学研产三足鼎立，以服务求发展

科学技术、社会经济文化的发展，一是对培养人才的目标、内容、方式提出了新的要求，要求大学生具有创新创业能力，教学和科研必须和产业相结合；二是大学从社会的边缘走向了社会的中心，大学发展必须与社会发展紧密相结合。在这一背景下，1997 年下半年，在周济校长主持下，全校开展了新一轮教育思想大讨论。通过大讨论，学校确立了“育人为本，学研产三足鼎立，协调发展”的办学理念。讨论之初，一部分领导、教师提出要高度

重视产业的发展，产学研相结合。反复讨论、争论之后，认为“育人是根本，教学是基础，科研上水平，产业出活力”，“产学研”应为“学研产”，将育人放在首位。学研产应协调发展，以服务求支持，以贡献求发展。在此基础上，学校进一步提出“顶天立地”的发展战略。“顶天”就是要创新，创造世界一流的科技成果，“在世界高科技领域占有一席之地”；“立地”就是要将科研成果更好地转化为现实生产力，使其在国家的支柱产业和主导行业发挥重大作用，为国家经济建设和社会发展做出重大贡献。此后，樊明武、李培根、丁烈云校长坚持这一理念和战略，力求学研产一体化，构建了“三个层次，三条主线”的网络式发展体系。三个层次为：构建学校、社会和国际研究相结合模式；三条主线为：人才培养要提高创新能力，科学研究要出创新成果，科技服务要致力于高新技术产业化和传统产业高新技术化。

从“教学、科研”两个中心，到“学研产”三足鼎立，重点是发展产业，并在其过程中推进教学、科研的发展。为此，学校采取了一系列措施。

建设国家大学科技园。1999 年 12 月 18 日，华中科技大学科技园正式开工兴建。2001 年被科技部、教育部批准为第一批 22 所国家大学科技园试点单位。2010 年 1 月被国家正式认定为国家科技园，成为湖北省首家独立申报的国家大学科技园。在短短的十来年内，形成了华工科技、华中数控、天喻信息三家上市公司，同时，一批企业进入科技园。

实施大项目大企业联盟战略。学校通过建立校企合作委员会等方式，实施大项目大企业联盟。校企合作委员会有华为、格力、海尔、武钢、中兴、三一重工等 100 多家著名企业参加。主要任务是，将国家级科研平台延伸到企业，支撑技术创新，引领行业发展；将学科集群与产业集群对接，解决行业关键共享技术难题；依托会员企业组建产业技术创新联盟、共谋产业发展；选派科技特派人员入驻产业，解决生产技术难题。为此，学校专门规划 200 亩地作为科技产业新特区，已建成华中科大与武钢共建的联合实验室、与丝宝集团共建的启明学院等近 100 个技术（工程）中心和联合实验室，在学研产结合上做出了贡献。

组建驻外研究院。学校抓住区域转型机遇，依托科研、人才优势，与区域合作，积极创建学研产协同创新基地，将研究中心建设和发展与国内经济发展最有活力的区域紧密结合，打造学研产合作的大平台。如学校抓住广东省经济发展转型的机遇，与当地先后共建了华中科技大学深圳研究院、东莞研究院、佛山研究院等多个学研产相结合的创新基地。还建立了华中科技大学温州研究院、华中科大国家转移中心宁波分中心等。

创建创新创业三级实践模式。学校建立了课内课外相结合、校内校外各具特色的开放式、多层次实践训练体系。将创新创业教育与学生的实验、课程设计、毕业设计（论文）、实习有机结合，以科研训练、创新创业竞赛、课题立项等多种方法发展学生的创新创业实践能力。以大学生创业社区、孵化科技园、创业科技园为载体，构建了独具特色的孵化人才（创新实践）—孵化项目（项目实践）—孵化企业（企业实践）的创新创业教育三级实践模式。例如，刘玉教授2002年5月组建的点团队，正式名称为"基于导师制的人才孵化站"，组织学生创新创业，参加成员超过500人。点团队"以技术吸引人，以道德培养人，以情感留住人"，提倡"实践—理念—再实践"的干中学模式，做出了突出成绩，成为学研产相结合的典范。

建立支持学研产结合的机构。学研产结合，需要相应的组织机构。为此，建立国防研究院、产业集团（后改为产业集团总公司）、科技成果转化办公室、信息特区、校企合作委员会等。

"育人为本，学研产三足鼎立"教育理念的提出和实施，在服务社会中，有力地推进了学校的发展。在人才培养上，一大批杰出创新人才在成长。校友张小龙创建微信，给了在校同学们极大的鼓励，大家努力在学研产结合中创新、创业。例如，2015年福布斯"中国30位30岁以下创业者"榜单，华中科技大学校友周伟、黄承松、金亦冶入选，占总数的10%。2017年又有郭列和、刘国清入选。2010年7月，学校联创团队IT组组长温伟球在波兰华沙获微软"创新杯"个人挑战赛全球冠军。2010年8月，第三届全国大学生节能减排社会实践与科技竞赛中，学校获特等奖2项，是全国唯一获2项特等奖的参赛高校。

在科学研究上，也取得了令人瞩目的成绩。1999年学校获"大学领先奖"。该奖项是国际制造业界最权威的大奖。学校因在计算机集成创造系统取得的显著成绩而获奖。我国仅有清华大学和华中科大获过此奖。1997年获国家科技进步奖12项。1999年获得教育部科技成果奖15项，居全国高校第二位。2016年获国家科技奖6项，居全国高校第五位。

华中科技大学的学研产结合取得重大成效，其办学经验产生广泛的社会影响，大学的社会声誉和地位进一步提升，逐步进入国际知名高水平大学行列。1998年5月20—22日，《中国教育报》连续3天在头版刊发学校探索学研产协调发展系列报道。不少高校来校学习学研产经验。"学研产三足鼎立"，"顶天立地"，"以服务求生存，以贡献求发展"，成为全国很多高校的办学理念。

（六）优选并校方案，增强学校综合办学实力

高度计划经济体制下建立起来的，国家集中计划、中央部门和地方政府分别办学并直接管理的高教管理体制，“已不适应市场经济体制和现代化的需要，不适应高等教育面向21世纪发展的形势”①，旧的高教管理体制亟须改革。1995年7月，国务院办公厅转发了国家教委《关于深化高等教育体制改革的若干意见》，明确提出“共建、联合、合并、协作、划转”五种改革形式。1998年高教体制改革正式启动。在体制改革中，对于当时的华中理工大学而言，主要是“合并”问题。

公办大学属政府管理，并校是政府行为。但在并校过程中，学校仍然可以有所作为。并校的主要目的是解决高校低水平重复设置、资源严重浪费、效益偏低、人才培养模式单一、学生知识面窄等问题。如果学校能够站在国家利益的高度，积极参与，并提出合理方案，政府是可以接受的。

华中理工大学紧紧抓住这一战略机遇，积极参与并校工作，通过并校，增强了办学实力，学校发展上了一个新台阶。

1. 优选并校方案

全国高校并校伊始，中央政府和湖北省政府有关领导主张武汉大学、华中理工大学合并。对这一方案，全校师生十分关注，学校党委常委进行过多次讨论。多数领导和师生认为，这种方案导致华中理工大学成为一个单纯的工学院，撤销一所已具有较高水平、综合性格局初步形成的大学，不利于国家高等教育事业发展。经过多方汇报、争取，这一方案没有正式形成。接下来的问题是和谁合并，在这一过程中，曾有多种方案，也有部分高校主动寻求合并。经过艰苦的努力，本着有利于学科交叉、有利于增强办学实力的原则，最终采取现在的并校方案。

与同济医科大学合并十分重要。医学是一个带有综合性的、十分重要的学科。医学面对的是人的灵魂和肉体，而人又与社会方方面面发生联系，医学是与理科、工科、人文社会学科有着广泛联系的学科。同济医科大学实力

---

① 周远清．历史性的重大进展——谈高等管理体制改革和布局结构调整［N］．人民日报，2000-12-15（8）．

强，是全国重点医科大学，名列前茅。并校前，同济医科大学有博士点37个，硕士点47个，国家重点学科一级学科4个、二级学科8个，博士后流动站3个，有获联邦德国政府“大十字功勋勋章”的裘法祖院士、武忠弼教授等一批著名学者，附属协和医院、同济医院水平在湖北省最高，在全国屈指可数。当时武汉大学、华中理工大学都想与其合并，有人戏称“两个小伙子追一个小姑娘”。经过积极、诚恳的争取，同济医科大学愿意和华中理工大学合并，最终政府认可了这一方案。

和武汉城市建设学院合并，有利于增强办学实力。华中理工大学的建筑、土木学科开设较晚，实力不强，与武汉城市建设学院合并后，建筑、土木学科的实力大大增强。两校相距不远，合并后，经共同努力，将中间的1000多亩土地买下来，致使主校区校园面积由5000多亩增到7000多亩。

2. 推动学校实质性融合

华中科技大学有团结的传统。华中理工大学、同济医科大学都是20世纪50年代初由几所大学合并而成。“文革”期间，汉口机械学院又合并到华中工学院。并校后，一切从有利于团结出发，共同协商各项事宜。校名、校训、校庆纪念日等的确定，都是合并后的难题，但都顺利形成一致意见。例如，校名，这是首当其冲的事。开始想争取用“华中大学”，未果。华中理工大学的师生希望保留现有名字，但同济医科大学的同志不同意，认为医科不属理工科。后来采用“华中科技大学”校名，同济医科大学赞成，华中理工大学的部分师生和校友开始不理解，但经过解释，一是从团结的愿望出发，二是华中理工、华中科技，英文是相同的，大家接受了。

实行“五个统一”，形成发展合力。并校后，学校实现统一领导、统一机构、统一政策、统一财务、统一规划。在人员安排上，确定职数、岗位以后，向全校公布，公平竞争、择优上岗，并与实行职员制相结合，实现了总量控制、微观放权、管理规范、精简高效。

重组学院，调整人员，实现实质性融合。首先，将数、理、化、思政、外语、体育等老师集中，低年级本科生实行统一授课。组建光电子与信息学院、建筑与城市规划学院、土木工程学院、环境科学与工程四大学院。将原城建学院的电气工程等7个重复建设的专业统一归并为主校区管理，并重新定位校区功能。成立同济医学院，统一管理医科的专业基础课和附属医院。

3. 推进学科交叉、渗透

并校中，学科交叉，重点是医科和理、工、文、管的交叉。首先，做强医科，学校通过“211 工程”第二期工程，投入 1 亿元，后向银行贷款投入，重点改造医科的实验、科研条件，使其面貌一新。其次，2001 年开始，学校设立了医工、医理交叉基金，每年投入 100 万元支持多学科的交叉创新。学校还通过举办“鹊桥会”“成果推介会”等活动，为不同学科的教师开展交叉研究牵线搭桥。医工、医理、医文的交叉产生了很多新的成果，推动了学科发展。

公共卫生学科加速发展。在 2012 年教育部一级学科水平评估中，公共卫生全国排名第一名。并校后，2002 年 1 月经国家环保局批准，建立“环境与健康部属重点实验室”。2003 年 11 月，建立“环境与健康教育部重点实验室”。2004 年 5 月创建了分子流行病实验室。2005 年学校投入 400 万元，整合实验室。2010 年省部共建“环境卫生学国家重点实验室”培养基地。

推进了生命学科的大发展。并校前生命学科主要只有生物制药、生物技术专业，现在有了生物医学工程、遗传与发育生物学、纳米医学、生物物理与分子生理学等专业，同时产生了一批具有世界影响的成果。例如，生物医学光子学功能实验室的骆清铭教授，2016 年 7 月在《自然·通讯》上发表高水平文章，2016 年 8 月 18 日，中央电视台新闻联播头条报道了他的“鼠脑最精细脑图谱基础数据库”，该数据库被欧盟人脑计划正式采用，处于世界领先水平。生命学院的谢庆国教授作为数字 PET 发明人，发明了 PET 高级医疗仪器，多电压阈值采样方法，用于癌症早期对癌细胞进行探测成像，代表了人类检测、诊断与指导癌症治疗的最高水平，因而成为 2013 年科学中国年度人物。

并校，不仅合并时学校实力得到增强，而且并校后，通过学科交叉、融合，进一步增强了综合办学实力。例如，获得国家自然科学基金项目，并校初期的 2006 年为 230 项，2010 年为 422 项，2016 年为 620 项，居全国高校第四位。从学科发展看，2012 年教育部第三轮一级学科水平评估中，华中科技大学 3 个学科排名第一位，5 个学科排名前三位，8 个学科排名前五位，17 个学科排名前十位。20 世纪 80 年代，全国有几个重点工学院，当时水平大体相当。从现在的情况看，华中科技大学明显走到了前面，这与优选并校方案，抓住并校机遇、实现强强联合，有很大的关系。

（七）举办国际青年学者东湖论坛，推进国际化走向新阶段

以2012年举办第一次“国际青年学者东湖论坛”（简称“东湖论坛”）为标志，华中科技大学国际化进入了一个新阶段。早在20世纪70年代末、80年代初，学校提出要从“举目无亲”到“朋友遍天下”，通过走出去、请进来等多种方式，开启了国际化的进程。2001年，樊明武院士担任校长后，提出了国际化办学理念，开始向国际化、研究型、综合性大学迈进。实现国际化的关键是提高教师的国际化水平。为此，学校采取了一系列措施，如实施“三个一流工程”，即选送一流的青年教师到国外一流的大学，师从一流的导师进行研修，至2011年，四年内派出600余名青年教师出国进修一年以上的研究访问。2010年，发起“培养未来杰出人才”计划，聘请美国工程院院士等知名学者任顾问教授，每年从全世界选拔3至5位优秀青年学者，到一流大学或科研机构进行科研锻炼和培养，完成培养后到学校工作。实施的第一年，吸引了50多位海内外优秀博士应聘，5位青年学者入选。[①]

为大量吸引海外优秀学者来校任教，加快国际化步伐，2012年起，举办国际青年学者东湖论坛，每年一次，至2016年，共举办了五届。

“东湖论坛”旨在为海内外不同学科领域的青年才俊搭建一个学术交流平台。通过专题报告、学术研讨和人才洽谈等形式，共同探讨国际科技前沿话题，追踪学术热点问题，开拓学术视野，启迪学术灵感，促进交流合作，引进各学科海内外优秀青年人才。“东湖论坛”设立数学、物理、化学、环境与地球科学、信息科学、工程科学、材料科学、生命科学、医学以及人文社会科学等分论坛。报名参会的条件是：年龄在40岁以下；具有海外知名大学博士学位；或者具有国内知名大学博士学位，并有连续3年以上在海外知名高校、科研机构、知名企业、研发机构等从事科研工作的经历；在自然科学与工程技术、经济管理与人文社科等领域取得一定成绩或具有良好发展潜力的

① 张志峰．华中科技大学：打造聚集人才的“强磁场”[N]．人民日报，2012-01-18.

优秀青年人才。2012—2016 年的五届论坛，就有 30 多个国家和地区的 3000 余名学者报名，850 余名优秀青年学者来校参会。他们来到学校，受到各学科老师们的欢迎，共同举行学术报告会，交流学术研究成果，亲自了解学校的教学、科研情况，感受学校的文化氛围。他们中间的部分学者，或直接接受学校聘任，或通过国家“千人计划”引进。2016 年学校获批“青年千人”29 位，人数居全国高校第三名；“青年千人”设立以来，共获批“青年千人”94 位，人数居全国高校第八名。对于地处中部的高校，能吸引这么多优秀青年学者，与“东湖论坛”的举行，有着密切的关系。

学校共有“千人计划”入选者 36 人，“青年千人计划”入选者 103 人。仅 2012 年至 2017 年的五年内，从境外引进的博士达 222 人。他们正处于学术创造的高峰期，熟悉本学科的世界学术前沿，具有团队意识，带动了学术研究和学科团队的形成。同时，能产生人才聚集效应，往往引进一位优秀学者，又吸引了其导师、同学、学生的加盟。国际化战略的实施，提升了学校的学术水平，产生了重大学术研究成果，推进了学校的发展。

国家脉冲强磁场科学中心是教育部所属高校承建的第一个国家重大科技基础设施项目，现已取得初步成果，所研发的脉冲强磁场装置被国际同行评价为世界最好的强磁场装置之一，在磁体和电源技术方面处于世界顶级水平，为凝聚态物理、材料、磁学、化学、生命与医学等领域科学研究提供了理想的研究平台。这一成果的取得，是引进人才和国际化的结果。1998 年，学校领导四下合肥，从中国科学院合肥分院引进了著名核约束聚变和高功率脉冲电源技术专家潘垣院士。潘院士是一位战略科学家，从国家发展战略出发，构思学科发展。他认为，在工科基础上发展理科，进行原始创新，必须有雄厚的基础；但这种基础不能走文理大学发展的老路，要结合工科优势，创建大科学平台。而大科学平台的建设又不能与科学院撞车，因而提出了建立脉冲强磁场的设想。他曾在美国得克萨斯大学聚变研究中心工作两年，经过他的多方努力，该大学愿意将价值 1.5 亿元人民币的 100MVA/1000MJ 脉冲发电机组等设施，赠送华中科技大学，该设备的参数非常适合作脉冲强磁场电源系统。在申请筹建的过程中，潘院士开始物色学科人选。2003 年开始，联系李亮博士，后来，李培根校长三次到美国请李亮博士回国。2007 年李亮博士回到学校，开始主持中心工作。

李亮博士1985年毕业于华中工学院电机专业，1988年在中国科学院获聚变工程硕士学位，1997年在比利时鲁汶大学（K. U. Leuven）获博士学位，主要研究脉冲磁体分析、设计、制造及其应用，1997年至2000年在美国国家强磁场实验室（NHMFL）工作，担任脉冲磁体设计与工程组组长，研制出了多项当时世界最高场强的脉冲磁体，2000年至2007年在美国通用电气（GE）公司全球研究中心任高级工程师，从事包括强磁场、整体充磁技术、磁共振成像（MRI）和高温超导电机等方面的研究，研究成果处于国际领先水平。回国以后，他担任了该项目的总经理兼总工程师。李亮博士把自己的导师弗里茨·亨纳齐教授请来作客座教授，每年来学校指导并参与脉冲强磁场的研究和实验，同时，从国内外吸引了几十位年轻学者，形成团队，他所领导的团队2012年获批教育部创新团队。在中心建设的过程中，相继与比利时鲁汶大学、法国图卢兹国家脉冲强磁场实验室、德国德累斯顿脉冲强磁场实验室、美国国家强磁场实验室，以及北京大学、南京大学、复旦大学、东北大学和中国科学院北京物理研究所、上海技术物理研究所、武汉物理与数学研究所等单位的相关实验室建立了良好的合作关系。

类似的事例还很多，如2010年创建中欧清洁与可再生能源学院，欧盟资助1000万欧元，并吸引了一批欧洲学者；从日本、德国、美国引进学术团队；“千人计划”学者在《自然》《科学》上发表多篇论文，等等。

学校坚持开放式办学理念，积极开展全方位、多层次的国际交流与合作，目前已与世界上35个国家和地区的100多所大学建立了良好的校际交流关系，每年有约1600余人次的国（境）外专家学者来我校任教、合作科研和开展学术交流活动，国际化走向了一个新阶段。

纵观学校发展，华中科技大学不仅能抓住关键的发展节点，而且团结一致，代代相传。在历届党委领导下，校长们既有自己的创造，又能继承前人的理念，不断推进学校发展。20世纪70年代的某一天，刘献君和朱九思院长在路上相遇，朱九思院长让刘献君去校园西边看看农民侵占学校土地的情况究竟怎么样。刘献君观看后，将农民侵占土地的严重情况做了汇报。朱院长随即决定在学校周边修筑围墙，这就是“高筑墙”的由来。围墙的修建，有效地保护了校园的完整性。黄树槐校长沿着朱九思院长制定的发展蓝图，“异军突起，出奇制胜”，推进学校发展。杨叔子校长十分重视学科综合性，提出“没有一流的文科，就没有一流的理科；没有一流的理科，就没有一流的工科”。周济校长非常重视文化素质教育和文科发展，亲自抓，而且力度大。樊明武校长在历史发展的基础上，提出了国际化发展理念。李培根校长十分重视学研产发展，提出“育人为本，创新是魂，责任以行”的理念，在推进创新、创业，发展产业方面做出了贡献。丁烈云校长十分重视学校的历史传承，亲自研究学校的发展历史。在历史总结中，他提出“学生、学者、学术”的教育思想，并强调“学在华中大”“文化素质教育”是学校非常重要的名片，一定要坚持，并提出要重视创新创业，使之成为新名片。华中科技大学在历史传承中，不断奋进，一定会发展得更好。

（罗家才参与调研与撰写）

附录 1：

院校研究：现代大学管理科学化的助推器

——访全国院校研究会会长刘献君教授

张兴华

面对大众化、国际化、市场化挑战的新形势，大学如何实现由经验管理向科学管理转变，是当前推进现代大学科学管理的一个重要课题。2000 年，华中科技大学成立了全国首家院校发展研究中心（以下简称“中心”），率先开展院校研究。

现在，院校研究已经成为支持大学进行理性决策和科学管理的代名词。那么，何为“院校研究”?“院校研究”对大学管理和科学发展有何作用?日前，本刊记者走访了全国院校研究会会长、华中科技大学院校发展研究中心主任刘献君教授。

院校研究：现代大学管理的“仪表盘”

记　者　请您谈谈：什么是“院校研究”?中国为什么需要“院校研究”?

刘献君　“如果把一所大学比喻成一辆汽车，那么，领导是驾驶员，院校研究就是这辆车的仪表盘。”

这个比喻形象地道明了院校研究与大学及其管理者的关系。以前的大学规模较小，高校办学自主权的空间也小，就好像是一辆自行车，凭借一定的经验就能骑好；但是现在形势发生了很大的变化，很多学校规模达到万人以上甚至是十几万人，高校也有了较大的办学自主权。管理者们如果还是凭借骑自行车的经验去驾驶一辆乘坐几万人的“大车”，显然是不行的，你必须熟悉车子的现状和性能，出现问题及时解决，才能安全平稳地朝着目标方向驾驶这辆车。院校研究的作用和功能，就是这辆车的仪表盘。它依靠对高校各个方面的运行现状和历史数据的掌握和分析，就某所高校内部的具体管理问题，进行及时诊断，从而为学校领导的管理决策提供科学依据。

记　者　在什么背景下提出了“院校研究”？怎样理解“院校研究”的具体内涵？

刘献君　中国高等教育正处在大变革、大发展之中，面临前所未有的挑战。我们正在经历高等教育大发展的历史，我们更要高度关注大学的发展，研究大学的发展，把握大学的发展，不留下历史性的遗憾。院校研究正是在这种背景下应运而生的。

通过2003年10月在甘肃天水召开的全国首届院校研究学术研讨会，对院校研究的理解，已达成一些初步共识。如：院校研究的对象是本校的实际问题；研究的目的是改进管理实践；研究的主要特点是对单个院校的研究，包括行动研究、咨询研究、自我研究。2004年10月，在华中科技大学举办的院校研究与现代大学管理高级研讨班和国际学术研讨会上，通过美国院校研究协会八位专家的讲授和与会代表的交流探讨，进一步加深了大家对院校研究的理解。这里需要弄清楚三个问题。

一是院校研究是一个研究领域还是一个学科。院校研究不是一个学科，而是高等教育研究的专业实践领域。在教育学中有教育专业博士学位（EDD），以培养专业研究人员和管理实践人员。美国已建立教育专业学位制度，我国也开始建立教育专业学位制度，若干所大学已开始培养。与高等教育管理研究相比，院校研究更注重对高校管理实践问题的研究；与中国高教学会中其他一些二级学会的研究相比，院校研究更注重研究的科学性、综合性和应用性。

二是院校研究是否只能研究本校问题。院校研究主要是研究本校的问题。由于学校的历史传统不同、学科结构和人员结构不同，每一所大学的改革、发展，都是一个创造过程，不可能照搬别人的模式、经验，因此，每所大学都需要对自己进行研究。同时，也只有每所学校都研究好、办好，整个高等教育才能健康发展。但是，院校研究不排除在个案研究的基础上，对一些普遍规律进行学术性的探讨；同时，研究本校，也要与其他学校进行比较，才能认清本校的问题，抓住本质，解决问题。院校研究也有责任从单个学校的研究去评价政府的决策，并提供政策性建议。

三是领导者、管理者能否参加院校研究。应该看到，院校研究是行动研究、咨询研究，研究的目的在于咨询，在于推进决策的科学性。问题的解决、决策的科学性都有赖于领导者、管理者。因此，他们不仅要熟悉院校研究，而且应该参与院校研究，只有领导者、管理者、研究者共同努力，才能有助于院校研究取得成效。

记　者　过去我国有没有院校研究？现在整个研究情况怎样？

刘献君　20世纪80年代，中国大学普遍开始建立高教研究所（室），本意是加强对自身发展的研究。二十多年里，做了大量的工作，其中一些研究，应该说是院校研究。但是，由于多年来，政府办大学，高校没有办学自主权，也没有相应的社会问责，缺乏院校研究的外部条件和需求，同时，由于高教研究者自身的局限性，高教研究所（室）的研究有违初衷，大体向两个方向发展，一是发展学科，争取博士点、硕士点、培养人才；二是为学校领导写讲稿、写文章，进行秘书性、经验性的工作研究。我国的高教研究普遍存在三多三少的状况，即：思辨研究多，实证研究少；宏观问题研究多，实践问题研究少；经验性总结多，科学性、系统性研究少。

由于高校办学自主权的扩大，社会问责制度开始形成，近几年来，中国高教研究者开始重视院校研究，把院校研究作为一个重要的研究领域。2000年华中科技大学教科院建立了院校发展研究中心，把院校研究作为教科院的重要发展方向；2001年在全国高等教育研究所联席会议上，华中科技大学教科院倡导通过发展院校研究来提高高校管理水平；2003年10月全国首届院校研究学术研讨会在甘肃天水召开，来自全国的95位代表参加了会议。在这次会上，代表们提出了两个建议，一是建立中国院校研究会，引领全国的院校研究工作；二是希望能邀请美国院校研究会专家系统地介绍美国的院校研究工作。与此同时，清华大学、北京大学、复旦大学、华东师范大学、大连大学等也开始建立院校研究机构，或通过高教研究机构，进行院校研究。

专题突破：为中国高校管理提供案例参照

记　者　目前，我国院校研究方兴未艾，而且取得了骄人成绩，听说您领衔的研究成果“中国院校研究案例”丛书受到各高校的青睐，请您谈谈这方面的情况。

刘献君　2012年下半年，华中科技大学出版社接到多所高校打来的电话，询问能否购买到“中国院校研究案例”丛书。这套已经出版了三辑的案例集，被一些大学领导称为“高校管理者不可或缺的枕边参考书”“高校改革发展的参照读本”。而说起出版此书的初衷，则要从当初中国院校研究寻找发展困境的突破口谈起。

21 世纪初开始在中国提倡院校研究时，其实也遭到一片质疑声。大家都在问：难道中国以前没有院校研究吗？院校研究和高等教育管理研究有什么区别？我们通过撰写文章、召开会议以及翻译编著美国院校研究的相关专著和论文对这些问题进行了解答，让中国同仁对这些问题有了比较清晰的认识。如著名教育家潘懋元先生就断言：院校研究将成为大多数高教研究所（室）的主要研究任务，成为高教研究的重要领域。北京师范大学原校长钟秉林也指出：可以预见，以院校研究为主导的微观应用研究前景广阔，在强化高校管理实践指导功能的同时，亦将推动我国高等教育研究的深化发展。但对这些问题的共识只是停留在“院校研究的研究”阶段，我们的主要任务是如何通过科学的方法，实质性地在高校实践领域推动院校研究。

如何从实践中推动呢？在美国，数据是院校研究的基础。依靠数据进行理性决策已成为美国高校管理的文化和传统。但在中国，由于各种原因，我们缺乏全国性和院校层面的数据系统。怎么办？凭着多年的高校管理和研究经验，我和在北美学习生活多年的赵炬明教授等讨论，觉得应将数据库建设当作一项长期的任务，而中国院校研究的突破口，可以列出一些突出的管理问题，从“专题研究”“质性数据”开始。一方面专题研究容易把握、易于开展，见效比较快；另一方面高校领导面对大量的管理问题，有研究需求，容易引起重视。于是在 2007 年的全国院校研究学术研讨会上，我们提出了“以专题研究为突破口，将中国院校研究推向一个新阶段”的倡议。即针对中国高校管理中存在的突出问题，一所学校一个案例进行剖析，提出改进建议，供学校决策层参考。

那时正值高校学习科学发展观以及面临“十二五”规划制定关键时期，一批院校基于本校管理中的实际问题，积极开展专题研究，并在一定程度上促进了管理实践的改进。如“上海交通大学院系中长期评估”，“愿景、使命与行动——清华大学创造世界一流案例研究”，“走向国际化——浙江大学案例研究”，“中国海洋大学教师专业化发展的组织模式研究”，“中央财经大学学院整体工作评价指标体系研究”，“中原工学院内部质量保证体系构建”，“临沂大学实施扁平化管理改革研究”等一大批高质量的专题研究，实实在在地推动了管理实践，有力地推动了学校的改革和发展。而这又进一步吸引了高校管理者对院校研究的关注，华中科技大学、华中农业大学、长江大学、河北科技大学、青岛大学、西华师范大学、沈阳航空航天大学、云南师范大学、长江大学、河南农业大学、空军雷达学院（现空军预警学院）、山东交通学院、武汉纺织大学等一批高校党委书记、校长经常参加院校研究会的活动并亲自抓本校的院校研究。华中农业大学等每年列出若干项目，进行招标，并制定了《院校研究科研课题管理办法》。高等教育研究者与高校管理者的有效合作，促使中国院校研究开始进入一个良性发展的轨道。

为将这些成功的经验向全国范围推广，让更多的高校学习借鉴，中国院校研究会开始建设院校研究案例库，将案例收集到学会网站专栏，之后又征集具有典型性、启示性和实效性的研究案例，按专题精选编辑出版“中国院校研究案例”丛书。大量生动、规范的案例，为高校专题研究提供借鉴和示范。

记　者　院校研究是行动研究，你们在实践中立题，在研究中总结，在总结中成书。除了用“中国院校研究案例”推动面上工作之外，还有哪些做法？

刘献君　我们每年都组织召开院校研究会年会，针对中国高校管理和院校研究中出现的热点和难点问题，每次选定一个主题开展研究。逢单年针对院校研究的方法、内容举行国内院校研究研讨会，逢双年针对高校中重要的管理问题举行国际学术研讨会。从对院校研究的历史、概念、功能的争论到对院校研究数据分析的对象、内容与方法的探讨；从对“大学领导与发展战略”“建设高等教育质量保障体系”的全局性管理问题到“全球化时代的高校人力资源管理”“以学生为中心的本科教育变革”具体问题的逐步聚焦。从2003年到2013年，每一个主题，都带动和引领不同高校院校研究人员和管理者的广泛参与和行动实践。2012年“院校研究：‘以学生为中心’的本科教育变革国际学术研讨会”吸引了国内外400多名高校院校研究和管理人员参会。会上修改和刊发了《抓住历史机遇，实现以学生为中心的教学模式转型》的倡议书，号召会员单位和参会者积极行动起来，在本校开展教育教学改革。该会确实在国内高校掀起了一股“以学生为中心”的浪潮。会后，上海交通大学、国防科技大学及解放军理工大学等高校先后邀请我作专题报告，并与学校中层以上领导干部进行集中交流，大家对“学生学习了才有教育”“办大学就像办食堂”“教师就是助产士”“教学就是点燃学生求知的火苗”等“以学生为中心”的相关论点留下了深刻的印象。西华师范大学校长陈宁教授感叹说：“我每年要参加很多会议，但只有一个会议，我是自己主动要求并且坚持每次都参加，那就是中国院校研究会年会。因为每次会议都有一个很显著、很及时的主题，而且每参加一次会议我都能获得大量有用信息，这些信息促使我对学校的发展进行系统深入的思考，并给我很大的启发。”

把脉问诊：为各类高校提供管理咨询

记　者　您常常带着团队成员深入到各高校，帮助制定学校发展规划，为高校提供管理咨询，请谈谈这方面的情况。

刘献君　2009年，河北科技大学邀请我组织专家为其制定学科发展规划。我带着四位教授和三位博士生组成的专家队伍，先后多次到该校调研，并到各个院系与一线教师进行座谈和个别访谈，在大量一手资料和数据的基础上，我们运用SWOT战略分析法，为河北科技大学制定了未来十年（2010—2020年）的学科建设和发展规划。2011年初，河北科技大学党委专门给华中科技大学教科院发来感谢信，感谢我们课题组为该校制定了高水平的“学科建设与发展规划”。信中说：“学科规划专家立足学术前沿，站得高、视野广，对我校背景分析客观、深刻，实事求是，提出的‘建设地方一流教学研究型大学’的长远发展定位，以及学科建设与发展的基本原则、思路和策略等符合我校实际，提出的总体目标和具体任务令人感到振奋和鼓舞，保障措施可行，是引领我校未来十年学科建设与发展的纲领。”2013年7月，河北科技大学党委书记计卫舸教授在参加院校研究研讨会时真诚地说：“这几年，学校一直在按照学科建设规划衡量各个学院的工作，取得了让人欣喜的进展。接下来我们还准备做一个学校总体发展规划，我们还希望刘教授能组织专家帮我们把脉问诊，给我校提供科学咨询和有效帮助。”

空军预警学院的成功转型发展也得益于与院校研究专家一起的研讨。该校原来叫空军雷达学院，学科专业围绕雷达装备而设立。为了适应国家发展战略和安全战略新要求，该校通过对发展战略环境的分析提出学校的学科专业要向空间拓展、向预警拓展。2008年以来，该院院长蓝江桥等运用战略管理方法，提出了“突出信息化，强化大预警”的发展战略和“立足空军、面向全军、服务国家”的办学定位；2011年，学院更名为空军预警学院，学校的学科专业、服务面向和发展空间大大拓展。院长蓝江桥教授在参加2013年7月的院校研究研讨会上感慨：“院校研究对学校的办学顶层设计、发展战略选择、科学决策和科学管理都起到了支撑作用，对学校发展起到了全方位的推动作用。”

记　者　在努力推动中国院校研究“由点到面”的工作中，你们采取了哪些措施？

刘献君　在面上，院校研究会根据高校发展的“类特色”，组织不同高校开展专题研讨会，让同类型的高校在研讨中明晰问题，相互学习，共同研究并寻找发展之道。如2012年我们在广东嘉应开办了“办学特色与地方院校发展论坛”，聚集了30多所地方院校，一起研讨地方大学的办学特色与发展问题，院校领导参与踊跃，纷纷亮出各自的招数。2013年5月，院校研究会又组织国内50多所院校，在宁波大红鹰学院召开了“建设‘教学服务型’高校研讨会”，在该会上，众多大学管理者对“教学服务型”大学的定位、内涵外延以及发展目标与路径等问题进行了深入探讨，并成立了“教学服务型”大学联盟和地区协作组，计划分片区围绕高校管理与发展的关键问题集中进行谋划和分析。

为使院校研究能更广泛地在各个地区开展，院校研究会积极鼓励和推进各省成立院校研究分会。2009年10月，四川省高等教育学会院校研究分会成立；2013年4月，陕西省高等教育学会院校研究分会成立；该区域的一批大学校长积极参与学会工作，活跃了院校研究。华中科技大学、大连理工大学等高校的院校研究机构被批准为省级人文社会科学重点研究基地。这些组织带动了当地高校院校研究的深入开展，越来越多的高校从中受益，中国院校研究已初步形成并初具规模。正如教育部原副部长、中国高等教育学会会长周远清所言：“院校研究是一个非常有潜力的研究领域，在促进我国高等教育健康发展方面应大有作为。”

数据分析：推进中国高校管理科学化

记　者　数据系统是院校研究的基础，在大数据时代，你们做了哪些基础性的工作？

刘献君　数据的缺失是中国院校研究面临的最大瓶颈，推进各级各类高校管理数据库的建设一直是中国院校研究面临的一项艰巨而长期的任务。如何解决这一难题呢？2011年7月，在北京召开的“现代信息技术与院校研究”全国院校研究学术研讨会上，我们提出，中国院校研究要从“初步形成”走向“规范发展”，必须“以信息系统建设为重点，使之逐步走向规范化”。研讨会上，中国院校研究会组织与会代表讨论，形成了《关于建设“国家高等教育综合数据系统”并逐步开放相关信息的建议书》。建议书及时送达教育部及相关部门，并在有关刊物上刊发。目的就是通过由下而上和由上而下相结合的办法突破这一瓶颈，将中国院校研究向规范化推进。即一方面鼓励和帮助各院校在原有业务运行数据库的基础上整合建立院校分析数据库，另一方面通过各种渠道引起上级主管部门重视，呼吁尽快建立国家层面的高等教育管理数据系统。

为了更好地了解和学习美国院校研究数据系统的实际状况，华中科技大学院校研究发展中心派了陈敏和张俊超两位老师，专程到美国院校研究会总部以及佛罗里达大学、加州大学伯克利分校等进行实地考察，深入到各所大学的院校研究办公室，考察其数据管理系统。为满足中国院校研究人员对了解和学习数据系统设计以及数据分析等方法技术的强烈需求，2012 年 4 月，中国院校研究会在江苏常熟举行了“院校研究信息系统建设和运用学术研讨会”，邀请信息管理系统做得较好的高校介绍经验，并现场观摩了常熟理工学院的“决策支持管理信息系统”。2012 年暑期，我们在杭州，与美国海外华人院校研究会第一次联合举办了“大学数据系统设计与分析”院校研究培训班，邀请的主讲人是在美国高校从事院校研究工作多年的资深专家。为举办这次培训班，中国院校研究会和海外华人院校研究会共同准备了一年多的时间，在反复商讨中，一起拟定主题、挑选主讲人。听着主讲人整整三天轮班讲解的嘶哑声音，看着组织者前奔后跑的身影，你会觉得，是一种强烈的责任感支撑着这个院校研究团队，其目标就是：致力于推进中国高校管理的科学化进程。

武汉纺织大学的党委书记尚钢是位不折不扣的院校研究追随者，只要时间允许，他一定会参加院校研究的相关活动。在众多场合中，他经常举各种事例谈及院校研究对他作为一名大学管理者的影响。比如通过监测分析校园卡和校园网络的使用数据，进行学生不在校预警，也可以得到上网过度与消费过度的信息并通过校园飞信平台推送给学生管理者，从而对相关学生进行及时的教育引导，另外还通过对校园卡的消费情况分析为奖助学金评定提供辅助决策。此外，复旦大学、浙江大学、上海交通大学、中国人民大学、中山大学、上海财经大学等一批高校都逐步建立了统一的数据管理系统，并利用数据系统为学校科学管理决策提供了有效的服务。

立足前沿：开创中国特色的院校研究新篇章

记　者　您的团队开创了我国院校研究先河，好多工作具有里程碑意义。十年磨一剑，非常不容易。今后您有何设想?

刘献君　概括地讲，就是立足前沿，开创中国特色的院校研究新局面。近几年，我们研究中心先后派出多名师生到美国高校进行学习考察。2012 年 10—11 月，我们中心陈敏教授和张俊超副教授受邀到美国院校研究会总部，与美国院校研究同行商讨合作事宜，并向他们介绍了中国院校研究的历史、现状和特点，随即成立了“中美院校研究合作研究中心”，双方计划在教材开发、培训课程、国际会议等方面进行合作；在美国召开的院校研究会议上，两位教授有关中国院校研究的报告引起美国院校研究同仁的广泛关注。他们觉得，作为世界上在校大学生人数规模最大的国家，院校研究的进展决定着中国高等教育未来的发展。

在这个信息技术发展迅猛的时代，要想从高等教育大国走向高等教育强国，建立现代大学制度、实行科学管理是必由之路，而院校研究，正是帮助中国大学走上这一轨道的必备工具。在大数据的背景下，大学管理变成一种数据支撑的行为科学。正如复旦大学施伯乐教授所言：“大数据将是下一个社会发展阶段的‘石油’和‘金矿’。无论是个人、企业还是国家，谁能更好地抓住数据、理解数据、分析数据，谁就能在下一波的社会竞争中脱颖而出。关于数据的知识，将成为个人知识结构中的必备要素和基础。”

中国院校研究的下一步目标，就是以《教育规划纲要》提出的构建国家教育管理信息系统的任务为契机，在推进不同层面、不同类型院校研究数据库的建设、公开与共享过程中，提升院校研究人员对数据的分析和应用能力，推动大数据的挖掘与应用。2013 年 7 月在云南昆明召开的院校研究研讨会，其主题就是“院校研究数据分析的对象、内容和方法”。多所高校的实践案例都在透露一种可喜的信息：中国院校管理者们已经开始有意识地为决策和制度制定寻找科学依据，科学管理的氛围正在中国高校酝酿。

“中国大学要建立现代大学管理制度，首先必须改变‘拍脑袋’式的主观决策方式和基于经验的管理模式，学会‘有问题找数据’，‘用数据说话’，在基于数据分析的基础上进行有效决策，让决策有理有据，促使现代大学向科学管理转变。”我在众多场合这样反复强调这个观点。

的确，这是中国大学管理的一场革命，是中国院校研究团队矢志不渝努力奋斗的目标！

（原载山东高等教育 2014 年第 6 期，作者系中国教育报山东记者站副站长，副研究员）

附录 2：

院校研究中国化：问题、理论与实践

——刘献君教授专访

魏署光

摘要：刘献君教授一直致力于在我国高校推动院校研究，推进我国现代大学管理科学化。他认为，院校研究是高校的自我研究、管理研究、咨询研究和应用研究。通过研究与实践相互推进、以专题研究为突破口、培训院校研究队伍、组建强有力的团队等措施，我国已经形成开展院校研究的氛围。院校研究正由“初步形成”走向“规范发展”阶段。我国院校研究将继续立足前沿、面向世界、面向未来，开创新的局面。

进入 21 世纪以来，随着高等教育大众化的发展以及社会问责的加强，作为高等教育研究的一种专门研究范式，院校研究在我国已经得到众多高校的认可，不少高校领导重视和开展院校研究。院校研究的开展，推进了我国现代大学管理的科学化进程。刘献君教授推动成立了中国高等教育学会院校研究分会，身兼管理者与研究者的双重身份，在全国推动开展院校研究。经过十多年的探索，院校研究中国化的理论与实践取得了丰硕的成果和成效，我国院校研究正由“初步形成”走向“规范发展”阶段。笔者（以下简称“魏”受《苏州大学学报（教育科学版）》之邀，对刘献君教授（以下简称“刘”）进行了专访。刘教授十分重视这次访谈，与笔者共同拟定访谈提纲，并审阅了访谈文稿。

魏：刘教授，您好！近年来，您一直致力于在全国推动院校研究，能否先请您谈一下开展院校研究有哪些意义和价值？

刘：是的，开展院校研究，必须首先弄清楚院校研究的意义，提高对院校研究重要性的认识，而且，这种认识的提高，将伴随院校研究的始终。前几年，我在研究的过程中，将院校研究的意义归纳为四个有利于，即有利于推进高等教育管理的现代化，有利于推进高等学校的改革与发展，有利于推进高等教育学科建设，有利于推进国家高等教育法治建设。这里，从另外一个角度谈谈院校研究的重要性。

院校研究为高等学校决策提供有力支持。管理就是决策，决策十分重要。高等学校决策涉及面广，十分复杂。高等学校的主要任务仍然是培养人，培养高素质的社会需要的创新创业人才。人才培养目标、过程的确立，既要适应社会的需要，又要符合高素质人才成长的规律。社会是发展变化的，一代一代的学生也在不断成长变化。高校的人才培养十分复杂。高等学校从事专门高深知识的教与学活动，正如蔡元培先生所说，“大学者，研究高深学问者也”。因而，高等教育有着低层次学校所碰不到的特殊问题。大学之间，由于学科专业不同，教师、学生、职员等人员结构不同，所处地域不同，学校的历史文化不同，因而每一所大学的决策都不能照搬别人的，需要进行创造。面对如此复杂的状况，不少大学的决策仍然停留在“拍脑袋”，随意性很大。院校研究的开展，正是为学校决策提供科学支持。院校研究与决策者的关系，犹如汽车表盘与驾驶员的关系，没有表盘，驾驶员无法开车；没有院校研究，决策者无法作出正确的决策。

院校研究帮助高校适应大数据时代的需要。信息技术将对教育产生革命性的影响。这种影响，随着大数据时代的到来，越来越明显。面对大量、动态、能持续的数据，通过运用新系统、新工具、新模型的挖掘，从而获得更具有洞察力、新价值的东西。大数据具有容量大、种类繁多、速度快和价值高等特征。特别是，大数据时代，通过海量的数据分析、处理和集成，可以找出人们以前看来毫无关系的那些数据的“关联性”，使原来似乎无用的数据活起来，支持我们对管理决策作出自己的判断。大数据对教育、教育管理将产生深刻的影响。例如，对学生学习的评价，原来不太可能评价的品质、能力等，通过大数据获得评价的可能。院校研究的主要特征，正是通过数据去发现问题，通过数据去分析问题，通过数据去解决问题。院校研究的发展，正好与大数据时代的要求相契合。对于决策而言，院校研究首先获取大量数据，通过对数据的加工形成信息，对决策者有用的信息形成知识，对知识的思考产生智慧，从而形成一种“数据—信息—知识—智慧”的新的数据驱动决策的新模式。

院校研究推动高等教育研究方法论的转变。由于中国高等教育特殊的历史发展和背景，高等教育研究从探索高等教育学、研究宏观问题、培养研究生开始。这一方面使其有一个比较高的起点，较早进入了学术研究的主流领域，但是，也带来了消极的影响，造成比较多地运用思辨的方法，容易脱离实际，研究显得比较空泛。院校研究则是强调对单个学校的研究，对每一所高校在管理中遇到问题的研究，强调系统收集资料，运用科学的方法，具体分析资料，从而探索解决问题的办法。院校研究的开展，推动了高等教育研究方法的转变，这种转变，将进一步推动高等教育研究的健康发展。正如厦门大学王洪才教授在对中国高等教育学“创立、再造与转向”的发展过程进行深入研究后提出：“我们认为，能够反映高等教育研究理论转向的是院校研究协会的成立，这一现象表明有一批高等教育理论研究者认识到高等教育研究必须走与实践紧密结合的路线，在参与实践的过程中丰富理论，建构理论。这一转变也代表了高等教育研究方法的方法论的转变。”[1]

魏：20世纪程星、周川等学者开始介绍美国院校研究，为什么直到本世纪初我国才开始开展院校研究？

刘：20世纪八九十年代，程星、周川等学者就开始向国内介绍院校研究。译介中对美国院校研究的发展历史、现状、基本特征与职能等进行了介绍。他们的译介对国内学术界了解院校研究发挥了很重要的作用。

但是，院校研究的开展，需要必要的条件，比如高等教育大众化的发展，社会问责制度的建立，高校拥有较多办学自主权等。但当时中国高等教育发展还处在精英阶段，高等教育毛入学率还很低，高等学校的规模还比较小。1998年，高等教育发展规模为643万人，高等教育毛入学率仅为9.8%。社会各界对高等教育的问责尚未形成，高等教育的利益相关者如学生、家长、教师、社会公众基本处于无权状态。政府仍然在高等教育资源分配中占据绝对主导地位，高校的办学自主权还相对较少，计划经济的色彩比较浓厚。因此，高校缺乏通过院校研究进行科学管理与决策的动力。

这一状况到1999年开始发生变化。1999年，高等学校大扩招开始，高等教育毛入学率显著提高，高等教育发展逐步进入大众化阶段。截至2013年底，全国各类高等教育在校人数总规模达到3460万人，高等教育毛入学率达到34.5%。高等教育大众化理论的提出者马丁·特罗认为“增长是一切问题的根源”，“量的增长引起质的变化”。高等教育的数量大规模增长，将导致高等教育模式发生转变。这个转变涉及高等教育的各个方面，如课程、教学方法、高校与社会的界限、高校管理者、高校管理模式、最终决策权等。高校管理者面临着管理上的压力，需要院校研究为其管理与决策提供咨询和支持。

同时，近年来，社会各界对高校的问责制度也开始提出。比如教育部明确要求部属高校编制、发布年度本科教学质量报告，并提出这是进一步增强社会责任意识，回应社会关切的重要体现。2010 年 4 月，教育部颁布了《高等学校信息公开办法》，要求学校通过各种途径定期向社会公开 12 类信息，并明确提出信息公开的目的是保障公民法人和其他组织依法获取高等学校信息，促进高等学校依法治校。我们相信，随着高等教育问责制度的建立和完善，高等学校将越来越需要院校研究来回应社会问责。

此外，与上世纪相比，高校有了更多的办学自主权。国家教育体制改革领导小组办公室在 2014 年 7 月份发布的《关于进一步落实和扩大高校办学自主权完善高校内部治理结构的意见》中明确提出要从七个方面推进落实和扩大高校办学自主权。办学自主权的增加，使高校有动力来通过院校研究为管理与决策提供咨询和支持。

魏：那我们应该怎样理解院校研究呢？院校研究与高等教育研究、高等学校管理研究、校本研究等有什么不同呢？

刘：的确，由于院校研究在我国还是一个比较新的概念，初接触院校研究的同志，都会提出这样的问题，直到现在，仍然有人会提出。在探索院校研究的过程中，我们也多次进行过讨论。院校研究一词由英文“institutional research”翻译而来。这个词直译为“机构研究”，这显然不太合适。如果译成“校务研究”，给人的感觉似一般工作研究。如果译成“校本研究”，也不太合适，校本研究是中小学使用比较多的一个词，主要指教师的课程、教学研究。相比之下，院校研究一词，对研究对象表述比较明确，而又有科学研究的意义，体现了学术性，比较合适。与高等教育研究比较而言，人们通常认为，高等教育研究是将人类高等教育的实践作为整体或部分的研究，旨在提高人们对于高等教育的性质与规律的认识和把握。高等教育研究的范围比较宽广，院校研究则是高等教育研究中的一个领域，一个重要方面，一种新范式。与高等学校管理研究比较，高等学校管理研究的对象是一般高校，侧重研究高等学校管理的一般原则、途径与方法。院校研究是对单个学校的研究，我们将其界定为，院校研究是通过对本校管理问题的系统和科学的研究，以提高本校管理水平的一种研究。

我经过反复研究，将院校研究的特征概括为自我研究、管理研究、咨询研究、应用研究，并撰写了《院校研究论略》一文，这篇文章被《新华文摘》全文转载。下面，简要将这四个研究介绍一下。第一，自我研究。所谓自我研究，就是指研究自身学校。每一所学校都有其独特的办学历史、组织传统及特色，只有院校中的人才最为熟悉和了解自己学校的问题。院校研究者的任务就是结合自身学校的办学历史、传统及特色，对自身学校管理问题进行研究，为学校决策提供咨询和参考。例如，2000 年初，华中科技大学教育科学研究院曾组建课题组，为青岛大学制定“十五”发展规划提供战略咨询。当时，青岛大学刚刚由四所学校合并组建而成，人们对新合并的青岛大学的办学目标及特色还没有达成广泛共识。我们课题组在为青岛大学做战略咨询时，着力强化了新青岛大学的蓝图和发展前景，并围绕发展蓝图提出了一系列建议。我们为青岛大学所提供的战略咨询，在一定程度上发挥了凝聚人心的作用。

第二，管理研究。高等学校的工作可以分为三大块，一是教学科研，二是后勤产业服务，三是组织管理信息保障。院校研究并不对学校的所有问题进行研究，院校研究基本上集中在管理研究，很少涉及教学研究。但是，院校研究可以进行教学管理研究，从有效管理的角度，跟教师一起研究教学评估、教学资源利用等问题，但不做教学方面的学术研究。例如，2007 年清华大学的全国大学生投入度调查（NSSE）显示，清华大学的校园环境支持度较美国大学更为理想，但在对学生学习的严格要求程度、主动合作学习、生师互动等指标上与美国大学存在明显差距。针对这一研究结果，研究者为学校的教学评估、教学资源配置等教学管理事务提出了若干政策建议，为学校的教学管理发挥了重要的参考咨询作用。

第三，咨询研究。决策系统、智囊系统和信息系统三个系统构成了现代决策体系。在决策体系中，院校研究人员主要涉及的是信息系统和智囊系统方面的工作。从这个角度看，院校研究又是咨询研究。通过收集和分析本校的运行数据，建立数据仓库，院校研究发挥了“信息权威”的职能。通过对数据仓库中数据的挖掘和分析，并以此为基础，为学校改革与发展，提出若干建议，院校研究可以发挥学校领导“智囊团”的作用。十多年来，华中科技大学教科院的教授们曾为全国 400 余所高校提供过管理咨询，推动了这些学校的发展。例如，前几年，我们曾经为河北科技大学提供过管理咨询，帮助河北科大制定学科建设与发展规划。2011 年初，河北科技大学党委曾专门致信我们课题组。信中提到我们课题组为其制定的学科建设与发展规划“立足学术前沿，站得高、视野广”，是“引领我校未来十年学科建设与发展的纲领”。

第四，应用研究。就研究的学术领域而言，研究大体分为理论研究、应用研究和实践开发研究。院校研究主要目的不是发展理论，一般也不涉及实践开发研究。院校研究主要通过科学地收集和分析数据，为学校管理提供咨询，推动高校管理科学化。因此，就研究的学术领域而言，院校研究是应用研究。例如，2002 年 10 月，华中科技大学将实施教师聘任制作为院校研究的一个课题，成立研究组，着手进行研究。研究组在充分调查的基础上，针对教师聘任制实施过程中需要解决的问题，运用科学的方法进行研究，得出了一系列结论。比如，按照学科和任务相结合的原则给院系设置岗位；首次聘任中实行“建立制度、进入体系、严格合同”的原则；等等。在研究的基础上，学校进行决策和组织实施，取得了良好效果，确立了教师和学校新型的关系，推进了现代大学人事制度的建立；通过岗位设置和聘任，大力推进了学校的学科建设；教师增加了自主性，积极总结过去，规划未来，明确了发展方向。

魏：在我国开展院校研究的过程中，遇到了哪些困难和问题呢？

刘：我们华中科技大学 2000 年 3 月成立院校发展研究中心，着手探索院校研究。2003 年，在甘肃天水举行了全国首次院校研究会，组织志同道合的同志们共同探讨。在这一过程中，深感院校研究开展的艰难。遇到的困难很多，主要有以下几个方面。

院校研究的需求不旺。马克思提出，“理论在一个国家的实现的程度，总是取决于理论满足这个国家的需要的程度”，“理论需要是否会直接成为实践的需要呢？光是思想力求成为现实是不够的，现实本身应当力求趋向思想”。[2]12—13 可见，现实需要十分重要。为什么院校研究的需求还不旺呢？首先，高校虽然有一定的办学自主权，但办学自主权还不充分。我国大学的办学自主权，在私法权方面比较充分，但公法权缺失。只有办学自主权充分，学校领导对院校研究的需求才会充分。其次，尚未形成系统的社会问责制度。近年开始，由于教育部的推动，社会问责已经开始，但并没有形成制度，社会无权了解、干预大学，大学校长也没有直接回答社会问责的要求和积极性。社会问责是推动院校研究的重要力量。再次，在高校，经验决策仍然占主导地位，决策咨询在决策过程中没有地位，这也导致了院校研究需求的不旺。

开展院校研究的条件还不够成熟。院校研究在于系统收集资料，科学分析资料，提供决策支持。院校研究是建立在数据基础上的。但由于多种因素影响，院校研究的数据不充分。从学校内部看，虽然多数高校建立了业务数据库，但数据分散，不一致；数据保密，不公开，导致形成信息孤岛。没有建立分析数据库，难以对数据进行有效分析。从国家层面看，国家级有关信息系统还处于建设之中，院校研究不能取得比较性的数据。我国信息技术相对落后，数据挖掘、在线分析处理、数据汇报等在我国院校研究中几乎处于空白。这些严重制约着院校研究的开展。

学术制度、体制和习惯的制约。前面已经提到，和美国不同，我国高等教育研究是从开展学术研究、建立学科、培养研究生开始的。与之相适应，形成了一套学术研究的制度、体制和习惯。例如，衡量高等教育研究人员水平、晋升职称，主要看课题、论文的数量和水平。院校研究是应用研究，衡量研究人员水平，主要看为学校决策提供咨询的质量，数据收集、信息发布的水平。这就造成了某种冲突，院校研究人员在完成院校研究任务的同时，为了职务晋升，还要撰写学术论文，有的还要担负教学任务，从而使院校研究受到严重影响。

研究队伍水平、能力不足。我国很多高校已建立高等教育研究所（室），其主要任务应该是院校研究，开展院校研究理应依靠这一部分人员。但这部分研究人员往往缺乏对实际问题的把握、研究能力，难以适应院校研究的需要。

魏：那我们又是怎样去克服这些困难，解决这些问题的呢？

刘：十多年来开展院校研究，一方面外部条件正逐步改善，另一方面，我们也在不断努力，推进院校研究。从外部条件看，由于高等教育大众化给高校管理带来了大量问题，需要研究；高校办学自主权的扩大，也提出了需要学校自身研究、解决的问题，院校研究的需求在扩大。同时，政府的政策、要求，也对院校研究起到了推动作用，尤其是《国家中长期教育改革和发展规划纲要（2010—2020 年）》以（下简称《教育规划纲要》）的颁布，为院校研究的开展创造了十分有利的条件。《教育规划纲要》中提出，进一步强调落实和扩大高校办学自主权，要推进政校分开、管办分离，要完善社会问责制度，要构建国家教育管理信息系统，倡导教育家办学，等等。这些都对推动院校研究的开展十分有利。

十多年来，我们依靠两个团队，即院校研究会的骨干团队、华中科技大学的专职研究团队，竭尽全力，推进院校研究中国化。主要有这样一些做法。

第一，我们通过学习、借鉴美国院校研究的理论和经验来理解院校研究。2001 年，首先从美国购买了一批院校研究资料，组织翻译、学习和了解美国院校研究。之后，陆续翻译出版了《院校研究译丛》《美国高等教育管理学经典译丛》《新工具丛书》等三套丛书，进行深入学习。十多年来，40多位美国大学校长、副校长和院校研究人员，应邀来我国讲学，参加院校研究学术会议，聘请20余位美国院校研究人员（华中科技大学聘请了8位）作为兼职教师，他们通过系统介绍、指导，帮助我们开展院校研究。我国派遣了30余位院校研究人员到美国院校研究会和有关大学的院校研究机构工作、学习。在学习、借鉴美国院校研究的基础上，探索院校研究的中国化。

第二，以专题研究为突破口。美国院校研究就是围绕学生学习评估、学生入学管理（enrollment management）、教师问题、财务问题及规划问题等专题来开展的。所以，专题研究是院校研究的主要内容之一。当前，我国开展院校研究的内部和外部条件还不是很充分，通过以专题研究为突破口，可以相对比较容易地开展，短期内可以收到较好的成效。专题研究的成果容易引起决策者的关注和重视。在专题研究的过程中，院校研究人员的研究素质、能力和水平也能够得到较好的锻炼。专题研究主要包括两个方面：一是学校自身积极开展的专题研究；二是国家层面开展的专题研究。学校层面，2009年上半年，华中科技大学院校发展研究中心开展了6个专题研究，这6个专题研究都是针对本校管理实践中的具体问题。另外，“上海交通大学院系中长期评估”“中国海洋大学教师专业发展的组织模式研究”等专题研究，不仅推进了本校管理工作，而且成为其他高校开展专题研究的范例。在国家层面，我们针对我国高校管理中出现的问题，在全国组织专题研讨会，进行研讨。比如我们2006年在西安举办高校战略管理专题研讨会，2010年在苏州举办高校师资管理专题研讨会，2012年在武汉举办“以学生为中心”的教育专题研讨会，2014年在成都举办课程建设与本科教育改革专题研讨会。专题研讨会的举办，很好地推动了全国高校专题研究走向深入，走向规范。

第三，理论研究与实践研究相互推进。当前，高等学校管理实践越来越复杂，实践具有紧迫性、动态性、模糊性和总体性，解决实践问题，也需要进行深入的理论研究。根据中国国情和校情，我们提出，在中国院校研究中，理论研究与实践研究要紧密结合，相互推进。主要体现在以下几个方面：① 院校研究机构体现两者的结合。例如，行政机构和研究机构合二为一，两者既有分工又有合作；或者行政机构与研究机构分设，两者之间建立紧密的合作关系；设立研究机构，赋予一定的行政职能，参与部分学校管理。② 院校研究项目体现两者的结合。院校研究机构承担的项目，既有为学校提供数据，通过数据分析为学校提供决策支持的项目；又有围绕学校战略发展，针对发展过程中需要解决的理论和实践问题所设立的项目。③ 管理研究与管理咨询相结合。我国院校研究起步晚，发展不平衡，其中一部分研究力量相对薄弱的学校自身难以有效开展研究。因此，一些研究力量比较强的学校组织研究人员，到研究力量薄弱的学校进行管理咨询。如院校研究开展最早的华中科技大学院校发展研究中心，近几年，组织研究人员到近 50 所大学，和这些学校的领导、研究人员一道，帮助制定学校发展战略规划，为学校管理问题提供咨询，产生了良好效果。

第四，培训院校研究人员。开展院校研究，一定要有一批事业心强、热心于院校研究、具备院校研究能力的研究人员。我们采取多种措施培训院校研究人员。首先，将研讨会与研讨班相结合。从 2003 年开始，我们逢单年举办国内学术研讨会，逢双年举办国际学术研讨会。在国际研讨会的前两天，举办国际研讨班，邀请出席国际研讨会的外国专家为我们院校研究人员授课。2012 年 8 月，我们还与海外华人院校研究会共同合作，在杭州举办“大学数据系统设计与分析”培训班，邀请了多位在美国高校从事院校研究实践工作的专家为我们授课、答疑，来自全国 50 多所高校的 100 多位院校研究人员参加了这次培训班。再次，在高等教育学位点设立院校研究方向，开设院校研究课程，培养专业人才，扩大研究队伍。从 2007 年开始，华中科技大学教科院面向全体博士生和硕士生开设了院校研究概论、院校研究专题、高校战略管理等院校研究方面的课程，并使之成为教育经济与管理专业的核心课程。与此同时，推动国家建立了高等教育专业博士学位制度以培养高水平的院校研究人员。

第五，组建一个强有力的团队。华中科技大学院校发展研究中心是一个开放的组织，教育科学研究院及校内外的教师都可以参加。但开展研究，还需要有专门从事院校研究的核心成员。因此，2003 年 5 月，我们成立了由 7 名教师组成的院校研究所，作为院校发展研究中心的下属实体机构，专职从事院校研究。另外，我们充分利用院校研究会这一平台，通过院校研究会理事及常务理事的参与和推动，在全国推动院校研究。

魏： 您本人在十多年的研究中，得出哪些新的认识，并以此推动全国院校研究？

刘： 在近十多年间，我和华中科技大学教育科学研究院院校研究所的老师们一同在全国推动院校研究。在推动院校研究的过程中，通过研究与实践，吸收了大量信息，丰富了自己的思想，也形成了部分研究成果，提出了一些新的观点。主要体现在以下几个方面。

院校研究的理论与方法。参照国内外对院校研究含义的理解，根据我国高等教育管理的实践，我提出院校研究的基本特征是“自我研究、管理研究、咨询研究、应用研究”。当前，高等学校管理实践越来越复杂，“实践具有紧迫性、动态性、模糊性和总体性”，解决实践问题，需要进行深入的理论研究。因此，根据中国的国情和校情，我们提出，在中国开展院校研究，理论研究和实践研究要紧密结合，相互推进。开展院校研究需要具备一系列的条件，比如社会问责制的建立，高校拥有办学自主权等，但在院校研究外部条件不充分的情况下，如何推进院校研究呢？经过研究，我们提出“以专题研究为突破口”“以案例研究为专题研究的基本方法”。经过十多年的研究与推动，我国院校研究已经从“初步形成”阶段逐步迈入“规范发展”阶段。我们要有坚定的信念、坚忍不拔的毅力，将十年发展的目标与近期研究紧密结合，扎扎实实地推进中国院校研究的规范发展。

教学服务型大学。在《教育研究》2007 年第 7 期《建设教学服务型大学——兼论高等学校分类》一文中，我提出了“教学服务型大学”这一概念。为了全面体现高等学校的社会职能，推动高等学校为地方经济社会发展服务，努力办出特色，应该建设一批教学服务型大学。建设教学服务型大学，是社会经济发展、科学技术发展和高等教育发展的必然要求。教学服务型大学是在我国高等教育大众化发展进程中出现的，以推动知识的创新、传授、应用与地方经济社会发展相结合为宗旨，全面构建新型的教学与科研模式、组织制度形式和资源配置方式的现代大学，具有“开放性、应用性、多样性、地方性”等特征。培育具有强烈服务意识、服务精神的学校领导核心，确立学校转型发展的办学格局，联合培养应用型人才，合作开展应用研究和试验开发，建立共容共生的组织制度，是教学服务型大学转型发展的主要路径。[3]

教育理念。学校管理包括五个基本要素：理念、制度、队伍、资源、文化。其中，“理念”是学校管理的先导性要素。大学是一个理念组织。大学的教育理念与大学的精神、使命、功能等有着密切的关系，同时又对具体的教育目标、教育制度、教育活动、教育方法等产生直接影响或施以无形制约。我国多数大学没有形成自己的核心教育理念，这是造成大学发展趋同、缓慢的重要原因。因此，重新确立大学的核心理念是学校改革的首要任务。核心理念是学校文化的灵魂，要以核心理念统一认识，凝聚人心，推进发展。

现代大学制度。建立现代大学制度，要运用哲学思维，从关系模式中科学把握。世界处于“关系”之中，现代大学制度建设离不开对“关系”的研究。首先，现代大学制度在大学制度的基础上发展，在其建设中，如何处理学术权力和行政权力的关系成为核心问题。由于学术权力和行政权力两者的性质不同，运行规则不同，权力主体多元、交叉，以及校长角色的错位，在现代大学制度建设中“去行政化”成为必然选择。建立服务型机关可成为“去行政化”的突破口，通过人管人、制度管人、文化管人，达到“去行政化”的目的。其次，大学发展一般有两种模式，“学术积累”与“管理创新”。学校发展既要依靠学术积累，又要依靠管理创新。再次，大学发展包含两种活动，“目的性活动”与“手段性活动”。教学是“目的性活动”，管理是“手段性活动”。办学是为了教育，手段性活动要服务于目的性活动。行政、教学管理要为教学服务，为教师和学生服务。学校的一切工作要“以学生为中心”，在对工作进行评价时，工作没有做好，肯定有问题；工作做好了，同样有问题。因此，要有强烈的问题意识、危机感。

高校战略管理。“一年可能办不成任何事，十年可能办成任何事。”一所学校建设，一个学科发展，都存在“三个十年”：十年起步，十年发展，十年提高。我们要以开阔的视野与思路，集中集体智慧，寻找大手笔的措施，扎扎实实推进学校发展。研究认为，影响高校战略规划实施的重要原因之一是在从战略、战略规划到战略管理的发展过程中，我国高校仍然停留在战略规划阶段，没有从战略管理的高度来进行战略规划。战略管理包括战略规划、战略实施和战略评估。高校战略管理要抓住几个关键点：“外向性是战略的主要特征”，“定位是战略的核心”，“舍弃是战略的精髓”，“战略实施是战略管理的主体”。我们要将提高教育质量作为学校的核心战略，将经费的筹措、规划放在战略管理的突出地位，增强战略转变的意识。

办学特色。大学的办学特色指一所大学在发展历程中形成的比较持久稳定的发展方式和社会公认的、独特的、优良的办学特征。每一类大学，与其他类型大学不同，有其自身的特色，我将其称为“类特色”。“类特色”指同类大学因其办学性质相近而共同具有的比较待久稳定的发展方式和独特的办学特征。中国大学要从总结办学特色走向创建办学特色，以“类特色”为前提，在竞争中选择，在学校发展的历史、文化中生长，明确学校创建办学特色的方向、目标，通过凝练核心教育理念，实施大手笔的举措，在评价中发展，有效推进办学特色的创建。

共同创造。大学追求卓越是无限的，发展是永远的，“只有创新才是后来居上的唯一选择”。大学的性质和组织特征，给我们留下了极大的创新空间；大学的每一项发展、改革，都是一个创造过程。学校的建设，并不是校长、教育研究者提出一个理念、设想，大家照着去执行，而是领导、师生在实践中“共同创造”，学校的发展是全校师生共同创造的结果。比如，文华学院将个性化教育作为办学特色，就是全校师生共同创造的成果。在共同创造中，我们建立了“一个中心”（以学生为中心）、“三个关键”（潜能、立志、空间）和“五个注重”（注重培养学科专业特色，注重加大专业、课题的选择性和灵活性，注重加强实践教学环节，注重针对性教学，注重量身定做培养计划、实施个性化课表）的个性化教育体系。个性化教育仍然在共同创造之中。

高校决策。管理就是决策，决策十分重要。加强高校决策，必须认识和理解决策。高校决策具有如下主要特点：高校决策是为自由创造条件的决策；高校决策可分为“学术决策、行政决策和综合决策”三种类型；决策容易脱离根本目的；决策容易在两极中徘徊；决策对国家的未来产生深远影响。高校决策中存在的主要问题是：决策系统仍然比较混乱；行政权力和学术权力关系失衡；缺乏程序意识和制约观念；没有建立决策支持系统，不重视决策评价。加强和改进高校决策，要转变决策观念，完善决策制度，提高决策能力。

课程建设。近几年的研究和实践中，我深切地感受到，“课程是大学最重要的事，又是最容易忽视的事”。课程对学生全面发展起着决定性的作用，十分重要。课程的重要性体现在“四个结合点”：课程是学生与学校的结合点；课程是学校与社会的结合点；课程是教学与科研的结合点；课程是学生个体文化与社会文化的结合点。从课程在学校的地位来看，课程建设正在从边缘走向中心；从教育思想理念发展来看，课程建设正在从“重教”走向“重学”；从改革发展过程和课程建设发展内在逻辑来看，课程建设正在从课程开发走向课程理解；从教育教学方式变革来看，课程正在从封闭单向走向开放互动。

魏：您在十多年的研究中得出的一系列新的认识，将成为具有中国特色的院校研究理论的重要组成部分。那么能否请您谈一下如何探索院校研究的理论与方法？

刘：作为一种研究范式，院校研究同任何一个理论流派一样，在积累了大量的实证研究或案例研究以后若长时期没有新的突破，就会面临危机和衰落。[4] 院校研究的规范发展需要理论指导。科学研究是要运用现有理论、知识，去解决未知问题，从而发现规律，形成新的知识。经验的产生对理论有一定的依赖性，因而理论对经验具有先行激发作用。科学观察、测量中渗透着理论，因而理论对经验具有共时建构作用。理论审查经验的性质并作出评价，因而理论对经验具有事后解释作用。因此，探索院校研究理论十分重要。

2014 年 4 月，院校研究会与中国海洋大学合作，在青岛举办了“院校研究的理论与方法”学术研讨会。经过研讨，大家认为院校研究需要理论指导，要有理论追求，院校研究可以选择两种研究路径。院校研究的理论不必过于追求专属性，可以在运用多学科理论中探索。院校研究的方法具有多义性和迁移性，数据是院校研究的基础。我们要从以下四个方面着手，探索院校研究的理论与方法：重视工作的连续性，在经验积累中探索院校研究的理论与方法；重视人力资源建设，努力提高院校研究人员的专业化水平；既要继续加强定量研究，也要警惕定量研究的局限性；既要继续学习美国院校研究的经验，也要努力实现院校研究的中国化。

我国院校研究经过十多年的初步探索，在理论与方法上形成了一些具有规律性的认识。今后，为进一步提升院校研究的品质，在更高层次上、更广范围内取得新的突破，院校研究迫切需要理论与方法。探索院校研究理论和方法的落脚点是人，为高校人才培养提供决策支持与管理咨询是院校研究的根本目的。实践需要理论，而理论又来源于实践，理论与实践是“鸡生蛋，蛋生鸡”的关系。只有理论与实践相互推进，经过几个循环与轮回，才有可能在实践中总结出理论，为实践提供理论指导。院校研究会有责任主动推进院校研究理论与方法的探索，建构院校研究自身的知识体系。要围绕组织变革与发展，借鉴制度理论，探索中层理论，以此指导院校研究实践；在大量经验积累的基础上，选取和创造适切的院校研究方法，吸引多学科人才，尤其是信息学科人才，做好数据挖掘工作。

魏：我了解到，2014 年 11 月，美国院校研究会执行副主席 Christopher Coogan 先生对华中科技大学进行了访问，并与中国院校研究会就下一步的国际合作达成了广泛共识，您能简要介绍一下吗？

刘：以主动姿态走向世界是华中科技大学院校发展研究中心成立以来一直践行的原则。中心先后派出多名师生到国外进行考察交流。我和陈敏、张俊超等教授去加拿大皇家大学等考察，陈敏、姜嘉乐、张俊超等教授到英、法、德等国高校进行考察，张应强教授到日本东京大学作有关中国院校研究的讲座，中美院校合作培养博士研究生等等。2014 年 11 月 24 日至 30 日，美国院校研究会执行副主席 Christopher Coogan 先生来我校访问，并与中国院校研究会就下一步的国际合作达成了系列共识。

第一，中国院校研究会将与美国院校研究会合作成立中美院校研究科研合作中心，共同开展院校研究教材翻译出版、合作研究、院校研究人员培训等事宜。第二，中美院校研究会将合作进行院校研究系列教材的翻译出版，美国院校研究会将在版权授予、出版发行等方面给予支持。第三，美国院校研究会将会在中国院校研究国际会议及高级研讨班的美方专家遴选及推荐过程中提供协助，进一步提高中国院校研究的国际化水平。第四，美国院校研究会表示将会在院校研究人员培养和培训方面为中国院校研究会提供支持。美国院校研究会执行副主席 Christopher Coogan 表示将联系拥有院校研究证书培训项目的美国高校，为我国院校研究方向的研究生提供实习和访问机会；为中国提供美方院校研究课程设计的相关资料；通过美国院校研究会“数据与决策”在线培训课程对中国院校研究人员进行培训，并颁发培训资格证书。

我相信，在推动院校研究国际化的进程中，我们将继续深化对院校研究的理解，创建具有中国特色的院校研究的理论与方法，推动我国现代大学管理的科学化。

魏：您作为院校研究会的会长，引领着中国院校研究的发展。面向未来，您有何设想？

刘：在十余年研究的基础上，我们要抓住根本，立足前沿，不断创新，努力推进院校研究走向一个新阶段。未来十年，是院校研究规范发展十年，总体目标是“以院校研究信息系统建设为重点，大力开展院校研究，使之逐步走向规范化”。

要推动更多的高校规范开展院校研究。现在，高校开始重视院校研究，但是扎扎实实规范开展院校研究的高校还不多，我们必须重视这一现实。为此，要大力推进信息系统建设，为院校研究的开展，提供广泛、科学的数据。要培训院校研究人员。帮助他们学会建立院校研究机构，进行数据分析、信息发布，有效开展案例研究，提高研究能力和水平。加强案例库的建设，进行广泛交流，逐步形成若干常模参照。

要深入探索院校研究的理论和方法。院校研究需要理论指导，理论探索还需要进一步加强。院校研究有不同于一般高等教育研究的方法，需要探索。掌握有效、适切的方法，是使院校研究走向规范化的关键。

进一步开展国际交流与合作。从国际上看，院校研究走在前沿的是美国，我们要进一步学习、借鉴美国的院校研究，并逐步走向中国化。今后，我们将与美国院校研究会紧密合作，共同开展研究，共同培养研究生，共同培训院校研究人员，共同探索院校研究的理论和方法。

进一步发挥学会的作用，推进院校研究。精心组织多种形式的大型和小型研讨会。发挥省一级院校研究分会的作用，统筹规划，分工合作，群策群力推进院校研究的深入开展。

魏：谢谢刘教授接受采访。

刘：谢谢！

参考文献

[1] 王洪才．中国高等教育学的创立、再造与转向［J］．厦门大学学报：哲学社会科学版，2009（4）．

[2] 中共中央马克思恩格斯列宁斯大林著作编译局．马克思恩格斯文集：第1卷［M］．北京：人民出版社，2009．

[3] 刘献君．建设教学服务型大学——兼论高等学校分类［J］．教育研究，2007（7）．

[4] 周雪光．方法、思想、社会科学研究［J］．读书，2001（7）．

（原载苏州大学学报 教育科学版 2015 年第 1 期，作者系华中科技大学教育科学研究院副教授）